여론

Public Opinion
by Walter Lippmann

Published by Acanet, Korea, 2013

이 책은 저작권법에 따라 보호를 받는 저작물이므로 무단 전재와 무단 복제를 금하며
이 책 내용의 전부 또는 일부를 이용하려면 반드시 저작권자와 아카넷의 동의를 받아야 합니다.

한국연구재단총서 학술명저번역 526

여론

Public Opinion

월터 리프먼 지음 | **이동근** 옮김

차례

옮긴이 서문 | 9

제1장 서론 | 15

제2장 외부 세계에 접근하는 방식 | 47

제3장 고정관념 | 89

제4장 이해관계 | 163

제5장 공통의지의 형성 | 195

제6장 민주주의의 이미지 | 253

제7장 신문 | 309

제8장 조직화된 정보 | 353

찾아보기 | 401

페이 리프먼(Faye Lippmann)에게*

"자, 일종의 지하 동굴에 살고 있는 사람들을 상상해보라. 그 동굴의 입구는 밖으로는 햇빛을 향해 쫙 벌어져 있고 안으로는 동굴 맨 끝까지 쭉 뻗어 있다고 생각해보라. 그곳 죄수들은 어릴 적부터 그 동굴에서 살고 있었다. 다리와 목이 쇠사슬로 묶여 있어서 움직일 수 없고 머리를 옆으로 돌릴 수 없도록 쇠사슬로 묶여 있기 때문에 그들은 앞만 볼 수 있다. 그들로부터 조금 떨어진 위쪽과 뒤쪽에는 불꽃이 이글이글 타고 있고 불꽃과 죄수들 사이에는 지면에서 융기된 길이 있고, 그 길을 따라 마치 팔, 다리, 머리에 줄을 매달아 움직이는 꼭두각시 인형 놀이의 스크린 같은 낮은 벽이 세워져 있는 것을 볼 수 있다."

"알겠습니다." 그가 대답했다.

내가 말했다. "사람들이 그릇을 들고 그 벽을 따라 지나가는 모습이 그 벽에 비치는 게 보이지? 그리고 나무, 돌, 그 밖에 다양한 재료로 만든 사람이나 동물 모양의 물체를 들고 지나가는 모습이 벽에 비치는 것도 볼 수 있지? 그런 장면을 보면서 어떤 죄수들은 서로 이야기를 나누고 있고 어떤 죄수들은 아무 말도 하지 않는 것을 상상할 수 있겠나?"

"아주 이상한 장면이군요. 그리고 아주 이상한 죄수들이군요." 그가 말했다.

내가 대답했다. "마치 우리들 같지 않은가? 죄수들은 동굴 속에서 자신들 맞은편 벽에 불꽃이 드리운 자신만의 그림자, 혹은 자신과 옆 사람들의 그림자밖에 볼 수 없겠지?"

"맞습니다." 그가 대답했다. "머리를 움직일 수 없는데 그림자 말고 무엇을 볼 수 있겠습니까?"

"그리고 이런 식으로, 죄수들은 사람들이 나르고 있는 물체들 또한 그 그림자밖에 볼 수 없겠지?"

"맞습니다." 그가 대답했다.

"그리고 만약 그 죄수들이 서로 이야기를 나눈다면, 그들은 자신들이 실제로 자신들 앞에 있는 것들을 지칭하고 있다고 생각하지 않겠는가?"

— 플라톤의 『공화국(The Republic)』 제7권

* Walter Lippmann은 1917년 5월 Faye Albertson과 결혼했다.

| 일러두기 |

1. 이 책을 번역하는 데 사용한 저본은 월터 리프먼이 1922년에 출간한 『여론(*Public Opinion*)』이다.
2. 이 책의 모든 각주는 옮긴이가 이해를 돕기 위해 보충한 내용이다.

옮긴이 서문

『여론(Public Opinion)』은 미국의 저널리스트이자 사상가인 월터 리프먼(Walter Lippmann, 1889~1974)이 1922년에 펴낸 역작이다. 20세기가 낳은 가장 위대한 언론인이자 사상가 중 한 사람으로 평가받고 있는 리프먼은 두 세대 동안 언론계의 교황이라고 여겨질 정도로 매우 광범위하게 존경을 받았다. 어떤 언론인도 아직 리프먼의 자리를 대신할 것으로 보이지 않는다. 그는 해박한 지식과 미래를 꿰뚫는 통찰력, 유려한 필치로 주로 대중과 여론과의 관계를 주제로 18권의 책을 썼는데, 이 중 상당수는 젊은 시절에 쓴 것이다.

리프먼은 17세에 하버드대학에 입학해 3년 만인 1909년에 졸업하였고 제1차 세계대전이 발발하기 직전인 1913년과 세계대전이 발발한 1914년에 각각 펴낸 『정치학 서문(Preface to Politics)』과 『표류와 지배(Drift and Mastery)』로 당시 루스벨트 대통령으로부터 '미국에서 가장 유망한 청년'이라는 찬사를 들었다. 1947년에 출간한 책 『냉전(Cold War)』으로 '냉전'이라는 용어를 국제정치의 유행어로 자리 잡게 하였고, '고정관념(stereotype)'이라는 심리학 용어를 유행시켰다. 수십 년간 여러 신문에 동시에 발표한 칼럼(syndicated column) 「오늘과 내일(Today and Tomorrow)」로 1958년 퓰리처상을 수상하였고, 세기의 명저로 높이 평가되고 있는 『여론』으로 1962년에 또 한 차례 퓰리처상을 수상하였다. 20대의 젊은 나이에 반항적 지식인들의 대변인으로 등장한 리프먼은 1914년 잡지 《뉴 리퍼블릭(The New Republic)》을 창간하여 사설과 칼럼을 쓰면서 언론계 생활을 시작하였으며 1917년에 《뉴욕 월드(The New York World)》에 입사하여 10여 년간 논설기자로 이름을 떨쳤다. 공화당계의 《뉴욕 헤럴드 트리뷴(The New York Herald Tribune)》으로 자리를 옮겨서는 거의 40년 동안 일주일에 세 번씩 칼럼 「오늘과 내일」을 통해 미국 정계뿐 아니라 세계적으로 영향력 있는 평론을 발표했다.

리프먼이 하버드대학에 입학한 1906년 당시, 미국은 사회 개혁을 주장하는 반항적 사상가들의 소용돌이 속에 놓여 있었다. 그의 나이 만 24세에 펴낸 『정치학 서문』에서 리프먼은 미국인들이 계승한 얼마 되지 않는 사상과 무비판적인 가정, 모호한 단어, 기계적인 철학으로는 미국이 당면한 작금의 문제를 해결할 수 없으며 미국의 정치사상 속에 현대적인 통찰력을 불어넣어야 한다면서 새로운 가치관의 필요성을 역설하였다. 다음 해에 펴낸 『표류와 지배』에서 리프먼은 민주주의가 낡은 질서로부터 해방을 가져다주지만 동시에 권위의 상실과 확실성의 희박을 가져온다고 경고하였다. 또 민주주의가 싸워야 할 대상은 새로운 자유가 가져오게 될 '혼돈'이라고 보고, 개혁자는 전통을 대신할 만한 목적을 제시해야 한다고 주장했다. 『여론』이 출판될 즈음인 1920년대의 미국은 공업화에 따른 근대화가 급격히 진행되어 생활 전반에 걸쳐 신구의 갈등이 심한 때였고 현대적 도시 사회의 발달은 미국의 민주주의에 커다란 시련을 가져왔다.

리프먼은 민주주의의 위기를 직시하고 변화된 환경 속에서 새로운 활로를 찾기 위해 미국의 정치적 전통의 가장 중요한 가치를 일신하고 전통의 결함을 보충하기 위해 노력한 민주주의자로 평가받고 있다. 결코 독설과 냉소주의에 빠지지 않았던 리프먼은 자신을 정치적으로나 철학적으로 현실주의자라고 생각했고 스스로를 진보주의자라고 생각했지만 좌파 지식인들은 그를 숨어 있는 보수주의자라고 비판하였다. 리프먼에 대한 지배적인 평가는 그가 회의적인 계몽주의 이성주의자라는 것이다.

'여론'은 평생 리프먼을 매료시킨 주제였지만 정작 그는 보통 사람들의 지혜인 여론을 무시했다. 인간의 본성이 선하다는 것을 확신하지 않았고 보통 사람에게 신뢰를 두지 않았던 리프먼은 보통 사람들의 지혜에 의문을 가졌던 것이다. 그러나 리프먼처럼 여론을 가까이한 사람도 없었다. 『여론』에서 리프먼은 여론의 본질과 여론 형성의 메커니즘, 그리고 여론 형성 과정에서의 미디어의 역할 등을 날카롭게 논의함으로써 현대 여론의 개념에 지대한 영향을 미쳤다. 『여론』의 첫머리에서 리프먼은 인간과 전체 환경과의 새로운 관계에 주목하고 전체 환경에 대한 개인의 반응 행태를 심리학적으로 해석하였다. 리프먼은 '실제 환경'은 존재하지만 그것은 인간이 직접 파악하기에는 너무나 거대하고 복잡하고 걷잡을 수 없다고 보았다. 따라서 인간은 진정한 현실에 반응하는 것이 아니라, 언론이 제공하는 '의사환경(擬似環境)'에 반응하여 자기 나름의 좁은 경험의 테두리 안에서 그것을 해석한다는 것이다. 그런데 언론이 사용하는 언어란 기껏해야 현실 세계를 상징적으로 그럴싸하게 묘사해낼 뿐, 현실 세계에 관해 직접 설명해주지 않기 때문에 인간은 일반적으로 '의사환경'으로 인해 진정한 세계를 무시하고 자신이 언론을 통해 접한 것들에 편향된 의미를 부여하게 된다고 보았다.

리프먼은 인간이 사회를 비합리적이며 때로는 자기중심적인 방식으로 인식한다고 지적하고, 이런 식의 비합리적인 사회인식이 인간의 행동에 영향을 미치며 더 나아가 최적의 사회 통합을 저해한다고 비판하였다. 사람들은 자기들이 살고 있는 환경에 대하여 직접 아는 바가 너무도 빈약하고, 언론 보도를 마치 현실인 양 착각하고 있다고 지적하였다. 게다가 인간은 자기 주변의 정치, 사회, 문화적 환경을 인식함에 있어 불가피하게도 자신의 '고정관념(stereotype)'을 적용할 수밖에 없음을 지적하였다. 사람들은 플라톤의 동굴 속에 있는 경우와 같아서 현실의 참모습이 아니라 자신들 앞에 보이는 벽의 그림자에 의해 영향을 받는다는 것이다. 즉 사람들은 모두 고정관념을 갖고 생각하기 때문에 그들은 읽은 것을 보도된 객관적 사실에 근거해서 해석하는 것이 아니라 자신의 고정관념에 따라 해석한다는 것이다.

리프먼은 언론 보도가 민주적 의사결정을 위한 원 자료를 제공한다는 내용의, 미국 언론인들의 직업 이데올로기 중에서 가장 존중되는 신념 중 하나인 소위 '민주주의적 가정'에 도전하였다. 그러나 리프먼은 '언론은 대기업의 매춘부'라는 업턴 싱클레어의 비난을 거부한다. 보편적으로 언론은 사악하거나 음모적이지 않으며 오히려 언론은 이제껏 민주주의 이론에서 이해되고 있는 것보다 훨씬 더 허약하다는 것이다. 언론은 국민주권의 모든 부담을 떠맡고 동시에 민주주의자들이 희망하는 천부의 진리를 공급하기에는 너무나 허약하다고 보았다. 그런데도 사람들은 언론의 제한된 성격과 사회의 무한한 복잡성을 잘못 이해하고 있다는 것이다. 언론은 세상에 대한 믿을 만한 상(像)을 결코 제공할 수 없다는 것이 리프먼의 언론에 대한 생각이다.

리프먼은 여론을 사회심리학적 현상으로 이해하고, 특히 여론의 비합리성을 강조하였으며, 여론을 기반으로 현실 세계에서 기능하는 민주주의 정부의 문제점들을 비판적으로 평가하였다. 특히 모호한 현실관을 기초로 한 현실에 관한 대중의 판단력을 지나치게 신뢰하는 민주주의자들을 비판하고, 자기 주변의 현실에서 발생하고 있는 사건조차 거의 이해하지 못한 사람들을 '전능한 시민'이라고 평가하는 것은 신화에 불과하다고 경고하였다. 그는 민주주의 제도가 보통 사람들, 즉 국민에게 의존하는 것은 치명적 실수라고 생각하며 민주주의 제도의 효율성을 의심했다. 리프먼은 보통 사람들의 집단적 지혜에 대한 무비판적인 신념은 현명하지 못하며 무지에 입각한 민주적 결정이야말로 어리석기 짝이 없는 것이라고 보았다. 민주주의가 다수의 폭정이 되지 않도록 하는 데 관심을 기울였던 리프먼은 민주주의 국가에서 보통 사람이 너무 많은 권력을 획득하였다고 보았다. 보통 사람은 언제나 지도의 대상이지 지도자는 아니라는 것이다. 그러므로 훌륭한 정부는 상상력이 풍부한 지도자들과 효율적인 커뮤니케이션, 그리고 계발된 여론에 전적으로 의존해야 한다고 하였다. 민주주의는 국민권을 주장하지만 올바른 지도자 없이는 국민은 속수무책일 수밖에 없으며 대중의 행위로는 아무것도 이룩하거나 다스릴 수 없다고 하였다. 리프먼은 지도자가 마련해낸 '계발된' 상징을 통해서 사람들로 하여금 활동할 수 있도록 만드는 것만이 자유민주주의의 살 길이라고 제시한다. 리프먼은 특히 우매한 다수의 지배를 우려하였고, 높은 식견과 광대한 마음을 가진 지성인들 사이의 대화야말로 민주주의의 생명이라고 보았다. 이것이 바로 리프먼이 말하는 진정한 의미의 여론이다.

역자는 이 책을 1990년 가을, 미국 텍사스 주립대학교 대학원 박사과정 당시, '의제설정이론(Agenda Setting Theory)'을 미국 언론학계에 최초로 소개했던 맥스웰 맥콤스 교수(Dr. Maxwell McCombs)가 지도하던 세미나 과목(Setting the Agenda) 시간에 처음 접했다. 책의 첫 장에 소개된 섬사람들이야기가 너무나 인상적이어서 그 이후 그 에피소드를 개인 수필에서 여러 차례 인용한 적이 있다. 언론학계뿐 아니라 인문사회과학 분야의 세계적인 명저를 20여 년 후 손수 우리말로 번역하게 될 줄은 당시로서는 상상도 하지 못했다. 이번 번역 과정에서 '번역은 반역'이라던 학창 시절 어느 교수님의 말씀이 과거 어떤 번역 과정에서보다 더 생생히 되살아났다. 매우 난해한 주제를 20세기 초의 정치, 경제, 사회, 문화, 국제 정세 등에 익숙한 당시 독자들을 대상으로, 거의 한 세기 전에 사용되던 영어로 집필한 원서의 내용을 정확히 이해하고 번역하는 데 따르는 애로 사항은 말로 다 표현할 수 없었다. 이 번역서가 출간될 수 있도록 재정적인 지원을 해주신 한국연구재단에 먼저 감사를 드리며, 번역 초고의 약점을 지적해주신 익명의 심사자들께도 감사를 드린다.

제1장

서론

1

바다 가운데 섬이 하나 있는데, 1914년 그곳에는 많지 않은 영국인, 프랑스인, 독일인들이 살고 있었다. 그 섬에는 외부와 연결되는 전화선도 없었고, 영국 증기 우편선만이 60일에 한 차례씩 들르고 있었다. 아직 배가 들어오지 않았던 9월에 주민들은 여전히 그들이 가장 최근에 읽었던 신문 기사, 가스통 칼메트(Gaston Calmette)에게 총을 쏜 카요 부인(Madame Cailaux)의 재판[1]에 관한 이야기를 하고 있었다. 그래서 9월 중순 어느 날, 우편선 선장한테 판결이 어떻게 났는지 듣기 위해 그들은 평소보다 많은 관심을 갖고 부둣가에 모였다. 그런데 주민들은 그때까지 6주 이상 유럽 대륙에서 영국인들과 프랑스인들이 양국 간 상호조약에 따라 독일인들에게 대항해서 싸우고 있었다는 사실을 알게 되었다. 그들은 묘하게도 6주

---

[1] 1914년 프랑스 급진당 당수였던 조제프 카요의 부인 앙리에트 카요가 보수 신문사 《르 피가로》의 편집장 가스통 칼메트를 살해한 살인사건에 관한 재판.

동안 그런 사실도 모른 채 실제로는 적이었던 사람들과 친구처럼 지내고 있었던 것이다.

그러나 그들이 겪었던 난처한 상황은 대부분의 유럽인들이 겪었던 것과 별 차이가 없었다. 섬 주민들은 6주 동안 몰랐지만, 유럽 대륙에서는 그 기간이 6일이나 6시간 정도였을 뿐이라는 점이다. 아무튼 시차는 있었다. 그 시차는 유럽 사람들이 평소와 다름없이 생업에 종사하면서 머릿속에 갖고 있던 유럽에 관한 상(像)과 머지않아 그들의 삶을 엉망으로 만들게 될 실제 유럽과 일치하지 않던 순간이었다. 개개인들에게는 더 이상 존재하지 않는데도 여전히 그 환경에 적응해야만 했던 시기였다. 7월 25일[2]이 될 때까지도, 세상 사람들은 배에 실어 내보낼 수 없게 된 상품을 생산하고 있었고, 수입할 수 없게 된 상품을 구매하고 있었고, 삶을 계획했고, 사업에 관해 고심했고, 희망과 기대를 품었다. 이 모든 일들은 그들이 머릿속으로 알고 있는 것과 실제 세상이 같다는 믿음 가운데 행해졌다. 사람들은 그런 세상에 관해 책을 쓰고 있었다. 그들은 자신들의 머릿속에 있는 상(像)을 믿었던 것이다. 그러고는 4년 남짓 지난 어느 목요일 아침에 휴전 소식을 접하면서 '드디어 살상이 끝났구나.'라고 하는, 말로 표현할 수 없는 안도의 숨을 내쉬었다. 그러나 비록 전쟁이 끝난 것을 축하하고 있었지만 실제로 휴전이 성립되기까지 5일 동안 수천 명의 젊은이가 전쟁터에서 죽어갔다.

돌이켜 보면 우리는 우리가 살고 있는 환경에 관해 얼마나 간접적으로밖에 알고 있지 못한지를 깨닫게 된다. 우리는 그런 뉴스가 때로는 신속하게, 때로는 천천히 보도된다는 사실을 알지만, 그것이 무엇이든 상관없이 우리가 실제 상(像)이라고 믿는 것을 마치 실제 환경 그 자체인 양 취급하

⋮
[2] 제1차 세계대전(1914년 7월 28일~1918년 11월 11일) 발발 직전.

고 있는 것이다. 현재 우리 행동의 근거가 되는 신념에 관한 이러한 사실을 상기하기는 어렵다. 그러나 우리는 다른 시대나 다른 사람들에 관해서는 그들이 세상의 우스꽝스러운 상(像)에 대해 지나치게 진지했음을 쉽게 알 수 있다면서 잘난 척한다. 우리는 일이 벌어지고 나서야 뒤늦게 깨닫는 우수한 능력 덕분에, 그들이 알았어야 하는 세상과 그들이 알고 있던 세상은 흔히 엄청나게 모순되는 별개의 것이라고 주장한다. 또한 우리는 그들이 그러리라고 상상했던 세상에서는 통치하고, 싸우고, 교역하고, 개혁하여 결과를 얻었지만, 실제 세상에서는 결과를 얻기도 했지만 결과를 얻지 못하기도 했던 것을 안다. 그들은 인도를 향해 출발했다가 아메리카를 발견했다. 그들은 악마라는 판단에 따라 늙은 여인들을 교수형에 처했다. 그들은 항상 팔기만 하고 절대로 사들이지 않으면 부자가 될 수 있다고 생각했다. 어느 칼리프(caliph)[3]는, 알라(Allah)의 뜻에 따른다는 생각으로 알렉산드리아(Alexandria) 도서관을 불태웠다.

성 암브로우스(St. Ambrose)는 서기 389년에 쓴 글에서 고개 돌리기를 단호히 거부하는 플라톤의 동굴 속 죄수와 같은 경우의 이야기를 하고 있다. "지구의 본질과 위치에 관해 논의하는 것은 우리가 내세에 관한 희망을 갖는 데는 아무런 도움이 되지 않는다. 성경에 쓰여 있는 것만 알면 충분하다. '그는 지구를 허공에 매다셨다.'(욥기 26장 7절). 그런데 왜 신이 그것을 공중에 걸었느니, 또는 물 위에 올려놓았느니 하면서 논쟁을 벌이는가. 왜 아무것도 없는 공중에서 지구가 어떻게 지탱될 수 있느냐는 둥, 만약 물 위에 떠 있다면 왜 지구가 바닥으로 떨어져 부서지지 않느냐는 둥 논란을 일으키는가? …… 지구가 불안정하고 빈 공간에서 안정을 유지하

---
[3] 과거 이슬람 국가의 통치자를 가리키던 칭호.

고 있는 것은, 마치 균형을 유지하고 매달려 있는 것처럼 한가운데 떠 있기 때문이 아니라, 신의 뜻이라는 법칙에 따라 존엄한 신이 그것을 통제하고 있기 때문이다."

그것은 내세에 관한 우리의 희망에 아무런 도움도 주지 못한다. 성경에 기록된 것을 아는 것으로 충분하다. 그런데 왜 논쟁하는가? 그러나 성 암브로우스에서 한 세기 반이 지난 뒤, 대척점에 관한 문제 때문에 이 사안에 대한 의견은 여전히 골칫거리가 되었다. 그래서 과학 업적으로 유명한 코스마스(Cosmas)라는 수도자가 위임을 받아 '크리스천 지형학(Christian Topography)', 즉 『세상에 관한 크리스천의 의견』을 저술했다. 그가 내린 모든 결론은 자신이 읽은 성경을 근거로 하고 있다는 점에서, 그는 자기 자신에게 기대하는 바가 무엇인지를 아주 잘 알고 있었던 것이 분명하다. 그래서 세상은 동서의 길이가 남북의 그것보다 두 배인 평평한 평행사변형이다. 그 가운데 있는 땅은 바다에 둘러싸여 있고 그것은 노아의 홍수 이전에 사람들이 살던 또 다른 땅에 둘러싸여 있다. 또 다른 땅은 바로 노아의 방주가 출항한 항구였다. 북쪽에는 높은 원추형의 산이 있는데 태양과 달이 그 주위를 돈다. 태양이 산의 뒤쪽으로 가면 밤이다. 하늘은 땅의 바깥 쪽 끄트머리에 붙어 있다. 그것은 아치형 지붕에서 만나는 네 개의 높은 벽으로 이루어져 있어서 지구는 우주의 바닥이 된다. 하늘의 반대쪽에는 바다가 있어 "창공 위의 물"을 형성한다. 천상의 바다와 우주의 지붕 맨 끝 사이의 공간은 축복받은 사람들의 것이다. 지구와 하늘 사이의 공간에는 천사들이 산다. 마지막으로, 바울 사도(St. Paul)가 모든 사람들은 "지구의 표면"에서 살도록 창조되었다고 말했을진대, 대척점으로 여겨지는 그 뒷면에서는 사람들이 어떻게 살 수 있는가? 우리가 듣기에 만약 그런 구절을 읽게 되더라도, 크리스천은 대척점에 관해서는 "입에 올리지도 말아야 하는 것"이었다.

크리스천이라면 결코 대척점에 가서도 안 되며, 기독교 군주라면 대척점에 가고자 하는 자에게 선박을 제공해서는 안 되며, 독실한 크리스천 선원이라면 결코 가길 원하지 않을 것이다. 코스마스로서는 자기가 작성한 지도에서 아무런 불합리한 점을 발견할 수 없었다. 이것이야말로 세계 지도라는 그의 확고한 신념을 상기함으로써, 우리는 비로소 그가 마젤란이나 피어리(Peary)[4], 또는 천사들과 하늘의 아치형 천장과 충돌할 위험을 무릅쓰고 7마일 상공을 나는 비행사를 얼마나 두려워했을지 이해하기 시작했다. 이런 식으로 우리는 거의 모든 개별 집단이 상대방에 대한 상(像)을 절대적으로 믿고 있다는 점과, 그들은 실제 사실이 아니라 그들이 사실이라고 여기는 것을 사실로 받아들인다는 점을 상기함으로써 비로소 전쟁과 정치의 격한 분노를 가장 잘 이해할 수 있다. 그래서 그들은 마치 햄릿처럼, 바스락거리는 커튼 뒤에 숨은 폴로니우스(Polonius)를 왕으로 잘못 알고 칼로 찔러 죽인 후, 햄릿처럼 다음과 같이 말할 것이다.

어디나 쓸데없이 참견하는 불쌍하고 경솔한 바보야, 잘 가거라!
난 네가 높은 사람인 줄 알았지. 네 운명으로 알고 받아들여라.

2

살아생전에도 위대한 인물들은 대체로 자신에 대해 꾸며낸 인품으로만

---
[4] 미국의 탐험가·군인.

사람들에게 알려진다. 따라서 자신의 시중을 드는 사람에게 영웅으로 인정받는 사람은 아무도 없다는 옛말은 어느 정도 진실성이 있는 것이다. 그러나 그것은 약간의 진실일 뿐이다. 왜냐하면 시중드는 사람이나 개인 비서 자신들이 흔히 그런 허구에 빠지기 때문이다. 왕실의 저명인사들의 인품은 당연히 꾸며낸 것이다. 그들이 자신들의 공적인 인품을 실제로 믿건 믿지 않건, 혹은 그들이 시종들로 하여금 자신들의 인품을 조작하도록 허락하건 허락하지 않건, 적어도 두 개의 분명히 다른 자아, 즉 공적이며 제왕적인 자아와 사적이며 인간적인 자아가 있다. 위대한 인물을 다룬 전기는 대개 이 두 가지 자아에 대한 역사적 기록에 속한다. 공식적인 전기 작가는 공적인 삶을 재현해내고 그 반대의 전기 작가는 사적인 회고담을 밝혀낸다. 예를 들면 차안우드(Charnwood)[5]의 링컨(Lincoln)[6] 전기는 실제 인물에 대한 묘사가 아니라 아이네이아스(Aeneas)[7]나 성 조지(St. George)[8] 수준의 서사시에 등장하는 아주 장엄하고 고귀한 인물을 그리고 있다고 하겠다. 올리버(Oliver)의 해밀턴(Hamilton)[9] 전기는 장엄한 추상이자 신념의 조각품이며 올리버 자신이 말한 대로 "아메리카 연방에 관한 수필"이다. 그것은 한 인간을 담고 있는 전기라기보다 연방주의식 국정운영기술을 모은 공적인 기록이라고 할 수 있다. 때때로 사람들은 자신의 내면을 드러내 보인다고 생각할 때 자기만의 외모를 만들어낸다. 레핑턴(Repington)의 일기나 마고 애스퀴스(Margot Asquith)의 일기는 저자 자신들이 스스로를 어

---

5) 영국의 정치인이자 전기 작가.
6) 미국의 16대 대통령.
7) 그리스 로마 신화에 나오는 영웅.
8) 로마 가톨릭교회의 순교자.
9) 미국 독립전쟁 당시 조지 워싱턴의 부관으로 활약한 정치가.

떻게 생각하려고 했는지를 나타내는 지표로서 사적인 세부사항이 가장 잘 드러나는 일종의 자화상이다.

그러나 인물을 그리는 가장 흥미로운 초상화법은 사람들의 마음속에 즉흥적으로 떠오르는 것을 묘사하는 것이다. 스트레치 씨(Mr. Strachey)[10]는 빅토리아(Victoria) 여왕이 즉위했을 때, "외부의 일반 대중 사이에서는 열광의 물결이 일었다. 감상과 설렘이 유행하기 시작했으며, 순진하고 얌전한 금발에 분홍빛 두 볼을 가진 어린 소녀 여왕이 수도의 거리를 드라이브하는 장면을 보고 구경꾼들의 가슴은 애정 어린 충성심으로 가득 찼다. 무엇보다도 모든 사람들에게 압도적으로 감동을 안긴 것은 빅토리아 여왕과 그 삼촌들과의 대조였다. 끝없이 쌓여가는 빚과 혼란과 불명예의 짐을 가득 안고 있는 이기적이고 방탕한 고집불통의 멍청한 못된 늙은이들은 겨울에 쌓였던 눈처럼 사라지고 마침내 여기 봄이 왕관을 쓰고 빛나고 있다."고 말한다.

장 드 피에르퓨 씨(Mr. Jean de Pierrefeu)는 조프르(Joffre)[11]의 참모 장교 중 한 사람이었기에 조프르의 명성이 최고조에 이르렀을 때 영웅숭배를 직접 목격했다.

"2년 동안 온 세상이 마른(Marne)[12] 전투의 승리자에게 거의 신에게 하는 식으로 경의를 표했다. 알지도 못하는 사람들이 그에게 보낸 광적인 존경의 표시를 담은 편지와 소포를 담은 상자의 무게 때문에 문자 그대로 수하물 담당자의 허리가 꺾였다. 나는 조프르 장군 이외에는 전시(戰時)의 어

---

10) 영국의 전기 작가.
11) 제1차 세계대전 당시 프랑스의 육군 원수.
12) 프랑스 북동부 샹파뉴아르덴 주의 도시.

느 지휘관도 이와 비교할 만한 영광을 달성했던 적이 없었다고 생각한다. 사람들은 전 세계의 온갖 유명 과자점의 사탕을 담은 상자와 샴페인 상자, 온갖 종류의 품질 좋은 포도주, 과일, 오락기구, 장식품과 가정용품, 의류, 흡연기구, 잉크스탠드, 문진 등을 그에게 보냈다. 지역마다 특산품을 보냈다. 화가는 자신의 그림을 보냈고, 조각가는 자신의 작은 조각품을, 노파는 이불이나 양말을 보냈고, 목동은 오두막에서 그를 위해 피리를 깎아 만들어 보냈다. 독일에 적대적이었던 온 세상의 제조업자들이 자신들의 상품을 그에게 보냈다. 아바나에서는 여송연을, 포르투갈에서는 포트와인을 보냈다. 내가 아는 어느 미용사는 장군을 사모하는 사람들의 머리를 그의 모습처럼 만드는 것을 가장 만족스러워했다. 전문 문필가도 미용사와 같은 생각을 하고 있었으나 그가 묘사한 장군의 초상화는 그를 찬양하는 내용을 담은 자그마한 글자로 이뤄진 수천 개의 구절이었다. 장군은 편지와 관련해서 각종 다양한 글씨체로 쓰인, 전 세계 모든 나라에서 보내온 각국의 말로 쓰인, 애정 어린 감사가 충만하고 사랑이 넘치는 흠모의 편지를 받았다. 그들은 장군을 세상의 구세주, 국부, 신의 대리인, 인류의 후원자 등으로 불렀다. 그리고 프랑스인뿐만 아니라 미국인, 아르헨티나인, 호주인도 있었다. 수천 명의 어린이들이 부모도 모르는 사이에 손에 펜을 쥐고 그들의 사랑을 장군에게 적어 보냈다. 대부분의 어린이들은 그를 '우리들의 아버지'라고 불렀다. 그리고 감정과 흠모의 정이 넘쳐흘렀으며, 수천 명의 가슴에서는 야만을 물리친 데 대한 안도의 한숨이 흘러나왔다. 이들 순진한 어린이들에게 조프르는 마치 용을 물리친 성 조지(St. George)와 같은 존재였다. 확실히 그는 인류의 양심을 위하여 악으로부터 선의 승리를, 어둠으로부터 빛의 승리를 구현했다.

정신병자, 바보, 반미치광이, 그리고 미치광이들은 자신들의 혼란스러운 머리를 제정신으로 돌리려고 하듯이 그에게로 향했다. 나는 시드니에 사는 어떤 사람이 자신을 적으로부터 구해달라고 그에게 사정하는 편지와 뉴질랜드에 사는 어떤 사람이 자기한테서 10파운드를 빌려가선 갚지 않는 사람에게 병사들을 보내줄 것을 요청하는 편지를 읽었다.

마지막으로 수백 명의 어린 소녀들이 여성의 수줍음을 극복하고 가족들 몰래 장군에게 약혼하자고 졸랐으며, 다른 소녀들은 그냥 시중만이라도 들고 싶다고 했다."

이처럼 이상적인 조프르는 그가 이룩한 승리, 그의 참모들과 군대, 전쟁이 낳은 절망, 개인적인 슬픔, 미래의 승리에 대한 희망 등이 복합적으로 얽혀 만들어낸 것이다. 그러나 거기에는 영웅숭배 이외에 악마의 푸닥거리도 있다. 영웅이 구현되는 것과 똑같은 작동원리에 따라 악마도 만들어진다. 만약 온갖 선한 것들이 조프르, 포슈(Foch), 윌슨, 루스벨트로부터 나온다고 하면 온갖 악한 것들은 카이저(Kaiser), 빌헬름(Wilhelm), 레닌(Lenin), 그리고 트로츠키(Trotsky)에게서 비롯된다. 영웅들이 선을 행하는 데 전지전능한 것처럼 그들은 악을 행하는 데 마찬가지로 전지전능하다. 단순하고 겁에 질린 수많은 사람들은 세상의 모든 정치적인 반전이나 파업, 방해, 의문의 죽음, 대형 화재 등의 원인을 모두 악의 원천인 이들 개인에게 돌린다.

3

상징적인 유명인에 대해 이만큼 세계적으로 집중한 사례는 확실히 놀랄 만하고 아주 드문 것이다. 그리고 어떤 작가도 이보다 더 뚜렷하고 반박할 수 없는 예를 들기는 어려울 것이다. 전쟁을 생체 해부라도 하듯이 뒤지면 그와 같은 예를 찾을 수는 있겠지만 그렇더라도 무(無)에서 만들어낼 수는 없다. 좀 더 평범한 일반 대중의 삶에서도 역시 상징적인 상(像)들이 행동을 지배하지만 서로 경쟁하는 상징들이 아주 많이 존재하므로 각각의 상징이 포괄적인 것은 아니다. 각각의 상징은 기껏해야 전체 인구 중 일부만을 대표하기 때문에 거기에는 소량의 감정만이 충전되어 있을 뿐만 아니라 그 내부에는 개인차라고 하는 아주 자그마한 억제 요소가 있다. 적당히 안정된 시기에 여론의 상징물들은 점검, 비교, 논쟁의 대상이 된다. 그것들은 생겼다 없어지고 합쳐졌다가 잊혀지면서 결코 집단 전체의 감정을 완벽하게 체계화하지는 않는다. 결국 전체 인구가 신성한 연합을 이루는 하나의 활동만이 남는다. 그 활동은 전쟁이 한창일 때 공포, 호전성, 증오가 정신을 완전히 지배하여 다른 모든 본능을 쳐부수거나 동원한 단계에서 피곤이 느껴지기 전에 발생한다.

그 이외 대부분의 시기에는, 심지어 전쟁 중 교착상태에 빠졌을 때에도 갈등, 선택, 주저, 타협을 이루기 위한 충분히 많은 감정을 일으킬 수 있다. 나중에 보게 되겠지만 여론의 상징은 종종 이러한 관심의 균형을 나타내는 표시이다. 예를 들면 휴전 이후 결코 성공적으로 수립되지 않았던 위태로운 '연합국 간 통일'의 상징이 얼마나 빨리 사라져버렸는지를 생각해보고, 곧이어 공법의 수호자 영국, 자유의 최전선을 감시하는 프랑스, 십자군 미국 등 개별 국가들이 갖고 있던 다른 나라에 대한 상징적인 상(像)들이 거의 즉각적으로 부서져버렸음을 생각해보라. 그리고 나서 각 나라 안에서는 정당 간의 갈등과 계급 간 갈등, 그리고 개인적인 야심이 그동안 보류되었던 쟁점들을 다시 불러일으키면서 자국에 대한 상징적인 상(像)이 망가지는 걸 생각해보라. 또한 윌슨(Wilson), 클레망소(Clemenceau), 로이

드조지(Lloyd George) 등이 한 사람 한 사람씩, 이제는 인류 희망의 화신에서 물러나 단지 환상이 깨진 세계의 교섭자와 관리자로 전락하면서 지도자들의 상징적인 상(像)들이 사라지는 걸 생각해보라.

이것을 평화의 결과로 생긴 그리 심하지 않은 악의 하나라고 유감스럽게 여길 것인지, 아니면 정상 회복이라고 박수를 보내야 할지 여기서는 분명히 문제가 되지 않는다. 허구와 상징에 대한 우리의 첫 관심사는 현존하는 사회 질서에 대한 그것들의 가치는 잊어버리고 그것들을 단순히 인간 커뮤니케이션 시스템의 중요한 부분으로 생각하는 것이다. 오늘날 모든 사회적 관심사에 대해 완전히 자립적일 수 없고, 발생하는 모든 사건을 알 수 있을 정도로 소규모 사회가 아닌 이상, 어떤 사회에서건 이해하지 못하고 보지 못하는 사건들은 관념으로 처리된다. 고퍼 프레리(Gopher Prairie)[13]의 셔윈 양(Miss Sherwin)은 프랑스에서 전쟁이 휘몰아치고 있는 것을 알고 나서는 어떤 것인지 생각해내려고 애쓴다. 그녀는 프랑스에 가본 적이 없고 더군다나 이제는 전쟁이 벌어져 전선이 되어 있는 곳에 갈 수도 없다.

그녀는 프랑스 군인들과 독일 군인들의 사진을 본 적이 있으나 300만 명의 군사를 상상해내는 것은 불가능했다. 사실 아무도 그것을 상상할 수 없고 전문가들도 시도하지 않는다. 전문가들은 말하자면 그들을 200개 사단이라고 생각한다. 그러나 셔윈 양은 전투지도 보는 법을 모르기 때문에 그녀의 전쟁에 대한 생각은 조프르와 카이저(Kaiser)에 고정되어 마치 그 두 사람이 개인 결투를 벌이는 것인 양 여긴다. 만약 그녀가 자기 마음의

---

13) 1930년 미국 문학 역사상 처음으로 노벨문학상을 받은 작가인 싱클레어 루이스(Sinclair Lewis)의 소설, 『메인 스트리트(*Main Street*)』에 나오는 미국 미네소타 주의 도시 이름.

눈으로 보는 것을 우리가 볼 수 있다면 아마도 그 이미지는 18세기의 위대한 군인을 새긴 판화와 다르지 않을 것이다. 그 위대한 군인은 그림의 배경을 이루는 경관 속으로 희미하게 사라져가는 조그만 군인들의 대열을 뒤로하고 실물보다 더 큰 모습으로 대담하고 침착하게 서 있다. 그들도 이러한 기대를 확실히 의식하고 있는 것이다. 피에르퓨(M. de Pierrefeu)는 사진작가가 조프르를 방문한 것에 대해 다음과 같이 말한다. 장군은 "중간급 사무실에 서류가 놓여 있지 않은 집무용 책상 앞에 서명을 하려고 앉아 있었다. 갑자기 벽에 지도가 없다는 사실을 깨달았다. 일반의 생각으로는 장군의 방에 지도가 없다는 것은 있을 수 없으므로 사진을 찍기 위해 지도 몇 장을 붙였다가 찍은 다음에 곧 뗴었다."

 사람이 직접 경험하지 않은 사건에 대해 가질 수 있는 감정은 그 사건과 관련된 마음의 상(像)이 유발한 것뿐이다. 그러므로 우리는 다른 사람들이 알고 있다고 생각하는 것을 알기 전까지는 그들의 행동을 진정으로 이해할 수 없다. 나는 펜실베이니아의 광산촌에서 자란 어린 여자아이를 본 적이 있다. 돌풍이 닥쳐 부엌의 창문 유리가 깨지자 아주 쾌활했던 그 소녀는 갑자기 발작적인 슬픔에 빠져버렸다. 몇 시간 동안 그녀는 슬픔을 가눌 수 없었고 나는 그것을 이해할 수 없었다. 그러나 그녀가 말을 할 수 있게 되자 창문 유리가 깨지면, 그것은 가까운 친척이 죽었다는 것을 의미한다는 사실을 알게 되었다. 그래서 그녀는 자신을 놀라게 하여 집에서 도망치게 했던 아버지가 죽은 줄 알고 울었다. 물론 전보를 보내 알아본 결과 아버지는 아주 멀쩡하게 살아 있었다. 그러나 전보가 도착하기 전까지는 깨어진 유리 조각이 믿을 만한 메시지였다. 왜 믿을 만한 것이었는지는 숙련된 정신과 의사가 오랜 조사를 하고 나서야 밝혀질 것이다. 그러나 아주 평범한 관찰자라도 가정 문제로 엄청나게 상처를 입은 그녀가 외적인 사실과 미신에 대한 기억, 혼란스러운 후회, 아버지에 대한 공포와 사랑 등이 얽혀 완전한 허구의 환각에 빠졌음을 알 수 있다.

이들 사례에서 비정상은 정도의 문제이다. 자기 집 현관에서 폭발한 폭탄에 놀란 법무장관이 혁명적인 내용의 문건을 읽고 나서 1920년 5월 1일에 혁명이 일어날 거라고 확신할 때 우리는 거의 마찬가지 원리가 작동하고 있는 것을 인식할 수 있다. 물론 전쟁은 이러한 유형의 사례들을 많이 제공했다. 일상적인 사실, 창조적인 상상력, 믿고자 하는 의지, 그리고 이들 세 요소들로 구성된 모조 현실에는 과격한 본능적인 반응이 있었다. 이는 사람들이 어떤 특정 조건에서 현실에 반응하는 것처럼 허구에도 강력하게 반응하는 것이 분명하기 때문이며, 많은 경우 그들은 자신들이 반응하는 바로 그 허구를 만들어내는 데 도움을 주고 있기 때문이다. 1914년 8월에 영국을 통과한 러시아 군대를 믿지 않고, 직접적인 증거 없이는 잔혹행위에 관한 이야기를 용납하지 않고, 어떤 음모나 배반자 혹은 스파이를 찾지 않고 본 적도 없던 사람이 있다면 그에게 먼저 돌을 던지게 하라. 또 자신보다 더 아는 게 없는 사람에게 들은 것을 진짜 내부 진실이라며 다른 사람에게 전해본 적이 없는 사람이라면 그에게 먼저 돌을 던지게 하라.

이 모든 예들에서 특히 하나의 공통 요소에 주의를 기울여야 한다. 인간과 그 환경 사이에 의사환경(擬似環境, pseudo-environment)이 끼어든다는 것이다. 그의 행위(behavior)는 의사환경에 대한 반응이다. 그러나 그것은 행위이기 때문에 결과가 행동(acts)이라면 그것은 행위가 빚어지는 의사환경에서 작동하는 것이 아니라, 행동이 현실화되는 실제 환경에서 작동한다. 만약 행위가 실질적인 행동이 아니라 우리가 대충 지칭하는 생각이나 감정이라면 허구의 세계에서 눈에 띌 만한 파괴가 발생하기까지는 시간이 꽤 오래 걸릴 것이다. 그러나 의사사실의 자극이 사물이나 사람들에게 행동을 초래하면 금방 모순이 전개된다. 그러면 머리를 돌 벽에 부딪치는 것처럼 경험을 통해 배우는 느낌, 그리고 허버트 스펜서(Herbert Spencer)의 『잔인한 사실들이라는 집단에 의한 아름다운 이론(*Beautiful Theory by a Gang of Brutal Facts*)』의 비극적인 살인, 즉 부적응은 아니더라도 불안을 목격하게 된다. 왜냐하면 사회생활 수준에서 사람이 자신의 환경에 적응하는 것은 확실히 허구라는 매체를 통해 일어나기 때문이다.

내가 여기서 말하는 허구란 거짓말을 의미하지 않는다. 이 허구란 어느 정도 인간 자신이 만든 환경의 표상을 말한다. 허구의 범위는 완전한 환상에서부터 완벽하게 의식하면서 사용하고 있는 과학자들의 도식적 모델, 또는 자신의 특정 문제에서는 소수점 몇 자리 이하는 중요하지 않다고 하는 과학자의 결정까지를 포함한다. 그 허구의 결과물에는 어느 정도의 정확성이 있다. 그리고 그 정확성의 정도가 고려되는 한 허구에 거짓의 여지는 없다. 사실 인류 문명은 대체로 선택과 재배열이며, 윌리엄 제임스(William James)가 말한, "우리의 사상에 대한 무작위적 조사(照射)와 재정착"에 대한 유형 추적과 그것의 양식화이다. 허구의 사용을 대체하는 것으로는 감각의 발생과 쇠퇴에 직접 노출되는 것이다. 그러나 이것이 진정한 대안은 아니다. 때때로 완전히 순수한 눈으로 본다 하더라도 순수성 자체가 지혜의 근원이거나 교정은 될지언정 지혜 그 자체는 아니다. 왜냐하면 실제 환경은 너무 거대하고 너무 복잡하고 직접 인식하기에는 너무 빨리 지나가버리기 때문이다. 우리는 실제 환경의 그만큼 미묘하고 그만큼 다양하고 완전한 순열 조합을 다룰 채비가 되어 있지 않다. 그리고 우리가 비록 그런 환경에서 행동해야 한다고 해도 그 전에 좀 더 단순한 모델로 재구성해야 한다. 지구를 횡단하려는 사람들에게는 세계 지도가 필요하다.

그런데 그들은 자신들이나 다른 사람의 필요가 보헤미아 해변에는 그려져 있지 않은 지도를 손에 넣기가 항상 어렵다.

4

그래서 여론분석가는 행동의 장면과 그 장면에 대한 인간의 상(像), 그리고 행동의 장면에 스스로 작용하는 상(像)에 대한 인간의 반응 간의 삼각관계를 인식하는 데서 출발해야 한다. 마치 그것은 무대 위가 아니라 연기자의 실제 삶에서 줄거리가 실연되는, 연기자들 스스로의 경험에 따른 연극과 같다. 영화는 흔히 내면 동기와 외적 행위라는 이중 드라마를 아주 훌륭한 솜씨로 강조한다. 표면상 돈 때문에 두 사람이 다투고 있지만 그들의 격정은 설명될 수 없다. 그러고 나서 상(像)은 사라지고 그중 한 사람이 자신의 마음의 눈으로 보는 것이 재연된다. 테이블 건너편에서는 그들이 돈 때문에 다투고 있었다. 기억 속에서 그들은 한 여자가 둘 중 한 남자를 차버렸던 젊은 시절로 돌아간다. 주인공은 욕심쟁이가 아니라 사랑에 빠진 거라고 표면적인 드라마는 설명한다.

이와 거의 비슷한 장면이 미국 상원에서 일어났다. 1919년 9월 29일 아침식사 중 몇몇 상원의원들은 미 해병대가 달마시아 해안(Dalmatian coast)[14]에 착륙했다는 내용의 《워싱턴포스트》의 통신 기사를 읽었다. 신문 기사는 다음과 같다.

---
14) 지중해 북부 이탈리아 반도와 발칸 반도 사이에 있는 아드리아 해에 위치함.

확고한 사실

　다음과 같은 중요한 사실들은 이미 확고하다. 영국 해군성은 런던의 참모회의와 냅스(Knapps) 소장을 거쳐 아드리아 해의 미 해군 사령관 앤드류(Andrew) 소장에게 명령을 시달했다. 미국 해군성의 승인이나 불허는 묻지 않았다…….

다니엘스에게 알리지 않고

　다니엘스 씨(Mr. Daniels)는 자신의 지휘권에 속해 있다고 생각했던 군대가 자신도 모르는 사이에 해전(海戰) 수준의 작전을 수행했다는 전화 소식이 전해지자 확실히 난처한 입장에 처하게 되었다. 다눈치오(D'Annunzio)의 추종자들을 제지하기 위해 국가의 일부가 희생을 감수해야 하는 상황이었기 때문에 영국 해군성이 대영제국과 그 동맹국들을 위해 앤드류 소장에게 행동 명령을 내리기 원했으리라는 것은 충분히 인식되었다.
　더구나 국제연맹의 새로운 계획에 따르면 위급 시에는 미 해군성의 동의 없이도 외국인들이 미국 해군을 지휘할 수 있는 위치에 설 수 있음이 인식되었다……. (강조는 원저자 표시)

　이 기사에 관해 처음 논평한 상원의원은 펜실베이니아 주 출신인 녹스 씨(Mr. Knox)였다. 그는 분개하면서 조사를 요구했다. 그다음 발언자인 코네티컷 주 출신의 브랜디지 씨(Mr. Brandegee)는 분노하여 벌써 그 기사를 믿으려 했다. 녹스 씨가 분개하여 그 보도의 사실 여부를 알고자 했을 때, 30분 뒤에 브랜디지 씨는 만약 해병대가 죽임을 당했다면 어떤 일이 벌어졌을지 알려고 했다. 그 의문에 관심을 갖고 있었던 녹스 씨는 자신이 질문을 했다는 사실을 잊고 대답을 했다. 만약 미 해병이 죽었다면 전쟁이 일어났으리라고. 논쟁의 분위기는 아직 조건부이다. 논쟁은 지속된다. 일리노이 주 출신의 맥코믹 씨(Mr. McCormick)는 월슨 행정부가 소규모 비공식 전쟁을 벌이기 쉽다는 사실을 상원에 상기시켜준다. 그는 시어도어 루스벨트(Theodore Roosevelt)의 "평화 유지"라는 경구를 반복한다. 논쟁이 심해진다. 브랜디지 씨는 해병대가 "어딘가에 있는 최고 위원회의 명령에 따라" 행동했다는 사실에 주목하지만 그 기구에서 누가 미국을 대표하는지 알지 못한다. 최고 위원회는 미국 헌법에는 없는 것이다. 그래서 인디애나 주 출신의 뉴 씨(Mr. New)는 사실 해명을 요구하는 결의안을 제출한다.

상원의원들은 지금까지 자신들이 아직 루머에 관해 논의하고 있음을 막연하게 인식한다. 법률가로서 그들은 증거라는 어떤 형식을 기억한다. 그러나 혈기 왕성한 남자로서 그들은 이미 미국 해병대가 외국 정부의 명령에 따라 의회의 인준도 없이 전쟁에 임했다는 사실에 적절한 온갖 분노를 경험한다. 자신들은 국제연맹에 대항해 싸우는 공화당원이기 때문에 그들은 감정적으로 그 사실을 믿으려 한다. 이는 민주당 지도자인 네브래스카 주 출신의 히치콕 씨(Mr. Hitchcock)를 자극한다. 그는 최고 위원회가 비상 대권으로 행동했다면서 최고 위원회를 옹호한다. 공화당원들이 지연시켜 평화조약은 아직 성립되지 않았다. 그래서 그 조치는 필요하고 합법적인 것이었다. 양측은 그 보도가 사실이라고 추정하고 그들이 도출해내는 결론은 자신들이 속한 정당의 당파심에서 나온 결론이라고 추정한다. 그러나 이러한 비정상적인 추정은 그 진실 여부를 조사하기 위해 나온 결의안을 다루는 논쟁 가운데에 있다. 이것은 결과가 나올 때까지 반응을 유보한다는 것이 심지어 훈련을 받은 법률가들에게도 얼마나 어려운 일인지를 잘 보여준다. 반응은 즉각적이다. 허구가 절실히 필요하기 때문에 허구가 진실로 간주된다.

며칠 후 해병대는 영국 정부나 최고 위원회의 명령에 따라 착륙한 것이 아니라는 공식 보고가 나왔다. 그들은 이탈리아인들과 전투를 벌이지 않았다. 그들은 이탈리아 정부의 요청에 따라 이탈리아인들을 보호하기 위해 착륙했고 이탈리아 당국은 미국 사령관에게 공식적으로 감사의 뜻을 표했다. 해병대는 이탈리아와 전쟁 중인 것이 아니었다. 그들은 국제연맹과는 전혀 상관없이 이미 확립된 국제 조약에 의거하여 행동했다.

행동이 벌어진 곳의 장면은 아드리아 해였다. 이 경우 아마 워싱턴에 있던 상원의원들의 머릿속에 그려진 그 장면의 상(像)은 아드리아 해에는 전혀 관심이 없고 국제연맹을 물리치는 데 엄청난 관심을 갖고 있는 사람이 속이려고 제공했을 것이다. 상원은 이 상(像)에 대해 국제연맹에 대한 당파의 반목을 강화하는 식으로 반응했다.

5

이런 특별한 경우 상원이 정상 기준 이상이었는지 또는 이하였는지 판단할 필요는 없다. 또 상원이 하원이나 다른 나라 의회와 비교했을 때 더 나은지도 판단할 필요가 없다. 지금은 사람들이 의사환경의 자극에 고무되어 그들의 환경에 반응하는 이러한 세계적인 현상에 관해 생각해보고 싶을 뿐이다. 왜냐하면 의도적인 속임수가 완전히 용인되는 경우에도 여전히 정치학은 두 나라가 서로를 공격하면서 각자는 정당방위 차원에서 하는 거라고 확신하는 상황에 대해, 혹은 두 계급이 서로 전쟁 상태에 있으면서 각자는 공동의 이익을 대변한다고 확신하는 상황에 대해 설명해야 하기 때문이다. 우리는 그들이 서로 다른 세상에 살고 있다고 말하고 싶다. 보다 더 정확하게 표현하자면 그들은 똑같은 세상에서 살고 있지만 각기 다른 세상을 생각하고 느끼는 것이다.

'위대한 사회'에서 살고 있는 인류는 이러한 특수한 세계, 이러한 개인적이거나 집단적, 계급적, 지방적, 직업적, 국가적 혹은 분파적인 인공적 산물 등에 정치적으로 적응하고 있다. 그것들은 너무나 다양하고 복잡해서 묘사할 수가 없다. 그러나 이러한 허구들이 인간의 정치 행위 중 대부분을 결정한다. 우리는 아마도 최소한 1백 개의 입법부로 구성된 50개 독립국가의 의회에 대해 생각해야 한다. 거기에는 적어도 50개의 지방의회와 시의회 조직이 속하는데, 그것은 자신들의 집행기관, 행정기관, 입법기관을 갖추고 지구상의 공식적인 권위를 구성하고 있다. 그러나 그것이 정치적 삶의 복잡성을 드러내는 시발점은 아니다. 왜냐하면 이처럼 셀 수 없을 정도로 많은 각각의 권위 중심에는 정당들이 있고 그 정당들은 자신들 스스로가 계급, 분파, 도당, 씨족에 뿌리를 둔 조직이기 때문이다. 그리고 각 조직 내부는 인맥, 기억, 공포, 희망으로 구성된 그물망의 사적 중심에는 개별 정치인들이 있다.

어쨌거나 필연적으로, 때로는 이해하기 힘든 이유에서 이들 정치 집단들로부터 어떤 식으로든 지배나 절충 혹은 타협의 결과로 명령들이 생겨난다. 그것은 군대 동원, 화해, 징집, 과세, 추방, 투옥, 자산의 보호나 압수에 관한 명령들이며, 어떤 기업은 장려하고 다른 기업은 몰락시키며, 이민을 장려하거나 방해하고 커뮤니케이션을 증진시키거나 검열하고, 학교를 세우고, 해군을 창군하고, "정책"과 "운명"을 선포하고, 경제 장벽을 높이고 재산을 창출하거나 파괴하고, 한 국민을 다른 국민의 지배 아래 두고 한 계급을 다른 계급보다 더 호의적으로 대하는 명령들이다. 이런 각각의 결정을 하기 위해 사실을 보는 몇몇 관점이 결정적인 것으로 채택되고, 환경을 보는 관점은 추론의 근거와 감정의 자극으로서 받아들인다. 그것은 사실에 대한 어떤 관점인데, 왜 하필 그 관점인가?

그렇지만 이것이 진정한 복잡성을 설명하는 단초가 되지는 않는다. 공식적인 정치 구조는 사회적 환경에 존재한다. 그 사회적 환경에는 셀 수 없을 정도로 크고 작은 기업체와 기관, 임의 조직 혹은 반(半)임의 조직, 전국 집단, 지방 집단, 도시 집단, 인근 집단이 존재하며 그들은 정치 집단을 주목하게 하는 결정을 자주 내린다. 이런 결정들은 무엇을 근거로 하는가?

체스터튼 씨(Mr. Chesterton)는, "현대 사회는 모든 사람들이 각기 다른 이유에서 동일한 일을 할 것이라는 개념을 바탕으로 하고 있으므로 본질적으로 불안정하다……. 재소자의 머릿속에 매우 고독한 범죄의 지옥이 있을 수 있듯이 교외에 사는 점원의 집이나 모자 아래에는 아주 유별난 철학의 지옥이 있을 수 있다. 첫 번째 사람은 완전한 유물론자로서 자신의 육체는 자신의 정신을 만드는 무시무시한 기계라고 느낄지 모른다. 그는 둔탁한 시계 소리에 귀를 기울이듯이 자신의 생각에 귀를 기울일지 모른다. 그 옆집 사람은 크리스천 과학자로서 자신의 육체를 자신의 그림자보다도 덜 물질적인 것으로 간주할지 모른다. 그는 거의 섬망(譫妄)[15]이나 진전증(震顫症)[16]을 겪고 있어, 꿈속에서 자신의 팔과 다리를 움직이는 큰 뱀과

---

15) delirium : 의식장애와 내적인 흥분의 표현으로 볼 수 있는 운동성 흥분을 나타내는 병적 정신 상태.

같은 망상으로 간주하게 될 것이다. 거리에 있는 세 번째 사람은 크리스천 과학자가 아니라 크리스천일 것이다. 그는 이웃사람들 말마따나 기이한 얼굴들의 친구들로 가득한 비밀스럽지만 확실한 동화의 세계 속에서 살고 있을 것이다. 네 번째 사람은 신지론자(神智論者)[17]이며, 아마도 채식주의자일 것이다. 그리고 다섯 번째 사람은 악마 숭배자일 거라는 상상에 대해 나 스스로 만족해서는 안 된다는 이유를 찾을 수 없다……. 이러한 종류의 다양성이 가치가 있건 없건 간에 이러한 종류의 통일성은 불안하다. 모든 시대의 모든 사람들이 서로 다른 것을 생각하면서도 여전히 동일한 일을 하기를 기대한다는 것은 의심스러운 추측이다. 그것은 영성체(領聖體)나 심지어 관례(慣例)에 기반을 두고 사회를 세우는 것이 아니라 오히려 우연의 일치에 기반을 두고 세우는 것이다. 한 사람은 거창한 도시 개혁의 일환으로 가로등을 연두색으로 칠하기 위해, 다른 사람은 가로등 불빛 아래서 성무일도서(聖務日禱書)[18]를 읽기 위해, 또 한 사람은 술 취한 김에 생긴 돌발적인 열정으로 가로등을 껴안기 위해, 그리고 마지막 사람은 단순히 연두색 기둥이 젊은 애인과 만나기 쉬운 눈에 잘 띄는 장소이기 때문에 가로등 밑으로 오는 경우, 네 사람은 동일한 가로등 밑에서 만나게 될지 모른다. 그러나 이런 일이 밤마다 발생하리라고 기대하는 것은 지혜롭지 못하다……."

 가로등 밑의 네 사람을 정부, 정당, 기업, 단체, 사교계, 업계 및 전문 직종, 대학교, 종파, 세계 민족들로 대치해보라. 먼 곳에 사는 사람들에게 영

---

16) tremens : 손이 규칙적인 리듬을 가지고 떨리는 증세.
17) theosophist : 신비로운 통찰력에 기초하여 신(神)과 세상을 신앙하는 자.
18) breviary : 가톨릭에서 매일 정해진 시간에 하나님을 찬미하는, 교회의 공적(公的)이고 공통적인 기도서.

향을 미칠 법안에 투표하는 국회의원과 어떤 결정을 내리려는 정치인을 생각해보라. 유럽 국가의 국경을 재조정하기 위한 평화회의, 자국 정부와 외국 정부의 의도를 파악하려는 외국주재 대사, 후진국에서 양보를 얻어내기 위해 작업 중인 기획가, 전쟁을 원하는 편집자, 경찰에게 오락의 규제를 요청하는 성직자, 파업을 할 것인지 말 것인지 결정하고 있는 동호회의 라운지, 학교 규제를 준비 중인 재봉(裁縫) 동호회, 오리건 주 의회가 여성의 근로시간을 결정할 수 있는지를 판단하는 아홉 명의 판사들, 한 정부의 승인 여부를 결정하기 위해 모인 각료회의, 후보자를 선출하고 정견을 작성 중인 전당대회, 투표하려는 2천 7백만 유권자들, 벨파스트(Belfast)[19]의 아일랜드인을 생각하고 있는 코크(Cork)[20]의 아일랜드인, 전체 인류 사회의 재건을 계획하고 있는 제3 인터내셔널(Third International)[21], 종업원들의 일련의 요구에 직면하고 있는 이사회, 직업을 선택하려는 청년, 다가올 성수기의 수요와 공급을 예측하는 상인, 시장의 일련의 상황을 예측하고 있는 투자자, 새로운 기업에 대한 신용거래 여부를 결정하고 있는 은행가, 광고주 그리고 광고의 수용자를 생각해보라. "대영제국" 혹은 "프랑스" 혹은 "러시아" 혹은 "멕시코"에 대해 각각 다른 견해를 갖고 있는 다양한 부류의 미국인을 생각해보라. 체스터턴 씨가 말한 연두색 가로등 밑의 네 사람과 그리 다르지 않다.

---

19) 북아일랜드의 수도.
20) 아일랜드의 도시.
21) 1919~1943년 사이에 모스크바에서 조직됨. 약칭 Comintern.

6

그래서 인간의 선천적인 차이라는 모호성의 정글로 빠져들기 전에 우리는 인간이 세상에 대해 알고 있는 것에 내재해 있는 놀라운 차이를 주목하면 좋을 것이다. 나는 중요한 생물학적 차이가 존재한다는 것을 의심하지 않는다. 인간도 동물이므로 그렇지 않다면 이상한 일이다. 그러나 이성적 존재로서 행위를 유발한 두 개 환경 간에 측정 가능한 유사성이 발견될 때까지, 비교되는 행위를 일반화하려는 것은 매우 얄팍한 생각이다.

이런 생각의 실용적 가치는 그것이 천성과 교육, 그리고 선천적 자질과 환경에 대한 오래된 논쟁에서 개선이 필요하다는 것을 알려준다는 데 있다. 왜냐하면 의사환경은 "인간의 본질"과 "조건"이 뒤섞인 혼합물이기 때문이다. 내 생각에 그것은 우리가 관찰한 인간의 행위를 근거로 인간이란 무엇이며 앞으로 무엇일까에 관해서, 혹은 사회에 필요한 조건들은 무엇인지에 관해서 거들먹거리며 말한다는 것이 얼마나 쓸모없는 일인지를 잘 보여준다. 왜냐하면 우리는 위대한 사회에 대한 사실들에 응대하여 인간이 어떻게 행동해야 하는지를 모르기 때문이다. 우리가 진정 아는 바는, 인간은 위대한 사회에 대한 가장 부적절한 상(像)이라는 것에 응대해서 행동한다는 것이다. 이 같은 증거를 가지고서는 인간이나 위대한 사회에 관한 어떤 결론도 내릴 수 없다.

그러므로 이것은 우리가 탐구하고 있는 문제의 열쇠가 될 것이다. 우리는 개별 인간의 행위가 직접적이고 확실한 지식에 바탕을 둔 것이 아니라 스스로가 그린 상(像)이나 주어진 그림에 바탕을 둔다고 가정할 것이다. 그의 지도에 따르면 만약 세상이 납작하다면 그는 밑으로 떨어질까 봐 지구의 가장자리라고 생각되는 곳 가까이로는 항해하지 않을 것이다. 만약 그의 지도에 불로(不老) 분수가 있다면 퐁스 드 레온(Ponce de Leon)[22] 같은 사람은 그것을 찾아 나설 것이다. 만약 어떤 사람이 노란색 흙을 파낸다면 한동안 그는 마치 황금을 발견한 것과 같이 행동할 것이다. 어떤 시점이든지 사람은 자신이 세상에 대해 상상하는 방식에 따라 행동할 것이다. 그것은 그가 성취할 것을 결정하지는 않는다. 그것은 그들의 성취와 결과가 아니라 그들의 노력, 감정, 희망을 결정한다. 가장 소리 높여 "유물론"을 외치고 "관념론자들"을 경멸하는 마르크스 공산주의자들은 그들의 모든 희망을 어디에 두는가? 선전에 따른 계급의식이 강한 집단의 형성에 둔다. 그러나 인간을 반응하게 하는 상(像)을 바꾸려는 노력이나 하나의 사회 유형을 또 다른 사회 유형으로 바꾸려는 노력이 선전이 아니라면 도대체 무엇이 선전인가? 세상을 인식하는 방식이 그것이 아니라면 계급의식이란 도대체 무엇인가? 민족적 인식이 그중 하나가 아니겠는가? 그리고 기딩스(Giddings) 교수의 동류의식이란 우리가 다수 중에서 우리와 같은 종류라고 표시한 것을 인식한다고 믿는 과정이 아니겠는가?

사회생활이란 쾌락의 추구와 고통의 회피라고 설명해보라. 당신은 곧 쾌락주의자들이 사실이 아닐지도 모르는 것을 단정 짓는다고 말할 것이다. 왜냐하면 인간이 그런 목표들을 추구한다는 사실을 지지하는 것조차도, 왜 이런 방식보다 저런 방식이 쾌락을 가져올 가능성이 있는가 하는 결정적인 문제를 건드리지 못하기 때문이다. 인간의 양심에 따른 지도가 이를 설명할 수 있는가? 그렇다면 어째서 그는 지금 그가 소지하고 있는 그런 특정한 양심을 갖고 있는가? 경제적 사리사욕에 관한 이론인가? 그런데 어떻게 인간은 자신들의 사리사욕을 다른 방식이 아닌 지금의 방식

---

22) 스페인의 탐험가.

으로 이해하는가? 안전에 대한 욕구나 명성, 지배 혹은 우리가 막연히 자아실현이라고 부르는 것으로 설명할 수 있는가? 인간은 자신들의 안전을 어떤 식으로 이해하며 명성이란 무엇이라고 생각하고, 지배의 수단을 어떤 식으로 이해하며 자신이 실현하기를 원하는 자아란 어떤 개념이라고 생각하는가? 쾌락, 고통, 양심, 획득, 방어, 증진, 지배 등은 의심할 여지 없이 사람들이 행동하는 방식이다. 그러한 목표를 달성하기 위해 애쓰는 본능적으로 타고난 기질이 있을 것이다. 그러나 그런 목표에 관한 어떠한 진술이나 그것을 추구하는 경향에 관한 어떠한 묘사도 결과를 초래하는 행위를 설명하지는 못한다. 인간은 반드시 이론을 세운다는 사실은 세상에 대한 그들의 내적 표현인 그들의 의사환경이 생각과 감정, 행동을 결정하는 요소임을 입증한다. 왜냐하면 만약 현실과 인간 반응의 관련성이 간접적이거나 추론적이 아니라 직접적이고 즉각적이라면 망설임과 실패란 있지도 않았을 것이며, (마치 자궁 속의 태아처럼 만약 우리들 각자가 포근하게 세상에 적합하게 맞추어졌다면), 버나드 쇼 씨(Mr. Bernard Shaw)도 인간 존재의 첫 9개월 동안을 제외하고는 어떤 인간도 식물처럼 자신의 일을 잘 다루는 사람은 없다고 말하지 않았을 것이다.

  정신분석 체계를 정치사상에 적응시킬 때 가장 큰 어려움은 바로 이런 연유에서 발생한다. 프로이트학파 심리학자들은 특정 개인이 다른 개인 혹은 어떤 구체적인 환경에 적응하지 못하는 것에 관심이 많다. 그들은 내적 혼란을 바로잡아준다면 명백하게 정상적인 관계가 무엇인지에 대한 혼란은 거의 없을 거라고 가정한다. 그러나 여론은 간접적이며 우리가 보지 못한 헷갈리는 사실들을 취급하고, 여론에 대해 명백한 것은 하나도 없다. 여론을 나타내는 상황이란 단지 의견이라고만 알려져 있다. 한편 정신분석가는 환경이란 거의 항상 인식할 수 있는 것이며 만약 인식할 수 없다면 적어도 괜찮은 지능을 갖춘 사람에게는 견딜 만한 것이라고 가정한다. 이와 같은 그의 가정은 여론의 문제이다. 사회분석가는 환경이라는 것을 쉽게 알 수 있는 당연한 것으로 간주하는 대신 거대한 정치 환경이 어떻게 인식되며 어떻게 그것이 보다 더 성공적으로 인식되는지에 관한 탐구에 무엇보다 관심이 많다. 심리분석가는 자신이 환경이라고 일컫는 X에 대한 적응 과정을 조사하며 사회분석가는 자신이 의사환경이라고 일컫는 X에 대해 조사한다.

물론 그는 영원히 그리고 지속적으로 새로운 심리학에 빚지고 있다. 왜냐하면 올바로 적용되었을 때 그것은 어떤 어려움이 있더라도 사람들로 하여금 스스로 생존할 수 있도록 상당히 도와주며 꿈, 환상, 그리고 합리화에 관한 연구는 의사환경이 어떻게 만들어지는지에 관한 이해를 돕기 때문이다. 그러나 그는 기존의 사회 질서 내에 존재하는 "정상적인 생물학적 생활 경력"이라고 일컬어지는 것과, 사회 질서 밖의 "종교 억압과 독단적 관습에서 자유로운" 생활 경력을 모두 자신의 기준이라고 가정할 수 없다. 사회학자에게 정상적인 사회 경력이란 무엇인가? 억압과 관습에서 자유로운 것이란 무엇인가? 확실히 보수적인 비평가들은 첫 번째를, 그리고 낭만적인 비평가들은 두 번째를 가정한다. 그러나 그런 것들을 가정하면서 그들은 세상 전체를 당연한 것으로 간주한다. 사실상 그들은 사회란 정상적인 것이 무엇인지에 관한 그들의 사상과 일치하는 것이라고 말하거나, 혹은 사회란 자유로운 것이 무엇인지에 관한 그들의 생각과 일치하는 것이라고 말한다. 이 두 사상은 그저 여론이며 의사로서의 정신분석가는 아마 그런 것들을 사실로 추론할 것이고 사회학자는 기존 여론의 산물을 여론 연구의 기준으로 삼지는 않는다.

7

우리가 정치적으로 다뤄야 하는 세상은 손에 닿지 않는 곳, 보이지 않는 곳에 있으며 기억에서 사라졌다. 그것은 탐색해야 하고 보고해야 하고 상상해야 하는 것이다. 인간은 모든 존재를 한 번에 심사숙고하는 아리스토텔레스의 신이 아니다. 그는 간신히 생존을 유지하기 위해 필요한 현실의 한 부분만을 겨우 잴 줄 알고, 시간의 척도로 보자면 몇 순간에 불과한 직관과 행복을 움켜쥘 줄 아는 진화의 생물체이다. 그러나 이 같은 생물체가 맨눈으로는 볼 수 없는 것을 보는 방법, 귀로는 들을 수 없는 것을 듣는 방법, 어마어마한 양이나 극소량의 무게를 재는 방법, 개별적으로 기억할 수 있는 것 이상의 품목들을 세고 분류하는 방법을 발명해냈다. 그는 과거에는 결코 볼 수 없었고 만질 수 없었고 냄새 맡지 못했고 듣지 못했고 기억하지 못했던 세상의 광대한 부분을 마음속으로 보는 방법을 배우고 있다. 그는 손에 닿지 않는 세상에 관한 신뢰할 만한 상(像)을 머릿속에 점차 혼자 힘으로 그린다.

외부 세계의 특성은 다른 인간들의 행동과 관련이 있는데, 그들의 행동이 우리의 행동과 교차하는 한, 그 특성들이 우리에게 달려 있는 한, 혹은 우리에게 관심이 있는 한, 우리는 대충 그것을 공공문제(公共問題, public affairs)라고 부른다. 다른 인간들의 머릿속에 있는 상(像)들, 그들 자신과 다른 사람들에 관한 상(像)들, 필요와 의도의 관계에 관한 상(像)들이 바로 그들의 여론이다. 인간 집단에 의해, 혹은 집단의 이름으로 행동하는 개인들에 의해 작용하는 상(像)들이 바로 대문자로 쓴 여론이다. 그래서 다음 장들에서 우리는 내부의 상(像)이 종종 외부 세계를 다루는 사람들을 오도하는 몇몇 이유를 먼저 조사해보아야 한다. 이 제목으로 우리는 사실에 대한 접근을 제한하는 주요 요인들을 먼저 생각해보아야 할 것이다. 그것들은 인위적인 검열, 사회적 접촉의 한계, 하루에 공공문제에 쓸 가용(可用)시간의 상대적 부족, 사건을 짧은 메시지로 축약하는 데 따르는 왜곡, 복잡한 세상을 적은 양의 어휘로 표현하는 데 따르는 어려움, 마지막으로 인간 일상의 삶을 위협하는 듯한 사실들에 직면하는 데 따르는 두려움 등이다.

그런 다음, 이러한 다소 외적인 제한에 대한 분석에서부터 외부에서 흘러 들어온 메시지가 그것을 해석하고, 살찌우고, 그다음 우리의 주의와 시각 자체에 강력하게 작용하는 저장된 이미지, 선입견, 편견들에 어떻게 영향을 받는가 하는 질문에 대한 분석으로 넘어간다. 그로부터 고정관념화된 외부의 제한된 메시지를 개인이 느끼고 상상하면서 개인 속에서 어떻게 그 메시지가 자신의 고유한 관심과 동일시되는지에 대한 분석으로 이어진다. 그 뒤에는 의견이 어떻게 여론으로 결정체를 이루고, 국가 의지, 집단의 마음, 사회 목적 혹은 당신이 일컫는 그 무엇으로 어떻게 형성되는지 분석한다.

이 책의 첫 5장은 서술적인 부분을 구성한다. 그 뒤를 이어 여론에 관한 전통적인 민주주의 이론을 분석한다. 민주주의의 원래 형태에서는 사람들의 머릿속에 있는 상(像)이 외부의 세상과 자동적으로 일치하지 않아서 발생하는 문제에 직면한 적이 전혀 없었다는 것이 논의의 핵심이다. 민주주의 이론은 사회주의 사상가들의 비판을 받고 있으므로 이러한 비판들 중에서 영국 길드 사회주의자들처럼 가장 진보적이고 일관성 있는 비판에 대한 전개가 그 뒤를 잇는다. 여기서 내 목표는 과연 이들 개혁주의자들이 여론에 관한 주요 난제들을 고려했는지 밝혀내는 것이다. 결론은 그들이 이런 어려운 문제들을 마치 초기 민주주의 옹호자들이 그랬던 것처럼 완전히 무시했다는 것이다. 왜냐하면 초기 민주주의자들보다 더 복잡한 문명 가운데 있는 그들 역시, 인간의 마음속에는 그들의 손이 닿지 않는 세상에 관한 지식이 존재한다고 어느 정도 신비스럽게 가정하고 있기 때문이다.

보이지 않는 사실들에 결정을 내려야 하는 사람들의 이해를 돕기 위한 독립적인 전문 기관이 없다면, 어떤 형태의 선거를 치르더라도 정치나 산업에서 대의제도는 제대로 성공할 수 없다는 것이 내 주장이다. 그러므로 개인적인 대의(代議)에는 보이지 않는 사실들의 대의가 보충되어야 한다는 원칙을 진지하게 수락해야만 만족스러운 권력 분산이 가능하며, 우리들 각자는 공공문제에 관한 만족할 만한 의견을 수집해야 한다는 참을 수 없고 실행 불가능한 허구에서 해방될 수 있다는 것이다. 이러한 허구를 인지하고, 민주주의 이론에서는 예측할 수 없었던 모든 것들을 만회할 것을 언론의 비판자와 옹호자 모두가 기대하기 때문에 언론의 문제는 혼란스럽고, 또한 독자들은 이런 기적이 자신들에게는 아무런 비용이나 문제가 발생되는 일 없이 이루어지기를 기대하고 있는 것이다. 민주주의 옹호자들은 신문을 자신들의 고유한 결점들을 해결해주는 만병통치약으로 간주하는 반면, 뉴스의 본질과 저널리즘의 경제적 기반에 관한 분석에 따르면 신문은 필연적으로 그리고 불가피하게도 여론의 불완전한 구성을 반영하며, 그것을 다소 강화하는 것 같다. 나의 결론은 건전한 여론이 되기 위해서는 여론이 언론을 위해 조성되어야지, 지금처럼 언론에 의해 여론이 조성되어서는 안 된다는 것이다. 먼저 이러한 여론 조성은 결정이 내려진 이후의 옹호자나 비판자 혹은 기자의 과제가 아니라 실제 결정을 내리기 이전에 형성자로서 적절한 자리를 굳힌 정치학의 과제라고 생각한다. 나는 정부와 산업계의 당혹감이 정치학 자체의 질을 높이고 대중에 봉사할 수 있는 엄청난 기회를 제공하고 있다는 점을 지적하려고 한다. 그리고 물론 나는 이 책이 많은 사람들로 하여금 그 기회를 보다 분명히 인식하고 그것을 보다 더 의식적으로 추구하는 데 도움을 줄 수 있기를 바란다.

제2장

외부 세계에 접근하는 방식

1

  역사상 가장 엄청난 전쟁 중 가장 최악의 시간에 편집회의를 주재하는 장군에 대한 상(像)은 실제 삶의 한 국면이라기보다는 「초콜릿 병사(The Chocolate Soldier)」[1]에 나오는 장면 같다. 그러나 이런 회의는 전쟁을 치르는 가운데서도 필요한 일과였기에, 베르됭(Verdun) 전투[2]에서 가장 격렬했던 순간에도 조프르 장군과 그의 참모들은 모여서 다음 날 아침신문에 실릴 글의 명사, 부사, 동사 등을 놓고 논의를 거쳤다는 사실을 우리는 프랑스의 공보(公報)[3]를 편집한 장교에게 직접 들어서 안다.

  "(1916년 2월) 23일의 석간 공보는 극적인 분위기에서 편집되었다. 총리실의 베르틀로 씨(M. Berthelot)는 총리의 명령에 따라 펠레(Pellé) 장군에

---

1) '실전에 참가하지 않는 군인'이라는 뜻으로서 버나드 쇼의 소설 『무기와 인간』을 오페라화한 각본.
2) 베르됭은 프랑스의 도시이며 베르됭 전투는 제1차 세계대전 중의 전투를 일컬음.
3) 코뮤니케(communiqués), 외교상의 성명서.

게 바로 전에 전화를 걸어 보고서의 내용을 강화하고 적군의 공격 부분을 강조하라고 지시하였다."고 드 피에르퓨 씨(M. de Pierrefeu)는 말했다. 비참한 사태가 닥칠 때를 감안해 국민들이 최악의 결과에 대비하게 할 필요가 있었다. 이러한 걱정은 정부가 총사령부나 국방부를 신뢰하지 못한다는 것을 분명히 보여주었다. 베르틀로 씨가 말했듯이 펠레 장군은 간단히 메모했다. 그는 정부가 바라는 바를 자신이 직접 적은 종이와 몇몇 포로들에게서 발견된, 폰 다임링(von Deimling) 장군이 내렸던 '이 공격은 평화를 얻기 위한 최고 수준의 공격이 될 것'이라고 밝힌 그날의 명령을 나에게 건넸다. 잘만 이용하면 이 모든 것은 독일이 전례 없는 어마어마한 작전에 착수했으며, 그 공격을 성공시켜 종전을 바라고 있다는 사실을 보여줄 수 있었다. 이 같은 주장의 논리는 아무도 우리의 철수에 놀랄 필요가 없다는 것이었다. 내가 30분 뒤에 원고를 가지고 클로델(Claudel) 대령의 방에 내려가니 그는 없었고 자냉(Janin) 소장, 듀퐁(Dupont) 대령, 르누아르(Renouard) 중령이 모여 있었다. 펠레 장군은 원하는 바를 내가 제대로 전달하지 못할까 봐 걱정스러워하다가 직접 공보를 준비했고, 나는 내가 나대로 방금 전에 작성한 것을 읽었다. 그것은 너무 온건하다는 반응이었다. 펠레 장군이 준비한 내용은 너무 겁을 주려는 것 같았다. 나는 폰 다임링이 내린 그날의 명령을 일부러 제외했다. 그것을 공보에 넣게 되면 대중에게 익숙한 공식에서 벗어나, 일종의 애원하는 형식으로 바뀌는 것이었다. 마치 '우리가 어떻게 저항할 수 있겠는가.'라고 말하는 듯했다. 대중은 그런 어조의 변화에 혼란스러워할 것이며 모든 것을 다 잃었다고 믿을 수도 있기 때문이었다. 나는 그러한 이유를 내세워 다임링의 글은 별도 형식으로 신문에 싣자고 제안했다.

"의견이 갈렸기 때문에 펠레 장군은 드 카스텔노(de Castelnau) 장군에게, 직접 와서 최종 결정을 내려달라고 부탁하러 갔다. 장군은 조용히 기분 좋게 웃으면서 들어오더니 새로운 전쟁 관련 문학 위원회에 참석한 듯이 즐겁게 몇 마디를 던진 뒤 글을 살펴보았다. 그는 좀 더 간단한 쪽을 선택하면서 첫 문단에 중점을 두었는데, '예상한 바대로'라는 문구를 넣어 안심시키는 느낌을 주었고, 폰 다임링의 명령을 넣는 것은 단호하게 반대했다. 하지만 특별 메모 형식으로 언론을 통해 전달하는 데는 찬성하였다······."

조프르 장군은 그날 저녁 공보를 세심하게 읽어본 뒤 승인하였다.

몇 시간 내에 이삼백 단어의 이 글이 전 세계에서 읽힐 것이다. 그것은 사람들의 마음속에 베르됭의 비탈 지역에서 무슨 일이 벌어졌는지 그에 대한 상(像)을 그릴 것이며, 그 상(像) 앞에서 사람들은 자신감을 얻거나 낙담할 것이다. 브레스트(Brest)의 상점주인, 로렌(Lorraine)의 농부, 프랑스 국회의원, 암스테르담이나 미니애폴리스(Minneapolis)의 편집인 등은 계속 희망은 가지면서도 혹시 패했을 경우 당황해하지 말고 받아들일 준비를 해야 했다. 그래서 그들은 프랑스 사령부에게는 땅을 뺏기고 퇴각하는 일이 그다지 놀랄 일이 아니라고 들어왔다. 또 사태가 심각하긴 하지만 예측 못했던 일은 아니라고 생각하게끔 배웠다. 사실 프랑스군 참모들은 독일군의 공세에 충분히 대비하고 있지 못했다. 참호도 파지 않았고 대체 도로도 닦지 않았고 철조망도 부족했다. 그러나 그런 사실을 고백하면 민간인들의 머릿속에는 재난으로 여겨지는 역전(逆轉)된 이미지를 불러일으킬 수 있다. 최고 사령부는 실망할지라도 다시 용기를 낼 수 있다. 그러나 온통 불확실하고 전쟁 상황에만 전념하는 전문가들도 아닌 국내외 사람들은 만일 완전한 이야기를 알게 된다면 장교들의 역량을 놓고 옹호파와 반대파로 갈려 아수라장을 벌이느라 정작 전쟁에 대한 시각은 잃게 될 것이다. 그러므로 당국은 장군들이 알고 있는 모든 사실을 대중이 알고 행동하게 하는 대신, 단지 어떤 특정 사실만을, 사람들이 가장 안심할 수 있는 방식으로 제시하였다.

이 경우 의사환경을 마련한 사람들은 실제 환경이 무엇인지 알고 있었다. 그러나 며칠 지나 프랑스군 참모들도 진실을 모르는 사건이 터졌다. 전날 오후에 독일군은 두오몽 요새(Fort Douaumont)를 자신들이 공격해서 점령했다고 발표했다. 샹티이(Chantilly)에 있는 프랑스군 총사령부의 어느 누구도 이 뉴스를 이해하지 못했다. 왜냐하면 25일 아침, 20사단이 교전을 가진 뒤로 전세는 호전되었기 때문이다. 전선에서 들어오는 보고에는 두오몽에 관한 소식은 하나도 없었다. 그러나 조사 결과, 요새가 어떻게 점령되었는지는 아무도 몰랐지만 독일군의 보고는 사실이었다. 한편 독일의 공보는 전 세계로 빠르게 퍼졌고 프랑스는 거기에 대해 뭔가 이야기를 해야 했다. 그래서 사령부는 다음과 같이 설명했다. "샹티이에서는 공격이 어떤 식으로 이루어졌는지 전혀 모르긴 하지만 우리는 26일자 석간 공보에서 1천 분의 1의 가능성을 가진 공격 계획을 상상했다." 이 상상했던 공격에 대한 공보의 내용은 다음과 같았다.

"베르됭의 옛 방위 조직의 전진 기지인 두오몽 요새 주변에서 격전이 벌어지고 있다. 오늘 아침에 적군은 몇 차례 공격에서 실패하여 상당한 손실을 초래한 뒤 겨우 한 지점을 점령했지만 아군이 그 지점을 다시 탈환하고 통과했으며 적군은 아군을 다시 물리칠 수 없었다."

실제로 일어난 내용은 프랑스군이나 독일군의 설명과 달랐다. 전선에서 병력을 교체하는 동안 명령에 혼선을 빚어 그 지점은 잊혀졌다. 포병 지휘관과 약간의 사병만이 요새에 남았다. 몇몇 독일 병사들은 문이 열린 것을 보고 포복으로 진입하여 내부에 있는 모든 병사를 포로로 체포했다. 잠시 후 언덕 비탈길에 있던 한 프랑스 병사가 요새로부터 사격을 받자 매우 놀랐다. 두오몽에서는 전투도 없었고 손실도 없었다. 공보에서도 언급한 대로 프랑스군은 그 지점을 지나서 전진한 적이 없었다. 프랑스군은 그 지점의 양쪽 끝에서는 그곳을 지나쳐 앞서 나가 있었지만 확실히 요새는 적군의 손에 있었다.

그러나 공보를 통해 모든 사람들은 요새가 절반만 포위되었다고 믿었다. 문구가 그런 식으로 정확히 표현하지는 않았으나 "늘 그래왔던 것처럼 언론은 논조를 높였다." 군사전문기자들은 독일군이 조만간 항복해야 할 거라고 결론지었다. 며칠 뒤 그들은 주둔군은 식량이 부족한데 왜 여태 항복하지 않는지 자문하기 시작했다. "언론 부처를 통해 군사전문기자들에게 포위 문제는 그만 다루라고 요청할 필요가 있었다."

2

프랑스군 공보 편집자는 전투가 길어지면서 자신과 동료들은 독일군의 끈질김을 무력화하기 위해 그들이 엄청난 손실을 입고 있다고 지속적으로 알렸다고 말한다. 이 시기, 실제로 1917년 후반까지 모든 연합국 국민들은 전쟁이란 "소모"로 결판난다는 정통적인 전쟁관을 가지고 있었다는 사실을 기억할 필요가 있다. 아무도 기동전을 믿지 않았다. 전략이나 외교술은 따지지 않았다. 단지 독일군을 사살하는 것이 중요했다. 일반 대중은 다소나마 이러한 독단을 믿긴 했지만, 독일군의 화려한 승리 앞에서는 끊임없이 떠올리게 만들어야 했다.

"엄청난, 지극히 엄청난 손실을 되도록 그럴듯하게 독일군 탓으로 돌리고, 피투성이의 희생자들과 산더미 같은 시체, 대학살에 관해 언급하는…… 공보가 발행되지 않는 날은 거의 없었다. 또한 라디오는 계속해서 베르됭 소재 정보부의 통계 수치를 이용했는데 그 정보부의 부장인 쾅테(Cointet) 소령은 대단히 놀랄 만한 결과를 보여주는 '독일군 손실 계산법'을 발명하였다. 2주일마다 그 숫자는 십만 정도씩 늘어났다. 삼십만, 사십만, 오십만의 사상자수가 발표되고 일간, 주간, 월간 단위 손실로 나누어지고, 모든 방식으로 반복되면서 뚜렷한 효과가 나타났다. 우리의 정형화된 문구는 거의 달라지지 않았다. '포로들에 따르면 공격에서 독일군의 손실은 엄청났다.' …… '손실은 다음과 같이 확인되었다.' …… '적군은 손실로 녹초가 되어 공격을 재개하지 못했다.' …… 어떤 문구는 매일 등장했는데, 너무 많이 쓰는 바람에 나중에는 그만 쓰게 되었다. 즉 '아군의 대포와 기관총 사격으로' …… '아군의 포격과 기관총 사격으로 사살되었다.' 등이었다. 이처럼 지속적인 반복은 중립국들과 심지어 독일군에게도 영향을 미쳤고, 끊임없는 반복이 낳는 나쁜 효과를 막으려고 헛된 노력을 펼쳤던 나우엔(Naun, 독일군 라디오)은 아니라고 부인하지만 전쟁의 피투성이 배경을 조성하는 데는 도움이 되었다."

프랑스군 사령부가 이런 보도를 통해 공개적으로 확립하려 했던 논지는 보도 검열관들의 지침용으로 다음과 같이 표현되었다.

"이 공격은 병력이 줄고 있는 적군을 적극적으로 끌어들인다. 우리는 1916년에 입대한 병사는 이미 전선에 투입된 것으로 알고 있다. 1917년에 소집된 병력과 제3종(45세 이상의 남자, 회복 중인 부상병)은 후방에 남을 것이다. 몇 주 뒤에 이번 작전으로 지친 독일군은 연합군의 모든 병력과 맞닥뜨리게 될 것이다(천만 명 대 칠백만 명)."

피에르퓨 씨에 따르면 프랑스군 사령부는 이런 사실을 확신하였다. "엄청난 정신적 일탈 탓에 적군의 소모만 보였다. 아군은 소모의 대상이 아니라고 보았다. 니벨(Nivelle) 장군도 그랬다. 우리는 1917년에 그 결과를 보게 되었다."

우리는 이것을 선전(propaganda)이라 부른다고 알게 되었다. 사건에 개별 접근을 막을 수 있는 일단의 사람들이 자신들의 목적을 위해 사건에 대한 뉴스를 배열하는 것이다. 이 경우 그 목적이 애국이라는 사실은 논쟁에 전혀 영향을 미치지 못한다. 그들은 자신들의 권력을 이용하여 연합국의 대중들이 자신들이 원하는 방식으로 이해하게 한다. 전 세계로 퍼진 콩테 소령의 사상자수도 이와 같은 식이다. 그것들은 특정한 추론, 다시 말해 소모전이 프랑스에 유리하게 전개되고 있었다는 점을 의도적으로 불러일으키려고 했다. 그러나 추론은 논쟁을 거쳐서 나오지 않았다. 그것은 베르됭 부근의 언덕에서 독일군이 끝없이 대량으로 학살되는 장면을 마음속에 상(像)으로 그리고 있는 데 따른 거의 자동적인 결과이다. 죽은 독일 병사들을 상(像)의 초점에 놓고 죽은 프랑스 병사는 언급하지 않음으로써 전투를 둘러싼 매우 특별한 관점이 구축되었다. 그것은 독일군의 영토 진군과 지속적인 공격에서 갖게 되는 전력(戰力)에 대한 인상을 상쇄하려고 고안한 관점이다. 또한 그것은 연합군에게 부과된 사기를 꺾는 방어 전략을 대중이 잠자코 받아들이게 하려는 것이기도 하다. 왜냐하면 대중은 전쟁이란 위대한 전략적 이동, 측면공격, 포위, 극적인 항복 등으로 구성된다는 생각에 익숙한데, 이제 목숨을 걸고 싸워야 전쟁에서 이길 수 있다고 하는 무시무시한 생각을 지지하면서 과거의 상(像)은 점차 잊어야 했기 때문이다. 전선에서 오는 모든 뉴스를 통제함으로써 참모본부는 이 전략에 맞는 것으로 사실의 관점을 대체했다.

야전군 참모본부는 대중이 알아야 할 것들을 폭넓게 통제할 수 있었다. 전선으로 가는 특파원 선정을 통제하고, 전선에서 그들의 움직임을 제한하며, 전선에서 보내는 그들의 기사를 읽고 검열하며, 무전을 방해한다. 정부는 군대 뒤에서 유선전화(cable)와 여권, 우편물과 세관, 봉쇄 조치 등을 통해 통제를 더할 수 있다. 정부는 발행인들과 공개 집회에 대해서는 합법적인 권한이나 첩보기관을 통해 통제권을 강화한다. 그러나 군대의 경우 완벽한 통제가 이뤄지지 않는다. 오늘날의 무선 시대에는 중립국들에 전달되는 적군의 공보가 항상 있다. 무엇보다도 전선에서 들려오는 군인들의 대화가 휴가 때면 널리 퍼진다. 육군은 통제하기 힘들다. 그래서 해군과 외교상의 검열은 거의 늘 훨씬 완벽하다. 무슨 일이 진행되고 있는지 아는 사람은 거의 없고, 그들의 행동은 훨씬 더 쉽게 감시할 수 있다.

3

어떤 형태가 되었든 검열 없이는 엄밀한 의미에서 선전은 불가능하다. 선전을 전개하기 위해서는 대중과 사건 사이에 어떤 장벽이 있어야 한다. 누군가 자신이 보기에 현명하거나 바람직하게 여기는 의사환경을 조성하기 전에는 실제 환경에 접근하는 것을 제한해야 한다. 왜냐하면 대상을 직접 접할 수 있는 사람들조차 본 것을 오해할 수 있는데, 만약 그들이 어디를 바라보고, 무엇을 볼 것인지 스스로 결정하지 못하면 아무도 자신들이 어떻게 오해할지 알 수 없기 때문이다. 군사 검열은 가장 단순한 장벽이지만 결코 가장 중요한 것은 아니다. 그것은 이미 존재하는 것으로 알려져 있으므로 어느 정도 받아들이고 대수롭지 않게 여기기 때문이다.

서로 다른 시기에, 다른 주제를 가지고 어떤 사람은 비밀에 관한 특정 기준을 강요하고, 또 어떤 사람은 그것을 받아들인다. 출판물과 관련하여,

이른바 "공공의 이익과 양립할 수" 없기 때문에 비밀에 부치던 것을 이제는 대중이 관여할 바가 아니라고 여기기 때문에 은폐하는 영역으로 차츰 변해간다. 개인의 사적인 일이란 무엇인가라는 개념은 탄력적이다. 따라서 사람의 재산이 얼마나 되는지는 사적인 일로 간주되어 가능한 한 알려지지 않도록 소득세법에 신중하게 조항을 마련하고 있다. 토지 매매는 사적인 일은 아니지만 가격은 사적일 수 있다. 일반적으로 월급은 임금보다 더 사적인 것으로 취급되고 수입은 유산보다 더 사적인 것으로 취급된다. 개인의 신용도는 제한적으로 유통된다. 대기업의 수익은 소기업의 수익보다 더 공개적이다. 부부 간, 변호사와 의뢰인 간, 의사와 환자 간, 성직자와 신도 간의 대화처럼 특정한 종류의 대화에는 특권이 주어진다. 기업 이사회는 일반적으로 비밀이다. 여러 정치회의도 마찬가지다. 내각회의에서 대부분의 논의나, 대사가 국무장관에게 한 발언, 사적인 인터뷰, 또는 저녁 식탁에서 한 발언 등은 사적인 것이다. 사람들 대부분은 사용자와 고용주 사이의 계약을 사적인 것으로 간주한다. 마치 오늘날 개개인의 신학(神學)이 사적인 것처럼 모든 기업의 업무가 사적인 것으로 여겨지던 시절이 있었다. 또한 개개인의 신학이 개인의 눈동자 색깔처럼 공개적인 일로 여겨지던 시절도 있었다. 한편으로 전염병이 음식물 소화 과정처럼 사적인 일이던 적도 있었다. 사생활 개념의 역사는 아주 재미있는 이야기가 될 것이다. 볼셰비키(Bolsheviks)들이 비밀조약을 발표했을 때처럼, 또는 휴스 씨(Mr. Hughes)가 생명보험회사들을 조사했을 때처럼, 또는 누군가의 스캔들이 지역신문에서 흘러나와 허스트계 대중지들(Mr. Hearst's newspapers)의 1면을 장식했을 때처럼 사생활의 개념들은 때로 격렬하게 충돌하는 경우도 있다.

사생활의 이유가 좋은 것이든 나쁜 것이든 간에 장벽은 존재한다. 사생활은 공적인 일이라고 일컬어지는 모든 종류의 영역에서 주장되고 있다. 그러므로 당신이 가진 의견의 기초가 된 어떤 사실에 어떻게 도달했는지 자문해보면 가장 명백하다. 실제로 누가 당신이 갖고 있는 의견의 대상을 보았고, 들었고, 느꼈고, 세었고, 이름 지었는가? 그는 당신에게 말해준 사람이었는가, 혹은 그에게 말해준 사람이었는가, 그보다 더 멀찌감치 떨어져 있는 사람인가? 그리고 그 사람은 얼마나 많이 볼 수 있었는가? 그 사람이 당신에게 프랑스는 이런저런 식으로 생각한다고 정보를 줄 때, 그 사람은 프랑스의 어떤 부분을 보았는가? 그 사람은 그것을 어떻게 볼 수 있었는가? 그것을 볼 때 그 사람은 어디에 있었는가? 그 사람은 어떤 프랑스 사람들과 이야기할 수 있었고, 어떤 신문들을 읽었고, 그들은 어디에서 그들이 말하는 것을 배웠나? 당신은 이런 질문들을 스스로에게 할 수 있지만, 거의 대답할 수는 없다. 그러나 이런 질문들은 여론과 그것이 다루고 있는 사건이 서로 분리되어 떨어져 있다는 사실을 기억하게 할 것이다. 그리고 이렇게 기억시키는 것 자체가 분리를 막아준다.

4

검열과 사생활(프라이버시)이 그 원천에서 정보를 차단하고 있는 한, 사실의 상당히 많은 부분은 결코 전체 대중에게 전달되지 않거나, 혹은 매우 느리게 전달된다. 왜냐하면 사상의 유통에는 분명한 제한이 있기 때문이다.

전쟁 중 정부의 선전(프로파간다)을 고려해보면 정보를 "모든 사람들"에게 전달하려면 어느 정도의 노력이 드는지 대략 계산해볼 수 있을 것이다. 미국이 개입하기 전에 전쟁은 이미 2년 반 이상 지속되었고, 수백만 장의 인쇄물이 유통되었으며, 헤아릴 수 없이 많은 연설이 행해졌던 것을 상기하면서 "친미주의의 복음이 지구 구석구석에 전파되도록 하기" 위하여 "인간의 정신을 위한, 그들의 확신을 얻기 위한" 전투에 관한 크릴 씨(Mr. Creel)의 설명을 들어보자.

크릴 씨는 6천 건 이상의 보도 자료를 발표한 보도부를 포함한 기구를 모이게 해야 했고, 총 3억 명에게 적어도 75만 5,190번의 연설을 행한 7만 5천 명의 '4분 연설자'를 모집해야 했다고 말했다. 보이스카우트들은 윌슨 대통령 연설에 주석을 단 복사본을 미국의 세대주들에게 전달했다. 격주 간행물은 60만 교사들에게 발송되었다. 20만 개의 환등기용 슬라이드를 강의에 쓰려고 준비했다. 포스터, 유리창에 붙이는 그림카드, 신문광고, 만화, 실(seal), 단추용으로 각기 다른 도안이 1,438개 나왔다. 상공회의소, 교회, 박애단체, 학교 등을 통해 배포되었다. 나는 크릴 씨의 노력에 대해 아직 제대로 평가를 하지 못했는데, 포함되지 않은 것이 많았다. 거기에는 평화시행연맹(League of Enforce Peace), 자유국연합연맹(League of Free Nations Association), 국가안보연맹(National Security League)과 같은 애국단체들의 독자적인 활동이나, 동맹국과 빈국들의 공보국 활동은 말할 것도 없고, 맥카두 씨(Mr. McAdoo)의 자유채권(Liberty Loans)[4] 발행을 위한 거대 조직, 후버 씨(Mr. Hoover)의 식량에 관한 대규모 선전과 적십자사, YMCA, 구세군, 로마가톨릭우애공제회(Knights of Columbus), 유대인사회복지회(Jewish Welfare Board) 등의 후원 캠페인 등도 빠져 있었다.

아마도 이것은 나라 전체 사람들에게 상당히 통일된 일련의 사상을 신속히 전달하려는 가장 거대하고 집중적인 노력이었을 것이다. 옛날 개종

---

4) 미국이 제1차 세계대전 시 연합군을 지원하기 위해 발행한 채권.

작업은 아마 이보다 천천히, 더 확실히 진행되었는지는 모르겠으나 결코 이만큼 포괄적이지는 않았다. 그런데 위기 상황일 때 모든 사람들에게 도달하게 하려고 그러한 극단적인 방법을 취했다면, 좀 더 정상적인 경로는 사람들의 마음에 얼마나 열려 있었을까? 행정부가 노력하고 있었기에, 전쟁이 계속되는 동안 미국 전역에서 하나의 여론이라고 불릴 만한 그 무엇을 창조해내는 데 매우 성공적이었다고 나는 믿는다. 그러나 거기에 필요했던 끈질긴 일, 복잡한 창의력, 경비, 인력 등을 생각해보라. 평화로운 시기에는 하나도 존재하지 않는다. 따라서 무엇이 일어나고 있는지에 대해 오직 희미하게만 듣게 되는 여러 부문과 거대한 집단들, 빈민가, 소수민족 거주지, 여러 계층 등이 있게 마련이다.

그들은 판에 박힌 삶을 살고 있고, 자신들의 일에만 갇혀 있고, 더 큼직한 일들에서는 벗어나 있고, 다른 부류의 사람들은 만나지도 않고, 책도 거의 읽지 않는다. 여행과 무역, 우편물, 유선전화, 라디오, 철도, 고속도로, 선박, 자동차, 그리고 앞으로 다가올 세대에는 물론 항공기가 사상의 유통에 가장 큰 영향을 미칠 것이다. 이들 각각은 정보와 의견의 공급과 품질에 가장 복잡한 방식으로 영향을 미친다. 이들 각자는 기술적, 경제적, 정치적 조건에 스스로 영향을 받는다. 정부가 여권 발급 절차나 세관 검사를 완화할 때마다, 신규 철로가 개설되거나 새 항구가 열릴 때마다, 신규 항해로가 개설되거나 요금이 오르거나 내릴 때마다, 우편물이 신속히 혹은 느리게 배달될 때마다, 유선전화의 검열이 폐지되거나 요금이 싸질 때마다, 고속도로가 새로 생기고 도로가 확장되거나 개선될 때마다 사상의 유통에 영향을 미친다. 관세표와 정부 보조금은 기업의 방향에 영향을 주므로 계약의 본질에도 영향을 미친다. 그래서 매사추세츠 주 살렘(Salem) 시의 경우처럼 조선기술의 변화 때문에, 국제적인 영향력이 모이던 중심도시가 점잖은 시골 마을로 줄어들 수도 있다. 더 급속한 변화의 즉각적인 영향이 반드시 좋은 것은 아니다. 예를 들면 파리를 중심으로 집중된 프랑스의 철도망이 프랑스 국민 전체에게 다 좋다고 말하기는 어렵다.

커뮤니케이션 수단에서 발생하는 문제들이 가장 중요한 것은 틀림없다. 그리고 국제연맹에서 주관하는 프로그램의 가장 건설적인 특징은 철도와 항만에 관한 연구였다. 유선전화, 항구, 연료 기지, 산악로, 운하, 해협, 하천로, 터미널, 시장 등의 독점은 여러 사업가들의 이득이나 정부의 위신보다 훨씬 더 중요한 의미를 갖는다. 그것은 뉴스와 의견 교환의 장벽을 뜻한다. 그러나 독점만이 유일한 장벽은 아니다. 비용과 가능한 공급이 더욱 심각한 장벽이다. 왜냐하면 여행경비나 무역경비가 엄청나거나, 혹은 설비 수요가 공급을 초월한다면 독점상태가 아니더라도 장벽이 존재하는 것이기 때문이다.

5

사람이 버는 수입의 정도는 그 자신의 이웃 너머 세상에 접근하는 데 상당한 영향을 미친다. 돈만 있으면 거의 모든 커뮤니케이션의 장애물들을 극복할 수 있다. 여행을 하고, 책과 정기간행물을 구입하고, 세상에 관해 알려진 사실들을 거의 모두 자신의 관심 영역으로 끌어들일 수 있다. 개인의 수입과 공동체의 수입은 현실 가능한 커뮤니케이션의 양을 결정한다. 그러나 사람의 생각은 그러한 수입을 어떻게 지출할 것인지를 결정하며, 그 결과 그들이 벌어들일 미래의 수입 크기에 영향을 미친다. 그들은 스스로 부과하고, 자신이 하고 싶은 대로 하기 때문에 거기에는 실제로 한계가 있는 것이다.

독자적인 사람들 중 일부는 남는 시간과 돈을 자동차 운전과 자동차들의 비교, 카드게임이나 게임의 분석, 영화와 대중예술작품 등에 소비하고, 늘 같은 사람들과 늘 같은 주제로 변화도 없이 이야기한다. 그들은 검열, 비밀, 커뮤니케이션과 관련하여 고비용이나 어려움으로 고통을 겪는다고 말할 수 없다. 그들이 겪는 것은 빈혈과 인간적인 장면에 대한 욕구와 호기심 부족이다. 그들의 문제는 외부 세계에 접근하는 것이 아니다. 재미있는 세상이 그들의 탐색을 기다리고 있지만 거기 들어가려 하지 않는 것이다.

그들은 마치 끈에 묶인 동물처럼 자신들이 속한 사회집단의 법칙과 신조에 따라 지인들의 고정된 반경 안에서만 움직인다. 남자들의 경우, 사업상 대화나 클럽이나 열차의 흡연 칸에서 갖는 대화는 그들이 속한 집단보다는 범위가 훨씬 넓다. 여자들의 경우, 그들의 사회집단(social set)과 대화의 범위는 거의 같다. 독서, 강연, 일련의 대화 등에서 비롯된 생각들이 한 군데로 모아지고, 분류되고, 수용되고, 거부되고, 판단되고, 승인되는 일들은 그 사회집단에서 벌어진다. 거기에서 어떤 기관과 어떤 정보원이 용인되거나 거부될 것인지 각각 토론을 거쳐 마지막으로 결정된다.

사회집단은 "사람들이 말한다"라는 문구에 나오는 그런 사람들로 구성된다. 그들의 승인은 우리들에게 곧바로 영향을 미친다. 관심 영역이 넓고 이동 수단을 갖고 있는 대도시 남녀들 사이에서 사회집단은 아주 엄격하게 정의되지는 않는다. 그러나 대도시에서도 자부심이 강한 사회집단이 형성되어 있는 거주 지역이 있다. 소규모 공동체에서는 좀 더 자유로운 교류, 즉 아침식사 후부터 저녁식사 전까지 더욱 진심에서 우러나오는 교제가 이뤄질 수 있다. 그러나 자신이 어느 집단에 속하고 어느 집단에 속하지 않는지를 모르는 사람은 거의 없다.

통상적으로 사회집단을 구분하는 표시는 자녀들의 결혼의 허용 여부로 추정할 수 있다. 집단 밖의 사람과 결혼할 경우, 약혼을 허락하기 전에 최소한 의심의 순간이 따르게 마련이다. 각각의 사회집단은 전체 집단의 서열에서 상대적 위상에 따른 자신만의 분명한 특징을 갖는다. 같은 수준의 집단에서는 사귀기가 쉽고, 빨리 받아들여지고, 환대를 받는 게 당연하고 당황스럽지도 않다. 그러나 상대가 "더 높거나" "더 낮은" 집단 간에는 항상 망설임이 있고, 어렴풋한 불안을 느끼고, 차이를 의식하게 된다. 확실히 인종 간 특별한 장벽이 없고 경제적인 지위가 아주 빨리 변하는 미국 같은 사회에서는 개인들이 어느 정도 자유롭게 한 집단에서 다른 집단으로 이동할 수 있다.

그러나 경제적 지위는 수입의 크기로 측정되지 않는다. 왜냐하면 적어도 첫 세대에서 사회적 지위를 결정하는 것은 수입이 아니라 그 사람의 직업적 특성인데, 이것이 그 집안의 전통에서 사라지려면 한 세대나 두 세대가 지나야 하기 때문이다. 그러므로 은행업, 법률업, 의약업, 공익사업, 신문업, 성직자, 대규모 소매업, 중개업, 제조업 등은 판매원, 관리 감독업, 숙련 기술직, 간호사, 교사, 점원 등과는 다른 사회적 가치를 가진 것으로 평가된다. 또한 뒤에 열거한 것들은 연관수리공, 운전수, 양재업, 하청업, 속기업 등과 다르게 평가되며, 또 이들은 집사, 하녀, 영화기사 혹은 기관수 등과 다르게 평가된다. 그러나 보수는 여기에 나열한 순서와 반드시 일치하는 것은 아니다.

6

 들어가는 방법이 무엇이든지 간에 사회집단은 일단 형성되면 단순한 경제적 계급이 아니라 생물학적인 씨족과 거의 비슷하다. 구성원들은 연애, 결혼, 자녀는 물론, 좀 더 정확히 말하면 태도와 욕망 등으로 긴밀한 관계를 맺는다. 그러므로 사회집단에서 의견들은 가족 전통, 체면, 예절, 위엄, 취향, 형식 등과 같은 규범에 맞닥뜨리게 된다. 이런 규범들은 그 집단의 자화상을 형성하며 그 상(像)은 끊임없이 자녀들에게 주입된다. 이 상(像)에서 은연중에 많은 부분을 차지하는 것은 다른 집단의 사회적 지위를 평가하는 권위를 가진 내부 잣대이다. 좀 천박한 사람들은 자신들이 마땅히 받아야 할 존경을 드러내 표현하라고 압박할 것이고, 다른 이들은 그런 존경이 눈에 띄지 않는 것을 알더라도 점잖고 예민하게 침묵을 지킨다. 그러나 그런 것들이 결혼, 전쟁, 사회적 혼란으로 명백해질 때는, 트로터(Trotter)가 '무리 본능'이라는 일반 용어로 분류했듯이 기질들의 큰 뭉치를 엮는 결합체가 된다.

 각각의 사회집단에는 『순수의 시대(Age of Innocence)』에 등장하는 반 델 루이덴(the van der Luydens)가(家)와 맨슨 밍고트 부인(Mrs. Manson Mingott)과 같은, 그 사회 특정 양식의 관리인이며 해설가인 예언자들이 있다. 그들은 반 델 루이덴가가 당신을 받아들이기만 하면 성공은 틀림없다고 말한다. 그들이 하는 일을 맡겨준다는 것은 성공과 지위를 보장받을 가능성이 높다는 뜻이다. 엄밀하게 성적이 매겨지고 그 등급이 보편적으로 인정받는 대학 사회에서 선출되는 일은 그 사회에서 유명인사가 되는 길이다. 궁극적인 우월한 책임감을 가진 사회 지도자들은 무척 민감하다. 그들은 자기들 집단의 진실성을 이루는 것이 무엇인지 주의 깊게 알아채야 할 뿐만 아니라, 다른 사회집단은 무엇을 하고 있는지 알아내는 특수한 자질을 길러야 한다. 그들은 마치 외무부 장관처럼 행동한다. 대부분의 집단 구성원들이 자신들의 집단이야말로 모든 실제 목적을 위한 세상이라고 생각하면서 만족하며 살고 있는데, 사회 지도자들은 자신들 집단에 대한 상세한 내부 지식과 전체 집단의 위계에서 자신이 속한 집단의 위상을 결합시키는 일을 계속 의식하고 있어야 한다.

 사실, 위계 조직은 사회 지도자들에 따라 결합된다. 어떤 수준에서는 사회 지도자들의 사회집단이라고 불리는 것이 있다. 그러나 수직적으로 사회의 실질적인 결합은, 그것이 사회적 접촉에 따른 것인 한에서는 『순수의 시대』에 나오는 줄리우스 뷰포트(Julius Beaufort)와 엘렌 올렌스카(Ellen Olenska)처럼 들락거리면서 자주 의심받는 예외적인 인물이 만들어낸다. 그래서 한 집단에서 다른 집단으로 통하는 개인적 통로가 형성되며 그것을 통해 타르드(Tarde)의 '모방의 법칙(laws of imitation)'이 작동한다. 그러나 대부분의 사람들에게는 그런 통로가 없다. 그들에게는 사회에 대한 공인된 설명과 상류생활을 다룬 영화가 제공된다. 그들은 마치 흑인이나 "외국적 요소"가 잘 드러나지 않는 것처럼, 자신들 나름대로 거의 눈에 띄지 않는 위계 조직을 개발할지도 모른다. 그러나 사회집단이 뚜렷이 분리되어 있다고 해도 항상 자신들을 "국가"로 생각하는 동화된 대중 가운데는 어떤 규범이 다양한 개인 접촉을 통해 유통되고 있다.

 어떤 사회집단 중에는, 로스 교수(Professor Ross)가 말한 "인습의 발광점"과 같은 위치에 있는 것도 있다. 그래서 사회적 강자는 사회적 약자들에게 쉽게 모방되며 권력자는 아랫사람들에게, 더 성공한 사람들은 덜 성공한 사람들에게, 부자는 가난한 자들에게, 도시는 시골에게 모방된다. 모방은 국내에서만 일어나지 않는다. 강력하고, 사회적으로 우월하며, 성공적이고, 잘사는 도시의 사회집단은 근본적으로 서반구 전체에 퍼져 있으며, 많은 경우 런던이 그 중심이다. 그 집단의 구성원들은 세계에서 가장 영향력 있는 사람들로 외교관, 고위 금융가, 육해군 고위 장성급, 교회 지도자들, 유력 신문사 소유주들, 그리고 모임의 초대 권한을 가진 이들의 부인들, 어머니들, 딸 등이다. 그것은 대화의 거대한 유통망이며 동시에 진정한 사회집단이다. 그러나 가장 중요한 사실은 그곳에서는 공적인 일과 사적인 일의 차이가 마침내 실질적으로 사라져버린다는 것이다. 그 집단에서 사적인 일들은 공적인 일이고, 주로 집안일인 사적인 일도 공적인 일이 된다. 철학자들이 말했듯이 왕족의 유폐와 같이 마고 애스퀴스[5]의 유폐도 마치 세관법이나 의회의 토론과 거의 같은 영역의 논의인 것이다.

이러한 사회집단이 관심을 갖지 않는 광대한 정치 영역이 존재한다. 그리고 미국에서 그 사회집단은 국내 정치에 오락가락하는 통제력밖에 발휘하지 못했다. 그러나 외교 문제에서는 항상 대단한 영향력을 가졌고, 전쟁 중에는 그 권위가 엄청나게 커진다. 사회집단의 구성원인 세계주의자들은 대부분의 사람들과 달리 외부 세계와 접촉하고 있었기에 당연한 일이었다. 그들은 여러 나라의 수도에서 함께 식사를 한 적이 있어서 국가의 명예에 대한 감각은 추상적인 것이 아니라 친구들에게 괄시당하거나 인정받는 것처럼 구체적인 경험이다. 고퍼 초원(Gopher Prairie)[6]의 케니코트 박사(Dr. Kennicott)에게는 윈스턴(Winston)이 무슨 생각을 하는지는 별로 중요하지 않지만, 에즈라 스토보디(Ezra Stowbody)가 무슨 생각을 하는지는 엄

---

5) Margot Asquith(1864~1945): 스코틀랜드 출신의 사교계 명사, 작가, 재사(才士). 영국의 총리(재임기간: 1908~1916년)를 지낸 허버트 헨리 애스퀴스(Herbert Henry Asquith)와 1894년에 결혼하였다.
6) 싱클레어 루이스의 소설 『메인 스트리트』에 나오는 미국 미네소타 주의 작은 도시.

청난 문제이다. 그러나 스위딘 백작(Earl of Swithin)과 딸을 결혼시킨 밍고트 여사(Mrs. Mingott)에게는 자신의 딸을 방문하거나 윈스턴 자신을 접대하는 것은 매우 중요한 일이다. 케니코트 박사나 밍고트 여사는 모두 사회적으로 민감한 사람들이지만 밍고트 여사는 온 세상을 통치하는 사회집단에 민감한 반면, 케니코트 박사의 사회집단은 고퍼 초원만 통치한다. 그러나 케니코트 박사는 종종 위대한 사회(Great Society)의 더욱 큰 관계에 영향을 미치는 문제들에 대해 자신이 생각하는 것들은 순전히 자신의 의견이라고 생각하지만 사실 그것은 상류사회에서 지방의 사회집단을 거쳐 고퍼 초원으로 전해지기까지 조금씩 변질되어온 것들이다.

7

여기서 사회조직을 설명하려는 것은 아니다. 다만 우리가 세상과 정신적으로 접촉할 때 사회집단이 작용하는 부분이 얼마나 큰지, 허용되는 것을 어떤 식으로 정하려 드는지, 또 그것을 어떻게 판단할 것인지에 대해서는 새겨둘 필요가 있다. 각 사회집단이 즉시 해결할 수 있는 일들은 대체로 독자적으로 결정한다. 사회집단은 무엇보다 판단의 세부적인 절차를 결정한다. 그러나 판단 자체는 과거로부터 계승되었거나, 다른 사회집단들에서 전파되었거나, 모방된 유형들에 따라 형성된다. 가장 높은 사회집단은 위대한 사회의 지도력을 구현한 사람들로 구성된다. 다른 모든 사회집단의 의견은 대부분 지역과 직접 관련되는 문제인 데 반해, 이 '최고의 사회집단'에서는 전쟁과 평화, 사회 전략, 정치권력의 배분 등에 대한 결정이 적어도 잠재적으로, 개인적인 친분을 가진 사람들이 모인 집단에서 겪는 친밀한 경험인 것이다.

무엇을 보고, 듣고, 읽고, 경험할 수 있는지를 결정할 때와 마찬가지로 무엇을 보고, 듣고, 읽고, 알아도 되는지를 결정할 때는 지위와 접촉의 범위가 큰 역할을 하기 때문에 구조적인 사고보다 도덕적인 판단이 훨씬 일반적이라는 사실은 놀랍지 않다. 그러나 진정으로 효과적인 사고를 하려면 판단하려 들지 말고, 순진한 안목을 회복하고, 감정에 얽매이지 말고, 호기심을 갖고, 마음을 여는 것이 무엇보다 필요하다. 인류의 역사가 그럴진대, 위대한 사회의 규모에서 일어나는 정치적 견해는 어느 누구도 거의 가질 수 없는, 사심 없는 마음의 평정을 요구한다. 우리는 공적인 일에 관여하지만 사적인 일에도 빠져 있다. 의견을 당연하게 받아들이지 않으려는 노력에 들이는 시간과 집중력에는 한계가 있으며 끊임없이 방해를 받기도 한다.

8

물론 사람들이 공적인 일에 대한 정보를 얻기 위해 하루에 어느 정도 집중을 하는지 어림잡아 계산할 수 있다. 그래도 내가 서로 다른 시간대와 장소에서 다른 방법으로 실시한 세 개의 계산이 상당히 일치한다는 사실은 흥미롭다.

호치키스(Hotchkiss)와 프랑켄(Franken)이 뉴욕 시의 남녀 대학생 1,761명에게 설문지를 발송했는데 몇몇을 제외하고는 거의 모두 응답지를 보내왔다. 스코트(Scott)는 시카고에 있는 4천 명의 저명한 실업가와 전문직 종사자에게 설문지를 보냈는데 2,300명한테서 회신을 받았다. 이 두 개 설문에 응답한 사람 중 70~75%는 하루에 신문을 읽는 데 15분을 소요한다고 답했다. 시카고 응답자 중에서는 단지 4%만이 그보다 적은 시간을 쓴다고 답했고, 25%는 그보다 더 많은 시간을 들인다고 답했다. 뉴욕 응답자 중에서는 8%를 약간 웃도는 사람들이 신문을 읽는 데 들이는 시간이 15분 미만이라고 답했고, 17.5%는 좀 더 많은 시간을 읽는다고 답했다.

응답자 대부분 15분이 어느 정도인지 정확히 모르기 때문에 이 수치들을 있는 그대로 받아들여서는 안 된다. 더구나 대부분의 실업가, 전문직 종사자, 대학생은 신문을 보는 데 시간을 너무 많이 쓰는 것처럼 보이는 데 대해 묘한 편견을 갖기 쉽고, 남보다 글을 빨리 읽는 사람처럼 보이기를 원하는 듯한 의심도 약간 든다. 단지 이 수치들이 뜻하는 것은, 질문에 응답한 사람들의 4분의 3 이상이 외부 세계에 대한 인쇄 매체 뉴스를 읽는 데 쓰는 집중력의 양을 낮게 생각한다는 사실이다.

이 같은 시간 계산은 덜 주관적인 조사에서 아주 잘 확인할 수 있었다. 스코트는 시카고 대상자들에게 하루에 몇 개 신문을 읽는지 물어서 다음과 같은 응답을 받았다.

14%	한 개 신문만 읽음
46%	두 개 신문을 읽음
21%	세 개 신문을 읽음
10%	네 개 신문을 읽음
3%	다섯 개 신문을 읽음
2%	여섯 개 신문을 읽음
3%	모든 신문을 읽음(조사 당시 8개 신문 발행)

두세 개의 신문을 읽는다는 응답자는 67%로, 이는 스코트가 조사한 응답자 중 신문을 읽는 데 하루 15분을 쓴다고 대답한 71%에 아주 근접한다. 4개 내지 8개 신문을 읽는 남독자(濫讀者)는 하루에 15분 이상 들인다고 대답한 25%와 대략 일치한다.

9

시간이 어떻게 배분되는지 추측하는 것은 더 어려운 일이다. 대학생들에게 "종류별로 가장 흥미 있는 기사 다섯 가지"가 무엇인지 물었다. 20%를 약간 밑도는 응답자가 "일반 뉴스(general news)", 15%를 약간 밑도는 응답자가 사설, 12%에 약간 못 미치는 응답자가 "정치", 8%를 약간 넘는 응답자가 금융(finance), 휴전협정이 체결된 지 채 2년도 안 되었는데 6%를 약간 웃도는 응답자가 해외 뉴스, 3.5%가 지역 뉴스, 약 3%가 비즈니스 뉴스, 0.25%는 "노동 문제(labor)" 관련 뉴스라고 답했다. 그 밖에 스포츠, 특집기사(special articles), 연극, 광고, 만화, 서평, "정확성(accuracy)", 음악, "윤리성 기사(ethical tone)", 사회, 단신(brevity), 예술, 이야기체(stories), 해운(shipping), 학교소식, "시사 뉴스(current news)", 출판(print) 등이라고 답했다. 약 67.5%의 응답자는 이런 것들에 아랑곳하지 않고, 공적인 일(public affairs)을 다루는 기획 기사와 의견을 가장 흥미 있는 기사로 꼽았다.

이 조사는 남녀공학 대학생들을 대상으로 했다. 여학생들은 남학생보다 일반 뉴스, 해외 뉴스, 지역 뉴스, 정치, 사설, 연극, 음악, 예술, 이야기체, 만화, 광고, 그리고 "윤리성 기사"에 더 흥미가 있다고 답했다. 한편 남학생들은 금융, 스포츠, 비즈니스, "정확성", 그리고 단신에 더 관심이 있었다.

이런 남녀 간의 차이는 응답의 객관성을 의심하게 하는 것은 물론 교양 있고, 도덕적이며, 남성답고 과감한 것에 대한 이상과 지나치게 일치한다.

그러나 이런 차이는 스코트가 조사한 시카고의 실업가와 전문직 종사자들의 응답과 아주 잘 일치한다. 그들에게는 가장 흥미 있는 기사가 무엇인지를 묻지 않고, 왜 특정 신문을 더 좋아하는지 물었다. 특정 신문을 의식적으로 선호하는 이유로, 약 71%의 응답자가 지역 뉴스(17.8%), 또는 정치(15.8%), 또는 금융(11.3%), 또는 해외 뉴스(9.5%), 또는 일반 뉴스(7.2%), 또는 사설(9%)을 들었다. 나머지 30%는 공적인 일과 관련 없는 이유를 들었다. 그들은 윤리성을 이유로 든 7%에서부터 유머를 가장 중시한 20분의 1%까지로 분포되어 있었다.

이러한 선호도는 신문에서 다양한 주제의 지면 배당량과 어떻게 일치하는가? 불행하게도 설문지가 작성되었을 때 시카고와 뉴욕 대상자들이 읽는 신문에 관해 이 점과 관련해서 수집한 자료는 없다. 그러나 윌콕스(Wilcox)가 20여 년 전에 했던 흥미로운 분석이 있다. 그는 14개 대도시에서 발행되는 110개 신문을 연구하여 9천 개 이상의 칼럼을 주제별로 분류했다.

전국적으로 평균하면 신문의 다양한 주제는 다음과 같이 분류된다.

 I. 뉴스 55.3
  (a) 전쟁 뉴스 17.9
  (b) 일반 뉴스 21.8
   해외 1.2
   정치 6.4
   범죄 3.1
   기타 11.1

(c) 특별 뉴스 15.6
　　　　　비즈니스 8.2
　　　　　스포츠 5.1
　　　　　사회 2.3
　II. 삽화 3.1
　III. 문학 2.4
　IV. 오피니언 7.1
　　　(a) 사설 3.9
　　　(b) 독자편지 3.2
　V. 광고 32.1

　이 표를 공정하게 비교하려면 광고 지면을 제외하고 백분율을 다시 계산할 필요가 있다. 왜냐하면 광고는 시카고 집단이나 대학생 집단이 의식적으로 선호한 부분에서 아주 미세한 부분에 지나지 않기 때문이다. 광고를 제외한 신문의 나머지 지면은 독자 취향에 따라 계획되는 반면, 광고는 신문사가 얻은 만큼 지면을 차지하는 것이기 때문에 이렇게 하는 것이 우리 목적에 맞는다고 생각한다. 그러면 표는 다음과 같이 된다.

　I. 뉴스 81.4+
　　　(a) 전쟁 뉴스 26.4-
　　　(b) 일반 뉴스 32.0+
　　　　　해외 1.8-
　　　　　정치 9.4+
　　　　　범죄 4.6-

　　　　기타 16.3+
　　(c) 특별 뉴스 23.0-
　　　　비즈니스 12.1-
　　　　스포츠 7.5+
　　　　사회 3.3-
II. 삽화 4.6-
III. 문학 3.5+
IV. 오피니언 10.5-
　　(a) 사설 5.8-
　　(b) 독자편지 4.7+

　이 수정표에서 공적인 일을 다룬 것으로 생각할 수 있는 항목들, 즉 전쟁, 해외, 정치, 기타, 비즈니스, 의견 등을 합친다면 1900년에 편집 지면의 총 76.5%가 시카고의 실업가들이 1916년에 특정 신문을 읽는 이유로 꼽은 70.6%에 제공되었고, 1920년에 뉴욕의 대학생들 중 67.5%가 가장 흥미롭다고 한 다섯 가지 기사에 제공된 것을 알 수 있다.
　이것은 대도시의 실업가나 대학생의 취향이 여전히 20년 전 대도시 신문 편집인들의 평균적인 판단과 다소 일치한다는 사실을 보여준다. 그 이후 확실히 기획 기사의 지면 비율이 늘어났고 발행부수와 지면 크기도 증대했다. 따라서 당신이 오늘날 대학생이나 실업가, 전문직 종사자보다 더 전형적인 집단으로부터 정확한 응답을 받는다면 공적인 일에 배당되는 독자의 시간과 지면 비율은 더 낮아졌다는 사실을 알게 될 것이다. 한편으로 보통 사람들이 하루에 신문을 읽는 데 15분 이상 소비하며, 비록 20년 전보다 공적인 일을 다룬 기사에 할당되는 지면은 줄어들었지만 절대량은 늘어났음을 발견할 것이다.

이 같은 수치들에서 정교한 추론을 끌어낼 수는 없다. 다만 우리들이 의견에 관한 자료를 수집하는 데 날마다 들이는 노력에 대한 개념을 다소나마 구체화시키는 데 도움을 줄 뿐이다. 물론 신문이 유일한 수단은 아니지만 중요한 것은 틀림없다. 잡지, 공개 토론회, 하계문화교육학교, 교회, 정치 집회, 노동조합 대회, 여성 클럽, 영화관 뉴스 시리즈 등은 신문을 보완한다. 그러나 이런 것들을 아무리 높이 평가해도 우리가 볼 수 없는 환경에 관한 정보에 직접 노출되는 시간은 아주 짧다.

10

눈으로 직접 볼 수 없는 환경은 주로 언어로 전해진다. 이 언어는 기자로부터 유선전화나 라디오를 통해 인쇄할 수 있게 바꾸는 편집자에게 전달된다. 전신(telegraphy)은 비싸고 그 시설도 종종 제한된다. 그러므로 통신사 뉴스는 보통 부호화된다.

Washington, D.C. June 1.—The United States regards the question of German shipping seized in this country at the outbreak of hostilities as a closed incident. (워싱턴발, 6월 1일—미국은 양국 간 교전이 일어나자 미국에 나포된 독일 선박 문제는 끝난 사안으로 간주한다.)

위와 같은 급보는 전신에서는 다음과 같은 형식으로 송신될 것이다.

Washn i. The Uni Stas rgds tq of Ger spg seized in ts cou at t outbk o hox as a clod incident.

또한 다음과 같은 뉴스를 보자.

Berlin, June 1, Chancellor Wirth told the Reichstag to-day in outlining the Government's program that 'restoration and reconciliation would be the keynote of the new Government's policy.' He added that the Cabinet was determined disarmament should be carried out loyally and that disarmament would not be the occasion of the imposition of further penalties by the Allies. (베를린발, 6월 1일－비르트 수상(Chancellor Wirth)은 오늘 의회에서 정부 계획을 요약하여 '복구와 화해가 새 정부의 정책 기조'라고 밝혔다. 내각은 무장 해제를 충실히 이행할 것을 결정했으며, 그 때문에 연합군으로부터 더 이상의 벌칙을 받지는 않을 것이라고 덧붙였다.)

이 기사는 다음과 같이 전송될 것이다.

Berlin, June 1, Chancellor Wirth told t Reichstag tdy in outlining the gvts pgn tt qn restoration & reconciliation wd b the keynote f new gvts policy. qj He added ttt cabinet ws dtmd disarmament sd b carried out loyally & tt disarmament wd n b. the ocan f imposition of further penalties bi t alis.

이 두 번째 기사의 내용은 외국어로 된 긴 연설에서 발췌하고, 번역하여 부호화한 뒤 다시 풀어서 바꾼 것이었다. 메시지를 받은 전신 기수들은 그 것을 원래대로 바꿔 쓰는데, 내가 듣기로 잘하는 기수들은 하루 8시간 근무 중 점심시간 30분과 10분씩 두 번의 휴식시간을 뺀 나머지 시간에 1만 5천 단어 또는 그 이상을 쓴다고 한다.

11

때로는 몇 마디 단어로 행위, 생각, 감정, 그리고 결과의 전체 연속을 나타내야 할 때도 있다. 다음과 같은 기사가 있다.

워싱턴발, 12월 23일—한국위원회는 전쟁 중에 벨기에서 발생했다고 추정되는 것보다 더 '야만적이고 가공할 만한' 만행을 저지른 일본군 당국을 비난하는 성명서를 이곳에서 발표하였다. 위원회에 따르면 성명서는 만주에서 입수한 믿을 만한 보고서를 기초로 한 것이라고 한다.

여기서 그들의 정확성은 알 수 없지만, 목격자들이 '믿을 만한 보고서'의 작성자들에게 보고한다. 그다음 작성자들은 5천 마일 떨어진 위원회에 이 보고서를 전달한다. 위원회는 아마 출판하기에는 너무 긴 성명서를 만들 것이다. 특파원은 이 성명서에서 3.5인치 길이의 신문 기사에 맞게 내용을 추릴 것이다. 기사의 의미는 독자가 그 뉴스에 어느 정도 중요성을 부여해야 할지 판단할 수 있도록 압축되어야 한다.

아무리 문체의 달인이라 할지라도 몇 달에 걸쳐 한국에서 발생한 일들을 설명하는 데 완벽한 공정을 기하기 위해 필요한 진실의 모든 요소를 100개 단어에 다 채워 넣을 수 있는지는 의문이다. 왜냐하면 언어란 의미를 완벽하게 전달하는 매체가 결코 될 수 없기 때문이다. 말이란, 화폐처럼 돌고 도는 것이어서 오늘은 한 벌의 이미지를 떠올려주고, 내일은 또 다른 한 벌의 이미지를 떠올리게 한다. 같은 말이 기자의 마음에 불러일으켰던 것과 똑같은 생각을 독자의 마음에도 불러일으킬지는 확실치 않다. 이론적으로는 각각의 사실과 관계가 독특한 이름을 가지고 모든 사람이 그 이름에 동의한다면, 오해 없는 커뮤니케이션이 가능할 것이다. 정밀한 과학에서는 이 같은 이상에 접근하는 방법이 있는데, 이는 모든 세계적인 협력 중에서 과학적 탐구가 가장 효과적인 이유를 부분적으로 설명하는 것이기도 하다.

인간이 쓰는 말은 자신이 표현하려는 사상보다 적고, 장 폴(Jean Paul)이 말한 것처럼, 언어란 빛바랜 은유의 사전이다. 자신이 상대하는 50만의 독자에 대해 오직 흐릿한 상(像)밖에 갖고 있지 않은 신문 기자와, 자신의 말이 멀리 떨어진 마을과 해외에 타전되는 연설자는 그 의미의 전체 무게가 몇 개 안 되는 구절로 전달되기를 기대할 수 없다. 브리앙 씨(M. Briand)는 하원(Chamber of Deputies)에서 "로이드조지의 말이 나쁘게 이해되고 나쁘게 전달됨으로써 범게르만주의자들에게 뭔가 시작할 때가 되었다는 생각을 갖게 한 듯하다."고 말했다. 귀를 기울여 듣고 있는 전 세계에 영어로 연설하는 한 영국 수상이 자신만의 생각을 자신의 고유한 언어로 온갖 종류의 사람들에게 말하면, 듣는 사람들은 그 말에서 자신들의 의미를 찾을 것이다. 그가 말하려는 것이 아무리 의미심장하고 미묘하더라도, 아니 오히려 의미심장하고 미묘하면 할수록, 그 의미는 표준 언어로 유입된 다음 다시 외국인들의 마음에 분배되면서 더욱더 손상될 것이다.

1921년 5월, 영국과 프랑스는 어퍼 실레시아(Upper Silesia)의 코르판티 씨(M. Korfanty) 폭동 때문에 긴장관계에 있었다. 《맨체스터 가디언》(1921년 5월 20일)의 런던 특파원이 보내온 뉴스는 다음과 같았다.

프랑스와 영국의 말 주고받기

오늘날의 위기를 맞아 프랑스식 방식과 특성을 잘 아는 사람들은 우리 언론과 여론이 프랑스 언론에서 발견되는 격렬하고 때로는 절제되지 않은 언어에 대해 지나치게 예민하다고 생각하는 경향이 있다. 소식에 정통한 중립적인 관찰자는 다음과 같이 지적하였다.

말은 돈과 마찬가지로 가치의 표시이다. 그것은 의미를 나타낸다. 따라서 돈과 마찬가지로 언어의 표현 가치는 오르기도 하고 내리기도 한다. 'etonnant(놀라운)'라는 프랑스 단어는 오늘날 그런 의미는 없어졌지만 보쉬에(Bossuet)는 무시무시한 의미로 사용했다. 'awful(무시무시한)'이라는 영어 단어에서도 비슷한 것을 볼 수 있다. 국가에 따라 체질적으로 삼가서 말하는 경향이 있는가 하면, 과장해서 말하기도 한다. 영국인 토미(Tommy)가 비위생적이라고 말한 곳이 이탈리아 군인에게는 오로지 활기 넘치는 흉내와 함께 풍부한 어휘로 묘사될 수 있을 것이다. 삼가서 말하는 국가는 그들의 언어 화폐를 건전하게 유지한다. 과장해서 말하는 국가는 언어상 인플레이션으로 고생하게 된다.

'저명한 학자(distinguished scholar)', '솜씨 좋은 작가(clever writer)'와 같은 표현은 프랑스어로는 '훌륭한 학자(great savant)', '정교한 대가(exquisite master)'로 번역되어야 한다. 그것은 1파운드가 프랑스에서는 46프랑인 것과 같이 단지 교환의 문제이다. 그러나 그것이 국내에서 가치를 증가시키지는 않는다는 사실을 안다. 프랑스 신문을 읽는 영국인들은 프랑을 파운드로 환산하는 은행원과 같은 정신 행위를 실천하려고 노력해야 하며 그 과정에서 평상시에는 환율이 25였지만 지금은 전쟁 중이어서 46이라는 사실을 잊지 말아야 한다. 왜냐하면 화폐처럼 언어도 전쟁을 감안하면 교환에서 가치의 변동이 있기 때문이다.

우리는 논쟁이 두 가지 방향으로 전개되기를 바라며, 프랑스인들은 자신들의 지나친 표현 뒤에 숨어 있는 가치와 같은 정도의 가치가 영국인들의 과묵함 뒤에도 숨어 있다는 사실을 깨닫기 바란다.

그 영국 총리를 바라보고 있는 수백만 명의 사람들은 거의 다 글을 읽을 줄 모른다. 다른 수백만 명의 사람들은 글은 읽을 줄 알지만 그것을 이해하지는 못한다. 읽고 이해할 수 있는 사람들 중에 우리가 생각하기에 4분의 3 정도 되는 사람들은 그 주제를 이해하려고 하루 30분 정도는 할애한다. 그렇게 익숙해진 단어들은 그들에게 궁극적으로, 알려지지 않은 결과에 대해 묻는 투표의 기초가 되는 일련의 사상을 이해하는 단서가 된다. 우리가 읽는 언어에서 나오는 사상은 필연적으로 우리들 의견의 원천 자료에서 가장 큰 부분을 형성한다. 세상은 넓고, 우리를 둘러싼 상황은 복잡하고, 메시지는 적으니, 의견의 가장 많은 부분은 상상으로 구성될 수밖에 없다.

우리가 "멕시코"라는 말을 쓸 때, 그 말은 뉴욕의 한 주민에게는 어떤 상(像)을 불러일으킬까? 아마도 모래, 선인장, 유전(油田), 정비공, 럼주 마시는 인디언, 얼굴에 구레나룻과 주체사상이 넘쳐나는 성마른 늙은 기사(騎士), 또는 거무칙칙한 산업주의의 전망에 부딪혀 인권을 위해 투쟁하는 장 자크(Jean Jacques)와 같은 목가적인 영세 농민들의 합성물일 것이다.

"일본"이라는 말은 어떨까? 황화(黃禍, Yellow Perils)[7], 사진 속 신부[8], 부채, 사무라이, 반자이스(banzais)[9], 예술, 그리고 벚꽃 등으로 둘러싸인 눈초리가 올라간 얼빠진 황인종의 무리가 될까? 또 "외국인"이라는 말은? 뉴잉글랜드 지역의 대학생 집단이 1920년에 작성한 글에 따르면 외국인이란 다음과 같다.

    우리나라에 적대적인 사람
    정부에 맞서는 사람
    적의 편인 사람
    비우호적인 국가의 원주민
    전쟁 중인 외국인
    자신이 살고 있는 국가에 해를 끼치려는 외국인
    외국에서 온 적
    국가에 대항하는 사람 등등……

그러나 외국인이란 말은 대단히 정확한 법률 용어로서 주권, 독립, 국가 명예, 권리, 방어, 침략, 제국주의, 자본주의, 사회주의 등과 같이 우리가 너무나 쉽게 "찬성"이나 "반대" 쪽을 택할 수 있는 단어들보다 훨씬 더 정확한 것이다.

---

7) 황색 인종이 서양 문명을 압도한다는 백색 인종의 공포심.
8) 미국의 일본인 초기 이민자들이 고국의 신붓감을 사진만으로 고르는 풍습에서 나온 말.
9) 일본식 만세.

12

표면적인 유사성을 분리해 생각하고, 차이에 주의하고, 다양성을 올바르게 인식하는 힘은 마음의 명석함이다. 그것은 상대적 능력이다. 그러나 명석함의 차이는, 갓 태어난 아기와 꽃을 탐구하는 생물학자 사이처럼 매우 광범위하다. 아기에게는 자신의 발가락, 아빠의 시계, 탁자 위 전등, 하늘의 달, 멋있고 화려한 노란색 표지의 기 드 모파상(Guy de Maupassant)의 작품집 사이에 별다른 차이가 없다. 유니온 리그 클럽(Union League Club)의 많은 회원들에게는 민주당원, 사회주의자, 무정부주의자, 그리고 강도들 사이에 뚜렷한 차이가 없으나, 매우 지적인 무정부주의자들에게는 바쿠닌(Bakunin), 톨스토이(Tolstoi), 크로폿킨(Kropotkin) 사이에 엄청난 차이가 있다. 이러한 예들은 아기들에게서 모파상에 대한 건전한 여론을 확보하고, 유니온 리그 클럽에서 민주당원들에 대한 건전한 여론을 확보한다는 것이 얼마나 어려운지를 보여준다.

다른 사람의 자동차를 그냥 타기만 하는 사람은 포드 자동차나 택시, 일반 자동차 이상의 섬세한 구분은 하지 못한다. 그러나 바로 그 사람이 자동차를 소유하고, 운전을 하고, 정신분석가의 말대로 자신의 욕구(libido)를 자동차에 투영하게 되면, 그는 한 구역 떨어진 곳에서 자동차의 뒷부분만 보고도 기화기(카뷰레터)의 차이까지 말할 수 있을 것이다. 이래서 대화할 때 "일반 주제"에서 자신의 고유 취미로 화제가 바뀌면 크게 편안해지게 마련이다. 그것은 마치 응접실에 걸린 풍경화에서 집 밖에 일궈 놓은 경작지로 시선을 옮기는 것과 같다. 그것은 화가가 자신이 보았다고 상상하는 것의 무심해진 기억에 대한 감정적 반응을 그린 그림에 머물러 있다가 다시 3차원의 세계로 돌아가는 것과 같다.

페렌치(Ferenczi)는 우리가 부분적으로만 비슷한 두 개 사물을 쉽사리 같게 여긴다고 말한다. 어린이는 어른보다 더 쉽사리, 원시인이나 정신발달장애자는 성숙한 사람들보다 더 쉽사리 동일시한다. 최초의 의식은 아이들에게 나타나듯이, 조절 불가능한 감각의 혼합체인 듯하다. 아이들에게는 시간 감각이 없고 공간 감각도 거의 없다. 그래서 아기는 엄마의 젖가슴을 잡을 때의 확신으로, 처음에는 거의 같은 기대감을 갖고 샹들리에를 잡으려고 한다. 그 기능 자체는 아주 점차적으로 뚜렷해진다. 완벽한 무경험에서 볼 때 이것은 응집력 있고 획일적인 세상이며, 그 세상에서는 누군가가 철학의 어느 학파에 대해 말했듯이, 모든 사실들이 자유롭고 평등하게 태어나는 것이다. 이 세상에 함께 속해 있는 여러 사실들이 의식의 흐름에 우연히 나란히 있게 된 것들과 아직 분리되지 않았다.

처음에 아기는 자신이 원하는 것을 울음으로 얻는다고 페렌치는 말한다. 이것은 "마술적인 환각의 전능(全能) 시기"이다. 두 번째 단계에서 어린이는 자신이 원하는 것을 손으로 가리켜서 얻는다. "마술적인 몸짓의 도움을 받는 전능"이다. 그다음에 어린이는 말을 배워서, 원하는 것을 요구하여, 일부는 성공한다. "마술적 사고와 마술적 말"의 시기이다. 각각의 단계는 겹쳐지기도 하고 가끔씩만 보이기도 하지만, 예를 들면 우리들 중 어느 누구도 완전히 벗어날 수 없는 별로 해가 없는 사소한 미신처럼 어떤 상황에서는 한동안 지속된다. 각 단계에서 부분적인 성공은 그러한 방식의 행위를 확인시키는 반면, 실패하는 경우에는 다른 단계의 발달을 촉진시키는 경향이 있다. 수많은 개인, 정당, 심지어 국가도 경험의 마술적 조직화를 초월하지 못하는 것 같다. 그러나 가장 진보적인 국민들로 구성된 가장 진보된 사회집단(sections)에서는 거듭된 실패 뒤의 시행착오가 새로운 원칙을 발명하게 했다. 그들은 달을 보고 짖는다고 해서 달이 움직이지는 않는다는 것을 배운다. 곡식은 봄 축제나 공화당 다수파가 아니라 햇빛, 습기, 씨앗, 비료, 그리고 경작이 있어서 땅속에서 자라는 것이다.

페렌치가 고안한 반응에 대한 유형의 순전히 개략적 가치를 감안할 때, 우리가 중요하다고 여기는 특성은 조잡한 지각과 막연한 유사성을 식별하는 힘이다. 그 힘은 실험실에서 연구했다. 취리히 연상 연구소(Zurich Association Studies)는 가벼운 정신적 피로, 내적 집중 방해, 또는 외적 산만함이 반응의 질을 "낮추는" 경향이 있다고 분명히 지적한다. 아주 "낮은" 유형의 반응 예로서, 자극어의 인식에 대한 반응이 아니라 소리에 대해 반응하는 '쾅' 연상(cat-hat)을 들 수 있다. 예를 들어 한 실험에서 일백 번 반응한 두 번째 단계에서 쾅 소리는 9% 증가한 것으로 나타났다. 대체로 쾅 소리는 거의 반복되는 것이며, 가장 원시적인 형태의 유사(analogy)라고 할 수 있다.

13

만약 비교적 간단한 실험실 조건에서도 식별력이 그렇게 쉽게 약화된다면, 과연 도시 생활은 어떤 영향을 미칠 것인가? 실험실에서는 가벼운 피로에 산만함도 상당히 약하다. 이 둘은 피실험자의 흥미와 자아의식에 따라 어느 정도 균형이 유지된다. 그러나 메트로놈의 박자 소리 때문에 지성이 떨어진다면, 소음, 악취, 열기가 가득한 공장에서 8시간 내지 12시간을 지내는 것과 매일 타자기와 전화기, 문 닫는 소리에 시달리는 것은 전차나 지하철에서 신문을 읽어서 형성되는 정치적 판단에 어떤 영향을 줄 것인가? 날카로운 비명은 아니지만 왁자지껄함 속에서 무엇을 들을 수 있으며,

전광 간판처럼 번쩍이지는 않지만 눈부신 빛 속에서 무엇을 볼 수 있을까? 도시 주민들에게는 고독, 고요, 평안이 부족하다. 밤은 시끄럽고 불타듯 환하다. 대도시에서 사는 사람들은 끊임없는 소리의 공격을 받는다. 그것은 격렬하고 날카롭다가, 미완성의 리듬으로 떨어지기도 하고, 그러면서 끝도 없는 무자비한 소리들이다. 현대 산업주의에서 생각은 소음에 흠뻑 젖은 채 생겨난다. 만약 그 식별력이 밋밋하고 어리석은 경우가 잦다면 이것이 그 이유 중 하나가 될 것이다. 경험과 실험 둘 다를 볼 때, 주권을 가진 국민은 사고하기가 가장 어려운 상황일 때 삶과 죽음과 행복을 결정하고 있다. "사고의 견딜 수 없는 부담"은 상황이 그렇게 부담을 줄 때 부담인 것이다. 상황이 유리할 때는 부담이 아니다. 생각한다는 것이 춤출 때처럼 신나고 자연스러워진다.

생각하는 것이 직업인 사람은 하루의 일정 시간을 스스로 깊은 침묵의 시간으로 만들어야 한다. 그러나 우리가 문명이라는 이름으로 돋보이게 만든 저 난리법석 속에서 시민들은 가능한 한 최악의 조건에서 정치라는 위험천만한 직무를 수행하고 있다. 이러한 진실을 어렴풋하게만 인식해도 근무시간 단축, 휴가 기간 연장, 공장과 사무실의 조명, 공기, 질서, 햇빛, 그리고 존엄성 등을 위한 운동을 촉진할 수 있다. 그러나 우리 삶의 지적 품질을 향상시키려면 그것은 단지 시작에 불과하다. 수많은 직업들이 끝없는 일, 그리고 노동자들에게는 목적도 없는 판에 박힌 일로, 어떤 단조로운 형태로 특정 근육을 움직이게 하는 일종의 자동적인 행위인 한, 그의 삶 전체는 천둥소리로 알려주지 않는 한 어떤 것도 별다르게 구별되지 않는 자동화로 흐를 경향이 있다. 그가 낮 동안만이 아니라 밤에도 물리적으로 군중에 갇혀 있는 한, 그의 주의력은 깜빡거리며 느슨해질 것이다. 고된 일과 아이들의 비명소리, 귀에 거슬리는 주장, 소화가 잘되지 않는 음식, 나쁜 공기, 그리고 숨 막히는 장식물 등으로 뒤죽박죽된 상태라 환기가 필요한 가정에서는, 그의 주의력은 더 나빠질 것이고, 자신이 온갖 소음의 희생자가 된 곳이 어디인지 명백히 밝히지도 못할 것이다.

우리는 가끔은 조용하고 널찍한 건물에 들어간다. 현대적 연출법으로 산만하지 않게 정리된 극장에 가거나 바다에 가고, 또는 조용한 장소에 간다. 그러면 우리는 현대의 평범한 도시생활이 얼마나 어수선하고 변덕스러우며, 쓸데없고 떠들썩한지를 알게 된다. 또한 우리는 왜 우리의 혼란스러운 정신이 거의 아무것도 정확하게 포착할 수 없는지, 왜 타란텔라 춤(tarantella)[10]을 추듯이 표제나 선전 문구에 사로잡혀 왔다 갔다 하는지, 왜 사물들의 차이를 구별하지 못하고 서로 다른 것을 같다고 여기는지 그 이유를 이해하게 된다.

14

그러나 이런 외적 혼란은 내적 혼란 때문에 더욱 복잡해진다. 실험에 따르면 연상의 속도와 정확성 그리고 지적 성질은 이른바 감정적 갈등이라고 부르는 것에 흐트러진다. 5분의 1초로 측정하면, 중립적인 단어와 자극 언어를 포함한 100개의 연속된 자극에서 5에서 32까지 범위의 변화를 보였거나, 완전히 아무런 반응도 보이지 않았다. 분명히 우리의 여론은 야심과 경제적 이해, 개인적 증오, 인종적 편견, 계급 감정 등 온갖 종류의 복잡성과 간헐적으로 접촉하고 있다. 그런 것들은 우리들이 읽고, 생각하고,

---

10) 이탈리아의 민속춤.

말하고, 행동하는 것을 매우 다양한 방식으로 왜곡시킨다.

  마지막으로 의견은 사회의 보통 사람들에게서 그치지 않고, 선거나 선전, 지지자 확보 같은 목적 달성에는 숫자가 힘이 되기 때문에 주의력의 질은 더욱 떨어진다. 완전한 문맹, 어리석은 자, 심각한 신경과민자, 영양실조에 걸린 자와 좌절한 자들로 이루어진 대중의 숫자는 상당히 많은데, 우리가 일반적으로 생각하는 것보다 훨씬 더 많다. 그래서 정신적으로 어린아이거나 야만인인 사람들, 얽히고설켜 곤경에 빠진 사람들, 활력이 바닥난 사람들, 폐쇄된 사람들, 자신의 경험으로는 논의되고 있는 문제의 어떤 요소도 이해하지 못하는 사람들, 이런 사람들 사이에 폭넓은 통속적인 호소가 퍼져 있다. 여론의 흐름은 이런 사람들 때문에 막혀서 생긴 작은 오해의 소용돌이가 편견과 억지스러운 유추로 퇴색되는 것이다.

  "폭넓은 호소"는 연상의 특질을 고려하고 있으며, 널리 분포되어 있는 감수성에 맞게 되어 있다. "좁은" 또는 "특수한" 호소는 흔하지 않은 감수성에 맞게 만들어져 있다. 그러나 같은 사람이 다른 자극에 대해, 또는 다른 시간에 같은 자극에 대해 서로 다른 성질의 반응을 보이기도 한다. 인간의 감수성은 알프스 지방과 같다. 고립된 정상(頂上)이 있는가 하면, 넓지만 서로 떨어진 고원(高原)도 있고, 거의 모든 인류를 위해 매우 연속되는 깊은 지층(地層)도 있다. 그래서 자신의 감수성이 프레게(Frege)[11]와 페아노(Peano)[12] 사이의 섬세한 차이, 또는 사세타(Sassetta)[13]의 전기와 후기 사이

---

11) 독일의 논리학자·수학자·철학자. 논리학을 기초로 하여 수학의 구성 도출을 시도, 논리주의를 처음으로 주창하였다.
12) 이탈리아의 수학자·논리학자. 기하학의 공리화(公理化)를 시도하여, 정의·공리·미정의어(未定義語)의 선택과 채용을 확립하여 일종의 수학적 논리학을 의도하였다.
13) 이탈리아의 화가.

의 섬세한 차이가 존재하는 산꼭대기의 희박해진 대기에 도달한 사람들은 다른 수준의 호소에 대해서는 아주 철두철미한 공화당원일 수 있으며, 굶주림과 두려움에 휩싸여 있을 때는 또 다른 굶주림과 두려움에 떨고 있는 사람들과 구분할 수 없을 수도 있다. 발행부수가 많은 잡지가 다른 어떤 상표보다 예쁜 소녀의 얼굴, 사람을 유혹할 정도로 예쁘면서도 누구나 받아들일 정도로 순진한 얼굴을 선호하는 것은 당연한 일이다. 왜냐하면 자극이 작동하는 "정신의 수준"은 잠재적으로 대중의 크기를 결정짓기 때문이다.

15

따라서 우리의 여론이 관여하는 환경은 정보원 측에서는 검열과 사생활 때문에, 반대편에서는 물리적, 사회적 장애물 때문에, 빈약한 관심 때문에, 언어의 빈곤 때문에, 주의 산만 때문에, 무의식적인 감정의 배열 때문에, 소모와 눈물, 폭력과 단조로움 때문에 여러 방식으로 굴절되어 있다. 우리가 환경에 접근하려는 데 주어지는 이러한 제한들은 사실 자체의 모호성과 복잡성이 한데 얽혀 명확하고 공정한 지각을 방해하며, 실행 가능한 사상을 오해를 불러일으키는 허구로 대체하며, 의도적으로 그릇되게 이끌려는 사람들에 대해 적절한 견제를 할 수 없게 만든다.

제3장

고정관념

1

 우리들 각자는 지구 표면의 작은 부분 위에서 살면서 일하고, 좁은 범위에서 움직이며, 친하게 지내는 사람은 몇 명 안 된다. 폭넓은 영향력을 갖는 공적인 사건에 대해 우리는 기껏해야 하나의 국면과 하나의 관점만을 볼 뿐이다. 이것은 조약의 틀을 만들고, 법령을 공표하게 하며, 명령을 내리게 한 사람들에게뿐만 아니라, 조약의 초안을 작성하고, 법령을 제정하고, 명령을 내리는 내막을 잘 아는 저명인사들에게도 똑같이 적용되는 사실이다. 불가피하게 우리 의견은 우리가 직접 관찰할 수 있는 것보다 더 넓은 공간, 더 긴 시간대, 더 많은 사물들에 걸쳐 있다. 따라서 우리 의견은 다른 사람들이 보고한 것과 우리 자신이 상상할 수 있는 것이 결합되어 만들어진다.
 그러나 목격자라고 해도 현장의 상(像)을 있는 그대로 되살릴 수는 없다. 경험에 따르면, 목격자는 자신이 나중에 제거할 어떤 것을 가지고 현장에 가며, 목격자가 사건의 설명이라고 상상한 것은 실제로는 흔히 사건의 변형인 경우이기 때문이다. 우리가 의식하고 있는 사실들 중에서 단순히 주어지는 것은 거의 없다. 우리가 의식하는 대부분의 사실이 부분적으로는 만들어진 것이다. 보고서는 알려주는 사람과 알게 되는 사람의 합작품으로서, 여기서 관찰자는 역할을 항상 선택할 수 있고 대체로 창작하게 된다. 우리가 보는 사실들은 우리가 있는 장소와 우리 눈의 습관에 달려 있다.

낯선 장면은 갓난아기의 세계처럼, "하나의 위대하고 굉장히 와글거리는 혼란상태"와 같다. 이것은 바로 어떤 새로운 사물이 정말 새롭고 신기할 때 어른들의 주의를 끄는 방식이라고 존 듀이 씨(Mr. John Dewey)는 말한다. "우리가 이해할 수 없는 외국어는 항상 중얼거리거나 재잘거리는 소리로 들리기만 해서 명확하고 또렷한 개인이 내는 소리라고 하기 어렵다. 사람들로 북적대는 거리에 서 있는 시골 사람, 바다 한가운데 나간 풋내기 선원, 전문가들이 벌이는 복잡한 경기에 장난삼아 참가한 아무것도 모르는 사람 등도 그런 예에 속한다. 경험이 없는 사람을 공장에서 일하게 하면, 처음에는 그 일이 아무런 의미도 없는 잡동사니처럼 보일 것이다. 잘 모르는 외국인을 방문하면 그 낯선 인종의 사람들이 모두 비슷하게 보인다. 양치기는 양떼에서 한 마리 한 마리를 완벽하게 구별하지만, 외부 사람은 크기와 색깔 등 단지 큰 차이만 알 수 있을 뿐이다. 우리가 제대로 이해를 못하는 것은 흐릿한 기억에 의지해 무차별로 받아들이는 특징을 가지고 있다. 그러므로 사물에 의해 뜻을 얻게 되는 문제, 또는 (다른 말로 하면) 단순한 이해력의 습관 형성 문제는, 그렇지 않으면 막연하고 흔들리는 것에 의미의 (1) 명확성과 차별성, (2) 일관성과 안정성을 도입하는 것이라고 하겠다."

그러나 이렇게 도입된 명확성과 일관성이 어떤 것인지는 그것들을 도입한 사람들에 달려 있다. 듀이는 후반부에서 경험 있는 보통 사람과 화학자가 금속이라는 단어를 정의할 때 얼마나 다른지를 예로 들고 있다. 보통 사람들은 "부드러움, 단단함, 광택, 현란함, 크기에 비해 무거움…… 두들기거나 잡아당겨도 부러지지 않고, 열을 가해 부드럽게 하거나 차갑게 하여 단단하게 하고, 주어진 형태와 모양을 유지하고, 압력과 부패에 견디는 실용적인 속성들을 포함할 것이다." 그러나 화학자는 아마 이러한 미학적이고 실용적인 특성들은 무시하고, 금속이란 "산소와 결합하여 염기(鹽基)를 형성하는 화학 원소"라고 정의 내릴 것이다.

대체로 우리는 먼저 보고 나서 정의를 내리지 않고, 정의를 먼저 내린 다음에 본다. 우리는 위대하고 한창 웅성거리는 혼돈의 외부 세계에서 우리 문화가 우리를 위해 이미 정의 내린 것을 고르게 되며, 우리 문화가 우리를 위해 고정관념화한 형태로 해득한 것을 지각하게 되는 것이다. 인류의 문제를 해결하기 위해 파리에 모인 위대한 인물들 중에서 유럽과 자신들이 연루된 부분이 아니라, 그들 주변의 유럽을 많이 볼 수 있었던 사람은 얼마나 되었을까? 누군가 클레망소 씨의 마음을 꿰뚫어 보았다면, 그는 거기서 1919년의 유럽 이미지를 발견했을까, 아니면 장기간에 걸쳐 싸움을 좋아하는 존재 속에 축적되고 굳어진 정형화된 사상의 침전물을 발견했을까? 그는 1919년의 독일인들을 보았을까, 아니면 1871년 이후 배워온 독일인의 유형을 보았을까? 그는 독일인의 유형을 보았으며, 독일에서 받은 보고서들 중에서 그의 마음속에 이미 자리했던 유형에 맞는 보고서들만을 받아들였을 것이다. 만약 융커(junker)[1]가 고함을 질렀다면, 그는 진정한 독일인이고, 노동조합 지도자가 제국의 죄를 고백했다면 그는 진

---

[1] 독일의 귀공자.

정한 독일인이 아니다.

괴팅겐의 심리학회에서는 훈련받은 것으로 추측되는 한 집단의 관찰자들을 대상으로 흥미 있는 실험을 진행했다.

"학회 회의장에서 그리 멀지 않은 곳에서 가면무도회 축제가 열리고 있었다. 갑자기 회의장의 문이 홱 열리고 손에 총을 든 흑인에게 쫓기는 광대가 미친 듯이 뛰어들었다. 그들은 실내 한가운데서 싸움을 멈추었다. 광대가 쓰러졌고, 흑인은 그 위에 뛰어올라와 총을 쏜 뒤, 두 사람은 다시 밖으로 달려 나갔다. 이 모든 사건이 겨우 20초 안에 벌어졌다.

틀림없이 사법적인 수사가 있을 것으로 확신했기에, 학회장은 현장에 있던 사람들에게 곧바로 보고서를 작성해달라고 부탁했다. 40개의 보고서가 제출되었다. 그중에서 단 한 개의 보고서만이 주요 사실들에 대한 잘못이 20% 미만이었다. 14개 보고서에는 20~40%의 잘못된 내용이 있었다. 12개에는 40~50%의 잘못이 있었으며, 13개는 50% 이상이 잘못된 내용이었다. 더구나 24개 보고서에서 세부 사항의 10%는 순수한 창작이었는데, 이러한 비율은 10개 보고서에서는 더 늘어났으며, 나머지 6개 보고서에서는 줄어들었다. 요컨대 보고서의 4분의 1은 거짓이었다.

전체 장면은 미리 준비된 것이었으며 당연히 사진도 미리 찍어놓았다. 따라서 10개의 허위 보고서는 꾸며낸 이야기와 전설의 유형으로 깎아내릴 수 있다. 24개 보고서는 반(半)전설이며, 6개 보고서는 정확한 증거에 근접하는 가치를 지닌다."

이처럼 바로 자신들의 눈앞에서 벌어진 장면에 대해 책임감을 갖고 보고서를 작성한 훈련받은 40명의 관찰자 중에서 대부분이 실제로 발생하지도 않은 장면을 본 것이다. 그렇다면 그들은 무엇을 본 것인가? 사람들은 아마 실제로 일어나지도 않은 것을 만들어내는 것보다는 일어난 일에 대해 말하는 것이 더 쉽다고 생각할 것이다. 그들은 그런 난투극에 대한 고정관념을 본 것이다. 그들 모두 살아오는 동안 난투극에 대한 일련의 이미지를 얻게 되었고, 그런 이미지들이 그들의 눈앞에서 아물거렸던 것이다. 한 사람에게서는 이런 이미지들이 실제 장면의 20% 미만을 대신했고, 13명에게서는 절반 이상을 대신했다. 40명의 관찰자 중 34명에게 고정관념은 실제 장면의 적어도 10분의 1을 먼저 형성하게 했다.

어느 저명한 예술 비평가는 "하나의 사물이 가질 수 있는 수많은 형태 때문에, …… 우리의 무감각과 부주의 때문에, 예술이 사물들에 제공한 고정관념화한 형체들을 제외하고는 사물들은 우리가 자유롭게 떠올릴 수 있는 확고하고 명확한 특징이나 윤곽은 갖고 있지 않다."고 말했다. 이 세상에 제공된 고정관념화한 형체들은 회화, 조각, 그리고 문학적 감각의 예술에서만 나오는 것이 아니라, 우리의 도덕규범과 사회 철학, 정치적 선동으로부터도 나오는 것이기 때문에 진리는 그보다 훨씬 더 광범위하다. 베런슨 씨(Mr. Berenson)의 다음 글에서 '예술'이라는 단어를 '정치', '비즈니스', '사회'라는 단어들로 대체하면 문장들은 그대로 진리가 될 것이다. "오랫동안 연구에 전념한 모든 예술의 유파에서, 우리 스스로의 눈으로 바라보라고 가르치지 않았더라면 우리는 바라보는 것은 무엇이든 곧 우리에게 친숙한 하나의 예술에서 빌려온 형태의 틀에 넣는 습관에 빠지게 된다. 우리에게는 예술적 현실에 대한 표준이 있다. 어떤 사람이 우리가 지니고 있는 보잘것없는 진부한 형태와 색조들에 즉각 맞출 수 없는 형태나 색깔을 보여주었다고 하자. 그러면 우리는 확실히 존재한다고 알고 있는 것들을 그가 제대로 재현하지 못했다고 머리를 흔들거나 그가 불성실하다고 꾸짖는다."

베런슨 씨는 화가가 "사물을 우리가 보는 것과 똑같이 시각화하지 않았을 때" 우리가 느끼는 불쾌감과, 중세 이후 "형체를 시각화하는 방법이 여러 가지로 변했기 때문에" 중세 예술을 감상하기가 어렵다고 이야기한다. 나아가 그는 우리가 인간의 모습을 어떻게 보라고 배워왔는지를 보여준다. "도나텔로(Donatello)와 마사초(Masaccio)에 의해 창조되었고 인문주의자들에게 인정받은, 인간의 형태에 관한 새로운 기준, 새로운 얼굴 생김새는, …… 인력(人力)의 전투에서 승리할 가능성이 가장 높은 인간의 전형을 그 당시 지배계급에게 제시하였다. 과연 누가 이러한 새로운 상상력의 기준을 깰 수 있고, 사물들의 혼돈 속에서 천재들이 고정시킨 형상들보다 더 확고하게 실재를 표현한 형상을 선택할 수 있는 힘을 가졌던가? 그런 힘을 가진 사람은 아무도 없었다. 사람들은 부득이 사물들을 그런 식으로만 볼 수밖에 없었으며, 오직 묘사된 형태만 보고, 제시된 이상만 사랑해야 했다.

2

우리가 다른 사람들이 안다고 생각하는 것을 알아야만 그들의 행동을 충분히 이해할 수 있다면, 그들이 마음대로 처리할 수 있는 정보뿐 아니라 정보를 걸러내는 그들의 정신까지 평가해야 정당하다. 왜냐하면 일반적으로 인정된 유형과 통용되는 양식, 그리고 표준들은 정보가 의식에 전해지는 것을 가로막기 때문이다. 예를 들어, 미국화(Americanization)라는 것은, 적어도 피상적으로는 유럽식 고정관념을 미국식 고정관념으로 바꾸는 것이다. 그래서 지주를 마치 장원의 영주로 간주하는 농부나, 고용주를 지역의 부호로 보는 사람에게 미국화는 미국의 기준으로 지주와 고용주를 보도록 가르친다. 이것은 정신이 변하는 것인데, 이 같은 사상의 주입이 성공하면 실제로 통찰력의 변화를 가져온다. 그의 눈은 다른 방식으로 사물을 보게 된다. 어떤 친절한 귀부인은 고정관념이란 굉장히 중요해서, 자신의 고정관념이 채워지지 않을 때는 하다못해 형제애와 신의 사랑조차 받아들일 수 없다고 고백했다. "이상하게도 우리는 입고 있는 옷에 영향을 받는다. 옷은 정신적, 사회적 분위기를 조성한다. 런던 재단사를 고용하겠다고 고집하는 사람에게서 어떻게 미국화를 바랄 수 있겠는가? 사람의 음식도 그의 미국화에 영향을 미친다. 사우어크라우트(sauerkraut)[2]와 림버거 치즈(Limburger cheese)[3]의 분위기에서 어떤 식의 미국적 의식이 자랄 수 있겠는가? 또는 숨 쉴 때 늘 마늘냄새를 풍기는 사람에게서 어떻게 미국화를 기대할 수 있겠는가?"

이 여성은 내 친구 한 명이 참석했던 축제 행렬의 후원자였을 수도 있다. 그 행사는 "도가니"라고 불렸고, 외국 출신 노동자들을 많이 고용한 자동차 공업도시에서 7월 4일 독립기념일에 열렸다. 야구 경기장 중앙의 2루 위치에 나무와 캔버스[4]로 만든 거대한 도가니가 서 있었다. 도가니의 양쪽 테두리 옆에는 위로 올라가는 계단이 있었다. 관객이 자리를 잡고 악단의 연주가 있은 후, 경기장 한쪽의 열린 곳에서 일대 행렬이 나왔다. 행렬은 공장에 고용된 모든 외국 국적의 남자들로 구성되었다. 그들은 자기 나라의 고유 의상을 입었고, 자기 나라의 노래를 부르고 있었다. 또한 자기 나라의 민속춤을 추었고 모든 유럽 국가의 국기를 들고 있었다. 그 행사의 진행자는 엉클샘(Uncle Sam)[5]의 복장을 한 초등학교 교장 선생님이었다.

∙∙
2) 소금에 절인 양배추로서 중앙 유럽의 요리임.
3) 오늘날의 네델란드, 벨기에, 그리고 독일로 나누어진 림버거 지방에서 유래한 치즈.
4) canvas : 텐트용의 두꺼운 헝겊.
5) 풍자만화에 등장하는 미국을 상징하는 인물로서 보통 긴 백발과 턱수염에 연미복과 조끼, 줄무늬 바지를 입고 높은 모자를 쓰고 있음.

그는 사람들을 도가니 쪽으로 이끌었다. 그들에게 계단을 밟고 위로 올라가서 안으로 들어가라고 지시했다. 그다음 다시 다른 쪽으로 나오게 했다. 그들은 중절모를 쓰고, 코트와 바지, 조끼를 입고, 빳빳한 옷깃에 물방울무늬 넥타이를 하고, 내 친구 말마따나, 제각각 샤프펜슬을 주머니에 꽂고 모두 미국 국가를 부르고 있었다.

이 행사의 후원자들과, 대부분의 연기자들이었던 사람들은, 좀 더 오래된 미국인들과 새로운 미국인들 사이에 친근한 교제에 따르는 근본적인 어려움을 나타내려고 한 듯하다. 그들의 고정관념이 가진 모순은 공통적인 인간성에 대한 충분한 인식을 방해했다. 자신의 이름을 바꾼 사람들은 이 사실을 안다. 그들은 자신을 바꿀 작정이며, 그들을 대하는 낯선 사람들의 태도를 바꿀 작정이다.

물론 급진적인 모임에서 머리가 긴 남자들과 머리가 짧은 여자들이 있는 것처럼, 외부의 장면과 그것을 보는 마음 사이에는 어떤 관계가 있다. 그러나 성급한 관찰자에게는 약간의 관계만 있어도 충분하다. 관중 속에 머리가 짧은 사람 두 명과 수염을 기른 사람 네 명이 있다면, 그 모임이 머리를 그런 식으로 기르는 사람들의 모임이라는 사실을 미리 알고 있는 기자에게 그것은 머리가 짧고 수염을 기른 관중일 것이다. 우리의 상상과 사실은 연관을 갖지만 그것은 종종 이상한 연관이다. 사람은 건물을 세울 토지 구획 가능성 말고는 풍경을 바라보는 일이 거의 없지만, 응접실에 걸려 있는 풍경화는 수없이 많이 보아왔다. 그리고 그는 풍경화들을 통해 장밋빛 저녁노을, 교회 뾰족탑, 은빛 달이 비추는 시골 길을 생각하는 것을 배웠다. 어느 날 그는 시골에 간다. 그리고 몇 시간이 지나도록 풍경은 조금도 보지 않는다. 그때 해가 지면서 장밋빛으로 바뀐다. 갑자기 그는 풍경을 의식하며 그것이 아름답다고 탄성을 지른다. 그러나 이틀이 지나 자신이 보았던 것을 기억해내려고 애쓸 때, 그는 주로 응접실에 걸렸던 몇몇 풍경화를 떠올릴 것이다.

그 사람이 술에 취했거나, 꿈을 꾸고 있거나, 혹은 미치지 않았다면 그는 저녁노을을 보았다. 그러나 그가 저녁노을에서 본 것은, 무엇보다도 저녁노을에서 떠올린 것은, 예를 들면 인상파 화가나 교양 있는 일본인이 보았거나 가져갔던 것보다는 유화가 그에게 보도록 가르쳐준 것에 더 가까운 것이었다. 그리고 만약 그들도 인류를 보는 신선한 시각을 발견한 아주 드문 사람들이 아니었더라면, 그 일본인과 인상파 화가도 그들이 전에 배웠던 형태를 더 많이 보고 더 잘 기억해냈을 것이다. 우리는 훈련되지 않은 관찰력으로 주변 환경에서 인식 가능한 기호를 가려낸다. 기호는 관념을 나타내며, 우리는 이 관념들을 우리가 축적해놓은 이미지들로 채운다. 우리가 이 사람이나 저 저녁노을이라는 식으로 사물을 보기보다는, 이 사물은 사람 또는 저녁노을이라고 인식한 다음, 우리 마음이 그 사물에 대해 이미 채우고 있는 것만을 주로 본다.

3

이것은 절약 때문이다. 모든 사물을 정해진 유형이나 일반성에 따라 보는 대신 새롭게 자세히 보려는 시도는 피곤한 일이며, 바쁜 일상 속에서는 실제로 불가능하다. 친구들이나 가까운 동료들, 경쟁자들 사이에서 개별적 이해를 위한 지름길이나 이를 대체할 수 있는 것은 없다. 우리가 가장 사랑하고 존경하는 사람들의 의식은 사람의 유형으로 채워져 있는 것이 아니라 여러 사람들로 가득한 것이며, 우리가 가장 사랑하고 존경하는 사람들은 우리가 속하는 유형을 아는 것이라기보다는 그냥 우리를 아는 사람들이다. 왜냐하면 그것을 우리 스스로 말로 표현하지 않더라도, 모든 분류는 반드시 우리 자신의 목적이 아니라 어떤 목적과 연관되어 있다는 것을 직감적으로 느끼기 때문이다. 각자가 상대방을 자신의 최종 목적으로 삼지 않는다면 두 사람 사이의 어떤 교제도 궁극적인 위엄을 가질 수 없다. 상호 불가침성을 하나의 원리로 확실히 해두지 않는다면 두 사람 사이의 교제에는 오점이 있게 마련이다.

　그러나 현대 생활은 바쁘고 가지각색인 데다가, 무엇보다도 물리적 거리는 사용자와 종업원, 공무원과 유권자처럼 상호간 교제가 중요한 사람들을 갈라놓는다. 긴밀한 교제를 위한 시간이나 기회가 없다. 그 대신 우리는 잘 알려진 유형을 나타내주는 특성을 발견한 다음, 우리가 머릿속에 지니고 있는 고정관념으로 상(像)의 나머지 부분을 채운다. 그는 선동가이다. 그 정도는 우리가 알아채거나 다른 사람에게 들어서 안다. 그런데 선동가는 이러저러한 사람이라고 하니, 그는 이러저러한 사람이다. 그는 지식인이다. 그는 부자이다. 그는 외국인이다. 그는 "유럽 남부 사람"이다. 그는 백 베이(Back Bay) 출신이다. 그는 하버드대학 출신이다. 그는 예일대학 출신이라는 말과 얼마나 다른가. 그는 보통 사람이다. 그는 미국 육사 출신이다. 그는 고참 하사관이다. 그는 그리니치빌리지 주민이다. 이쯤 되면 우리가 그 남자나 그 여자에 대해 모르는 게 있는가. 그는 국제 은행가이다. 그는 메인 스트리트[6] 출신이다.

　모든 영향 중에서 가장 미묘하고 잘 퍼지는 것은 고정관념의 목록을 만들어내고 유지하는 영향이다. 우리는 세상을 직접 보기 전에 먼저 듣는다.

────────
[6] Main Street : 한 도시의 상업 중심지로서 기업 자본주의(corporate capitalism)를 상징함.

우리는 대부분의 사물을 실제로 경험하기 전에 그것들을 상상한다. 교육이 우리에게 정확하게 깨닫게 해주지 않는다면 이런 선입견들은 지각의 전 과정을 깊숙이 지배하게 된다. 그것들은 특정 사물들의 차이를 강조하면서 익숙하거나 낯설다고 구별한다. 그래서 조금 익숙한 것이 아주 익숙한 것으로 보이며, 조금 낯선 것이 아주 낯선 것으로 보인다. 그것들은 아주 작은 표시에 의해 유발되는데, 그 표시는 실제 지표에서 막연한 유추에 이르기까지 매우 다양하다. 그렇게 생겨난 선입견은 새로운 비전을 옛 이미지로 넘쳐나게 하며, 기억 속에 되살아난 것들을 세상에 투영한다. 주변 환경에 실제적으로 일치되는 것이 없다면, 절약도 없을 것이며, 관찰에 대해 선견지명을 받아들이는 인간 습성의 잘못만 있게 될 것이다. 그러나 충분히 정확하게 일치되는 것이 있으며, 주의력을 절약할 필요성은 불가피하므로, 전적으로 순수한 경험만을 갖기 위해 모든 고정관념을 포기한다는 것은 인간의 삶을 메마르게 한다.

여기서 중요한 것은 고정관념의 특성과, 우리가 그것을 활용할 때 속기 쉽다는 것이다. 그리고 고정관념들은 결국 우리의 생활 철학을 구성하는 포괄적인 여러 유형들에 의존한다. 만약 그 철학에서 세상이 우리가 소유하고 있는 부호에 따라 부호화되었다고 가정한다면, 우리는 현재 상황을 다루는 보고서에서 우리가 지닌 부호에 따라 움직이는 세상을 기술할 것이다. 그러나 만약 우리의 철학이, 사람들은 각자 세상의 작은 부분에 불과하고 그의 지성은 사상의 거친 그물에서 기껏해야 세상의 한 단면이나 국면밖에 이해할 수 없다고 우리에게 말한다면, 우리는 고정관념을 이용할 때 그것은 단지 고정관념일 뿐이라고 이해하며, 그것을 가볍게 여길 것이고, 수정하는 것도 기꺼이 할 것이다. 또한 우리는 언제 우리의 관념이 시작되었고, 어디에서 시작되었고, 어떻게 우리에게 왔고, 왜 우리는 그것을 수용했는지도 점점 더 분명히 알게 된다. 이런 식으로 모든 유익한 역사는 방부제 역할을 한다. 그것은 어떤 동화, 어떤 교과서, 어떤 전통, 어떤 소설, 희곡, 그림, 글귀가 한 가지 선입견을 이 사람 마음에 심어놓았고, 다른 선입견은 저 사람 마음에 심어놓았는지 알게 해준다.

4

예술을 검열하려는 사람들은 이런 영향력을 적어도 과소평가하지는 않는다. 그들은 일반적으로 그것을 오해하고, 그들이 허락하지 않는 어떤 것을 다른 사람들이 발견하지 못하도록 거의 늘 터무니없게 막으려고 한다. 어쨌든 시인들에 대한 플라톤의 주장과 같이, 그들도 허구를 통해 얻은 유형들이 현실에서 강요되는 것을 막연하게나마 느낀다. 영화는 착실하게 심상(心象)을 강화하고 그 심상은 그 뒤에 사람들이 신문에서 읽는 언어로 일깨워진다는 것에는 의심의 여지가 없다. 인류의 전체 경험에서 심상화에 도움을 주는 것으로 영화에 견줄 만한 것은 없다. 만약 어떤 피렌체 사람(Florentine)이 성자의 모습을 심상화하고 싶다면, 그는 교회의 프레스코 벽화에서 당시 조토(Giotto)[7]에 의해 표준화된 성자의 모습을 볼 수 있었을 것이다. 만약 아테네 사람 하나가 신들의 모습을 심상화하고 싶었다면, 그는 사원으로 갔을 것이다. 그러나 그림으로 그려진 사물들은 많지 않다. 그리고 십계명 중에서 제2계명의 정신이 널리 받아들여진 동양에서는 구체적인 사물의 묘사법은 더욱 충분하지 못했고, 그 때문에 아마도 실질적

∴
7) 이탈리아의 화가.

인 결정 능력은 훨씬 약화되었다. 그러나 서양에서는 지난 수세기 동안 세속적인 묘사, 그림을 보는 듯한 서술, 이야기체 문학, 삽화를 넣은 이야기, 그리고 마지막으로 무성영화와 유성영화 등이 나와서 그 양과 규모가 엄청나게 증대되었다.

 어제는 인쇄된 말이, 그 이전에는 말하는 언어가 가졌던 상상력에 대한 권위를 오늘날에는 사진이 갖게 되었다. 사진은 완전히 실제 현실처럼 보인다. 우리는 상상하기를, 그것들은 인간의 간섭 없이 직접 우리에게 다가오며, 가장 힘들지 않게 얻을 수 있는 마음의 양식이다. 어떤 말로 하는 표현이나, 그다지 활기 없는 상(像)일지라도 그 상(像)이 우리 마음속에 자리 잡기 전에는 기억이 필요하다. 그러나 영화에서는 관찰, 묘사, 보고, 그리고 상상의 전 과정이 당신을 위해 진행된다. 당신이 눈만 뜨고 보고 있으면 당신의 상상력이 항상 목표로 했던 것이 술술 풀려나간다. 흐릿했던 관념이 선명해진다. 예를 들면 KKK(Ku Klux Klan)단(團)에 대해 당신이 가진 어렴풋한 개념은, 그리피스 씨(Mr. Griffiths) 덕택에 「국가의 탄생(Birth of Nation)」[8]을 보면 생생한 형태를 갖게 된다. 그것은 역사적으로는 잘못된 구현일지도 모르고, 도덕적으로는 파괴적인 것일지도 모른다. 그러나 그것은 하나의 구체적인 형태로서, 나는 그 영화를 본 사람 중에서 KKK단에 대해 그리피스 씨보다 더 잘 알지 못하는 사람이라면, KKK단의 이름을 다시 듣게 되면 흰옷을 입은 말 탄 사람들을 떠올리게 될 것이라고 생각한다.

---

8) 남북전쟁을 배경으로 한 미국영화.

5

 그래서 우리가 어떤 한 집단의 정신, 프랑스인들의 정신, 군국주의자의 정신, 볼셰비키의 정신에 관해 이야기할 때, 고정관념, 유형, 그리고 타고난 특성이 적응하고 반응하는 정신세계를 구축하는 데 결정적인 역할을 수행하는 공식 등을 본능적인 기술과 분리하는 것에 우리가 동의하지 않는다면, 우리는 심각한 혼란에 빠질 수 있다. 이런 구별을 제대로 하지 못하면 집단정신, 민족 혼, 인종 심리학 등에 관한 무절제한 이야기들이 넘치게 된다. 고정관념은 확실히 세대마다 부모로부터 자녀에게 지속적이고 권위적으로 전해지기 때문에 마치 생물학적인 사실같이 여겨진다. 월레스 씨(Mr. Wallas)가 말한 대로, 어떤 면에서 볼 때 우리는 우리의 사회적 유산에 생물학적으로 기생하고 있는지도 모르겠다. 그러나 사람은 날 때부터 자신이 태어난 나라의 정치적 습관을 갖고 있다고 우길 만한 아무런 과학적 증거도 없다. 한 국가에서 정치적 습관이 유사한 것을 설명하려면 우선적으로 유아원, 학교, 그리고 교회 등을 들여다봐야 한다. 집단정신이나 민족혼이 살아 있는 어중간한 곳(limbo)이 아니다. 부모, 교사, 성직자, 삼촌 등에게서 전달되고 있는 전통을 완전히 무시하게 될 때까지 정치적 차이를 생물학적 유전의 결과로 간주하는 것은 최악의 질서 위반이라고 하겠다.

 동일한 유형의 교육과 경험 안에서 상대적 차이를 잠정적으로 그리고 너그러운 마음으로 일반화하는 것은 가능하다. 그러나 이것조차도 까다로운 일이다. 왜냐하면 거의 대부분 두 개의 경험은 완전히 같을 수 없으며, 한 가정에서 자란 두 어린이의 경험도 같지 않기 때문이다. 형은 결코 동생이 겪는 경험을 할 수 없다. 그래서 우리가 양육의 차이를 고려하기 전까지는 본성의 차이를 판단하는 일은 보류해야 한다. 마찬가지로, 흙이 래브라도 반도(Labrador)⁹⁾의 것인지 아이오와 주의 것인지 알기 전에는, 또 그곳이 농작물이 경작되고 있었고 비옥했는지, 고갈되었거나 방치된 땅이었는지 알기 전에는, 수확량만 비교하여 두 땅의 생산성을 판단해서는 안 되는 것이다.

6

좀 더 공평한 시각을 추구할 경우, 우리가 고정관념을 그토록 빈번히 지키는 데에는 노력의 절약 말고 또 다른 이유가 있다. 고정관념 체계는 우리의 개인적 전통의 핵심이며 사회적 지위의 방어일 것이다.

고정관념은 세상에 대한 질서 정연하고 다소 일관성을 지닌 상(像)으로, 우리는 습관, 취향, 능력, 위안, 그리고 희망 등을 스스로 이 상(像)에 맞추려고 한다. 고정관념이 세상에 대한 온전한 상(像)은 아니지만 있음직한 세상에 관한 상(像)으로 우리는 그 상(像)에 순응하고 있다. 사람들과 사물들은 그 있음직한 세상에 잘 알려진 그들의 장소를 가지고 있고, 그곳에서 확실하게 예상되는 것들을 수행한다. 우리는 거기서 편안함을 느낀다. 우리는 그곳에 꼭 들어맞는다. 우리는 동료들이다. 우리는 그 장소를 잘 안다. 그곳에서 우리는 익숙한 것들, 정상적인 것들, 의지할 만한 것들의 매력을 발견한다. 우리가 익숙한 바로 그곳에 세상의 관습과 형태가 존재한다. 그리고 비록 우리 자신을 그 틀 속에 넣기 전에 우리를 유혹했던 많은 것들을 포기했지만, 일단 그 속에 확실하게 들어가고 나면, 그것은 마치

---

9) 북미 허드슨 만과 대서양 사이에 있는 반도.

오래 신은 구두처럼 편안하게 들어맞는다.

그러므로 고정관념을 방해하는 것은 우주의 기원을 공격하는 것처럼 보인다. 그것은 '우리의' 우주 기원에 대한 공격이며, 큰일에 문제가 생기면 우리는 '우리의' 우주와 실재 우주 사이에 어떤 차이가 있다는 것을 쉽게 받아들이지 않는다. 우리가 존중하는 사람들이 가치 없고, 우리가 경멸하는 사람들이 고귀한 사람들로 판명 나는 세상은 매우 불안하다. 우리가 선례에 따라 갖추고 있는 질서만이 가능한 질서가 아니라면 난장판이 되고 만다. 왜냐하면 만약 온순한 자들이 이 세상을 물려받는다면, 첫 사람이 마지막 사람이라면, 죄 없는 사람들만이 돌을 던질 수 있다면, 시저(Caesar)의 것은 시저에게 돌려줘야 한다면, 이런 격언들이 진실이 아니라고 결정한 사람들은 자존심의 기초부터 흔들릴 것이기 때문이다. 고정관념의 유형은 중립적이지 않다. 그것은 단순히 현실(reality)에 대한 굉장하고 시끌벅적한 혼란을 질서로 대체하는 방법만은 아니다. 단지 지름길만도 아니다. 그것은 이 모든 것들과 그 이상의 무엇이다. 그것은 우리의 자존심을 보증해주며, 우리의 고유한 가치와 입장, 권리에 대한 감각을 세상에 투영하는 것이다. 그러므로 고정관념은 그것에 첨부된 감정으로 가득 채워져 있다. 그것은 우리가 지닌 전통의 요새이며, 우리는 그 방어선 뒤에서 우리가 지금 차지하고 있는 지위에서 계속 안전감을 느낄 수 있다.

7

예를 들어 기원전 4세기, 회의론이 높아지는 상황에서 아리스토텔레스가 노예제도 옹호론을 썼을 때, 아테네의 노예들은 거의 모든 점에서 자유

시민들과 다른 점이 없었다. 지먼 씨(Mr. Zimmern)는 노예에 대한 대우가 좋았다는 사실을 설명한 흥미 있는 대목을 『고대 과두정치(Old Oligarch)』에서 인용하고 있다. "노예가 시민들에게 구타를 당하는 것이 합법적이라고 가정하면, 아테네인이 노예나 외국인으로 착각을 받아 구타당하는 일이 자주 일어났을 것이다. 왜냐하면 아테네 사람들은 노예나 외국인보다 더 잘 차려입지도 않았고, 개인의 외모도 별로 우월하지 않았기 때문이다." 이처럼 구별할 수 없게 되면서 제도는 자연스럽게 없어지곤 한다. 만약 자유인과 노예가 비슷해 보인다면 그들을 다르게 취급하는 근거는 무엇일까? 아리스토텔레스는 자신의 『정치학(Politics)』 제1권에서 이러한 혼란을 분명히 밝히려고 했다. 그는 노예제도를 정당화하기 위해서는 노예제도의 지속에 어울리는 노예관을 그리스인들에게 가르쳐야 한다고 정확한 본능으로 이해하고 있었다.

아리스토텔레스에 따르면, 날 때부터 노예로 태어난 존재가 있는 것이다. "그래서 그는 날 때부터 노예로 만들어져, 다른 사람의 재산으로 적합하고, 그렇기에 노예인 것이다." 결국 누구든지 노예가 된 사람은 천성적으로 그렇게 되도록 태어났다는 뜻이다. 논리적으로 이러한 서술은 전혀 가치가 없다. 그것은 명제가 아니므로 여기에서 논리는 아무런 상관이 없다. 그것은 고정관념이거나, 또는 오히려 고정관념의 일부라고 하겠다. 그 나머지는 거의 즉시 이 해석에 따른다. 아리스토텔레스는 노예도 이성은 지니고 있지만 그것을 사용할 능력은 갖지 못했다고 주장하면서 다음과 같이 역설했다. "자연은 의도적으로 노예와 자유인의 육체를 서로 다르게 만들었다. 그래서 노예는 목적에 맞게 몸이 튼튼해야 하고, 자유인은 노예처럼 굴종적인 노동을 할 필요가 없으므로 시민다운 삶에 맞도록 몸이 곧은 것이다……. 그러므로 분명히 어떤 사람들은 날 때부터 자유롭고, 다른 사람들은 노예이다."

만약 아리스토텔레스의 주장에 어떤 문제가 있는지 우리 스스로에게 물어본다면, 우리는 그가 자기 자신과 사실 사이에 거대한 장벽을 세우고 시작한 것을 알 수 있다. 그가 노예는 날 때부터 노예가 되도록 만들어졌다고 말했을 때, 그는 어쩌다 노예가 된 특정 사람들이 과연 날 때부터 노예로 된 특정한 사람들이었는가라고 하는 중대한 질문을 단번에 제외시켜버렸다. 왜냐하면 그 질문은 노예 신세가 된 개별 사례를 의심하게 할 수 있었기 때문이다. 그리고 노예라는 사실이 그 사람이 노예의 운명을 받았다는 증거도 아니므로 확실한 검증도 할 수 없었을 것이다. 그러므로 아리스토텔레스는 그 같은 파괴적인 의심을 완전히 없애버렸다. 지금 노예인 사람은 노예의 운명을 가졌다. 노예 소유자 각자는 자신의 재산을 선천적인 노예로 간주할 수 있었다. 그들이 노예를 그런 식으로 보도록 훈련받았으므로, 그들은 노예가 노예가 하는 일을 수행하고, 노예의 일을 하는 데 충분하며, 그리고 노예 일을 할 수 있도록 근육이 발달했다는 사실들을 노예적 특성을 확인시켜주는 것으로 받아들였다.

이것은 완전한 고정관념이다. 고정관념의 특성은 이성에 앞선다는 사실이다. 그것은 지각의 한 형태이다. 우리의 감각 자료가 지능에 도달하기 전에 그 자료에 일정한 특성을 부여한다. 고정관념은 비컨가(Beacon Street)[10]의 라벤더색 창유리와도 같고, 가장무도회에서 손님의 복장이 적절한지 판단하는 문지기와도 같다. 고정관념처럼 교육이나 비평에 완고한 것은 없다. 고정관념은 증거를 확보하려는 행위가 일어나는 현장에서 증거 자체에 도장을 찍는다. 이것이 바로 종종 여행에서 돌아온 여행자의 이

10) 미국 매사추세츠 주 보스턴의 번화가.

야기가 그 자신이 여행할 때 갖고 다녔던 이야기인 이유이다. 만약 그가 주로 자신의 식욕, 타일 깔린 목욕탕에 대한 열망, 풀먼 차(Pullman car)[11]가 인간에게 가장 안락하다는 확신, 그리고 웨이터나 택시기사, 이발사에게 봉사료를 주는 것은 온당하지만 역무원이나 안내인에게는 봉사료를 절대로 주지 않아야 한다는 생각을 갖고 다닌다면, 그의 여행은 좋은 식사와 나쁜 식사, 목욕하는 모험, 칸막이 열차에서의 엉뚱한 행위, 그리고 돈에 대한 탐욕스러운 요구로 가득 찰 것이다. 또는 그가 좀 더 진지한 사람이라면 여행 중에 유명한 장소를 찾을 것이다. 기념비를 슬쩍 엿보고선 받침대를 만져보기도 하고 나서는 베데커(Baedeker)[12]에 머리를 묻고 모든 설명을 다 읽고 다음 명소로 자리를 옮길 것이다. 그래서 그는 별 하나, 별 둘로 등급을 매긴 질서정연하게 꽉 채워진 유럽의 인상을 갖고 돌아올 것이다.

외부로부터의 자극이 특히 문자나 말로 표현된 경우, 그것은 고정관념 체계의 일부를 불러낸다. 그래서 실제 감각과 선입견이 동시에 의식을 점령한다. 마치 파란색 안경으로 빨간색을 보면 녹색으로 보이듯이 둘은 섞인다. 만약 우리가 쳐다보는 것이 우리가 예상하는 것과 성공적으로 일치하면 고정관념은 앞날을 위해 강화된다. 이는 일본인들은 교활하다는 사실을 미리 알고 있던 사람이, 재수 없게 부정직한 일본인 두 명을 우연히 만나는 경우에 일어나는 현상과 같다.

경험이 고정관념과 모순되는 경우에는 다음 두 가지 중 하나가 발생한다. 만약 어떤 사람이 더 이상 유연성을 지니지 않거나, 또는 어떤 강력한 이해관계가 있어 그의 고정관념을 재배치하는 것이 매우 불편해진다면, 그

---

11) 설비가 갖추어져 있고 침대도 있는 특별 차.
12) 여행안내서. 독일의 출판업자 Karl Baedeker가 시작함.

는 그 모순을 규칙을 입증하는 예외라며 조롱하고, 증인을 불신하며, 어디에선가 결점을 찾아내고, 그것을 잊으려 할 것이다. 그러나 만약 그가 아직 호기심이 많고 열린 마음을 가졌다면, 새로움이 마음속 상(像)에 들어와 그 상(像)을 수정하게끔 할 것이다. 때때로 그 사건이 너무나 충격적이고, 또 그가 지닌 기성체계에 전반적인 불편함을 느낀다면, 그는 삶을 바라보는 모든 용인된 방법들을 믿지 못하고, 대개 사물은 일반적으로 예상되는 것과 다른 것이 정상이라고 생각할 정도로 혼란스러울 것이다. 극단적인 경우, 특별히 그가 문학가라면 그는 유다(Judas), 베네딕트 아널드(Benedict Arnold) 혹은 체사레 보르자(Cesare Borgia)를 자기 이야기의 주인공으로 삼음으로써 도덕규범을 뒤집으려는 열정을 키울 것이다.

8

고정관념이 보인 역할은 벨기에 저격수들에 관한 독일 이야기들에서 볼 수 있다. 이상하게도 그 이야기들은 팍스(Pax)라는 독일의 가톨릭 성직자 단체가 처음으로 반박에 나섰다. 잔학 행위에 대한 이야기의 존재 자체는 물론, 독일인들이 그 이야기들을 기꺼이 믿었다는 것도 놀랄 일은 아니다. 그러나 아주 보수적인 애국적 독일인 단체가 이미 1914년 8월 16일에 적에 대한 중상모략 이야기들을 반박하기 위해 발족했다는 사실은 놀랄 만하다. 더욱이 그런 비방은 자기 동포들의 괴로운 양심을 달래는 데 상당한 가치를 발휘했다. 그런데도 왜 특히 예수회 교단(Jesuit order)이 독일의 전의를 고양시키는 데 아주 중요했던 날조된 이야기를 파괴하려고 나섰던 것일까?

반 랑겐호프 씨(Mr. van Langenhove)의 설명을 들어보자.

독일군이 벨기에에 들어오자마자 이상한 소문이 돌기 시작했다. 그 소문은 이리저리로 퍼졌고, 신문에 다시 실렸고, 금방 독일 전체로 스며들었다. 그 소문에 따르면 성직자들의 부추김을 받은 벨기에 사람들은 배반적인 적대 행위를 저질렀으며, 고립된 파견대를 기습 공격하였고, 군대가 점령한 지점을 적에게 알려줬고, 노인이나 아이들조차 부상당해 저항하지 못하는 독일 병사들의 눈을 뽑아내고, 손가락, 코, 귀를 자르는 등 무시무시한 잔학 행위를 저질렀다는 것이다. 더욱이 성직자들은 강단에서 이런 범죄를 권하며 그 대가로 천국을 약속했고, 이런 야만 행위를 이끌기도 했다.

대중은 이런 이야기들을 쉽게 믿었다. 정부의 최고 권력자들은 이런 소문을 망설임 없이 환영했고 자신들의 권위로 뒷받침했다.

이런 식으로 독일의 여론은 동요하였고 격렬한 분노가 터져 나와 특히 벨기에인들이 저지른 야만 행위에 책임이 있는 성직자들에게로 향했다……. 그들을 희생물로 만들었던 분노가 독일인들에 의해 가톨릭 성직자 전체를 향해 자연스럽게 번져나갔다. 신교도들은 마음속 오래된 종교적 증오심에 다시 불을 붙였고 가톨릭교도들을 공격했다. 새로운 문화투쟁(Kulturkampf)[13]이 일어났던 것이다.

가톨릭교도들은 이러한 적대적인 태도에 즉각적으로 반격했다.

저격이 있었던 것은 아마도 사실이었을 것이다. 만약 성난 벨기에인들이 모두 도서관으로 달려가서 국제법 법전을 펼쳐서 자신들의 거리를 짓밟으며 유린하고 다니는 극악무도한 성가신 놈에게 무차별 사격을 할 권리가 자신들에게 있는지 찾아봤다면 그것이야말로 예외적인 사건이었을 것

---

13) 비스마르크 정부와 가톨릭교회 사이의 문화투쟁.

이다. 만약 실제로 싸운 경험이 전혀 없는 군대가 자신에게 날아오는 모든 탄환을 정당하다고 여긴다면 그것은 당연한 일이었을 것이다. 그렇지 않으면 그것은 불편하고, 또한 그 당시 전쟁에 대한 유일한 경험인 크리그슈필(Kriegspiel)[14]의 규칙을 위반하는 것이었기 때문이다. 여기서 사람들은 더욱 쉽사리 잔인한 일을 저지른 사람들은 분명히 잔인한 사람들이 틀림없다고 스스로 확신하는 성향이 있다고 상상할 수 있다. 그래서 전설은 검열관들과 선전관들에게 도달할 때까지 돌고 돌았고, 그들은 그 사실을 믿든 믿지 않든 간에 그 전설의 가치를 알았고, 그것을 독일 민간인들에게 퍼뜨렸던 것이다. 또한 그들은 자신들이 잔인하게 다뤘던 사람들이 인간 이하라는 사실을 알고도 전혀 유감스러워하지 않았다. 무엇보다도 그 전설은 그들의 영웅들로부터 나왔으므로 그들은 그것을 믿을 자격이 있을 뿐 아니라 믿지 않는다면 비애국적이 되었다.

그러나 실제 행위 장면은 전쟁의 안개 속에서 사라지기 때문에 대부분 상상에 맡겨지게 되는데, 이 경우 확인하거나 통제할 수는 없다. 잔인한 벨기에 성직자들의 전설은 즉시 오래된 증오심을 끌어냈다. 왜냐하면 대부분 애국적인 개신교 독일인들, 특히 상류계층 신도들의 마음속에 비스마르크(Bismarck)가 거둔 승리의 그림에는 로마 가톨릭과의 오랜 반목이 포함되어 있었기 때문이다. 연상 과정을 통해서, 벨기에 사제들은 일반 사제들이 되었고, 벨기에인을 향한 증오는 독일인들의 모든 증오의 배출구가 되었다. 이들 독일 개신교도들이 한 일은 일부 미국인들이 전쟁의 중압감으로 해외의 적과 국내의 반대자들로부터 증오의 복합적인 대상을 만들어냈던 것과 같다. 독일 내 야만인들과 미국 내 야만인들인 이들 합성적인

---

14) 전쟁놀이 체스게임.

적을 향해 미국인들은 자기들 내부의 증오심을 쏟아냈던 것이다.

물론 잔혹 행위 이야기에 대한 가톨릭의 저항은 방어적이었다. 저항은 벨기에인 가톨릭 신자들만이 아니라 모든 가톨릭 신자들에 대한 증오심을 유발한 지어낸 특정 이야기들을 겨냥한 것이었다. '평화를 위한 정보(Informations Pax)'는 종교적 의미만 갖고 있었으며 "그들의 관심은 전적으로 성직자들이 저지른 비난받을 만한 행위에만 주어졌다."고 반 란겐호프 씨(M. van Langenhove)는 말한다. 그러나 독일 가톨릭 신자들과 비스마르크 제국의 관계가 드러났을 때 독일 가톨릭 신자들의 마음은 어땠는지, 또한 그러한 지식과, 강화회의에서 독일 제국의 사형선고서에 기꺼이 서명한 것이 유명한 독일 정치인으로 가톨릭 중앙당 지도자 에르츠베르거(Erzberger)였다는 사실 사이에 어떤 드러나지 않는 관계가 있지 않았는지 누구나 의문을 가질 수밖에 없었을 것이다.

9

나는 이제까지 이상(理想)보다는 오히려 고정관념에 대해 이야기했다. 이상이라는 단어는 우리가 대체로 좋은 것, 진실된 것, 아름다운 것이라고 생각하는 것들에 주어지기 때문이다. 따라서 모방하고 이뤄야 하는 어떤 것이라는 암시를 가지고 있다. 그러나 우리의 고정된 인상의 목록은 이보다 훨씬 광범위하다. 그것은 이상적인 사기꾼, 이상적인 태머니파(Tammany 派)[15] 정치꾼들, 이상적인 주전론자들, 이상적인 선동가들, 이상적인 적들을 포함한다. 우리의 고정관념적인 세상은 우리가 반드시 그렇게 되어야 한다고 생각하는 세상은 아니다. 그것은 단순히 우리가 그렇게 되리라고 기대하는 종류의 세상이다. 사건들이 들어맞는다면 거기에는 친밀감이 생기고, 우리는 그 사건들의 전개 과정과 함께 움직이고 있다는 느낌을 갖는다. 만약 우리가 양심의 가책을 받지 않으려는 아테네인이라면, 우리 노예는 태생적으로 노예여야 한다. 우리가 친구들에게 골프 경기에서 18홀을 95타에 친다고 말했는데, 110타를 쳤다면 오늘은 몸 상태가 좋지 않다고 말한다. 이렇게 말하는 건 15타나 실수로 잘못 치는 바보를 알지 못하기 때문이다.

만약 세대마다 몇몇 사람들이 고정관념을 끊임없이 배열하고, 표준화하고, 개선시켜 정치 경제학의 법칙, 정치학의 원리 등과 같은 논리적인 체계로 만들어내지 않았다면 우리들 대부분은 상당히 무계획적이고 바뀌기 쉬운 잡다한 고정관념들을 통해 일을 처리해야 할 것이다. 일반적으로 문화, 전통, 그리고 집단정신에 관해 쓸 때, 우리는 이러한 체계들을 천재들이 완성했다고 생각한다. 지금은 이러한 이상적인 제도들에 대해 부단한 연구와 비판이 필요하다는 것을 두고 달리 논쟁의 여지가 없지만 역사가, 정치가, 광고인들은 거기서 멈추지 않는다. 왜냐하면 역사에서 작용하는 것은 천재가 만들어낸 것과 같은 체계적인 개념이 아니라 개인의 마음속에 있는 변하기 쉬운 모방, 모사, 위조, 유추, 왜곡들이기 때문이다.

따라서 마르크스주의는 반드시 칼 마르크스(Karl Marx)가 『자본론(*Das Kapital*)』에 썼던 것이 아니라, 자신들이 충실한 지지자라고 주장하는 적대적인 분파들이 믿는 모든 것들이었다. 복음서에서 기독교의 역사를 추론해낼 수 없고, 또 미국 헌법에서 미국 정치사를 추론해낼 수 없다. 우리가 가

---

15) 뉴욕 시의 Tammany Hall을 본거지로 하는 민주당의 단체. 종종 뉴욕 시정(市政)에서 부패·보스 정치의 비유로 쓰임.

야 할 곳은 우리가 생각하는 자본론이며, 설교에서 이야기된 복음서와 우리가 이해한 설교이며, 해석되고 집행된 헌법이다. 왜냐하면 표준 형태와 통용되는 형태들은 서로 영향을 주고받기는 할지라도, 사람들의 행위에 영향을 미치는 것은 사람들 사이에 퍼진 현재 통용되는 형태들이기 때문이다.

모나리자처럼 약간 피곤한 눈꺼풀을 가진 어떤 비평가는 말한다. "상대성 원리는, 진화론이 그랬던 것처럼 보편적인 적용에 적합한 원리로 발전될 가망성이 있다. 진화론은 생물학의 전문적인 가설이었지만 실질적으로 모든 지식 관련 분야에 종사하는 사람들에게 영감을 주는 길잡이가 되었다. 풍습, 관습, 도덕, 종교, 철학, 예술, 증기기관, 전기, 전차 등 모든 것이 '진화'되었다. '진화'는 아주 일반적인 용어가 되었다. 또한 많은 경우, 그것은 부정확해져서 그 단어의 원래 정의는 잃어버렸고, 애초에 설명하려던 이론은 오해를 받게 되었다. 상대성 원리도 이와 비슷한 진로와 운명을 맞게 될 것이 거의 분명해 보인다. 지금도 정확하게 이해되고 있지 않은 이 전문적인 이론은 점점 더 막연하고 흐릿해질 것이다. 역사는 되풀이된다. 따라서 진화론과 마찬가지로 상대성 원리도 그 과학적인 측면에서 이해를 받은 뒤 어느 정도는 부정확하고 통용되는 설명을 가지고 세계 정복의 길로 나가게 될 것이다. 그때까지는 아마 상대주의(Relativismus)라고 불릴 것으로 본다. 이러한 상대성 원리의 많은 응용들 중 대부분은 의심의 여지 없이 모두 정당화될 것이다. 그중 어떤 것들은 터무니없고, 우리가 상상하기에 대부분은 뻔한 이치로 격하될 것이다. 그리고 단지 대단한 성장의 씨앗일 뿐인 이 물리학 이론은 다시 한 번 순수하게 과학자들의 전문적인 관심사가 될 것이다."

그러나 한 개념이 세계 정복의 길로 나아가기 위해서는, 부정확하게나마 하나의 사물과 서로 맞아야 한다. 베리(Bury) 교수는 진보라는 개념이 얼마나 오랫동안 사변적인 장난감으로 머물러 있었는지 보여준다. "사변적 질서에 대한 새로운 관념이 구체적인 외적 구현체가 되거나, 현저한 물적 증거를 갖추기 전까지는 공동체의 보편적 의식을 파고들어 알려지기가 쉽지 않다. '진보'의 경우, 이들 조건은 (영국에서) 1820~1850년 사이에 충족되었다."고 그는 쓰고 있다. 가장 뚜렷한 증거는 기계혁명에 의해 제공되었다. "19세기 초에 태어난 사람들은 30세가 되기 전에 증기기관 선박의 항해, 가스등에 의한 도시와 가정의 조명, 첫 철도 노선의 개통 등에서 급속한 발전을 직접 보았다." 이 같은 기적들은 보통의 가장(家長)들의 의식 속에 인류의 완전성을 믿는 신앙 유형을 형성시켰다.

철학적인 문제에 관해서는 보통 사람과 별로 다르지 않았던 테니슨(Tennyson)은, 리버풀에서 맨체스터까지 운행하는 구간의 첫 기차(1930년)를 탔을 때 바퀴들이 레일 위를 달리고 있는 것을 생각했다고 말한다. 그러고 나서 그는 다음과 같은 문장을 썼다.

"위대한 세상이 변화의 레일 위를 영원히 달리게 하라."

그래서 리버풀에서 맨체스터 간의 여행에 다소 적용될 수 있는 개념이 우주의 유형으로 "영원히" 일반화되었다. 이 유형은 다른 사람들이 받아들였고, 눈부신 발명으로 강화되었으며, 진화론에도 낙관적인 변화가 일어났다. 물론 그 이론은 베리 교수도 언급하듯이, 비관론과 낙관론 사이에 있는 중립적인 것이다. 그러나 그것은 지속적인 변화를 약속했다. 그리고 이 세상에서 눈에 띄는 변화들은 자연에 대한 무척 놀라운 정복을 보여줌으로써 사람들의 마음이 이 둘을 혼합하게 했다. 다윈(Darwin) 자신이 처음 내세웠고, 그다음에 허버트 스펜서(Herbert Spencer)가 더 정교하게 만든 진화론은 "완성으로 가는 진보"였던 것이다.

10

"진보"나 "완성"과 같은 단어로 대표되는 고정관념은 근본적으로 기계 발명에 의해 조성된 것이다. 그리고 대체로 오늘날까지 기계적인 것으로 남아 있다. 기계적인 진보의 장관은 다른 어느 곳보다 미국에서 매우 깊은 인상을 남겨 도덕규범 전체에 가득 퍼졌다. 미국인은 자신이 진보적이지 못하다는 비난 이외에는 어떤 모욕이라도 대부분 잘 참아낼 것이다. 오래된 가문의 출신이든, 갓 이민 온 사람이든지 간에 그들의 시선을 사로잡는 광경은 미국 문명의 거대한 물질적 성장이다. 그것은 그가 세상을 바라보는 근본적인 고정관념을 형성한다. 시골 마을은 대도시로, 작은 건물은 초고층 빌딩으로, 작은 것은 크게, 느린 것은 빠르게, 부족함은 풍족함으로, 소수는 다수로, 무엇이든지 지금 것은 미래에 더 많은 것으로 변할 것이다.

물론 모든 미국인들이 세상을 이런 식으로 보는 것은 아니다. 헨리 애덤스(Henry Adams), 윌리엄 앨런 화이트(William Allen White)는 그렇지 않다. 그러나 성공이라는 종교에 헌신한 잡지들에 '미국을 만든 사람들'로 등장하는 사람들은 모두 그렇다. 그들이 진화, 진보, 번영, 건설적인 것, 그리고 미국식 일처리 방식에 관해 설교할 때 그들은 바로 그것을 의미하고 있다. 웃기는 쉽지만 사실상 그들은 인간 노력의 매우 위대한 유형을 사용하고 있는 것이다. 첫째로 그것은 비인간적인 기준을 채택한다. 둘째로 그것은 세속적 기준을 채택한다. 셋째로 그것은 사람들이 양적으로 생각하는 습관을 갖게 한다. 확실히 이러한 이상은 우수함을 크기와, 행복을 속도와, 인간 본질을 신기한 기계와 혼동하게 한다. 그러나 이 같은 동기가 어떤 도덕규범을 작동시켜왔고, 앞으로도 그럴 것이다. 가장 큰 것, 가장 빠른 것, 가장 높은 것에 대한 욕망, 또 만약 당신이 손목시계나 현미경 제조자라면 가장 작은 것에 대한 욕망, 이처럼 비길 데 없는 최상의 것에 대한 사랑은 본질적으로 고귀한 정열이다.

확실히 미국적 진보는 경제 상황과 인간 본성에 관한 특별한 영역의 사실에 꼭 들어맞는다. 그것은 비정상으로 많은 호전성, 욕심, 권력욕을 생산적인 일로 바꿔놓았다. 또한 아주 최근까지도 활동적인 미국 사회 사람들의 활동적 본성을 좌절시킨 적은 없었다. 그들이 이룬 문명은 일, 결혼, 놀이 측면에서, 그리고 산이나 황무지, 거리의 잇단 정복에서 그들에게 충분한 만족을 제공했으며, 인간적 경쟁은 우주의 목적과 교섭하는 의식인 종교적 감정을 처리하는 의무까지 해내기에 이르렀다. 그 유형은 이상, 실천, 결과의 연속에서 거의 완벽한 성공을 이루었기 때문에 그에 대한 도전은 비(非)미국적이라고 불린다.

그러나 이 유형은 세상을 대표하기에는 매우 부분적이고 부적당한 방식이다. 진보를 "발전"이라고 생각하는 습관은 환경의 많은 측면이 단순히 무시되었다는 것을 뜻한다. 그들의 눈앞에 전개된 "진보"의 고정관념을 가지고, 미국인들은 통틀어서 자신들이 생각하는 진보와 맞지 않는 것은 진보로 보지 않았다. 그들은 도시의 팽창은 보았으나, 빈민가의 증대는 보지 않았으며, 인구 통계 수치에는 환호하였으나 과잉 인구 문제는 생각하려 들지 않았다. 또한 성장은 자랑스럽게 강조했으나, 유랑민이나 동화되지 못한 이민자들은 보려 하지 않았다. 그들은 천연 자원을 무모하게 처리하면서 맹렬하게 산업을 확장시켰다. 그들은 산업 관계를 조정하지 않고 거대 기업들을 만들었다. 그들은 자신들의 고립을 끝나게 하는 제도나 마음의 준비 없이 지구에서 가장 강력한 국가의 하나가 되었다. 그들은 도덕적, 물리적으로 준비도 없이 세계대전에 우연히 말려들었다가 환멸을 느끼고 힘들게 빠져나왔으나 더 배운 것은 거의 없었다.

　세계대전에서 미국적 고정관념의 좋은 영향과 나쁜 영향은 분명히 보였다. 군대를 끝없이 보충하고, 채권을 무한정 발행하고, 선박을 무한정 건조하고, 탄약 생산도 제한이 없는 등, 이런 것들에만 집중하면 전쟁에서 이길 수 있다는 생각은 전통적인 고정관념에 딱 들어맞으며, 결과적으로 물질적 기적과 같은 것을 낳았다. 그러나 고정관념의 영향을 가장 많이 받은 사람들에게는 승리의 대가는 무엇이었고, 그것은 어떻게 얻은 것인지 고려할 만한 여지가 없었다. 그래서 목표는 무시되거나 자동적인 것으로 여겨졌고, 승리란 고정관념이 요구하는 대로 전쟁터에서 적군을 전멸하는 것만이 승리로 인식되었다. 평화로울 때는 가장 빠른 자동차가 무슨 목적에 사용되는지 묻지 않았고, 전쟁 때는 가장 완벽한 승리의 목적은 무엇인지 묻지 않았다. 그러나 파리에서는 그 유형이 사실과 맞아떨어지지 않았다. 평화 시에는 작은 것을 큰 것으로, 큰 것은 더 큰 것으로 끝없이 대체해갔다. 전시에는 완벽한 승리를 얻은 뒤 더욱 완벽한 승리로 나아갈 수 없었다. 완전히 다른 유형의 뭔가를 해야 하는 것이다. 만일 당신에게 그런 유형이 없다면, 전쟁의 종말이 좋은 사람들에게 그랬던 것처럼 당신에게도 쓸쓸하고 재미없는 세상에서의 용두사미가 된다.

　이것은 고정관념과 사실 사이에 무시할 수 없는, 분명히 나뉘지는 분기점을 표시한다. 사물의 행동에 대해 우리가 가지는 이미지는 사건의 기복보다 더 단순하고 더 고정적이기 때문에 그런 지점은 항상 있게 마련이다. 그러므로 사각지대가 시야의 가장자리로부터 중심으로 옮겨지는 때가 온다. 그때, 경종을 울릴 용기를 가진 비평가가 없고, 변화를 이해할 능력을 가진 지도자가 없고, 아량의 습관을 가진 사람들이 없다면, 고정관념은 1917년과 1918년에 그랬던 것처럼 노력을 절약하고 에너지를 집중시키는 대신, 사람들의 눈을 멀게 함으로써 노력을 좌절시키고 사람들의 에너지를 낭비하게 할 것이다. 바로 1919년에 카르타고적인 평화(Carthagian peace)[16]를 부르짖고, 1921년에는 베르사유 조약(Treaty of Versailles)[17]에 비탄스러워했던 사람들에게 그랬던 것이다.

11

고정관념은 무비판적으로 받아들여지면, 고려해야 할 많은 것을 검열해서 없애버릴 뿐 아니라, 최후의 심판 날이 도래하여 고정관념이 박살 날 때, 어쩌면 고정관념이 현명하게 고려했을지도 모르는 것조차 고정관념과 함께 파괴될 것이다. 그것은 버나드 쇼 씨가 '자유무역', '자유계약', '자유경쟁', '자연적 자유', '자유방임주의', 그리고 '다원주의'에 대해 내린 징벌이다. 백 년 전이었다면 그는 가장 격렬하게 이런 교의들을 주장한 사람들 중 하나였을 것이므로 '불신의 반세기'인 오늘날에 보는 것과는 달리 보았을 것이다. 다시 말해 "태연히 '다른 사람들을 속이는 것', 지도적인 정부의 간섭, 합법적인 사기를 난투극으로부터 보호하는 경찰 조직을 제외한 모든 조직, 인간의 목적과 계획 그리고 예측을 '정치 경제학 법칙에 반대되는' 거대한 산업적인 것에 도입하려는 시도 등에 대한 변명으로 보지는 않았을 것이다." 그보다는 천상을 행진하는 선구자들 중 한 사람으로서, 빅

---

16) 기원전 146년, 로마제국이 아프리카 북부의 고대 도시국가인 카르타고를 불태우고 정복한 데서 기원한 말로, 일반적으로 강제로 부여한 매우 잔인한 평화를 의미함.
17) 1919년 6월 28일, 제1차 세계대전의 전후 처리를 위해 연합국과 관련국, 그리고 독일 사이에 체결된 평화협정.

토리아 여왕의 삼촌이 다스리는 정부에서 볼 수 있었던, 인간의 목적과 계획, 그리고 예측 등이 적을수록 좋다고 보았을 것이다. 그는 강자들이 약자들을 속이는 것이 아니라, 우둔한 자들이 강자들을 속이는 것으로 보았을 것이다. 또는 인간의 목적, 계획, 예상이 발명을 방해하고, 기업을 방해하고, 그가 틀림없이 '창조적 진화'의 다음 단계라고 인식했던 것을 방해하는 것으로 보았을 것이다.

심지어 오늘날에도 쇼 씨는 그가 알고 있는 어떤 지도적인 정부의 지침에도 전혀 열정을 보이진 않을 것이고, 이론상 그는 자유 경제를 완전히 거부했다. 전쟁 이전에 가장 진보된 사고도 역시, 모든 것을 느슨하게 풀어주면 지혜가 솟아나고 조화를 이룰 것이라는 기존 사고방식에 대해 등을 돌렸다. 전쟁이 시작된 뒤, 검열관들, 선전자들, 스파이들의 도움을 받아 지도적 역할을 하는 정부가 명확하게 증명되면서 로벅 램즈덴(Roebuck Ramsden)[18]과 '천부의 자유권(Natural Liberty)'[19]은 진지한 사상가들의 동료로 다시 받아들여졌다.

이러한 순환들에는 하나의 공통점이 있다. 한 벌의 고정관념에는 노력이 그치고, 사물들이 그렇게 되기를 원하는 대로 저절로 일어나는 지점이 있다. 일을 부추길 만한 힘이 있는 진보적 고정관념은 그 일이 무엇이며 왜 해야 하는지를 결정하려는 시도를 거의 완벽하게 없애버린다. 어리석은 관료주의로부터 운 좋게 풀려난 자유방임주의는 사람은 미리 예정된 조화를 향해 자발적인 발화에 의해 나아갈 것이라고 가정한다. 마르크스주의자가 보기에 무자비한 이기주의의 해독제인 집산(集産)주의는 사회주

---

18) 버나드 쇼의 희곡 「인간과 초인(Man and Superman)」의 등장인물 중 한 사람.
19) 자연법에만 복종하는 상태.

의 관료들의 능률과 지혜를 향한 경제 결정론을 상정하는 것 같다. 기껏해야 무질서의 대가를 깊이 의식한 강력한 정부와 국내외 제국주의는 결국 피지배자에게 중요한 것은 모두 지배자들에 의해 밝혀질 것이라는 생각에 의존한다. 각각의 이론에는 자동현상(automatism)[20]이라는 사각지대가 있다.

그 사각지대는 어떤 사실을 은폐하는데, 만약 그 사실을 고려하게 되면 고정관념이 일으키는 중요한 움직임을 제어할 수 있다. 만약 진보적인 사람이 농담에 나오는 중국인처럼, 기록을 경신함으로써 얻은 시간에 무엇을 하려는지 스스로에게 물어본다면, 또 자유 경제를 지지하는 사람이 자유롭고 원기 왕성한 에너지뿐 아니라 사람들이 인간의 본성이라고 일컫는 것에 대해 심사숙고해 보았다면, 또 집산주의자가 자신의 관료들을 어떻게 확보해야 할지에 관심을 집중한다면, 제국주의자가 자신의 영감을 의심하려 든다면, 당신은 햄릿(Hamlet)은 더 많이 볼 것이고, 헨리(Henry) 5세는 더 적게 보게 될 것이다. 왜냐하면 이러한 사각지대들은 거기에 따라오는 감정들과 함께 마음을 산란하게 하는 이미지들을 가까이 오지 못하게 해서, 망설이게 하고 목표를 흩트려버리기 때문이다. 결과적으로 고정관념은 바쁜 삶 가운데 시간을 절약해주고 사회적 지위를 방어해줄 뿐 아니라, 착실하고 전체적으로 세상을 보려고 하는 노력에 따른 모든 당혹감에서 우리를 지켜주기도 하는 것이다.

∙∙
20) 심령술에서 행위자가 의식적으로 통제하지 못하는 상태에서 이루어지는 자연발생적인 신체 행위.

12

 기차역 플랫폼에서 친구를 기다려본 사람이라면 낯선 사람을 친구로 착각했던 기억이 있을 것이다. 모자 모양, 약간 독특한 걸음걸이는 그의 마음의 눈에 친구의 모습을 분명하게 일깨웠다. 잠결에 들리는 딸랑 소리는 큰 종을 울리는 소리처럼 들릴 수 있고, 멀리서 망치 두드리는 소리가 천둥소리처럼 들릴 수도 있다. 우리 심상(心像)의 무리는 그 일부 측면과 아주 어렴풋하게 닮은 자극에도 진동하기 때문이다. 이런 심상의 무리는 환각 속에서는 의식 전체에 흘러넘칠 것이다. 우리가 익숙한 단어나 사물을 별 생각 없이 바라보다 보면 점점 낯설게 보이는 경우와 같은 경험은 아주 드물고 매우 복잡하다고 생각하는 경향이 있지만, 심상의 무리가 지각되는 일은 거의 없다. 확실히 대부분의 경우, 우리가 사물을 보는 방식은 존재하는 사물과 우리가 기대했던 사물의 결합이라고 할 수 있다. 똑같은 하늘이라도 천문학자와 사랑하는 연인이 쳐다보는 하늘은 같지 않고, 칸트(Kant) 저술의 한 쪽은 칸트학파와 급진적 경험론자에게 각자 다른 일련의 생각을 불러일으킬 것이다. 타이티 섬(Tahitian)의 미녀는 《내셔널지오그래픽》 잡지 독자들보다는 그녀의 구혼자에게 더 아름답게 보일 것이다.

 사실 어떤 분야에 전문성을 갖는다는 것은 우리가 관련 측면을 많이 알게 되고, 기대에서 벗어나는 생각을 하는 습관이 증대된 것을 말한다. 무식한 사람에게는 모든 것이 비슷해 보이고, 인생이란 이것이나 저것이나 다 마찬가지이지만, 전문가에게는 사물들이 아주 개별적이다. 자가용 기사, 미식가, 감정가, 국무위원, 교수 부인들 사이에는 명백한 구별과 특성이 있다. 그러나 자동차나 와인, 옛 거장들, 공화당원, 대학교수에 대해 이야기하는 보통 사람에게는 조금도 뚜렷하지 않다.

그러나 버나드 쇼가 밝힌 것처럼 인생이 아주 짧은 한, 우리의 여론에서 전문가는 거의 없다. 전문가라고 해도 단지 두세 분야에서만 그렇다. 우리가 전쟁을 통해 배웠듯이 노련한 기병들이 반드시 참호전이나 탱크전에서도 뛰어난 것은 아니다. 실제로 작은 분야에서 약간의 전문성을 갖게 되면 우리의 고정관념 속에 밀어 넣을 수 있는 것은 모두 넣고, 거기에 들어맞지 않는 것은 외부의 어둠 속에 던져버리려는 일상적인 습관이 두드러질지도 모른다.

아주 조심하지 않으면, 우리가 익숙하다고 인식하는 것은 무엇이든지 이미 우리 마음속에 있는 이미지에 기대어 그것을 보려고 든다. 따라서 진보와 성공에 대한 미국인의 견해에는 인간성과 사회에 관한 분명한 상(像)이 있다. 그것은 이상적이라고 생각되는 그런 진보를 논리적으로 만들어내는 인간성이며 사회이다. 그리고 우리가 실제로 성공한 사람들이나 실제로 일어난 사건들에 관해 묘사하거나 설명하려 할 때, 우리의 고정관념 속에 미리 전제되어 있는 특성들에 맞춰 그것을 읽게 된다.

이러한 특성들은 옛 경제학자들에 의해 아주 순진하게 표준화되었다. 그들은 자신들이 살고 있는 사회제도를 설명하려고 했다가 너무 복잡해서 말로 표현하기 어려운 것을 알았다. 그래서 어린이가 그린 복잡한 소 그림이 평행사변형에 다리와 머리를 붙인 원리와 정확성에서 크게 다르지 않은 것처럼, 그들은 자신들이 진심으로 바랐던 단순화된 도식을 고안해냈다. 그 도식은 자신의 노동을 통해 부지런히 자본을 축적한 자본가, 사회적으로 유용한 수요를 생각해서 공장을 세운 기업가, 싫으면 안 해도 되는 노동 관련 계약을 자유롭게 맺은 노동자 집단, 지주, 그리고 가장 값이 싼 시장에서 잘 알고 있는 쾌락과 고통의 계산법에 따라 자신들에게 가장 많은 쾌락을 줄 것이라고 생각하는 상품을 구입한 일단의 소비자들로 구성되어 있다. 그 모형은 잘 움직였다. 그 모형이 가정한 세상에서 살고 있는 그 모형이 가정한 사람들은 그 모형이 기술된 책들에서 한결같이 조화롭게 협력하였다.

경제학자들이 자기들 생각을 단순화하기 위해 사용한 이 순수한 허구에 수정과 윤색이 더해져 사람들 사이에서 팔리고 대중화된다. 그래서 그 시대 경제학에 관한 신화로 유행하게 되는 것이다. 그것은 성공을 설명하기보다는 성공을 이루는 데 열중하였던 사회의 자본가, 창업자, 노동자, 그리고 소비자들의 표준형을 제공하였다. 솟아오른 빌딩들과 축적된 은행예금은 세상이 어떻게 돌아가는지에 대한 고정관념이 정확했다는 증거였다. 그리고 성공으로 가장 혜택을 많이 본 사람들은 자신들이 바로 그렇게 되어야 하는 사람들이라고 믿기 시작했다. 성공한 사람들의 솔직한 친구들이 신문에서 그들의 공식적인 전기(傳記)나 사망 기사를 읽었을 때 이게 바로 그 친구인지 묻지 않도록 자제해야 하는 것은 당연한 일이다.

13

물론 패배자와 피해자는 이 공식적인 묘사법을 인정할 수 없었다. 왜냐하면 진보의 본보기가 되었던 사람들은 자신들이 그 위치에 이른 것이 경제학자들이 마련해놓았던 길이나, 또는 다른 믿을 만한 길을 밟아 도달했는지를 묻는 일이 없지만, 성공하지 못한 사람들은 물었기 때문이다. "아무도 자신의 구체적인 지식이 미치지 않는 부분은 일반화하지 않고 볼 수 없다."고 윌리엄 제임스(William James)는 말한다. 대 실업가들은 거대한 기업합동(trusts) 속에서 자기들 성공의 기념비를 보았고, 패배한 그들의 경쟁자들은 거기서 실패의 무덤을 보았다. 그래서 실업가들은 대기업의 경제성과 장점을 설명하고, 그대로 내버려둘 것을 요구했으며, 자신들이 번영을 가져왔으며, 통상을 개발했다고 말했다. 패배자들은 기업 합병의 낭비와 무자비함을 주장했고, 기업을 음모에서 해방시켜달라고 법무부에 소리 높여 요구했다. 동일한 상황에서 한편에서는 진보와 경제, 화려한 발전을 보았고, 다른 한편에서는 반발, 낭비, 통상의 규제를 보았던 것이다. 많은 통계 수치와 진실에 관한 일화(逸話)들, 내막, 더욱 깊고 넓은 진실이 양측 주장을 입증하기 위해 출판되었다.

고정관념의 체계가 잘 확립되면, 그것을 지지해주는 사실들에는 주목하고, 그것과 모순되는 것들에는 주의가 멀어지게 된다. 그러므로 친절한 사람들은 그래야 하는 많은 이유를 찾아내고, 사악한 사람들은 또 그에 대한 많은 이유를 발견하는데 아마도 사람들이 그렇게 하도록 각각 조율되어 있기 때문인 것 같다. 우리는 장밋빛 안경을 끼고 보거나, 색안경을 끼고 본다고 하는 것이 정확할 것이다. 언젠가 필립 리텔(Philip Littell)이 어느 저명한 교수에 대해 쓴 것과 같이, 우리가 인생을 사회 계급을 통해 대충 어렴풋이 본다면 최고위층 사람들은 무엇이며 하류 계층은 무엇인지에 대한 우리의 고정관념을 이해하는 데 어렵지 않을 것이다. 이질적인 것은 받아들이지 않을 테고, 서로 다른 것은 사람들 눈에 띄지 않을 것이다. 때때로 의식적으로, 더 많은 경우에는 모르는 채 우리는 우리의 철학에 맞아떨어지는 사실들에 감동을 받는 것이다.

14

　이런 철학은 보이지 않는 세상을 묘사하는 다소 조직된 일련의 이미지들이다. 또한 그런 세상을 묘사할 뿐 아니라 판단하기 위한 것이기도 하다. 그러므로 고정관념들은 편애로 가득 찼고, 애정과 미움으로 뒤덮여 있으며, 공포, 욕망, 강한 바람, 자신감, 그리고 희망에 붙어 있다. 고정관념을 불러일으키는 것은 무엇이든 그에 적절한 감정으로 평가된다. 우리가 일부러 고정관념을 유보하는 경우를 제외하고는, 우리는 어떤 사람을 잘 살펴보고 난 뒤에 나쁜 사람이라고 판단하는 것이 아니다. 우리는 나쁜 사람을 보는 것이다. 우리는 이슬에 젖은 아침을, 부끄러워 얼굴 붉힌 처녀를, 신앙심 깊은 성직자를, 재미가 없는 영국인을, 위험한 빨갱이를, 근심 걱정 없는 보헤미안을, 게으른 힌두인을, 교활한 동양인을, 몽상에 잠긴 슬라브인을, 변덕스러운 아일랜드인을, 욕심 많은 유대인을, 100퍼센트 완벽한 미국인을 보는 것이다. 이 현실 사회에서는 증거가 나오기 훨씬 전에 흔히 실제로 이렇게 판단을 내린다. 그리고 이런 판단에는 나중에 증거가 확실히 확인해줄 결론이 들어 있다. 이런 판단에는 정의나 자비, 진실이 들어설 여지가 없다. 왜냐하면 판단이 증거에 앞서기 때문이다. 그러나 선입견이 없는 국민, 모두 중립적인 견해를 갖춘 국민은 어떤 문명 사회에서도 있을 법하지 않으므로 그런 이상을 근거로 한 어떠한 교육 계획도 불가능하다고 생각하는 것이 낫다. 선입견은 찾아낼 수 있고, 무시할 수 있고, 순화시킬 수도 있지만, 유한한 인간이 짧은 교육기간 내에 광대한 문명을 다루기 위한 학습을 압축적으로 해야 하는 한, 그 문명의 상(像)을 지니고 다녀야 하며, 선입견을 가져야만 한다. 그들의 사고와 행위의 질은 그런 선입견이 다른 사람과 사상에 호의적인지 아닌지에 달려 있고, 또 그 선입견이 선의 개념에 포함되지 않는 것을 증오하는 것이 아니라 적극적인 선이라고 느끼는 것에 대해 애정을 불러일으키느냐에 달려 있다.

도덕, 좋은 취미, 올바른 예절은 내재해 있는 선입견을 먼저 표준화하고, 그다음 그것을 강조한다. 우리가 자신을 우리 규범에 맞춰가듯이, 우리가 보는 사실을 그 규범에 맞춰간다. 이성적으로 볼 때, 모든 사실은 우리의 선악 관점에서 중립적이어야 한다. 실제로는 우리가 무엇을 어떻게 인식할 것인가는 규범에 의해 크게 결정된다.

왜냐하면 도덕규범은 여러 전형적인 행위에 적용될 행동 강령이기 때문이다. 규범의 지시에 따른 행위는 규범이 추구하는 목적을 수행하는 것이다. 그것은 신의 뜻이거나 왕의 의지, 또는 훌륭하고 견고한 3차원 지상낙원에서의 개인적인 구원, 지상에서의 성공, 인류에 대한 봉사일 수 있다. 어쨌든 규범을 만든 사람들은 특정한 대표 상황을 정한 다음, 추리나 직관으로 그들이 인정하는 목표를 달성할 수 있는 행위를 추론해낸다. 이 규칙은 적용되는 곳에만 적용된다.

그러나 일상생활에서 어떤 사람이 자신이 놓인 곤경이 입법자가 생각했던 것인지 아닌지를 어떻게 알 수 있을까? 그는 살인하지 말라고 들었다. 그러나 만약 그의 자녀가 공격을 당한다면 그가 살인을 막기 위해 살인해도 괜찮을까? 십계명은 그 문제에 대해서는 말이 없다. 그러므로 모든 규범의 주위에는 더욱 특정한 사례에서 추론하는 해석자들의 무리가 몰려있다. 그 사람이 정당방위로 살인을 저질러도 된다고 법학박사들이 결정했다고 가정해보자. 그다음 사람에게는 그런 결정에 대한 의문심 또한 크다. 즉 그가 정당방위를 올바로 정의하고 있는지, 또는 사실들을 잘못 판단하지는 않았는지, 공격받는다고 상상한 건 아닌지, 실제로 자신이 도발

자였는지 어떻게 알겠는가? 그러나 도발이란 무엇인가? 정확하게 이런 혼란들에 1914년 8월에 대부분의 독일인들의 마음이 물들어 있었다.

현재 세계에서 도덕규범의 차이보다 더 심각한 문제는 그것이 적용되는 사실들에 대한 가정의 차이이다. 종교적, 도덕적, 그리고 정치적 신조는 각각의 신봉자들이 가정한 사실들로부터 아주 동떨어진 것은 아니다. 따라서 유익한 토론이 되려면 서로의 이상을 비교하는 대신, 사실을 보는 시각을 재검토해야 한다. 당신이 다른 사람에게 대접받고 싶은 대로 다른 사람에게 하라는 법칙은 인간성은 동일하다는 신념을 기초로 하고 있다. 사람들의 취향이 다를 수 있으므로, 남에게 대접받고 싶은 대로 다른 사람을 대하지 말라는 버나드 쇼 씨의 말은 모든 인간성이 똑같지 않다는 신념을 근거로 하고 있다. 경쟁은 상거래의 생명이라는 격언은 경제적 동기, 산업적 관계, 그리고 특정한 상업 제도의 운영에 관한 수많은 가정들로 이루어져 있다. 개인이 소유하고 운영하지 않는 한, 미국은 절대로 상선(商船)을 가질 수 없을 것이라는 주장은 특정한 이윤 추구와 보상 사이에 입증된 관련성이 있다고 가정하는 것이다. "모든 국가는 폭력 조직"이라는 이유로 볼셰비키 선전가가 독재자, 스파이, 테러를 정당화하는 것은 역사적 심판이라고 할 수 있는데, 그 진리가 비공산주의자들에게는 결코 자명한 이치가 되지 않는다.

모든 도덕규범의 중심에는 인간성에 대한 상(像), 세계관, 역사관 등이 있다. 규범의 법칙은 (그렇게 생각한) 인간성에, (그렇게 상상한) 세상에, (그렇게 이해한) 역사에 적용된다. 인격, 환경, 기억에 대한 사실들이 서로 다르면 규범의 법칙들도 성공적으로 적용되기 어렵다. 모든 도덕규범은 인간의 심리, 물질세계와 전통에 대해 어떤 견해를 가지고 있어야 한다. 그러나 과학의 영향권에 있는 규범에서 이런 견해란 가설이다. 반면에 과거 경험으로부터 검증되지 않은 채 나왔거나 마음의 동굴에서 갑자기 나온 규범에서 이런 견해란 증명이나 반박이 요구되는 가설이 아니라 의문 없이 받아들여지는 일종의 허구인 것이다. 전자의 경우, 인간은 자신의 신념이 일시적이고 불완전하다는 사실을 알기 때문에 자신의 신념에 대해 겸손하다. 그러나 후자의 경우, 자신의 신념은 완성된 신화이기 때문에 그 사람은 독단적이다. 과학적 훈련을 따르는 도덕주의자는 자신이 모든 것을 다 알지는 못하지만 무언가를 알아가는 과정이라는 사실을 안다. 그러나 신화에 기대는 독단주의자는 진리와 오류를 판단하는 기준을 갖고 있지 못하면서도 자기 자신은 전지전능한 통찰력의 일부를 공유하고 있다고 믿는다. 왜냐하면 신화의 특징은 진리와 오류, 사실과 허구, 보도와 환상이 모두 동일한 신뢰의 평면 위에 놓여 있는 것이기 때문이다.

그런데 신화가 반드시 거짓은 아니다. 전체적으로 진실일 수도 있고, 부분적으로 진실일 수도 있다. 만약 신화가 오랜 시간에 걸쳐 인간 행위에 영향을 미쳐왔다면 거기에는 심오하고 중요한 진리가 많이 담겨 있는 것이 거의 확실하다. 다만 신화에는 진리와 오류를 분별할 수 있는 비판적인 힘은 전혀 없다. 왜냐하면 그런 힘은 인간의 의견은 그것이 어디에서 나왔건 상관없이 증명을 받지 않아도 될 정도로 고귀하지 않다는 사실과, 의견이란 단지 개개인 누군가의 의견일 뿐이라는 사실을 인식하는 데서 나오기 때문이다. 그리고 만약 당신이 왜 사실을 증명하는 것이 다른 방법보다 좋은지 묻는다면, 당신은 사실을 증명하기 위해 그 방법을 사용할 의지가 있어야 그에 대한 답을 얻을 것이다.

15

 도덕규범은 사실에 대한 특정한 견해를 가정한다는 주장은 충분히 입증할 수 있다고 나는 생각한다. 나는 도덕규범이라는 용어에 개인적, 가족적, 경제적, 전문 직업적, 법률적, 애국적, 국제적 규범 등 모든 종류를 포함시켰다. 이들 규범의 중심에는 심리학, 사회학, 그리고 역사학에 관한 고정관념의 유형이 있다. 인간성이나 사회제도, 전통에 대한 똑같은 견해가 이 모든 규범에 들어 있는 경우는 거의 없다. 예를 들면, 경제 규범과 애국 규범을 비교해보자. 모든 사람들에게 똑같이 영향을 미칠 것으로 생각되는 전쟁이 일어났다. 두 사람은 동업자다. 한 사람은 군에 입대하고, 다른 사람은 군대와 납품 계약을 맺는다. 군인은 자신의 모든 것, 심지어 목숨까지 희생한다. 그는 하루에 1달러를 받는다. 그리고 어느 누구도 어떤 경제적 동기로 그를 더 나은 군인으로 만들 수 있다고 말하거나 믿지 않는다. 그런 동기는 그의 인간성에서 사라졌다. 군납 계약자는 거의 희생하는 것도 없이 비용에 대해 괜찮은 이윤을 얻는다. 경제적 동기가 없는데도 그가 탄약을 생산하리라고 말하거나 믿는 사람은 아무도 없다. 그것은 그에게 부당한 것이다. 중요한 것은 공인된 애국 규범과 상업 규범이 가정하는 인간성의 종류가 서로 다르다는 데 있다. 그리고 모든 규범은 어떤 정도의 기대감을 갖추고 있는 것 같다. 즉, 한 사람이 어떤 규범을 받아들인다면 그는 그 규범이 요구하는 인간성을 내보이는 경향이 있다는 것이다.

 이것이 바로 인간성에 대해 일반화하는 것이 얼마나 위험한지를 보여주는 이유 중 하나이다. 다정한 아버지가 고약한 직장상사, 진지한 시민 개혁자, 그리고 욕심 많은 강경 외교론자일 수 있다. 그의 가정생활, 그의 사업 경력, 그의 정치, 그의 외교 정책은 타인은 어떤 존재인지, 자신은 어떻게 행동해야 하는지에 관한 완전히 다른 견해에 기초를 두고 있다. 이런 견해들은 동일한 사람도 규범에 따라 다르고, 규범들은 동일한 사회 환경에 놓여 있는 사람들 간에도 다소 차이가 있으며, 사회 환경에 따라서는 크게 다르고, 두 국가 간이나 피부 색깔이 다른 두 인종 간에는, 공통된 가정(假定)이 없을 정도로 다르다. 같은 종교적 신앙을 고백하는 사람들 간에도 전쟁을 벌일 수 있는 이유가 여기 있다. 행위를 결정하는 그들의 신앙 요소는 바로 그들이 가정하는 사실들에 대한 견해인 것이다.

바로 이 대목에서 규범이 여론 형성에 아주 미묘하고 넓게 스며든다. 여론이란 일단의 사실에 대한 도덕적 판단이라고 정통적인 이론은 말한다. 내 이론에 따르면, 현재의 교육 상태에서 여론이란 주로 사실들에 대해 도덕적으로 설명하고 규범화된 견해이다. 우리 규범의 중심에 있는 고정관념의 유형은 우리가 어떤 사실들을 보고, 어떤 관점에서 보게 될지를 결정한다고 할 수 있다. 그래서 최고의 선의를 가지고서도, 신문의 뉴스 보도방침이 그 신문사의 편집 정책을 지지하게 되는 이유이다. 또한 자본가는 한 종류의 사실을 보고, 인간성의 특정 측면만을 문자 그대로 보게 되며, 그의 적(敵)인 사회주의자는 다른 한 종류의 사실들을 보고, 인간성의 다른 측면만을 보는데 그들 간의 진짜 차이는 지각의 차이인데도, 서로 상대방을 비이성적이거나 괴팍하게 보는 이유이다. 즉 그 차이는 자본주의자와 사회주의자가 가진 고정관념의 유형이 다르기 때문에 생긴 것이다. "미국 사회에는 계급이 없다."고 한 미국 편집인은 말한다. "지금까지 존재해온 모든 사회의 역사는 계급투쟁의 역사이다."라고 『공산당 선언(*Communist Manifesto*)』은 쓰고 있다. 만약 당신이 마음속에 편집인의 유형을 갖고 있다면, 그것을 확인해주는 사실들은 분명히 보려 할 것이고, 그것에 모순되는 사실들은 희미하고 무관심하게 볼 것이다. 만약 당신이 공산주의자 유형을 갖고 있다면 다른 사실을 보려 할 뿐만 아니라, 당신과 편집인이 우연히 같이 본 것도 완전히 다른 측면을 강조하면서 보게 될 것이다.

16

그리고 내 도덕 체계는 내가 사실을 받아들이는 방식에 달려 있으므로 내가 내린 도덕적 판단이나 사실에 대한 견해를 부정하는 사람은 나에게 괴팍하고, 이질적이고, 위험한 사람으로 여겨진다. 나는 그런 사람을 어떻게 설명해야 할까? 적(敵)은 반드시 설명해야 하는데, 그가 다른 종류의 사실들을 보고 있다는 설명은 결코 하려 들지 않는다. 그런 설명은 우리가 인생을 착실하게 전체적으로 살펴봐왔다는 우리 자신의 확신의 토대를 무너뜨리기 때문이다. 우리 의견이 고정관념을 통해 본 부분적인 경험이라고 인식하는 습관이 들 때라야 비로소 우리는 진정으로 적에 대해 관용적이 될 것이다. 그런 습관이 없다면 우리는 우리 자신의 견해만이 절대적이라고 믿고, 그 결과 모든 적들에 대해서는 반역적 특성을 가졌다고 믿게 된다. 사람들은 어떤 "문제"에 두 측면이 있다는 사실은 기꺼이 받아들이려 하면서도 자신이 "사실"이라고 생각하는 것에 두 측면이 있다고는 믿지 않기 때문이다. 비판적인 교육을 오랫동안 받고 나서 사회 자료에 대한 그들의 이해가 얼마나 간접적이고 주관적인지를 충분히 의식하기 전까지는, 그들은 결코 그것을 믿지 않는다.

따라서 두 분파가 각자의 측면에서 생생하게 본 것에 대해 자신들만의 설명을 하려고 할 때, 그들이 상대방을 정직하다고 믿기란 거의 불가능하다. 만약 어떤 결정적인 시점에서 그 유형이 자신들의 경험과 잘 맞으면,

그들은 더 이상 그것을 해석이라고 보지 않는다. 그들은 그것을 "사실"로 본다. 그것은 하나의 실제 경험과 일치하는 결론에 이른 것일 뿐, 사실과 유사하지 않을 수도 있다. 마치 어떤 사람이 자신의 승리를 곧고 좁은 통로의 끝지점으로 보는 것은, 내가 뉴욕에서 보스턴까지 여행길을 지도상 일직선으로 표시하는 것과 마찬가지이다. 그의 승리의 길에는 순수한 기업과 노동, 절약 말고도 수많은 것들이 있을 수 있듯이, 내가 실제로 보스턴으로 가는 길에도 여러 우회로와, 굴곡지고 구불구불한 길이 있을 수 있다. 그러나 만약 내가 보스턴에 도달하고 그가 성공한다면, 항공로와 곧은 길은 미리 만들어놓은 지도의 역할을 할 것이다. 단지 어떤 사람이 그 길을 따라갔으나 도착하지 못할 때에만 우리는 그 길에 대한 항의에 대답해야 한다. 만약 우리가 우리 지도들을 고집하고, 그는 그것들을 거부한다면 우리는 곧 그를 위험한 바보로 취급하고 그는 우리를 거짓말쟁이와 위선자로 간주하게 될 것이다. 그래서 우리는 점점 상대를 그려나가게 된다. 왜냐하면 적수는 자기 자신을, '악이여, 나의 선(善)이 되어라'라고 말하는 사람으로 그리기 때문이다. 그는 사물의 체계에 맞지 않는 귀찮은 존재이다. 그런데도 그는 참견한다. 그리고 그 체계는 우리가 저항할 수 없는 논리에 의해 강화된 명백한 사실을 기초로 하고 있기 때문에, 그 체계 속에 적수를 위한 자리를 마련해야 한다. 정치나 산업 논쟁에서는 적수가 동일한 현실을 보았으나 우리와 다른 측면을 보았다는 사실을 인정한다고 해도 그에게 제공되는 여지는 거의 없다. 이렇게 되면 체계 전체가 흔들리게 되기 때문이다.

그래서 파리에 사는 이탈리아인들에게 피우메(Fiume)[21]는 이탈리아 영토였다. 그것은 이탈리아 왕국에 속했더라면 좋았을 도시일 뿐만 아니라 이탈리아 영토였다. 그래서 파리의 이탈리아인들은 피우메의 법적 경계선 안에서 다수를 차지하고 있는 이탈리아인들에게 그들의 온 신경을 집중시켰다. 피우메보다 뉴욕에 이탈리아인들이 훨씬 더 많이 살고 있었지만 뉴욕을 이탈리아 영토라고 간주하지 않는 미국 대표단은 피우메가 중앙 유럽의 입국항이라는 사실에 주목했다. 그들은 교외와 이탈리아인들이 살지 않는 오지(奧地)에 거주하는 유고슬라비아인들을 분명히 보았다. 그래서 파리에 사는 일부 이탈리아인들은 이러한 미국인들의 심술을 이해할 수 있는 설득력 있는 설명을 필요로 했다. 그들은 그 설명을 영향력 있는 미국의 외교관이 유고슬라비아 여인의 유혹에 빠졌다는 아무도 근거를 모르는 소문에서 찾았다. 큰길에서 조금 벗어난 베르사유에서…… 큰 나무들이 서 있는 별장에서…… 그녀가 보였고…… 그도 함께 있었다는 것이다.

이것은 반대파를 물리치는 설명으로는 상투적인 방식이다. 좀 더 비방적인 형태의 주장은 거의 인쇄되지 않는다. 그래서 루스벨트나 하딩(Harding) 같은 사람은 몇 년이나 몇 개월을 기다려서야 사람들의 입방아에 오르내리는 유언비어의 공세에서 빠져나갈 수 있다. 공인(公人)들은 클럽의 집회실, 저녁식사 자리, 규방(閨房) 등에서 사람들이 비방을 반복하고, 교묘하게 꾸미고, 낄낄거리며, 재미있어하더라도 참아낼 수 있어야 한다. 나는 이런 일이 미국에서는 유럽보다 덜하다고 믿지만, 다른 사람의 비방을 받지 않는 미국인 공직자는 거의 없다.

우리는 반대파들을 악당과 음모자로 만든다. 만약 물가가 엄청나게 오

21) 이탈리아 북동부의 항구도시로, 18세기 말 이후 헝가리 치하에 있었으나 19세기 말경부터 이탈리아인 이민이 늘어났다. 제1차 세계대전 때 이탈리아는 이 땅의 영유를 약속받고 연합군 측에 참전하였으나 그 약속은 실현되지 않았다. 1920년 이탈리아-유고슬라비아 간의 라팔로조약으로 자유시(自由市)가 되었다가 1924년 로마조약에서 이탈리아령(領)이 되었다. 제2차 세계대전 후 이탈리아와 강화조약에서 유고슬라비아의 크로아티아 공화국령이 되어 오늘에 이르렀다.

르면 그것은 부당 이득자들이 음모를 꾸민 것이고, 신문이 뉴스를 제대로 보도하지 않으면 자본가들의 음모가 있는 것이고, 부자가 너무 잘살면 도적질을 한 것이고, 아슬아슬한 선거에서 패배하면 유권자들이 부패했기 때문이고, 당신이 반대하는데 정치인이 하면 그는 평판이 나쁜 사람에게 매수되었거나 영향을 받은 것이고, 노동자들이 동요하면 그들은 선동가들의 희생물이 된 것이며, 그들이 광범위한 지역에 걸쳐 동요하면 음모가 착착 진행된 것이다. 만약 비행기를 충분히 생산하지 않으면 그것은 간첩의 소행이고, 아일랜드에서 소요가 일어나면 독일이나 볼셰비키의 "황금" 때문이다.[22] 만약 당신이 냉엄하게 미친 듯이 음모를 찾아 나선다면, 모든 동맹 파업, 플럼 계획(Plumb plan)[23], 아일랜드의 반란, 회교도들의 소요, 콘스탄틴 왕의 복위, 국제연합, 멕시코 폭동, 군축 운동, 일요일의 영화들, 미니스커트, 주류금지법 기피, 흑인들의 자기주장 등이 모두 모스크바, 로마, 프리메이슨(Free Masons)단원[24], 일본인들, 또는 시온주의(Zionism)[25] 장로들이 고안한 방대한 음모의 하부 계획이라고 볼 것이다.

17

노련한 외교관들은 서로 싸우는 국민들에게 큰소리로 말할 수밖에 없으므로 고정관념의 방대한 목록을 사용하는 법을 배웠다. 그들은 매우 신중

---

22) 20세기 초 아일랜드가 영국으로부터 독립하기 위해 독일과 러시아의 도움을 구한 적이 있음.
23) 1918년 Glenn Plumb이 제기한 미국 철도의 연방 정부 소유화 계획.
24) 회원들 간의 부조와 우애를 목적으로 삼은 비밀 결사 프리 메이슨단(團)의 회원.
25) 국가적 통일을 위하여 유대인을 팔레스타인에 복귀시키려던 유대 민족운동.

한 리더십으로 전시(戰時)의 일치단결을 유지하고 있는 강대국들의 불확실한 동맹을 다루고 있었다. 일반 병사와 그의 아내가 지닌 용기가 어떤 역사서에 기록된 것보다 더 영웅적이고 이타적이었다고 해도, 외국 열강의 외교관들이 문명의 미래를 위해 반드시 필요하다고 말하는 이념을 위해 기꺼이 죽을 정도로 영웅적이지는 못했다. 항구, 광산, 험한 산길, 마을 등을 동맹군에게 빼앗아 주기 위해 황무지를 기꺼이 건너갔을 병사는 거의 없었다.

어떤 나라에서 외무부, 최고사령부, 그리고 대부분의 언론을 통제하던 주전파가 몇몇 주변 국가들에게 영토 청구권을 주장하는 일이 일어났다. 키플링(Kipling), 트라이치케(Treitschke), 모리스 바레스(Maurice Barrès)를 완벽한 루리타니아(Ruritania)[26] 사람이라고 보는 지식 계급은 이 주장을 '대(大) 루리타니아'라고 불렀다. 그러나 이 거창한 이념은 해외에서 열광적인 반응을 얻지 못했다. 그래서 그들의 계관시인이 노래한 대로, 루리타니아 정치인들은 이 루리타니아 천재의 진수(眞髓)를 가슴에 간직하고서 적들을 분할하고 정복했다. 그들은 여러 지역으로 나누어 청구권을 주장했다. 각 지역에서 그들은 동맹국들이 저항하기 어려운 하나 이상의 고정관념에 호소했다. 왜냐하면 그 동맹국도 바로 그 고정관념을 사용하여 승인을 얻으려고 한 청구권을 갖고 있었기 때문이다.

그 첫 지역은 외국인 농부들이 사는 산악지대였다. 루리타니아는 자연적이고 지리적인 국경을 갖추려고 그 지역을 요청했다. 만약 자연적인 것에 대한 말할 수 없이 큰 가치에 충분히 오랫동안 주의를 집중하면, 그 외국인 농부들은 안개 속으로 사라져버리고 오로지 산악의 비탈만 보이게

---

26) 앤서니 호프(Anthony Hope)의 소설 『젠다 성의 포로(*The Prisoner of Zenda*)』에 나오는 유럽 중부의 왕국.

된다. 그다음 지역은 루리타니아인들이 거주하는 곳이었고, 아무도 외국인의 통치를 받으며 살아서는 안 된다는 원칙에 따라 그들은 재합병되었다. 그다음은 루리타니아인들이 살지 않는 상업적으로 상당히 중요한 도시였다. 그러나 18세기까지만 해도 그곳은 루리타니아의 일부였으므로 '역사적 권리'의 원칙에 따라 합병되었다. 그곳에서 멀리 떨어진 곳에 외국인들이 일하는 그들 소유의 훌륭한 광산이 있었다. 그곳은 손해배상 원칙에 따라 병합되었다. 이곳 너머에는 거주민의 97%가 외국인이고, 인접 국가와 자연적으로 지리적 국경을 조성하여 역사적으로 한 번도 루리타니아의 일부였던 적이 없었던 지역이 있었다. 그러나 과거에 루리타니아와 연합한 적이 있던 그곳의 한 지방은 루리타니아의 시장에서 물건을 교역한 적이 있고, 상류층의 문화는 루리타니아 문화였다. 문화적 우월성과 문명 방어의 원칙에 따라 그 땅들도 청구했다. 마지막으로 지리적, 인종적, 경제적, 역사적, 전통적으로 루리타니아와 조금도 관련이 없는 항구가 있었다. 그곳은 국가안보상 필요하다는 이유로 요청했다.

    세계대전을 끝내게 한 여러 조약들에서 이런 종류의 예를 몇 배나 많이 발견할 수 있을 것이다. 나는 앞의 원칙들 중 어느 하나를 근거로 유럽의 분쟁을 일관성 있게 다시 해결할 수 있다고 생각하지 않는다. 그것은 불가능하다고 확신한다. 이런 거만하고 절대적인 원칙들을 사용한다는 것은 바로 화해의 정신이 강하지 않으며, 그러므로 평화의 실체도 없다는 것을 의미했다. 당신이 어떤 영구불변한 원칙이나 또는 다른 것의 완벽한 사례로서 공장, 광산, 산, 나아가 정치권력에 대해 논의를 시작하는 순간, 당신은 논쟁하는 것이 아니라 싸우고 있는 것이다. 그 영구불변의 원칙은 모든 반대를 검열해서 물리치고, 쟁점을 배경 설명과 맥락에서 분리시키며, 그 원칙에는 적합하지만 부두, 창고, 부동산에는 아주 부적합한 매우 강렬한 감정을 당신의 내부에 일으키게 된다. 당신에게 그런 감정이 나타나기 시작하면 멈출 수 없다. 정말 위험해진다. 그 위험에 대처하려면, 공격받기 쉬운 원칙을 지키기 위해 더욱 절대적인 원칙에 호소해야 한다. 그다음에는 방어한 것을 방어해야 하고, 완충물을 세워야 하고, 완충물을 위한 완충물을 또 세워야 한다. 결국 문제가 아주 뒤죽박죽이 되어 계속 말하는 것보다 싸우는 것이 덜 위험한 지경까지 가게 된다.

고정관념의 그릇된 절대론을 발견하는 데 도움이 되는 특정 단서가 있다. 루리타니아의 선전(propaganda)에서, 원칙들을 서로 너무 빠르게 덮어버렸기 때문에 주장이 어떻게 구성되었는지 누구나 쉽게 알 수 있었다. 연속적인 모순들을 보면 각 지역 청구권 주장에 방해되는 모든 사실을 없애 버리는 고정관념이 사용되었던 것을 알 수 있다. 이런 종류의 모순들이 종종 훌륭한 해결 열쇠가 되는 것이다.

18

공간을 고려할 줄 모르는 것도 또 다른 단서가 된다. 예를 들면 1918년 봄, 러시아군이 철수하자 수많은 사람들이 놀라 겁을 먹고는 "동부전선의 복구"를 요구했다. 그들이 알고 있던 전쟁은 두 전선에서 벌어졌다. 그중 하나가 사라지자 그것을 다시 구축해야 한다는 즉각적인 요구가 있었다. 전선에 투입되지 않은 일본군이 러시아군 대신 그 전선에 배치될 예정이었다. 그러나 이겨내기 어려운 장애물이 있었다. 블라디보스토크와 동부전선 사이에는 5천 마일이나 되는 지역이 있었고, 부서진 철로만이 걸쳐져 있었다. 그러나 열광주의자들의 마음에는 그 5천 마일의 거리가 존재하지 않았다. 동부전선이 필요하다는 확신은 너무나 압도적이었고, 일본군의 용맹에 대한 믿음이 대단했기 때문에, 그들은 마음속으로 일본군을 블라디보스토크에서 폴란드까지 요술 카펫 위에 깔아 옮겨놓았다. 울워스(Woolworth) 빌딩의 지하에서 지붕까지 올라가는 것은 달에 도착하는 것과 아무 상관 없듯이, 시베리아의 가장자리에 군대를 상륙시키는 것은 독일군에게 이르는 것과 별 상관이 없다고 군 당국이 강하게 주장했어도 소용이 없었다.

이 사례에서 고정관념은 두 전선의 전쟁이었다. 사람들이 세계대전을 상상하기 시작한 이래, 그들은 독일이 프랑스와 러시아 사이에 붙들려 있다고 이해하고 있었다. 한 세대의 전략가들, 아마 두 세대의 전략가들은 이런 시각적 이미지를 그들의 모든 계산의 시발점으로 갖고 살아왔다. 거의 4년 동안 그들이 본 모든 전투지도는 이것이 전쟁이라는 인상을 짙게 심어줬기 때문이다. 그래서 전쟁 상황이 새로운 국면으로 바뀌었을 때, 그것을 있는 그대로 보기가 쉽지 않았다. 그것들을 고정관념을 통해서만 보았기에, 일본에서 폴란드까지의 거리와 같은, 고정관념과 모순되는 사실들은 의식 속에 선명하게 와 닿지 않았던 것이다.

미국의 관계 당국이 이 새로운 사실을 프랑스보다 좀 더 현실적으로 다룬 것은 흥미 있는 일이다. 이는 부분적으로, (1914년 이전에) 미국이 유럽 대륙의 전쟁에 관한 선입견을 갖지 않았기 때문이었고, 또 부분적으로는 군대의 동원에 몰두하고 있었던 미국이 서부전선에 대해 일종의 환상을 갖고 있었기 때문인데, 환상 그 자체가 고정관념으로 작용하여 다른 지역의 전쟁에는 분명하게 의식할 수 없었던 것이다. 1918년 봄, 이 같은 미국의 견해는 전통적인 프랑스 견해와 맞설 수 없었다. 왜냐하면 미국은 자신의 힘을 지나치게 믿고 있었고, 프랑스는 그 당시 캉티니(Cantigny)[27] 전투와 제2 마른(Marne)[28] 전투에 앞서 심각한 회의에 빠져 있었기 때문이다.

미국의 자신감은 미국의 고정관념에 퍼져들어, 의식을 소유하는 힘, 생기와 깨달음의 자극, 의지에 작용하는 자극적 효과, 욕망의 대상으로서의 감정적 흥미, 현재 활동과의 적합성 등을 주었다. 이들은 우리가 "실제"라고 여기는 것들의 특징이라고 제임스(James)는 말한다. 절망에 빠져 있던 프랑스인들은 그들이 수용한 이미지에 고착되어 있었다. 그리고 사실들, 총체적인 지리적 사실들이 선입견과 맞아떨어지지 않으면, 그것들을 마음속에서 떨쳐버리거나, 사실 자체를 늘려서 변형시켰던 것이다. 따라서 일본군이 5천마일 떨어진 곳에 있는 독일군에게 도달하는 데 따르는 어려움은 독일군을 절반 이상 데려가 만나게 함으로써 해결되었다. 1918년 3월부터 6월 사이에 독일군이 동부 시베리아에서 작전을 벌이는 것으로 상상했던 것이다. 이 유령 군대는 실제로 거기서 발견된 몇몇 독일군 포로와, 그보다 많은 상상 속의 독일군 포로, 그리고 독일군과 일본군 사이에 실제로는 5천 마일의 거리가 존재하지 않는다는 중요한 착각으로 구성되었다.

19

공간에 대한 실제 개념은 간단한 문제가 아니다. 만약 내가 뭄바이에서 홍콩까지 지도상에 일직선을 긋고 그 거리를 잰다면, 내가 직접 여행하면서 가야 하는 실제 거리에 대해서는 아무것도 아는 바가 없게 된다. 그리

---

27) 프랑스 북부, 아미앵(Amiens) 남쪽의 마을로서 1918년 5월, 제1차 세계대전 때 미군이 최초로 격전을 벌였던 곳.
28) 프랑스 동북부를 서쪽으로 흘러서 파리(Paris) 근교에서 센(Seine) 강과 합류하는 강으로서 제1차·제2차 세계대전 때의 싸움터(1914, 1918, 1944).

고 내가 가로질러야 하는 실제 거리를 알더라도 어떤 배가 운행되는지, 그 배는 언제 출항하는지, 속도는 얼마인지, 숙박실은 확보할 수 있는지, 비용을 지불할 능력은 있는지 등을 알기 전까지는 여전히 아는 바가 거의 없는 것이다. 실제 삶에서 공간은 기하학 단계의 문제가 아니라 교통수단의 문제이다. 이를 알고 옛날 철도왕은 자신을 무례하게 대했던 어느 도시의 거리에 잡초가 자라도록 하겠다고 위협했던 것이다. 내가 자동차 기사에게 목적지까지 얼마나 남았느냐고 물었을 때, 그가 돌아가면 6마일이라고 말하지 않고 그냥 3마일 남았다고 말하면 지독한 얼간이라고 저주한다. 걸어서 가면 3마일이라고 말해도 소용이 없다. 일직선으로 1마일 남았다고 말해도 마찬가지다. 나는 까마귀처럼 날 수도 없고, 걷지도 않기 때문이다. 나는 자동차로 9마일 걸리고, 그중에서 6마일은 울퉁불퉁한 길과 진흙탕 길이라는 사실을 알아야 한다. 나에게 3마일 남았다고 말해주는 행인을 나는 성가신 놈이라고 부르고, 1마일이라고 말하는 비행기 조종사를 나쁘게 생각한다. 그 두 사람은 내가 가야 할 거리가 아니라 자기들이 가야 할 공간에 대해 말하고 있기 때문이다.

   국경선을 긋는 과정에서, 그 지역의 실제 지형을 잘 파악하지 못하면 자칫 매우 복잡해진다. 정치인들은 여러 시기에 민족자결주의와 같은 일반적인 원칙에 따라 지도상에 국경선을 그었다. 현장에 나가 조사해보면 그 선들은 공장의 한가운데를 가로지르고, 마을길의 중앙을 지나가고, 교회 청중석을 대각선으로 끊어놓고, 농부의 초가집 부엌과 침실 사이를 지나가기도 했다. 어느 목축국가에서는 국경선이 목장과 물, 목장과 시장을 갈라놓았고, 어느 산업국가에는 철도 종점과 철길을 갈라놓은 것이 있기도 했다. 색깔로 표시한 인종 지도의 경계선은 옳았다. 다시 말해, 바로 그 인종 지도의 세계에서는 옳게 그어졌다.

20

그러나 시간을 잘 깨닫는 것도 공간 못지않게 쉽지가 않다. 흔히 볼 수 있는 예로 자기가 죽은 뒤에도 오랫동안 자기 유산을 관리하려고 빈틈없이 세밀하게 유서를 작성한 사람의 경우가 있다. "윌리엄 제임스(William James) 1세는 자손들이(그들 중 몇몇은 그가 사망했을 때 미성년자였다.) 자신이 물려주려는 많은 유산을 즐길 수 있는 자격을 근면과 경험을 통해 갖추게 하고 싶었다. 그래서 그는 금지사항과 지시가 섞인 부피가 큰 유서를 남겼다. 그리하여 그는 자기 자신의 판단력에 대한 자신감과, 자손들의 도덕적 복지에 대한 염려가 얼마나 큰지를 보여주었다."고 증손자인 헨리 제임스(Henry James)는 쓰고 있다. 그런데 법원이 그 유언장을 뒤집었다. 왜냐하면 법은 영구적인 재산의 소유에 반대하므로, 오지 않은 미래에 어떤 한 사람이 도덕적 틀을 강요하도록 허락하는 데에는 분명한 한계가 있다는 점을 인식하였기 때문이다. 그러나 그 같은 강요에 대한 욕망은 매우 인간적인 특성이므로 법은 죽은 뒤 한시적으로 작용하도록 허용하는 것이다.

어느 헌법이든 수정 조항은 입안자들이 자신들의 의견이 후대에 미칠 것이라며 즐기는 자신감을 보여주는 좋은 지표이다. 나는 미국의 주(州) 헌법 중에 수정이 거의 불가능한 것이 있다고 믿는다. 그 주(州) 헌법을 만든 사람들은 시간의 흐름을 거의 의식하지 않았을 것이다. 그들에게는 지금, 여기가 너무나 분명하게 확실하였고, 미래는 매우 막연하거나 무시무시했기 때문에 자기들이 사라진 뒤에 삶은 어떤 방식으로 진행되어야 하는지 말할 용기가 있었다. 그리고 나서, 헌법은 수정하기 어렵기 때문에 영구소유의 취향을 가진 열성분자들은 이 불멸의 동판(銅版) 위에 온갖 종류의 규칙과 금지 조항들을 새겨 넣는 것을 좋아했다. 미래에 대해 어느 정도 겸손한 마음을 가졌더라면 보통 법률보다 조금도 영원할 것이 없는 것들이었다.

시간에 대한 추정이 우리의 의견에 널리 들어와 있다. 어떤 사람에게는 그의 의식적인 삶 전체에 존재해온 제도는 우주의 영원한 비품의 한 부분이고, 다른 사람에게는 일시적인 것이다. 지질학적인 시간은 생물학적 시간과 아주 다르다. 사회적 시간은 가장 복잡하다. 정치가는 긴급 상황을 위해 계산해야 할지, 또는 장기적인 입장에서 계산해야 할지 결정해야 한다. 어떤 결정은 앞으로 두 시간 뒤에 일어날 것을 감안해서 내려야 하고, 어떤 결정은 1주일, 한 달, 한 계절, 십 년, 아이들이 성장했을 때, 또는 손자들이 자랐을 때 일어날 것을 기초로 결정을 내려야 한다. 당면한 문제에 적합한 시간 개념을 가려낼 줄 아는 사람은 매우 지혜롭다고 할 수 있다. 잘못된 시간 개념을 지닌 사람은 현재를 무시하는 몽상가에서부터 현재 이외에는 아무것도 볼 줄 모르는 속물까지 다양하다. 참된 가치척도는 상대적 시간에 대한 예리한 감각을 갖고 있다.

먼 시간, 즉 과거와 미래는 어떤 식으로든 이해되어야 한다. 그러나 제임스(James)가 말한 대로, "우리는 오래 지속되는 시간을 직접 '인식하는' 감각이 없다." 우리가 즉각적으로 느끼는 가장 오랜 지속은 "그럴듯한 현재"라고 부르는 것이다. 티처너(Tichener)에 따르면 그것은 대략 6초 정도 지속된다. "이 기간 동안 받은 모든 인상들은 우리에게 일시에 현재이다. 이는 우리에게 정지된 사물뿐 아니라 변화와 사건을 깨닫게 한다. 지각해서 아는 현재는 관념적인 현재의 보충을 받아 채워진다. 지각이 기억 속 이미지와 결합함으로써 과거의 며칠, 몇 개월, 심지어 몇 년까지 통째로 현재에 엮어 넣을 수 있다.

제임스가 말한 대로 이러한 관념적 현재에서 선명성은 우리가 인식하는 식별의 수에 비례한다. 그러므로 우리가 할 일 없이 흘려보내는 따분한 휴가는 휴가 동안 느리게 지나가지만 기억 속에서는 매우 짧게 느껴진다. 반면에 엄청난 활동을 하면 시간이 매우 빨리 흐르지만 기억 속에서는 지속 시간이 길다. 우리가 식별하는 양과 우리의 시간 관념과의 관계에 대해 제임스는 다음과 같은 흥미로운 글을 남겼다.

직관적으로 느끼는 지속 시간의 양과, 거기에 채울 수 있는 적합한 사건들은 생물에 따라 엄청난 차이가 있다고 생각할 만한 충분한 이유가 있다. 폰 베어(Von Baer)는 이러한 차이가 '자연'의 모습을 변화시키는 데 어떤 영향을 미치는지 흥미 있는 계산을 한 적이 있다. 우리가 1초 동안 지금처럼 겨우 10개의 사건을 인식하는 것이 아니라, 1만 개의 사건을 인식하여 알게 된다고 가정해보자. 만약 우리가 평생 동안 같은 수의[29] 인상을 간직해야 할 운명이라면, 우리 일생은 1천 분의 1로 줄어들 것이다. 우리는 한 달도 살지 못할 테고, 계절의 변화도 알지 못할 것이다. 만약 우리가 겨울에 태어났다면, 우리 모두가 지금 석탄기의 열의 존재를 믿듯이 여름의 존재를 믿을 것이다. 유기체의 움직임은 너무 느리게 일어나서 직접 볼 수 없어 그 움직임을 추론할 뿐이다. 태양은 하늘에 정지해 있고, 달은 거의 변하지 않을 것이다. 그러나 이 가설을 거꾸로 생각하여 어떤 존재가 주어진 시간에 오로지 감각의 1천 분의 1밖에 취하지 못하며, 궁극적으로 1천 배나 더 오래 산다고 가정해보자. 겨울과 여름은 그에게 마치 15분 같을 것이다. 버섯이나 그보다 더 빨리 자라는 식물들은 마치 순식간에 생겨난 것처럼 보일 정도로 빠르게 자랄 것이다. 일년생 관목은 마치 끝없이 끓는 물이 치솟듯이 땅에서 솟아났다가 떨어질 것이다. 동물들의 움직임은 마치 총알이나 대포

---

[29] 즉, 1만 개의.

알이 날아가듯이 우리 눈에 보이지 않을 것이다. 또 태양은 이글거리는 불꼬리를 뒤로 끌면서 마치 유성처럼 하늘을 질주할 것이다.

21

『세계사 대계(*Outline of History*)』에서 웰즈 씨(Mr. Wells)는 "역사적 시간이 지리적 시간에서 차지하는 진정한 비율"을 시각화하려고 노력했다. 콜럼버스에서 우리 시대까지의 시간을 3인치 공간으로 나타낸 척도상에서 독자는 알타미라(Altamira) 동굴의 벽화 시대를 보려면 55피트를 걸어야 하고, 초기 네안데르탈인을 보려면 550피트를 걸어야 하고, 마지막 공룡을 보려면 1마일 정도를 걸어야 한다. 어느 정도 정밀한 연대기는 기원전 1천 년 이후에나 시작되고, 그 당시 "아카디아-수메리아(Akkadian-Sumerian) 제국의 사르곤 1세(Sargon I)는 아주 먼 기억이며…… 현재 세계에서 콘스탄틴 대제(Constantine the Great)까지보다 더 먼 기억이다. 함무라비(Hammurabi)는 1천 년 전에 죽었고…… 영국의 스톤헨지[30]는 벌써 1천 년이나 되었다."

웰즈 씨는 어떤 목적을 갖고 쓰고 있었다. "1만 년이라는 짧은 기간 동안 이러한 단위(이 단위로 인간은 결합해왔다)는 초기 신석기 문화의 작은 가족단위 부족에서 현재의 광대하고(광대하지만 여전히 작고 부분적인) 통일 국가로 성장해왔다." 웰즈 씨는 현재 우리들 문제에 대한 시간관념을 바꿈으로써 도덕관념을 바꾸기를 원했다. 그러나 현재를 축소하는 지리적, 생

---

30) 원서에는 Stonehedge라고 표기되었으나 Stonehenge를 더 많이 씀.

물학적, 천문학적 측정은 현미경적 측정보다도 "더 진실되지" 않다. "만약 웰즈 씨가 자기 저서의 부제로 '인류의 가능한 미래'를 생각하고 있다면, 그는 자신의 해결책을 찾기 위해 몇 세기라도 요구할 자격이 있다. 만약 그가 세계대전으로 비틀거리는 서구 문명을 구출할 생각이라면 그는 10년, 20년 단위로 생각해야만 한다."고 시미언 스트런스키 씨(Mr. Simeon Strunsky)가 주장하는 것은 옳다. 이 모두는 당신이 척도를 택하는 실제 목적에 달려 있다. 시간관념을 늘려야 할 경우도 있고, 줄여야 할 경우도 있는 것이다.

2세대 동안 출산율이 손실을 보충해줄 것이므로 1천 5백만 명의 중국인들이 굶어 죽어도 문제가 되지 않는다고 말하는 사람은 자신의 무기력을 변명하기 위해 시간관념을 이용하는 것이다. 눈앞의 어려움을 지나치게 감상적으로 받아들였기 때문에 건강한 젊은이를 거지로 만든 사람은 거지의 삶의 지속 기간을 보지 못했기 때문이다. 당장의 평화를 위해 침략을 일삼는 제국이 탐욕에 빠지도록 돈을 주고 침략에서 벗어나려는 사람들은 그럴듯한 현재가 그들 자손들의 평화를 방해하게 하는 것이다. 골치 아픈 이웃을 참지 못하고 모든 것을 동원하여 "결판"내려는 사람들도 그럴듯한 현재의 희생자들이다.

22

거의 대부분의 사회 문제에는 적절한 시간 계산이 개입된다. 예를 들어 목재 문제를 생각해보자. 어떤 나무는 다른 나무보다 더 빨리 자란다. 그러므로 건전한 삼림정책은 계절별로 잘라낼 나무의 종류와 나이를 계산하고 그만큼 나무를 다시 심어서 전체 나무의 양을 잘 유지하는 것이다. 그 계산이 올바르면 경제성을 최대로 거두게 된다. 계산보다 적게 베면 낭비이고, 더 많이 벌목하면 남벌이다. 그러나 긴급 사태가 생길 수 있다. 예를 들면 전시(戰時)에 비행기용 전나무 수요 같은 것으로 연간 허용량이 초과될 수밖에 없다. 빈틈없는 정부라면 이를 인식하고 균형 회복을 미래에 대한 의무로 여길 것이다.

 석탄은 이와는 다른 시간 이론이 필요한데, 석탄은 나무와 달리 지질학적 시간의 척도에서 생산되는 것이기 때문이다. 공급은 제한되어 있다. 그러므로 올바른 사회 정책으로는 세계 석탄 매장량, 발굴 가능성, 현재 사용 비율, 현재 사용의 경제성, 대체 연료 등에 관한 복잡한 계산이 따라야 한다. 그러나 이런 계산이 끝나면 마지막으로 시간이 관련된 이상적인 표준에 맞춰야 한다. 예를 들어 현재 연료가 어떤 비율로 소모되고 있고 새로운 연료가 발견되지 않으면 미래의 특정 시기에 산업이 위축 국면에 접어들 것으로 기술자들이 결론을 내렸다고 가정해보자. 그러면 우리는 후손에게서 빼앗지 않기 위해 실행 가능한 모든 절약법을 쓰게 될 때, 어느 정도의 절약과 절제를 할 수 있을지 결정해야 한다. 그러나 우리는 후손을 어떻게 생각해야 할까? 우리 손자들일까? 증손자들일까? 대체 연료의 필요성이 일시에 확실해지면 그 연료를 발견하는 데 충분한 시간이 100년이라고 믿으면서 아마 100년을 기준으로 계산하려 들지도 모른다. 물론 이 숫자는 가정한 것이다. 그러나 이런 식으로 계산할 때 우리가 가지고 있는 모든 이유를 사용할 것이다. 우리는 여론에서 사회적 시간의 의미를 인정하는 것이다. 이번에는 좀 다른 경우를 상상해보자. 시청과 전차 회사 사이의 계약 문제이다. 회사 측은 주요 고속도로에서 99년 동안 독점을 보장해주지 않으면 자본을 투자하지 않겠다고 말한다. 이 주장을 한 사람들의 마음에는 99년은 "영원"을 의미할 정도로 긴 시간이다. 그러나 중앙발전소에서 공급하는 전력으로 철로 위를 달리는 지상 전동차는 20년이 지나면 유행이 지날 것이라고 생각할 만한 충분한 이유가 있다고 상상해보자. 그러면 그것은 가장 어리석은 계약이 되는데, 왜냐하면 사실상 후손들이 열등한 교통수단을 비난할 것이기 때문이다. 그런 계약을 체결할 때 시 당국자들은 99년에 대한 현실적인 감각을 갖고 있지 못하다. 자본을 유치하려고 영원에 대한 잘못된 관념에 빠져 투자를 자극하기보다 지금 그 회사에 보조금을 지급하는 것이 훨씬 낫다. 99년에 관해 이야기할 때 시 당국자나 회사 간부, 어느 누구도 실제 시간에 대한 감각은 없는 것이다.

세속적인 역사는 시간의 혼동을 찾기 좋다. 예를 들면 일반 영국인들에게 크롬웰(Cromwell)의 행위, 연합법(聯合法, Act of Union)[31]의 부패, 1847년의 기근은 오래전에 죽은 사람들이 오래전에 죽은 사람들 때문에 겪은 잘못된 행동으로 현재 살아 있는 아일랜드인이나 영국인들과는 실제로 아무런 관계가 없다. 그러나 애국적인 아일랜드인의 마음속에는 그 사건들이 거의 자신과 동시대에 일어난 것이다. 그의 기억은 베르길리우스(Virgil)와 단테가 나란히 앉아 이야기하는 장면이 나오는 역사적인 그림 중 하나와 같다. 이러한 원근법과 단축법은 국민들 사이에 놓인 커다란 장벽이다. 어떤 전통에 속한 사람이 다른 전통에서 무엇이 현대적인지를 기억하기는 아주 어렵다.

'역사적 권리' 혹은 '역사적 악'이라는 이름으로 불리는 것 중에서 과거에 대해 진정으로 객관적인 관점으로 볼 수 있는 것은 거의 없다. 프랑스

---

31) 1840년 영국 의회를 통과한 북 캐나다(Upper Canada)와 남 캐나다(Lower Canada) 두 식민지의 통합을 규정한 법률.

와 독일의 알자스-로렌(Alsace-Lorraine)에 관한 논쟁을 예로 들어보자. 최초 날짜는 언제로 선택하느냐에 달려 있다. 만약 당신이 라우라키(Rauraci)와 세콰니(Sequani)에서 시작하면, 그 땅들은 역사적으로 고대 골(Gaul)의 일부가 된다. 만약 헨리 1세(Henry I)를 선택하면, 그것들은 역사적으로 독일의 영토이다. 1273년에서 시작하면 그 땅들은 오스트리아 왕가에 속한다. 1648년과 웨스트팔리아 조약(Peace of Westphalia)[32]으로 시작하면 대부분 프랑스에 속한다. 만약 루이 14세(Louis XIV)와 1688년에서 시작하면 거의 대부분은 프랑스 것이다. 만약 당신이 역사적 논증을 사용한다면 지금 취해야 하는 조치에 대한 당신의 견해를 지지해주는 날짜를 과거에서 택하게 될 것이 틀림없다.

"인종"과 국적에 관한 논쟁에서도 종종 이와 같은 독단적인 시간관념을 드러낸다. 전쟁 중 강력한 감정의 영향을 받아, 한편에 있는 "튜턴족(Teutons)"과 "앵글로-색슨족(Anglo-Saxons)", 그리고 또 다른 한편에 있는 프랑스인 사이의 차이는 일반적으로 영원한 차이로 믿어졌다. 그들은 언제나 적대적인 인종이었다. 그러나 한 세대 전에 프리먼(Freeman)과 같은 역사가들은 서유럽 국민들은 공통으로 튜턴족이 기원이라고 강조했다. 인종학자들은 독일인, 영국인, 그리고 대부분의 프랑스인이 한때 한 혈통에서 갈라져 나온 분파라고 주장할 것이다. 일반적인 규칙은 이렇다. 만약 당신이 오늘날 어떤 국민을 좋아한다면 그 혈통의 분파에서 본 줄기를 찾

---

[32] 베스트팔렌 조약이라고도 한다. 근대 외교조약의 효시로서 오스나브뤼크와 뮌스터(각각 1648년 5월 15일과 10월 24일)에서 체결되었다. 이 조약의 결과 독일의 30년 전쟁과 스페인과 네덜란드 간의 80년 전쟁이 종결되었으며, 프랑스는 영토를 확장하였다. 또한 이 조약을 통해서 가톨릭, 루터파, 칼뱅파에게 모두 신앙의 자유가 허용되었고 역사에서 처음으로 프로이센이 왕국으로 등장하였다. 아울러 네덜란드와 스위스는 독립을 인정받았다.

아갈 것이고, 만약 그들을 싫어한다면 당신과 그 혈통은 서로 동떨어진 것이라고 주장할 것이다. 전자의 경우 당신은 두 혈통이 분리되기 이전 시기에 주목하고, 후자의 경우 두 혈통이 분리된 이후에 주목한다. 그리고 각자의 감정에 맞는 관점이 "진실"로 선택된다.

한 가지 부드러운 변형은 족보이다. 일반적으로 한 쌍의 부부, 가능하면 '노르만인 정복'과 같은 영광스러운 사건과 연관이 있으면, 그 부부는 시조로 정해진다. 그 부부는 조상이 없다. 그들은 누구의 후손도 아니다. 그러나 그들은 어떤 조상의 후손이고, 아무개가 그 가문의 시조라는 표현은 그가 그 가문의 아담이라는 뜻이 아니라, 그로부터 시작되는 것이 바람직한 특정한 조상이라는 뜻이거나 기록이 남아 있는 최초의 조상이라는 뜻이다. 그러나 족보는 이보다 더 깊은 편견을 드러낸다. 만약 모계(母系)가 특별히 대단하지 않다면 후손은 부계(父系)를 따라 내려간다. 가계도(家系圖)는 남자 위주이다. 돌아다니는 벌들이 오래된 사과나무를 발견하고 앉듯이 여러 순간에 여자가 가계의 나무에 들러붙는다.

23

그러나 미래는 가장 착각하기 쉬운 시간이다. 여기서 우리는 연속선상에 있는 필요한 단계를 뛰어넘으려는 유혹을 갖는다. 그리고 우리는 희망이나 회의에 지배되므로 한 과정에서 다양한 부분들을 완성하기 위해 요구되는 시간을 과장하거나 최소화하려고 한다. 산업 경영에서 임금 노동자들이 맡은 역할에 관한 논의는 이런 어려움으로 복잡해진다. 왜냐하면 경영이란 많은 기능을 지닌 말이기 때문이다. 이 기능 중 어떤 것은 훈련이 전혀 필요 없는 것도 있고, 약간의 훈련이 필요한 것도 있으며, 평생이 걸려야만 배울 수 있는 것도 있다. 그래서 정말 차별되는 산업 민주화 계획은 적합한 시간의 연속에 바탕을 두었을 것이다. 그래야 책임에 대한 가정이 산업 훈련 보조 계획과 평행할 수 있을 것이다. 프롤레타리아의 급격한 독재 계획은 중간의 준비 시간을 없애려는 시도이다. 책임을 모두 함께 지는 데 저항하는 것은 시간의 경과에 따른 인간 능력의 변화를 부정하려는 시도이다. 관직의 순환 같은 원시적 개념의 민주주의와 전문가에 대한 경멸은 '지혜의 여신'이 다 자라서 완전무장한 채 주피터의 이마에서 솟아나왔다는 옛날 신화에 불과하다. 몇 년 걸려야 배우는 것은 전혀 배울 필요가 없다고 그들은 가정한다.

"후진국 국민"이라는 문구가 정책의 기초로 사용될 때, 시간 개념은 하나의 결정적인 요소가 된다. 예를 들면 국제연맹 규약은 "위임통치의 성격은" 다른 근거뿐만 아니라 "그 국민의 발달 단계에 따라 달라야 한다."고 명시하고 있다. 어떤 공동체는 자립할 수 있을 때까지 조언과 원조를 받는다는 조건으로 독립을 잠정적으로 승인하는 "발전 단계에 도달했다"고 규약은 주장한다. 위임통치국과 위임통치를 받는 국가가 그 시간을 어떻게 인식하느냐에 따라 그들의 관계는 크게 영향을 받는다. 그러므로 쿠바의 경우 미국 정부의 판단은 쿠바 애국자들의 판단과 실질적으로 일치했는데, 비록 문제가 생긴 적은 있지만, 강대국이 약소국을 다룬 방식에 관해 역사에서 이보다 더 나은 기록은 없다. 강대국이 약소국을 다룬 방식은 역사에서 그 평가가 일치하지 않는 것이 더 많았다. 그들의 공적인 표현이야 어떻든 간에 제국의 국민은 후진국민의 후진성이 너무나 절망적이어서 개선할 가치가 없다거나, 후진성은 이득이 많이 있기에 개선하지 않는 것이 더 바람직하다고 확신하는 경우, 양국 간의 관계는 세계 평화를 해치고 파괴해왔다. 매우 드물게 후진성은 지배 권력에게 시간에 대한 한정적인 기준과 평가를 내포하는 선진화 계획의 필요성을 의미하기도 했다. 훨씬 더 자주, 올바른 규칙으로 여겨질 정도로 자주, 후진성은 본질적이고 영원한 열등의 표시로 이해되었다. 그리고 덜 후진적이 되려는 모든 시도는 선동 행위로 무시당해왔다. 그것은 이러한 상황에서는 의심할 여지 없이 선동이었다. 우리들 자신의 인종 전쟁에서 시간이 흑인의 노예성을 점점 없앨 것이라는 사실과 이런 노예성을 근거로 한 사회 조정도 무너지기 시작한 사실을 인식하지 못한 결과들을 볼 수 있다.

 마치 미래가 우리의 현재 목적에 복종하고, 우리의 욕망을 늦추는 것은 무엇이라도 없애주고, 또는 우리와 우리가 느끼는 공포 사이에 가로놓인 것은 무엇이든 영속시키는 것처럼 미래를 상상하는 것은 그리 어렵지 않다.

24

 우리의 여론을 한곳으로 모을 때, 우리 눈으로 볼 수 있는 것보다 더 넓은 공간과 우리가 느끼는 것보다 더 많은 시간을 상상해봐야 한다. 뿐만 아니라 우리가 세거나 뚜렷하게 그려볼 수 있는 것보다 더 많은 사람들과 더 많은 행위, 더 많은 사물을 묘사하고 판단해야 한다. 우리는 요약하고 일반화해야 한다. 우리는 표본을 골라 뽑아서 그것을 전형적인 것처럼 다뤄야 한다.

 규모가 큰 사회 계급에서 좋은 표본을 공정하게 고르기란 쉬운 일이 아니다. 그 문제는 통계학에 속하며, 수학 실력이 없는 사람에게는 아주 어려운 일이다. 한때 정말 이해했다고 생각했던 대여섯 권의 교과서에도 내

수학 실력은 아직 초보단계다. 그 책들을 통해서 분류하고 표본을 추출하는 것이 얼마나 어려운 일인지, 그리고 사실의 한정된 측면만 보고 전체를 판단하기가 얼마나 쉬운지를 좀 더 의식하게 되었다.

얼마 전 영국 셰필드(Sheffield)의 한 사회사업가 집단은 도시 노동자들의 상비 지식에 대해 그들이 갖고 있던 인상적인 상(像)을 정확한 상(像)으로 대체하기 시작하였다. 그들은 적절한 근거를 갖고 셰필드 노동자들이 지적으로 어떤가를 말하려고 했다. 우리 모두 우리의 첫 생각이 지배하지 못하게 하는 순간을 알게 되듯이, 그들은 여러 가지 복잡한 문제에 둘러싸여 있는 것을 발견했다. 그들이 사용한 검사에 대해, 커다란 질문지였다는 사실 외에 다른 것은 언급할 필요가 없다. 설명하자면 질문들은 영국의 도시 생활에 필요한 상비지식을 알아보는 공정한 시험이었다. 따라서 이론적으로 그 질문들은 모든 노동자 계급에게 물었어야 했다. 그러나 누가 노동자 계급인지 알기가 그렇게 쉽지 않다. 여기서 인구 조사를 통해 그들을 어떻게 분류하는지 알 수 있다고 가정해보자. 그러면 질문을 받았어야 하는 사람은 대략 남자 10만 4천 명과 여자 10만 7천 명이 있다. 그들은 "무식한 노동자" 혹은 "유식한 노동자"라고 하는 일상적 표현을 정당화하거나 반박할 수 있는 대답을 가지고 있었다. 그러나 20만 명 전체에게 질문할 생각을 한 사람은 아무도 없었다.

그래서 사회사업가들은 저명한 통계학자인 보울리(Bowley) 교수와 상담하였다. 그는 적어도 408명의 남자와 적어도 408명의 여자가 공정한 표본이 될 것이라고 조언했다. 수학적 계산에 따르면 이 숫자는 22분의 1 이상의 표준편차를 나타내지 않을 것이다. 그러므로 그들은 평균적인 노동자에 대해 이야기하기 전에 적어도 816명에게 질문해야 했다. 그러나 어떤 816명의 사람들에게 접근해야 하나? "우리들 중 누군가가 예비 조회를 위해 접촉했던, 노동자들에 대한 자세한 정보를 수집했을 수도 있다. 우리는 클럽, 선교구, 진료소, 교회당, 복지관 등에서 어떤 분파의 노동자들과 접촉하는 남녀 자선가들을 통해 작업할 수도 있었다. 그러나 그런 선택 방법은 전혀 가치 없는 결과를 얻을 것이다. 그런 식으로 선택된 사람들은 일반적으로 '평범한 노동자들'이라고 불리는 계층을 대표하지 못한다. 단지 그들이 속한 작은 동아리밖에는 대표하지 못한다.

"우리가 시간과 노력의 거대한 대가를 지불하면서 우리가 지키려 하는 '희생자'를 확보하는 올바른 방법은 '중립적', '우연적' 또는 '무작위적'으로 노동자들을 붙잡는 것이다." 그들은 이렇게 했다. 그러나 이처럼 최대한 조심을 하고서도 다음과 같은 결론보다 더 나은 명확한 결론을 얻지는 못했다. 즉 그들의 분류와 질문지에 따랐을 때, 20만 명의 셰필드 노동자 중에서 "약 4분의 1"은 "훌륭한 자질을 갖추었고", "4분의 3에 가까운 노동자들은" "제대로 자질을 갖추지 못했고", "약 5분의 1"은 "형편없다"는 결론을 얻었다.

이처럼 여론을 발견하는 양심적이고 현학적인 방법을 변덕스러운 아일랜드인, 논리적인 프랑스인, 엄격한 독일인, 무식한 슬라브인, 정직한 중국인, 믿을 수 없는 일본인 등 우리가 일반적으로 대중을 판단하는 방법과 비교해보자. 이 모든 것들은 표본에서 끌어낸 일반화이지만 그 표본들은 통계학적으로 전혀 올바르지 않은 방법으로 추출한 것들이다. 그래서 고용주는 그가 알고 있는 가장 골치 아픈 종업원이나 가장 다루기 쉬운 종업원을 기준으로 모든 노동자를 판단할 것이다. 그리고 많은 급진 세력들은 그것이 노동자 계급의 정당한 표본이라고 상상해왔다. '하인 문제'에 대한 얼마나 많은 부인들의 견해가 자신들이 하인을 다루는 것을 반영하는 데 지나지 않는가? 비합리적인 마음은 자신의 선입견을 지지하거나 반박하는 표본을 추출하거나 우연히 발견한 다음, 그 표본을 전체 계급의 대표로 삼는 경향이 있다.

우리가 그들을 분류한 방식대로 그들이 자신들을 분류하기를 거부할 때 커다란 혼란이 생긴다. 우리가 정해준 곳에 그들이 가만히 머물러 있기만 하면 예언하기는 훨씬 쉬워질 것이다. 그러나 사실 '노동 계급'과 같은 말은 일정 기간에 적용되는 약간의 진리만 지니고 있다. 당신이 어떤 수준 이하의 수입을 버는 모든 사람들을 노동 계급이라고 부를 때, 당신은 그렇게 분류된 사람들이 당신의 고정관념에 따라 행동할 것이라고 가정할 수밖에 없다. 그 사람들이 누구인지는 당신도 확실치 않다. 공장 직공과 광부는 어느 정도 들어맞으나 농장 일꾼, 소작농, 행상인, 구멍가게 주인, 사무원, 하인, 군인, 경찰, 소방관은 그물에서 빠져나간다. 당신이 '노동 계급'에 호소할 때, 당신은 2, 3백만의 어느 정도 확인된 노동조합원들에게 주목하여, 그들을 '노동자'로 취급하는 경향이 있다. 통계적으로 자격을 갖춘 나머지 1,700만 또는 1,800만은 조직화된 핵심세력에서 나오는 관점을 은연중에 부여받는 것이다. 1918년에서 1921년 사이에 영국의 노동자 계급이 노동조합 회의(Trade Union Congress)의 결의나 지식인들이 작성한 팸플릿에 표명된 견해를 가지고 있다고 생각했던 것은 얼마나 잘못된 일이었는가.

'노동자는 해방자'라는 고정관념은 이것을 지지해주는 증거는 선택하고 그 밖의 다른 증거는 배척한다. 그리고 노동자들의 실제 운동과 나란히 가는 '노동운동'이라는 허구가 있다. 이 허구 속에는 이상적인 대중이 이상적인 목표를 향해 나아가고 있다. 이 허구는 미래를 다룬다. 미래에는 단순한 가능성과 그보다 더 실현 가능한 개연성을 구분하기 어렵고, 개연성과 확실성도 구분하기 어렵다. 미래가 충분히 길면, 인간은 단지 생각해볼 수 있는 것을 있음직한 것으로 바꿀 수 있고, 있음직한 것을 확실히 발생할 일로 바꿔놓을 수 있다. 제임스는 이를 신념의 사다리라고 부르면서, "그것은 선의의 비탈이며 인간은 그 비탈 면 위에서 인생의 더 큰 문제들을 안고 습관적으로 살고 있다."고 말했다.

    1. 진실된 어떤 세계관에서 불합리한 것과 모순되는 것은 없다.
    2. 그것은 어떤 조건에서는 진실일 수도 있었을 것이다.
    3. 그것은 심지어 지금도 진실일 수 있다.
    4. 그것은 진실에 적합하다.
    5. 그것은 진실이어야 한다.
    6. 그것은 진실임에 틀림없다.
    7. 그것은 진실이, 여하튼 나에게는 진실이 될 것이다.

그리고 그는 다른 곳에서, "어떤 특별한 경우에는 당신의 그러한 행동이 끝에는 그것을 진실로 만드는 방법이 될 수도 있다."고 덧붙였다. 우리가 그 방법을 알기만 한다면 우리는 출발점을 목표지점으로 대체하지 않도록 해야 하며 미래에 용기와 노력, 기술로 창조할 수 있는 것을 현재에 있는 것으로 거꾸로 읽지 말아야 한다. 이 같은 주장을 제임스보다 더 강하게 제기한 사람은 없을 것이다. 그러나 우리들 한 사람 한 사람은 표본을 추출하는 훈련이 제대로 되어 있지 않기 때문에 이렇듯 분명한 이치대로 살기는 매우 어렵다.

우리가 어떤 것은 반드시 진실일 것이라고 믿으면, 우리는 거의 언제나 그것이 진실인 경우를 찾거나 그것이 진실이어야 한다고 믿는 사람을 찾을 수 있다. 어떤 구체적인 사실이 어떤 희망을 뒷받침할 때 그 사실을 정확히 평가하기는 매우 어렵다. 우리가 만난 처음 여섯 사람이 우리 의견에 동의한다면, 그들이 아침식사 때 같은 신문을 읽었으리라는 생각을 하기가 쉽지 않다. 그러나 발생할 확률을 따질 때마다 우리가 816명의 무작위 표본에게 질문지를 보낼 수는 없다. 많은 사실을 취급할 때, 우리가 비합리적인 인상에 따라 행동한다면, 진정한 표본을 추출하지 못했을 것이라고 생각하게 된다.

25

우리가 눈에 보이지 않는 복잡한 사건의 인과관계를 찾기 위해 한 걸음 더 나아가려 할 때 무작위적인 의견은 다루기가 매우 힘들다. 공공의 삶과 관련된 큰 안건 중에서 인과관계가 단번에 명백해지는 것은 거의 없다. 경기 순환, 물가와 임금의 변동, 사람들의 이주와 동화(同化), 외국 열강의 외교 목적 등의 연구에 오랫동안 몰두한 학자들에게도 이런 인과관계는 분명하지 않다. 그러나 우리 모두 이런 문제들에 대해 어떤 식으로든지 의견을 갖게 되어 있으며, 가장 흔한 추론 형식은 직관적이고, '이다음에, 따라서 이 때문에(post hoc ergo propter hoc)'[33]라고 하는 방식(式)이다.

사고가 훈련되지 않으면 않을수록 '동시에 주의를 끄는 두 사건이 인과관계로 연결되어 있다.'는 이론을 끌어내기가 더 쉽다. 우리는 이미 사물이 주의를 끄는 방식에 대해 어느 정도 길게 논의했다. 정보에 접근하는 데 방해를 받아 접근이 불확실해지는 것을 알았다. 우리의 이해는 고정관념에 의해 크게 통제받으며, 우리의 이성에게 유용한 증거는 변명, 명성, 체

---

33) 시간의 전후 관계를 인과관계와 혼동한 허위 논법.

면, 공간, 시간, 그리고 표본 추출 등의 착각에 지배된다는 사실을 우리는 알았다. 이제 우리는 여론은 초기의 결점과 함께 그것들보다 더 심한 것들로 둘러싸여 있음에 주목해야 한다. 왜냐하면 주로 고정관념을 통해 바라보는 일련의 사건에서 시간적으로 잇달아 일어나거나 평행하는 것을 인과관계가 있는 것으로 쉽게 받아들이기 때문이다.

이런 현상은 동시에 나온 두 개의 관념이 같은 감정을 불러일으킬 때 가장 일어나기 쉽다. 만약 그 둘이 함께 일어나면 같은 감정을 불러일으키기 쉬우며, 그 둘이 함께 일어나지 않더라도 그중 하나에 따르는 강력한 감정이 기억의 구석구석에서 비슷하게 느끼는 모든 관념을 빨아들일 가능성이 있다. 따라서 고통스러운 것들은 모두 하나의 인과관계 체계 안에 모이게 되는데, 유쾌한 것도 모두 마찬가지다.

"2월 2일(1675년). 이날 나는 하나님이 이 도시의 한복판에 활을 쏘는 소리를 들었다. 천연두가 백조가(家)의 문장(紋章)의 표시에 있고, 그 문장의 주인 이름은 윈저(Windsor)이다. 그의 딸이 이 병을 앓고 있다. 이 병은 맥줏집에서 시작된 것을 알 수 있다. 이는 하나님이 음주와 맥줏집을 늘리는 죄를 보고 불쾌히 여기신다는 증거이다."

인크리스 매더(Increase Mather)가 이렇게 말했다. 1919년에 저명한 천체역학(Celestial Mechanics) 교수는 아인슈타인(Einstein)의 이론에 관해 다음과 같이 논했다.

"아마도 볼셰비키들의 소요는 세계적으로 저변에 깊이 깔려 있는 정신적 불안이 모습을 띠고 나타난 것 같다……. 이와 똑같은 불안한 정신이 과학에 침투했다."

어떤 것을 격렬하게 증오할 때 우리가 아주 증오하거나 두려워하는 다른 대부분의 것들과 인과관계가 있는 것으로 보기 쉽다. 그것들이 천연두와 맥줏집의 관계 또는 상대성 원리와 볼셰비즘과의 관계 이상은 전혀 아닐 수 있다. 그러나 그것들은 똑같은 감정으로 묶여 있다. 천체역학 교수처럼 미신적인 마음에는, 감정은 넘치는 용암과 같아서 무엇이든지 그것에 닿는 것은 모두 잡아서 파묻어버린다. 언제든지 그것을 파헤쳐보면 마치 매몰된 도시처럼 온갖 사물들이 우스꽝스럽게 서로 얽혀 있는 것을 볼 것이다. 원하기만 한다면 어떤 것이라도 서로 연관되게 할 수 있다. 그런 마음 상태에서는 그것이 얼마나 불합리한지 알 수 있는 방법이 없다. 오래된 공포는 새로운 공포로 더 강해져서 공포의 혼란 속으로 뭉쳐 얽혀들게 된다. 그렇게 되면 두려운 것은 무엇이나 또 다른 두려운 것의 원인이 된다.

26

일반적으로 이렇게 해서 결국 모든 악의 체계와 모든 선의 체계가 이루어진다. 그리고 절대성에 대한 우리의 사랑이 스스로 나타난다. 왜냐하면 우리는 무엇을 수식하는 부사(副詞)를 싫어하기 때문이다. 수식 부사는 문장을 횡설수설하게 하고 억제할 수 없는 감정을 방해한다. 우리는 '더'보다는 '가장'을, '덜'보다는 '최저'를 더 좋아하고, '다소' '아마' '만약' '그러나' '……가량' '아주…… 하지 않은' '거의' '잠정적으로' '부분적으로'라는 단어를 싫어한다. 그러나 공공문제에 관한 거의 대부분의 여론은 이런 단어들로 깎아내려야 할 필요성이 있다. 그러나 우리가 조심하지 않는 순간, 모든 것들이, '100퍼센트' '모든 곳에' '영원히' 등, 절대적으로 행동하기 쉽다.

우리 편이 적보다 더 옳고, 우리의 승리가 적의 승리보다 더 민주주의를 발전시킬 것이라고 말하는 것만으로는 부족하다. 우리의 승리는 전쟁을 영원히 끝낼 것이고, 우리의 승리가 민주주의를 위한 안전한 세상을 만들 것이라고 주장해야만 한다. 그리고 전쟁이 끝나면, 아직도 우리를 괴롭히고 있는 악보다 더 거대한 악을 무너뜨렸지만, 결과의 상대성은 희미해지고 현재 악의 절대성이 우리의 정신을 억누르게 된다. 그래서 우리는 불가항력적이지 않았기 때문에 무력하게 느낀다. 정신의 시계추가 전능(全能)과 무력(無力) 사이를 왔다 갔다 하는 것이다.

  실제 공간, 실제 시간, 실제 숫자, 실제 관계, 실제 무게는 모두 사라진다. 행동의 투시도와 배경, 그리고 차원은 잘라져서 고정관념 속에 얼어붙는다.

제4장

이해관계

1

　그러나 인간의 마음은 카메라의 셔터와 렌즈를 통해 들어온 각각의 인상을 단 한 번만 기록하는 필름이 아니다. 인간의 마음은 끝없이, 끈덕지게 창조적이다. 영상은 희미하거나 합쳐져 있는데, 우리가 더욱 완벽하게 우리 것으로 만들면서, 여기서는 또렷해지고 저기서는 압축되는 과정을 거치는 것이다. 그것은 마음의 표면에 활기 없이 자리하고 있는 것이 아니라 시적 재능에 의해 우리 자신의 개인적인 표현으로 다시 작업된다. 우리는 강조할 곳은 강조하고 활동에 참여한다.

　이를 위해 우리는 수량을 인격화하고 관계를 각색하는 경향이 있다. 매우 학식 있는 사람은 제외하고, 세상일들은 일종의 비유로 표현된다. '사회운동', '경제력', '국가이익', '여론' 등은 사람처럼 취급되고, '교황', '대통령', 레닌, '모건(Morgan)', 혹은 '왕'은 사상이나 제도가 되기도 한다. 고정관념 중에서 가장 심한 것은 무생물이나 집합체에 인간성을 갖게 하는 고정관념이다.

우리가 받는 인상들에서 갈피를 잡기 힘든 다양성은 온갖 검열을 다 받고 난 뒤에도 우리로 하여금 비유라는 훨씬 경제적인 방법을 채택하도록 강요하는 경향이 있다. 사물은 너무나 다양해서 그 모두를 우리들 마음속에 선명하게 담아둘 수 없다. 그래서 일반적으로 우리는 그것에 이름을 붙이고 그 이름이 전체 인상을 나타내게 한다. 그러나 이름은 구멍투성이다. 오래된 의미는 슬슬 빠져나가고 새로운 의미가 미끄러져 들어온다. 따라서 그 이름의 전체 의미를 유지하려는 노력은 최초의 인상을 되살리려는 것만큼이나 피곤하다. 더구나 이름은 사상을 유통시키는 화폐로서는 형편없다. 이름은 너무 공허하고, 추상적이며, 비인간적이다. 그래서 우리는 인격화한 고정관념을 통해 이름을 보고, 이름 속에서 그 고정관념을 읽고 마침내 그 속에서 인간의 어떤 성질의 화신(化身)을 보게 된다.

그러나 인간의 성질들은 그 자체가 분명치 않고 변동한다. 그것들은 신체적 몸짓으로 가장 잘 기억된다. 그러므로 우리가 받은 인상의 이름에 속하는 것으로 여기는 인간의 성질 자체를 신체적 은유에 따라 시각화하는 경향이 있다. 영국 국민과 영국의 역사는 영국으로 응축되고 영국은 아주 영리하지는 않지만, 자기 자신을 잘 돌볼 줄 아는 쾌활하고 뚱뚱한 존 불(John Bull)[1]이 된다. 사람들의 이동이 어떤 이들에게는 굽이굽이 흐르는 강물처럼 비칠 것이고, 다른 이들에게는 국토를 황폐하게 하는 홍수로 보일 것이다. 사람들이 나타내는 용기는 바위로, 그들의 목표는 길로, 그들의 의심은 갈라진 길로, 그들의 어려움은 바큇자국과 바위로, 발전은 풍요로운 골짜기로 객관화할 수 있을 것이다. 만약 그들이 대형 전함(戰艦)을 동원했다면 그들은 칼을 빼어든 것이다. 그들의 군대가 항복을 했다면 땅에

---

[1] 문학작품이나 정치만화에서 영국이나 영국인들의 특성을 나타내는 전형적인 영국인.

내팽개쳐진 것이다. 또 그들이 억압을 받는다면 고문대 위에 놓여 있거나 써래 밑에 깔려 있는 것이다.

공적 사건들이 연설, 머리기사, 연극, 영화, 만화, 소설, 조각상, 그림으로 널리 알려질 때, 그 사건들이 인간의 흥미를 끌게끔 변형되려면 우선 최초의 사건을 추상화한 뒤, 그 추상화된 것들에 활기를 불어넣어야 한다. 우리는 보이지 않는 것에는 그다지 흥미를 갖지도, 감동하지도 않는다. 우리는 각자 공적인 사건들에 대해 아주 조금밖에 보지 못하기 때문에 예술가의 소질을 가진 누군가가 감동적인 상(像)으로 바꿔주기 전까지는 사건들이 그냥 따분하고 별다른 흥미도 느끼지 못한다. 그래서 우리는 사건에 접근이 제한되고 선입견이라는 한계 때문에 현실에 대한 우리의 지식은 어쩔 수 없이 추상화를 통해 보상받는다. 우리는 어디에나 있는 것이 아니고 모든 것을 다 알 수도 없기 때문에 우리가 생각해야 하고 말해야만 하는 것들을 많이 볼 수 없다. 우리는 살과 피로 된 인간이기 때문에 단어와 이름과 잿빛 이론만 먹고 살 수는 없다. 일종의 예술가들로서 추상화된 관념을 소재로 그림을 그리고, 드라마를 공연하고, 만화를 그리는 것이다.

또는, 만약 가능하다면 우리는 우리 대신 시각화해줄 수 있는 재능을 가진 사람을 찾는다. 왜냐하면 모든 사람들이 똑같이 그림 그리는 재능을 부여받지는 않았기 때문이다. 그러나 나는 베르그송(Bergson)처럼 현실적 지성은 공간적 성질에 가장 가깝게 들어맞는 것이라고 주장할 수 있다고 생각한다. "명석한" 사상가는 거의 언제나 사물을 훌륭하게 시각화할 줄 아는 사람이다. 그러나 바로 그 이유로, 그가 "영화적"이기 때문에 종종 외면적이고 감수성은 예민하지 못하다. 왜냐하면 음악적 지각이나 근육적 지각의 다른 표현인 직관을 갖고 있는 사람은 사물을 시각화하는 사람보다 사건의 특성과 행위의 본질을 훨씬 더 잘 이해하기 때문이다. 결정적인 요소가 결코 그대로 드러나지 않고 베일에 가려진 몸짓이나 말의 리듬으로만 표면에 드러날 때 그들은 그것을 좀 더 잘 이해한다. 시각화는 자극과 결과를 파악할 것이다. 그러나 중간이나 내부에 있는 것들은 귀여운 소녀의 역할을 엄청난 목소리의 소프라노가 맡는 바람에 작곡가의 의도가 엉망이 되는 것처럼 시각화할 줄 아는 사람에 의해 우스꽝스럽게 되곤 한다.

그런데 비록 직관이 흔히 특이한 정당성을 갖고 있다고 해도 그것은 아주 사적이고 제대로 전달하기 어려운 것이다. 그러나 사회적 교류는 커뮤니케이션에 달려 있고, 사람은 자신의 직관 덕분에 자신의 삶을 아주 멋있게 이끌어 나가지만 그는 이 직관을 남들이 실감 나게 느끼도록 하는 데는 늘 어려움을 겪는다. 그가 직관에 관해 이야기할 때 그것은 한 다발의 안개처럼 들린다. 왜냐하면 직관은 인간의 감정을 상당히 정확하게 지각하고 있지만 공간적이고 촉각적인 선입견을 갖고 있는 이성은 그런 지각을 거의 이해하지 못하기 때문이다. 그래서 여러 사람이 한 사람처럼 의견 일치를 봐야 하는 사건의 경우, 어떤 생각도 시각적이고 촉각적인 가치를 가지기 전까지는 실제 결정을 내리게 할 만큼 선명하지 않다는 것은 아마 진실일 것이다. 그러나 어떠한 시각적 생각도 그것이 우리 자신의 개성에 내포되어 있는 약간의 긴장감을 품고 있지 않으면 우리에게 별로 중요하지 않다는 것 또한 진실이다. 생각은 우리 자신의 열망을 해방하거나 저항하지 않는 한, 또는 억누르거나 고취시키지 않는 한, 아무런 상관 없는 대상 중의 하나로 남는다.

2

생각을 전달하는 가장 확실한 방법은 항상 그림이었고, 순서대로라면 그다음은 기억 속의 상(像)을 불러내는 말이다. 그러나 전달된 사상은 우리 자신을 그 상(像)의 어떤 측면과 동일시할 때까지는 충분히 우리 것이 되지 않는다. 동일시, 또는 버넌 리(Vernon Lee)가 감정이입이라고 불렀던 것은 거의 미묘해서 알기 어렵고 상징적일 것이다. 우리는 우리가 깨닫지도 못하는 사이에 흉내를 낼 수도 있고, 우리의 자존심을 지탱해주는 개성 중 어떤 부분들을 놀라게 하는 방식으로 모방할 수도 있다. 교양 있는 사람들에게 참여는 영웅의 운명이 아니라, 영웅과 악한 모두에게 본질적인 생각의 운명에 놓이는 것이다. 그러나 이것들은 세련된 것이다.

대중적인 표현에서 동일시를 위한 실마리는 거의 늘 분명하다. 당신은 누가 영웅인지 금방 알게 된다. 이런 표시가 확실하지 않고 선택이 분명하지 않은 경우, 어떤 작품도 쉽게 인기를 얻기 어렵다. 그러나 그것만으로 충분하지 않다. 관객은 무언가 할 일이 있어야 하는데 진, 선, 미를 관조(觀照)하는 것은 관객이 할 일이 아니다. 관객이 그림 앞에서 지루하게 앉아 있지 않도록 하려면 관객을 이미지에 의해 움직이게 해야 하는데, 이는 신문기사, 소설, 영화에서도 마찬가지다. 그런데 움직임이 환기되기 쉽고 열렬히 자극제가 요구된다는 점에서, 다른 모든 것을 초월하는 두 가지 형태의 운동이 있다. 그것은 성적 열정과 싸움인데, 이 둘은 서로 연관성을 많이 갖고 있고, 친밀하게 잘 섞여 있기에 성(性)에 관한 싸움은 다른 어떤 주제보다 폭넓은 호소력을 지니고 있다. 문화와 국경을 구분하는 모든 차이 중에서 이 둘보다 더 마음을 사로잡거나 조심성을 잃게 하는 것은 없다.

성적 주제는 미국 정치의 이미지에는 거의 나타나지 않는다. 전쟁 중 일시적인 가벼운 황홀, 간헐적인 스캔들, 흑인이나 아시아인들의 인종 갈등 등의 경우를 제외하고는 성적 주제에 대해 말하는 것은 매우 부자연스럽다. 단지 영화, 소설, 일부 잡지 소설에서 소녀나 다른 여성들과 얽혀 있는 산업 관계, 사업상 경쟁, 정치, 외교 등이 등장한다. 그러나 싸움이라는 주제는 모든 곳에 나타난다. 정치는 싸움이 있거나, 이른바 쟁점이 있을 때 흥미롭다. 그래서 정치를 대중화하기 위해서는 쟁점을 찾아내야 하는데, 판단이나 원칙, 사실 등의 차이는 투쟁에 참여하는 것을 요구하지 않기에 쟁점이 없더라도 찾아야 하는 것이다.

그러나 투쟁성이 요구되지 않는 경우, 직접적인 이해관계가 없는 사람들은 흥미를 계속 유지하기가 어렵다. 왜냐하면 관련이 있는 사람들은 쟁점이 없을 때라도 몰두하는 것 자체가 그들을 붙잡아놓을 정도로 충분히 현실적이기 때문이다. 그들은 활동에서 순수하게 기쁨을 느끼거나, 혹은 민감한 경쟁심이나 조작에 의해 움직일 수도 있다. 그러나 전체 문제가 외적이고 멀찌감치 있는 사람들에게, 이러한 다른 능력들은 쉽게 작동하지 않는다. 사건의 희미한 이미지가 그들에게 무언가에 의미를 가지려면 그들이 투쟁, 긴장감, 그리고 승리를 사랑하는 훈련을 받도록 해야 한다.

패터슨 양(Miss Patterson)은, "긴장감…… 이것은 맨해튼의 메트로폴리탄 미술관에 있는 명화들과 리볼리(Rivoli)나 리알토 극장(Rialto Theatres)의 영화들 사이의 차이다."라고 주장한다. 그녀가 만약 명화들이 동일시의 양식이나 이 세대에 인기 있는 주제를 빠뜨리고 있음을 명백히 했더라면, 그녀가 다음과 같이 말한 것은 지극히 옳았을 것이다. "이것은 바로 사람들이 메트로폴리탄 미술관에는 두세 명씩 뿔뿔이 들어가는데, 리알토나 리볼리 극장에는 수백 명씩 떼 지어 들어가는 이유이다. 미술관에 두, 셋씩 들어간 사람들은 미술 전공 학생, 비평가, 미술작품 감정가가 아니라면, 그림을 십 분도 채 보지 않는다. 리볼리나 리알토 극장에 들어간 수백 명은 한 시간 이상 영화를 본다. 아름다움에 관한 한, 둘 중 장점을 비교할 수 없다. 그러나 영화는 그림보다 더 많은 사람들을 끌어들이고 더 오래 주의를 사로잡고 있다. 그 이유는 본질적인 장점 때문이 아니라 관객이 그 결과를 숨죽이고 기다리는 사건이 전개되기 때문이다. 영화는 투쟁의 요소를 지니고 있기에 긴장감을 불러일으킨다."

그러므로 이 멀리 떨어져 있는 상황을 주의를 받지 못하고 희미하게 깜빡이는 회색 불빛으로 남아 있지 않게 하기 위해서, 그것을 동일시의 기회를 인식할 수 있는 상(像)으로 전환시켜야 한다. 그렇지 않으면 그것은 잠시 동안 몇몇 사람들의 흥미를 끌고 말 것이다. 그것은 보이는 장면에 불과하여 느끼는 장면이 되지는 못하고, 우리의 감각기관을 자극하기는 해도 우리에게 인식되는 지각에는 속하지 않을 것이다. 우리는 편을 들어야 하고 편을 들 수 있어야 한다. 우리들 존재의 후미진 곳에서 우리는 관중 속으로부터 무대 위로 나와야 하고 악에 대한 선의 승리를 위한 영웅으로서 전력을 다해 싸워야 한다. 우리는 우리 생명의 숨결을 풍자 속에 불어넣어야 한다.

3

그래서 비판이 있다고는 해도 현실주의와 낭만주의에 관한 오래된 논쟁에 판정이 내려진다. 우리의 대중적인 취향은 드라마가 아주 그럴듯한 정도로 동일시를 하기에 충분할 만큼 현실적인 상황 설정에서 시작하여 아주 바람직하기는 하나 믿기 어려울 정도로 낭만적이지는 않은 상황으로 끝나는 것이 되었으면 한다. 시작과 끝 사이의 기준은 자유롭지만 진실한 시작과 행복한 결말은 필수적이다. 영화 관객은 논리적으로 전개되는 환상을 거부하는데, 그 순수한 환상에는 기계시대의 친숙한 기반이 없기 때문이다. 관객들은 그들 자신의 것이 되어버린 투쟁에서의 패배를 좋아하지 않으므로 가차 없이 추구된 현실주의를 거부하는 것이다.

진실한 것, 현실적인 것, 좋은 것, 악한 것, 그리고 바람직한 것들은 영원히 고정된 것은 아니다. 이런 것들은 고정관념에 의해 정해지는데, 고정관념은 더 이른 경험을 통해 습득되고 그 뒤 경험의 판단이 더해지면서 만들어진다. 그래서 만약 각 영화와 대중잡지에 투자하는 자본이 즉각적이고 광범위한 인기를 얻을 정도로 엄청나지 않다면, 정신과 상상력을 갖춘 사람들은 그런 영화와 정기간행물들을 우리의 상상력이 작동할 때 함께 쓰일 소재인 이미지들을 확대하고, 정제하고, 증명하고 비판하기 위해 사용하는 꿈을 꾸듯이 그렇게 할 수 있을 것이다. 그러나 현재의 비용을 고려하면 영화 제작자들은 다른 시대의 교회나 궁중의 화가들처럼 그들이 찾아낸 고정관념에 집착해야 한다. 그렇지 않으면 그들은 기대가 좌절되는 대가를 치러야 한다. 고정관념은 바뀔 수 있지만 지금으로부터 6개월 뒤 영화가 개봉되었을 때 성공을 보장해줄 만큼의 시간적 여유로는 달라지는 것이 아니다.

고정관념을 바꾸는 사람들, 선구적인 예술가나 비평가들은 당연히 우울해하고 투자금을 보호하려는 경영자나 편집인들에게 화를 낸다. 그들은 모든 위험을 무릅쓰는데 다른 사람들은 왜 그렇지 않은가? 이건 아주 공평하지 않은데, 왜냐하면 그들은 정당한 분노 때문에 자신들의 보상을 잊어버렸는데, 그 보상은 그들의 고용주가 느끼기 원하는 것을 훨씬 초과하기 때문이다. 그들은 가능하다 해도 자신들의 입장을 바꿀 수 없고 바꾸려

들지도 않을 것이다. 그리고 그들은 속물과의 끊임없는 전쟁에서 또 하나 잊어버린 것이 있다. 그들은 과거 예술가와 현인들이 전혀 꿈도 꾸지 못했던 기준으로 자신들의 성공을 측정하고 있는 것을 잊고 있다. 그들은 얼마 전 몇 세대까지 어떤 예술가도 기대하지 않았던 판매부수와 관객 수를 요구하고 있는 것이다. 그리고 이를 달성하지 못하면 그들은 실망한다.

『메인 스트리트』의 작가 싱클레어 루이스[2]처럼 인기가 많은 사람들은 수많은 다른 사람들이 머릿속에서 흐릿하게 말하려는 것을 분명하게 객관화하는 데 성공했다. "당신은 나를 대신해서 그것을 말해주었다." 그들은 새로운 형식을 확립하는데, 그 새로운 형식은 끝없이 복제되어 지각의 한 고정관념이 되는 것이다. 다음 선구자는 대중으로 하여금 『메인 스트리트』를 다른 방식으로 보게 하는 것이 어렵다는 사실을 알게 된다. 따라서 그는 싱클레어 루이스보다 앞선 사람들과 마찬가지로 대중과 말다툼을 한다.

이 말다툼은 고정관념들 간의 갈등 때문만이 아니라 선구적인 예술가가 자신의 소재에 경의를 지니고 있기 때문에 일어나기도 한다. 그가 선택하는 수준이 무엇이건 간에 그는 그 수준에 머물게 된다. 만약 그가 사건의 본질을 다루고 있다면 그는 그것이 초래할 고통과 상관없이 끝까지 추구한다. 그는 누구를 돕기 위해서, 또는 평화가 없는 곳에서 평화를 부르짖기 위해서 자신의 환상을 추구하지 않을 것이다. 그 자신의 미국이 있는 것이다. 그러나 거대한 관중은 그런 엄격함에는 마음이 내키지 않는다. 그들은 이 세상에서 다른 어떤 것보다 자기 자신에게 더 관심을 갖는다. 그들이 관심을 갖는 자아는 교육이나 전통에 의해 드러난 것들이다. 예술작품은 올라갈 수 있는 발판이 달린 자동차가 될 것이라고 주장한다. 그리고

---

2) Sinclair Lewis(1885~1951): 미국 문학 역사상 처음으로 1930년 노벨문학상을 받은 작가.

그것을 타고 국토의 지형선을 따라 운전하는 것이 아니라, 한 시간 동안은 출근부에 출퇴근 시간 도장을 찍거나 접시를 닦지 않아도 되는 나라로 운전하고 갈 것이라고 주장한다. 이러한 요구들을 만족시키기 위해 중간급의 예술가들이 존재한다. 그들은 예술의 수준을 혼란시킬 수 있고 그럴 용의도 있으며 위대한 사람들의 발명품에서 나오는 현실주의와 낭만주의의 혼합물을 접합시킬 수 있는 능력과 의지도 있다. 또한 패터슨 양이 조언하듯이 그들은 "실제 삶에서는 거의 일어나지 않는 일들, 즉 일련의 난제들을 푸는 훌륭한 해결책들을 제공한다. 그리고 선의 고통과 죄의 승리가…… 덕의 찬양과 그 적의 영원한 처벌로 변했다."

4

정치의 이념들은 이러한 규칙에 복종한다. 현실주의의 발판은 항상 거기에 있다. 몇몇 실제적인 악에 관한 상(像), 독일의 위협이나 계급 투쟁과 같은 것은 논쟁 중에 인식할 수 있다. 세상의 어떤 측면에 관한 그럴듯한 설명이 있는데 그것이 낯익은 관념과 일치하기 때문이다. 그러나 이념은 확실한 현재와 함께 보이지 않는 미래를 다루는 것이므로 부지불식간에 증명의 경계선을 넘어버린다. 현재를 설명할 때 당신은 어느 정도 공통된 경험에 구속된다. 아무도 경험하지 않은 것을 설명할 때 당신은 되는대로 내버려두게 된다. 당신은 아마겟돈[3]에 서 있으면 어느 정도는 아마도 주님을 위해 싸울 것이다. 현재 지배적인 기준에 따르면 진실된 시작이고 해피

---

3) Armageddon : 세계의 종말에 있을 선과 악의 결전장.

엔딩이다. 모든 마르크스주의자들은 현재의 잔인성에 대해서는 강경하고, 독재 이후 시절에 대해서는 대체로 낙관적이다. 전쟁 선전가들도 그렇다. 즉 그들은 라인 강 동쪽 편 어디서든 인간성에 내재한 포악성을 발견했고, 선전가들이 독일인이라면 라인 강 서쪽 편 어느 곳에서든 포악성을 찾아냈다. 포악성이 있었다고 하자. 그러나 승리 이후에는 영원한 평화가 온다고 한다. 이러한 많은 선전은 아주 냉소적이리만치 계획적이다. 왜냐하면 능숙한 선전가들은 당신이 그럴듯한 분석으로 시작하지만 현실의 정치적 성취의 지루함 때문에 곧 흥미를 잃게 되어 계속해서 분석하지는 않게 된다는 사실을 알고 있기 때문이다. 그래서 선전가는 꽤 그럴싸한 시작으로 현실에 대한 흥미를 없앤 다음, 천국행 여권을 흔들어 보임으로써 기나긴 여행을 위한 에너지를 지핀다.

이 공식은 공적인 허구가 사적인 급박함과 얽힐 때 작동한다. 그러나 투쟁의 열기 속에서 한번 휩쓸리면 접합점을 이루었던 원래의 자아와 그 고정관념은 완전히 보이지 않게 된다.

5

그러므로 동일한 이야기가 그것을 듣는 모든 사람에게 같은 것은 아니다. 어떤 두 경험도 아주 똑같은 것은 아니므로 각각은 약간 다른 지점에서 그 이야기를 듣게 될 것이다. 그는 자신의 고유한 방식으로 그것을 재규정하고 자신의 감정을 거기에 배어들게 한다. 때때로 강렬한 기술을 지닌 예술가가 우리 자신의 삶과는 아주 다른, 첫눈에도 지루해 보이고 혐오스럽거나 괴상해 보이는 생활로 강제로 밀어 넣을 것이다. 그러나 이런 경우는 매우 드물다. 우리의 주목을 끄는 거의 대부분의 이야기에서 우리는 등장인물 중 한 사람이 되어 우리 자신의 무언극으로 그 역할을 수행한다. 그 무언극은 훌륭할 수도 있고 지루할 수도 있으며, 이야기와 교감이 통할 수도 있고 단지 어설프게 비슷할 수도 있을 것이다. 그러나 그것은 우리가 그 역할에 대해 지각한 감정들로 이루어질 것이다. 그래서 원래 주제가 유통되면서 그것이 통과하는 모든 사람들에 의해 강조되고 왜곡되며 꾸며진다. 그것은 마치 셰익스피어의 희곡이 공연될 때마다 배우와 관객이 고취시킨 강조와 의미의 변화를 받아들여 매번 다시 쓰인 것처럼 보이는 것과 같다.

무용담이 결정적으로 기록되기 전에 이와 아주 비슷한 일이 일어나는 것과 같아 보인다. 우리 시대에 인쇄된 기록물은 각 개인의 환상이 무성해지는 것을 막는다. 그러나 소문을 막을 수 있는 방법은 거의 없으며 최초의 이야기는, 진실이건 꾸며낸 이야기건 상관없이 예술가가 각 뜬소문들에 손을 대면서 날개와 뿔이 달리고 발굽과 부리가 돋아나게 되는 것이다. 맨 처음 그 이야기를 한 사람의 설명은 그 모양과 비율을 계속 유지하지 못한다. 이야기는 사람들이 그것을 듣고, 공상의 소재로 사용하고, 다음 사람에게 전하는 과정에서 그것을 가지고 노는 모든 사람들에 의해 편집되고 수정된다.

결과적으로 관중이 다양하면 다양할수록 반응에서 변화폭도 더욱 커질 것이다. 왜냐하면 관중이 더욱 커질수록 공통 언어의 수가 줄어들기 때문이다. 그래서 이야기의 공통된 요소들은 더욱 추상적이 된다. 이 이야기는 그 자체의 정밀한 성격을 잃고 매우 다양한 성격의 사람들이 듣게 된다. 그들은 그 이야기에 자신들의 고유한 성격을 부여한다.

6

 그들이 이야기에 부여하는 성격은 성별과 나이, 인종과 종교, 사회적 지위에 따라 다양할 뿐만 아니라 이러한 조잡한 분류 안에서도 물려받거나 습득한 개인 성질, 재능, 경력, 경력의 발전, 경력 중에서 강조된 측면, 기분과 시제(時制), 또는 그가 펼치는 인생의 어떤 게임 무대에서 그의 위치 등에 따라 다양하다. 그에게 영향을 미치는 공공문제, 인쇄된 몇 줄의 문구, 몇 장의 사진, 일화, 그리고 일상적인 일부 경험들을 그는 자신이 세운 유형을 통해 인식하고 자신의 감정으로 재창조한다. 그는 자신의 개인적인 문제를 좀 더 거대한 환경의 부분적 표본으로 간주하지 않는다. 그는 더욱더 거대한 환경의 이야기들을 사적인 삶의 확대판으로 생각한다.

 그러나 사생활이란 반드시 그가 자신에게 설명하려는 그런 것은 아니다. 왜냐하면 그의 사생활에서 선택의 폭이 좁고, 자신의 외적 행위를 직접 지배하지 못하는 곳에서는 그 자신의 많은 부분이 압박당하고 눈에 띄지 않기 때문이다. 그래서 자신들 삶의 행복을 일반적인 선의(善意)에 투사하고 불행을 의심과 미움에 투사하는 보통 사람들이 있기도 하고, 자신들의 가족과 친구 그리고 직업을 싫어하면 싫어할수록 인류를 위한 사랑은 넘쳐흐르는 사람들과 마찬가지로, 자신의 교제 범위를 넘어서는 모든 이들에게 잔인한 외관상 행복해 보이는 사람들이 있다.

 일반론에서 각론(各論)으로 내려가면 사람들이 자신의 문제를 다룰 때의 성격이 고정된 것이 아니라는 사실은 더욱 뚜렷해진다. 아마 그들의 다른 자아들이 공통된 줄기와 자질을 갖고 있을지는 모르겠지만, 가지나 잔가지는 여러 형태인 것이다. 어느 누구도 동일한 성격으로 모든 상황을 맞이하지는 않는다. 그는 자동인형이 아니므로 성격은 순수한 시간과 축적되는 기억의 영향을 받아 어느 정도 변한다. 그의 성격은 시간뿐 아니라 환경에 따라서도 변한다. 변함없이 면도를 하고 저녁식사 때 검은 넥타이를 매는 남태평양의 고독한 영국인의 전설은 그가 여태까지 얻은 성격을 잃는 데 대한 그 자신의 직관적이고 문명화된 공포를 잘 보여준다. 또한 일기장, 사진첩, 기념품, 오래된 편지, 낡은 옷, 그리고 변하지 않는 일상에 대한 사랑도 헤라클레이토스가 말했듯이 같은 강에 두 번 들어가는 일이 얼마나 어려운가를 우리가 깨닫고 있는 것을 입증해준다.

늘 활동하고 있는 자아는 없다. 그러므로 어떤 여론의 형성에서 어떤 자아가 관여하는지는 매우 중요하다. 일본인들은 캘리포니아에 거주할 권리를 요구한다. 당신이 그 요구를 과일을 재배하려는 욕망 때문이라고 이해하는지, 또는 백인의 딸과 결혼하려고 그러는 것으로 이해하는지에 따라 큰 차이가 생긴다. 만약 두 나라가 영토 분쟁을 겪고 있다면 사람들이 그 협상을 부동산 거래로 간주하는지, 또는 그들을 모욕하려는 시도로 간주하는지, 아니면 흔히 이러한 논쟁을 흐려버리는 흥분되고 도발적인 언어 표현으로 강간이라고 간주하는지는 중대한 문제가 된다. 왜냐하면 우리가 레몬이나 멀리 있는 토지를 생각할 때 본능을 책임지는 자아는, 잠재적으로 화가 난 가장(家長)으로서 생각할 때 나타나는 자아와는 매우 다르기 때문이다. 전자의 경우 의견에 들어가는 개인적 감정은 미지근하고, 후자의 경우에는 시뻘겋게 달아올라 있다. 그래서 "이기주의"가 의견을 결정한다는 말은 단지 말의 반복에 지나지 않을 만큼 진실이라고 해도, 수많은 자아 중에서 어떤 자아가 우리들 마음에 자리한 이익을 선택하고 이끌어가는지 알기 전에는 그 말이 이해가 되지 않는다.

종교적 가르침과 세속적인 지혜는 항상 각각의 인간 속에 있는 여러 개성의 존재를 구별해왔다. 그것들은 '고차원적인 것' '저급한 것' '정신적인 것' '물질적인 것' '신성한 것' 그리고 '속된 것'들로 일컬어져왔다. 비록 우리가 이런 분류를 전적으로 받아들이지는 않아도 이런 구분이 존재한다는 사실은 알고 있다. 정반대인 두 자아 대신, 현대인은 그토록 뚜렷하게 구분되지 않는 여러 개의 자아를 발견할 것이다. 신학자들이 하는 구분은 독단적이고 외면적이라고 말할 텐데 그 이유는 수많은 여러 자아가 신학자의 범주에 들어맞으면 한데 묶어 '고차원적인 것'으로 분류되었기 때문이다. 그렇긴 하지만 그는 여기에 다양한 인간성에 대한 믿을 만한 실마리가 있음을 인식할 것이다.

우리는 수많은 자아에 주목하고 그것들을 더디게 판단하도록 배워왔다. 우리가 동일한 육체를 보지만, 그가 사회적으로 자신과 동등한 사람을 상대하는지 또는 열등한 사람이나 더 우수한 사람을 상대하는지에 따라, 그가 자신과 결혼하기에 적합한 여자와 연애를 하는지 아니면 그렇지 않은 여자와 하는지에 따라, 또는 그가 그 여자에게 구애하고 있는지 혹은 자신이 그녀보다 우월하다고 생각하는지에 따라, 또는 그의 아이들이나 파트너를 상대하는지, 그가 가장 신뢰하는 부하를 상대하는지 또는 그를 살릴 수도 있고 죽일 수도 있는 상사를 대하는지에 따라, 또는 그가 생활필수품을 구하려고 애쓰는지 또는 성공을 위해 애쓰는지에 따라, 또는 그가 우호적인 외국인이거나 경멸하는 외국인을 상대하는지에 따라, 또는 그가 큰 위험에 놓여 있는지 완벽한 안전 상태인지에 따라, 또는 파리에 혼자 있는지 가족과 피오리아(Peoria)[4]에 살고 있는지에 따라 우리는 그 사람이 다르다는 것을 안다.

물론 사람은 성격의 일관성에서 상당히 달라진다. 그 폭은 매우 넓어서

---

[4] 미국 일리노이 주 중부의 도시.

지킬 박사(Dr. Jekyll)처럼 분열된 영혼에서부터 브랜드(Brand), 파르시팔(Parsifal) 혹은 돈키호테(Don Quixote)처럼 완전히 일편단심인 사람들에 이르기까지 온갖 다른 정신을 포함한다. 만약 자아들이 너무 연관되지 않는다면 우리는 그 사람을 믿지 않는다. 만약 융통성 없이 한 방향만 고집하면 우리는 그 사람을 무미건조하고 고집 세고 괴짜라고 생각한다. 고립된 자와 자부심 강한 자들은 적고, 융통성 있는 사람들이 다채롭게 있는 성격의 창고에는 하나님이 보셨으면 하는 지고한 자아에서부터 우리들조차 보고 싶지 않은 밑바닥 자아에 이르기까지 온갖 자아들이 있다. 각 단계의 음정(音程)처럼 가정에는 〔아버지, 여호와, 폭군〕〔남편, 주인, 남성〕〔연인, 호색가〕가 있고, 직업에서는 〔고용주, 주인, 착취자〕〔경쟁자, 음모자, 적〕〔부하, 아첨꾼, 속물〕이 있을 것이다. 어떤 것들은 결코 대중의 눈에 띄지 않는다. 또 어떤 것들은 오로지 예외적인 상황에서만 불려 나온다. 그러나 한 사람의 성격은 자신이 놓인 상황을 어떻게 이해하는가에 따라 형성된다. 만약 자신이 민감하게 받아들이는 환경이 우연히도 멋쟁이 집단이라면 그는 자기가 생각하기에 적절한 성격을 모방할 것이다. 그 성격은 그의 태도, 말씨, 주제 선택, 기호 등을 맞추는 조절자 역할을 할 것이다. 사업주들 사이에 있는 대학교수, 놀음판의 교회 집사, 시골에 있는 런던 사람, 진짜 다이아몬드 사이에 낀 가짜 다이아몬드처럼 낯선 상황에 놓였을 때 자신의 성격을 어떻게 생각하는지에 따라 대부분의 인생 희극이 생기는 것이다.

7

　인간의 성격 형성에는 쉽게 분리되지 않는 다양한 영향이 관여하고 있다. 그 근본 요인에 관한 분석은 히포크라테스(Hippocrates)가 기질의 원칙을 공식으로 만들어 다혈질, 우울질, 담즙질, 점액질로 구분하고, 이들 기질이 혈액, 흑담즙, 황담즙, 점액 등에서 생기는 것으로 본 기원전 5세기와 마찬가지로 여전히 확실치 않다. 캐논(Cannon), 아들러(Adler), 켐프(Kempf)에서 볼 수 있는 최근 이론들은, 외부 행동과 내부 의식에서 신체의 생리학으로, 많은 부분에서 동일한 자취를 따르고 있는 것으로 보인다. 그러나 기술이 엄청나게 향상되긴 했어도 선천성을 후천성과 구분하거나 타고난 성격과 습득한 성격을 구분할 수 있는 정립된 결론이 있다고 주장할 사람은 아무도 없을 것이다. 성격에 관한 설명이 골상학자, 손금쟁이, 점쟁이, 독심술가, 그리고 몇몇 정치학 교수들에 의해 적용되는 고정된 체계라고 간주되는 것은 오직 조셉 재스트로(Joseph Jastrow)가 심리학의 빈민굴이라고 부른 곳에서만 그렇다. 거기에서는 여전히 "중국인들은 색깔을 좋아해서 눈썹을 둥글게 하고", "칼무크인들(Calmucks)의 머리는 윗부분은 납작하지만, 소유욕을 가진 장기(臟器)가 있는 부분을 옆에서 보면 매우 커서 이 민족의 도벽성이 인정된다."고 주장하는 것을 볼 수 있다.

　현대 심리학자들은 성인의 외적 행동을 환경의 저항, 성인기(成人期)의 억압된 욕망, 그리고 명백한 성격 등과 같은 여러 변수들 간의 방정식으로 보는 경향이 있다. 우리 주변의 환경이 정상적이고 평온한 상태로 있을 때, 그리고 우리가 만나는 사람들이 우리에게 기대하는 바가 일관될 때 우리는 우리 성질을 많이 모른 채 살아간다. 그러다가 예상치 못한 일이 일어나면 우리가 몰랐던 우리들의 자아에 대해 배운다.

우리에게 영향을 미치는 모든 사람의 도움으로 형성한 자아들은 어떤 충동이 어떻게 강조되고 어떻게 지시해야 우리가 미리 대비하여 배워놓은 어떤 전형적인 상황에 적합한지를 처방해준다. 우리가 인식할 수 있는 어떤 경험을 위해 우리의 전(全) 존재가 외부로 드러나는 것을 통제하는 성격이 있다. 예를 들면 살의를 품은 증오심은 시민생활에서 통제된다. 비록 분노로 숨이 막힐지라도 부모로서, 자녀로서, 고용주로서, 정치인으로서 그것을 겉으로 드러내서는 안 된다. 당신은 살의를 가진 증오심이 배어 나오는 성격을 드러내고 싶어 하지 않을 것이다. 당신은 그런 성격에 눈살을 찌푸릴 것이며 주변 사람들 역시 눈살을 찌푸릴 것이다. 그러나 전쟁이 터지면 당신이 존경하는 모든 사람들은 살인과 증오를 정당하게 느끼기 시작할 것이다. 처음에는 이러한 감정들의 분출구가 매우 좁다. 맨 앞에 나오는 자아들은 진정한 애국심에 맞춘 것으로, 루퍼트 브룩(Rupert Brooke)[5] 과 에드워드 그레이 경(Sir Edward Grey)의 1914년 8월 3일 연설, 그리고 윌슨 대통령이 1917년 4월 2일 의회에서 행한 연설에서 그런 감정을 발견할 수 있다. 전쟁의 실체는 여전히 혐오당하고 전쟁이 실제로 의미하는 바는 조금씩 알려질 뿐이다. 왜냐하면 과거 전쟁들은 단지 미화된 기억들이기 때문이다. 이러한 신혼기에 전쟁의 현실주의자들은 당연히 국민이 아직 잠에서 깨지 않았다고 주장하고, "사상자 명단을 기다리자."고 말하면서 서로를 안심시킨다. 점점 살인 충동이 중요해지고 그것을 수정하려는 다른 성격들은 제거된다. 살인 충동이 중심에 자리 잡고, 신성시되며, 점점 통제할 수 없게 된다. 대부분의 사람들이 전쟁 중에 실제로 보는 모든 적에 대해 가진 감정의 분출구만 찾아 나서는 것이 아니라, 그동안 증오해왔던 모

---

5) 영국의 시인으로 제1차 세계대전 당시 전쟁시를 썼음.

든 사람과 사물들, 그리고 사상들을 향한 분출구도 찾게 된다. 적에 대한 증오는 합법적이다. 그러나 다른 것에 대한 증오심은 어설픈 유추, 일단 열이 식어서 차가워지면 우리 자신이 인식하기에도 가장 억지인 유추에 의해 합법화된다. 이처럼 강력한 살인 충동은 한번 풀려버리면 가라앉히는 데 시간이 오래 걸린다. 그래서 실제로 전쟁이 끝나면 자제력을 회복하고 시민의 성격 속에 있는 평화 문제를 다루기 위해 많은 시간과 노력이 필요하다.

허버트 크롤리 씨(Mr. Herbert Croly)가 말했듯이 현대전(現代戰)은 현대 사회의 정치 구조에 내재되어 있으나 현대 사회의 이상에 의해 위법(違法)으로 되어 있다. 민간인들에게는 군인들이 지금도 소지하고 있고 옛날 기사들이 규정했던 전쟁 때의 이상적인 행동 규약은 존재하지 않는다. 민간인들 중 우수한 자들이 그럭저럭 임시변통으로 만든 것들 이외에 별다른 기준이 없다. 그들이 가진 유일한 기준은 전쟁을 저주스러운 것으로 규정한다. 그러나 비록 그 전쟁이 필요한 것이라 해도 그에 대비해 어떠한 도덕적 훈련도 하지 않는다. 그들의 고차원적 자아만이 규약과 유형을 갖고 있으며 그 고차원적인 자아가 저차원 성격이라고 여기는 것에 따라 행동해야 할 경우 심각한 혼란이 초래된다.

사람들이 놓일 수 있는 모든 상황에 대비해 성격들을 준비하는 것은 도덕 교육의 기능 중 하나이다. 따라서 분명히 도덕 교육의 성공 여부는 과연 성실성과 지식을 갖고 환경을 탐구하였는지에 달려 있다. 왜냐하면 잘못 인식된 세상에서는 우리들 자신의 성격도 잘못 인식되고 잘못 행동하게 되기 때문이다. 그래서 도덕주의자는 선택을 할 수밖에 없는데, 비록 인생의 일부 국면이 맘에 들지 않아도 모든 삶의 국면을 위한 행위의 유형을 제공할 것인지, 아니면 그의 제자들은 결코 그가 승인하지 않는 상황에 맞닥뜨리지 않을 것이라고 보증해야 하는 것이다. 그는 전쟁을 폐지하든지 또는 심리적 부담을 최대한 활용하여 전쟁을 수행하는 법을 가르치든지 해야 한다. 인간의 경제생활을 없애고 우주먼지와 이슬로 먹여 살리든지 아니면 경제생활의 모든 혼란을 조사하여 아무도 자급자족할 수 없는 세상에서 두루 적용할 수 있는 행동 유형을 제공하든지 해야 한다. 그러나 그것은 바로 현재 널리 통용되고 있는 도덕 문화가 대체로 거부하는 일이다. 도덕 문화는 그 가장 우수한 측면에서도 현대 세계의 엄청난 복잡성에는 자신이 없다. 최악의 측면에서 도덕 문화는 겁쟁이다. 이제는 도덕주의자가 경제학이나 정치학, 심리학을 공부할 것인지, 또는 사회과학자들이 도덕주의자들을 교육할지 말지는 큰 문제가 아니다. 각 세대는 그들이 거의 확실히 마주칠 쟁점들 사이에서 갖추게 될 성격을 인식하도록 배우지 않는 한, 준비 없이 현대 세계에 진입하게 될 것이다.

8

이기주의에 대한 순진한 견해는 이런 것들을 거의 중요하게 생각하지 않는다. 그것은 자신과 이익이 모두 어떤 식으로든 이해되고 있으며, 대부분의 경우 상투적으로 이해되고 있다는 사실을 잊고 있다. 보통 사리사욕에 관한 원칙은 대개 인식 기능을 아주 소홀히 한다. 그 원칙은 인간은 결국에는 모든 것을 자기 자신에게 돌린다는 사실을 너무 고집하기 때문에 만물과 자기 자신에 대한 인간의 생각은 본능적인 것이 아니라는 사실을 인식하지 못한다. 그런 것들은 습득되는 것이다.

그러므로 제임스 매디슨(James Madison)이 『연방주의자(*The Federalist*)』[6]

의 10번째 논문에서 서술했듯이, "지주의 이익, 제조업의 이익, 상업의 이익, 부자들의 이익은 그보다 작은 이익들과 함께 문명국에서 필연적인 것으로 성장하여, 그것들을 다양한 감정과 견해에 따라 움직이는 여러 다른 계급들로 분할한다."는 말은 확실히 사실일 것이다. 그러나 매디슨의 논문 맥락을 탐구해보면, 내가 생각하기에 때로는 역사의 경제적 해석이라고도 일컬어지는 본능적 운명론의 견해를 설명하는 데 도움을 주는 무엇인가를 발견하게 될 것이다. 매디슨은 연방 헌법에 찬성하면서, "연방 제도의 수많은 장점 중에서 파벌의 폭력을 좌절시키고 통제하려는 경향"을 주장하고 있었다. 파벌이 매디슨을 괴롭혔던 것이다. 그리고 그는 파벌의 원인으로 "인간성"을 찾아냈다. 그 속에 있는 잠재적인 경향들은 "시민사회의 달라진 환경에 따라 각기 다른 정도의 활동을 하게 한다. 종교, 정부, 그 밖의 다른 문제들에 대해 사색뿐 아니라 실천 면에서 다양한 의견을 가지려는 열의, 그리고 우월함과 권력을 차지하려고 야심적으로 싸우는 다른 지도자들이나, 지도자들과는 달리 인간의 열정에 관심을 갖는 다른 이들을 이끌려 하는 운명을 가진 사람들에 대한 애착이 인간을 파벌에 따라 나누었고 서로에게 증오심을 불붙였고, 그들이 공통의 선을 위해 협조하기보다 서로를 괴롭히고 억압하려는 경향을 더 많이 갖게 하였다. 서로에 대한 증오심에 빠지게 하는 인간의 성향은 워낙 강력해서 별다른 실질적인 유인(誘因) 없이 가장 하찮고 공상적인 차이만 있다면 그들의 적대적인 감정에 불을 지피고 가장 격렬한 갈등을 부추기기에 충분했다. 그러나 파벌에 관한 가장 일반적이고 영속적인 원인은 재산의 다양하고 불평등한 분배였다."

그러므로 매디슨의 이론에 따르면 파벌 성향은 종교적, 정치적 의견과

---

6) 미국 헌법 채택을 지지하여 해밀턴(Hamilton), 매디슨(Madison), 제이(Jay)가 쓴 논문집.

지도자들에 의해 불이 지펴질 수 있으나 가장 흔하게는 재산의 분배 때문에 그렇게 된다는 것이다. 하지만 매디슨은 단지 인간은 재산에 대한 그들의 관계에 의해 나누어진다고만 주장한 것에 유의해야 한다. 그는 재산과 그들의 의견이 원인과 결과라고 말하는 것이 아니라, 재산의 차이가 의견의 차이를 낳는 원인이라고 말한다. 매디슨의 주장에서 중심 단어는 "다른"이다. 당신은 다른 경제적 상황의 존재에서 잠정적으로 의견의 차이가 있을 수 있다고 미루어 짐작할 수 있지만 그런 의견들이 필연적으로 어떤 것일지는 추론해낼 수 없다.

이러한 유보조항은 그 이론이 일반적으로 적용될 때 근본적으로 그 이론의 주장에 끼어든다. 이런 유보조항이 필요하다는 것은 정통파 사회주의자들 사이에서 교리와 실천이 빚어내는 커다란 모순이 증명해준다. 그들은 사회 진화의 다음 단계는 현 단계의 필연적인 결과라고 주장한다. 그러나 그 불가피한 다음 단계를 만들어내기 위해 그들은 "계급의식"을 낳도록 조직을 엮고 선동에 나선다. 그런데 왜 경제 상황은 모든 사람이 계급의식을 갖도록 하지는 않는 것일까. 경제 상황은 계급의식을 만들지 않는다. 그것뿐이다. 그러므로 사회주의 철학이 운명에 대한 예언적인 통찰력에 근거를 두고 있다는 자신만만한 주장은 지탱되지 못할 것이다. 그 철학은 인간성에 관한 하나의 가설을 근거로 하고 있다.

사회주의자의 실천은, 만약 사람들이 경제적으로 다른 상황에 놓이게 된다면 그들은 특정 견해를 가지게 된다는 신념에 기초를 두고 있다. 의심할 여지 없이 그들은, 예를 들면 지주나 소작인, 고용인이나 고용주, 숙련공이나 비숙련공, 임금노동자나 봉급생활자, 소비자나 판매자, 농부나 중간상인, 수출업자나 수입업자, 채권자나 채무자 등은 흔히 서로 다른 것을 믿게 되거나 그렇게 되도록 유도될 것이다. 수입의 차이는 접촉과 기회에서 큰 차이를 불러온다. 소스타인 베블런 씨(Mr. Thorstein Veblen)가 아주 훌륭하게 설명했듯이, 기계로 일하는 사람들은 경험에 대해 수공업자나 상인과는 다르게 해석하게 될 것이다. 만약 이것이 유물론 개념의 정치학이 주장했던 전부라면, 그 이론은 의견을 해석하는 모든 사람들이 사용해야 할 엄청나게 가치 있는 가설일 것이다. 그러나 그는 종종 그 이론을 버려야 할 것이며, 항상 조심해야 할 것이다. 왜냐하면 어떤 특정 여론을 설명하려고 할 때, 한 사람이 가지고 있는 많은 사회적 관계 중에서 어떤 것이 이 특정한 의견에 영향을 미치고 있는지 분명한 경우가 거의 없기 때문이다. 스미스(Smith)의 의견은 지주로서 그가 가지는 문제에서 비롯된 것인가, 아니면 수입업자나 철도회사 주식 소유자, 또는 고용주로서 그의 문제에서 나오는 것인가? 방직공장 직공인 존스(Jones)의 의견은 그의 상사의 태도에서 나온 것인가, 새로운 이주자들과의 경쟁에서 비롯된 것인가, 그의 아내의 식료품 구입비에서 나온 것인가, 또는 그에게 포드자동차와 주택과 토지를 할부로 파는 회사와 끊임없는 계약에서 생기는 것인가. 당신은 특별히 조사하지 않으면 말할 수 없다. 경제적 결정론자는 알 수가 없다.

한 사람의 다양한 경제적 접촉은 그의 의견 범위를 제한하기도 하고 넓히기도 한다. 그러나 어떤 접촉이 어떤 모습으로 어떤 이론을 근거로 하고 있는지 유물론 개념의 정치학은 예측할 수 없다. 만약 한 사람이 공장을 소유하고 있다면 그의 소유권은 공장과 약간의 관계가 있는 의견들에서 보일 수 있다고 유물론 개념의 정치학은 아주 그럴듯하게 예측할 수 있다. 그러나 소유자로서의 기능이 어떻게 나타날지는 어떤 경제적 결정론자도 말해주지 못한다. 공장 소유자라고 해서 어떤 질문에 대해 고정된 의견을 가진 것은 아니며, 덜 직접적인 문제에 대해서는 말할 것도 없고 노동, 재산, 관리에 대해 고정된 견해가 있는 것도 아니다. 결정론자는 100가지

중 99가지의 경우, 공장 소유자는 자신의 소유권을 박탈하려는 시도에 저항하리라는 것, 또는 자신의 이익을 증대시켜줄 법률 제정에 찬성하리라는 것을 예측할 수 있다. 그러나 소유권에는 어떤 법률이 자신의 번영을 약속해줄지 사업가가 알 수 있게 하는 마력이 없다. 따라서 소유주가 장기적인 견해를 취할 것인지 단기적인 견해를 취할 것인지, 또는 경쟁적 견해를 취할 것인지 협동적 견해를 취할 것인지를 예언할 수 있게 하는 인과관계의 고리가 경제적 유물론에는 존재하지 않는다.

그 이론은 종종 타당성이 있다고 주장하는데 만약 그렇다면 그것은 우리로 하여금 예언을 할 수 있게 할 것이다. 우리는 사람들의 경제적 이익을 분석하여 사람들이 반드시 해야 할 것을 추론해낼 수 있다. 마르크스가 그것을 시도하였고 강하게 확신했으나 완전히 틀렸다. 그가 예상했던 것과는 달리, 최초의 사회주의 실험은 서유럽에서 자본주의 발전의 최고점에서 나온 것이 아니라 동유럽에서 자본주의 이전(以前) 체제가 붕괴되면서 일어났다. 왜 그는 틀렸던가? 왜 그의 가장 위대한 제자인 레닌은 틀렸던가? 그 이유는 마르크스주의자들은 인간의 경제적 상황은 불가항력으로 그들의 경제적 이익에 관한 명확한 개념을 낳는다고 생각했기 때문이다. 그들은 자신들 스스로 그러한 명확한 개념을 가지고 있으며, 자신들이 알고 있는 것들을 나머지 인류가 배울 것으로 생각했다. 그 사건은 이익에 대한 명확한 개념이 모든 사람에게서 자동적으로 일어나지 않을 뿐만 아니라, 마르크스와 레닌 자신들에게서도 발생하지 않았음을 보여주었다. 결국 마르크스와 레닌이 그렇게 썼는데도, 인류의 사회적 행동은 여전히 불명확하다. 만약 경제적 상황만이 여론을 결정한다면 그래서는 안 된다. 그들의 이론이 옳다면 경제적 상황은 인류를 여러 계급으로 나눠야 할 뿐만 아니라, 각 계급에게 그 이익에 대한 견해와 그것을 얻기 위한 시종

일관된 정책을 제공해야 한다. 그러나 모든 계급에 속한 사람들이 자신들의 이익이 무엇인지에 관해 끊임없이 혼란스러워하고 있는 것은 너무나 분명하다. 실제로 시험을 하게 되었을 때, 레닌은 정치에 대한 유물론적 해석을 완전히 포기하였다. 그가 1917년 권력을 잡았을 때 마르크스적 공식을 충실하게 지켰다면 그는 스스로 다음과 같이 말했을 것이다. 즉, 마르크스의 가르침에 따르면 사회주의는 성숙한 자본주의로부터 발전할 것이다……. 지금 나는 자본주의 발전의 단계로 막 접어들고 있는 국가를 통치하고 있다……. 내가 사회주의자라는 것은 진실이다. 그러나 나는 과학적 사회주의자이다. ……현재로서는 사회주의 공화국에 관한 모든 개념은 전혀 말이 안 된다……. 마르크스가 예견했던 혁명이 일어나도록 우리는 자본주의를 진전시켜야 한다. 그러나 레닌은 그런 일을 하지 않았다. 혁명이 진화되기를 기다리는 대신, 그는 의지와 힘과 교육으로 자신의 철학이 가정했던 역사적 과정을 무시하려고 했다.

이것이 서술된 이래, 레닌은 러시아가 성숙한 자본주의에서 필요한 기초를 갖추고 있지 않다는 이유로 공산주의를 포기했다. 지금 그는 러시아는 자본주의를 일으켜야 하며, 그것은 프롤레타리아를 일으킬 것이며, 그것은 언젠가 공산주의를 일으킬 것이라고 말한다. 적어도 이것은 마르크스의 교리와 일치한다. 그러나 그것은 결정론자의 의견에 결정론이 얼마나 없는지를 보여준다.

이것은 경제적 결정론의 충격을 해소한다. 왜냐하면 만약 우리의 경제적 이익이 그 이익에 대한 다양한 개념으로 이루어졌다면, 사회 과정을 푸는 해결의 열쇠로서 그 이론은 실패작이기 때문이다. 그 이론은 인간은 그들의 이익에 관한 단 하나의 해석만 채택할 수 있고, 일단 그것을 채택하면 그것을 실현하기 위해 운명적으로 행동할 것이라고 가정한다. 그 이론은 계급에는 특정한 계급 이익이 존재한다고 가정한다. 그러나 그 가정은 틀렸다. 계급 이익은 넓거나 좁게, 이기적이거나 이타적으로, 사실의 근거 없이 또는 약간의 사실이나 많은 사실에 비추어, 진실이나 실수에 비추어 이해될 수 있다. 그래서 계급투쟁에 대한 마르크스의 구제 조치는 무너진다. 또 그 구제 조치는 모든 재산을 공유할 수 있다면 계급 차이는 사라질 것이라고 가정한다. 하지만 그 가정도 잘못이다. 재산은 잘 공유될 수 있을지 모르지만, 그것이 하나의 전체로서 이해될 수는 없을 것이다. 일단의 사람들이 공산주의를 공산주의식 방법으로 보지 못하는 순간, 그들은 그들이 본 것을 근거로 여러 계급으로 갈라질 것이다.

  기존 사회질서에 관해 마르크스 사회주의는 재산 싸움이 의견을 만들어 내는 것이라고 강조하고, 막연히 정의된 노동 계급에 관해서는 선동의 근거가 되는 재산 싸움을 무시하고, 미래에 관해서는 재산 싸움 없는 사회, 그 결과 의견 충돌이 없는 사회를 상상한다. 기존 사회질서에서는 사회주의에서보다 한 사람이 얻으면 다른 사람이 잃는 경우가 더 자주 있겠지만, 한 사람이 잃고 다른 사람이 얻는 모든 경우에서, 사람들은 단순히 그들이 교육을 받지 못했기 때문에 갈등이 생긴다고 상상하는 경우가 끝없이 많을 것이다. 그리고 사회주의에서는 비록 절대적인 갈등이 생기는 경우를 모두 없애버려도, 개인은 전체 사실의 일부에만 접촉하게 되므로 그 때문에 갈등이 생길 수 있다. 사회주의 국가는 비록 엄격한 유물론적 기초에 근거를 두고 재산의 공동소유가 교육, 도덕 혹은 자유 학문을 불필요한 것으로 만든다 할지라도, 이런 것을 없앨 수는 없을 것이다. 만약 경제 결정론만이 러시아 국민들의 의견을 결정한다면 러시아 공산주의자들은 그처럼 지칠 줄 모르는 열정으로 그들의 신념을 선전하지는 않을 것이다.

9

인간성에 관한 사회주의 이론은 쾌락주의의 계산과 마찬가지로 잘못된 결정론의 한 예이다. 둘 다 타고난 기질은 운명적이지만 영리하게도 특정 유형의 행동을 산출한다고 가정한다. 사회주의자는 기질이 한 계급의 경제적 이익을 추구한다고 믿고, 쾌락주의자는 기질이 쾌락을 추구하고 고통을 피한다고 믿는다. 두 이론은 모두 다소 과격하긴 하나 제임스가 정의한 본능에 대한 소박한 견해에 기초를 두고 있는데, 즉 본능이란 "목적에 대한 선견지명이나 행위에 대한 사전 교육도 없이, 일정한 목적을 성취하려고 행동하는 능력"이라는 것이다.

인간의 사회생활에 이런 종류의 본능적 행동이 나타나는지 의심스럽다. 왜냐하면 제임스는, "기억력을 가진 동물의 모든 본능적 행위는 일단 한 번 반복된 후에는 '맹목적'이어서는 안 된다."고 지적했기 때문이다. 태어날 때 어떤 능력을 갖추었든 간에, 선천적인 기질은 최초의 유아기 때부터 어떤 것이 자극으로서 기질을 흥분시키는지를 결정하는 경험에 빠져 있다. 맥두걸 씨(Mr. McDougall)가 말하듯이, "선천적인 기질은, 자연적이거나 타고난 본능의 자극을 직접 흥분시키는 대상을 인식하는 것에 의해서만이 아니라, 그러한 대상에 대한 관념에 의해서, 또한 다른 대상에 대한 관념과 지각에 의해서 이끌어질 수 있다."

맥두걸 씨는 나아가, 단지 "기질의 중심부만이 본능을 자극하는 모든 개인과 상황에 공통적인 특성을 유지한다."고 말한다. 인지 과정과, 본능이 그 목적을 이루게 해주는 실질적인 육체 운동은 한없이 복잡할 것이다. 바꾸어 말하면, 인간은 공포라는 본능을 갖고 있어도, 그가 무엇을 두려워하고 어떻게 거기서 벗어날 것인지는 태어날 때부터 결정되는 것이 아니라 경험에 의해 결정된다.

만약 이 변화성(變化性)이 아니라면 인간성의 지나친 다양성을 이해하기는 어려울 것이다. 그러나 당신이 식욕, 사랑, 미움, 호기심, 성적 갈망, 공포, 호전성 등 인간의 중요한 모든 성향을 자극을 주거나 만족을 주는 모든 대상에 자유롭게 붙일 수 있는 것이라고 생각한다면 인간성의 복잡성도 그렇게 이해 못할 것은 아니다. 또한 당신이 새로운 각 세대는 이전 세대의 결과로서 생긴 환경의 상속인이기도 하고 이전 세대가 제약받았던 바와 같이 뜻하지 않은 희생자라는 사실을 생각한다면 이해를 위한 순열과 조합은 엄청나게 많아진다.

사람들이 특정한 것을 갈망하거나 특정한 방식으로 행동하기 때문에 인간성은 운명적으로 그것을 갈망하고 그렇게 행동하도록 되어 있음을 알려주는 명백한 사례는 없다. 갈망과 행동은 모두 배우는 것이고, 다른 세대에서는 다른 방식으로 배울지도 모른다. 분석심리학과 사회사(社會史)는 이 결론을 함께 지지하고 있다. 심리학은 특정 자극과 특정 반응 사이에 얼마나 본질적으로 우연성이 있는지를 지적한다. 인류학은 가장 넓은 의미에서 인간의 정열을 흥분시켰던 것들과 그들이 그 정열을 실현하기 위해 사용했던 수단은 시대와 장소가 바뀜에 따라 끝없이 달라진다는 사실을 보여줌으로써 이 견해를 강화한다.

인간은 자신들의 이익을 추구한다. 그러나 그것을 어떻게 추구할 것인지는 숙명적으로 정해져 있지 않다. 그러므로 이 지구가 인간의 삶을 계속 지탱하는 시간의 한계 내에서 인간은 자신의 창조적 에너지에 관해 어떠한 조건도 붙일 수 없다. 그는 자동적으로 일어나는 행동에 대해 어떤 심판도 할 수 없다. 만약 반드시 말을 해야 한다면 그는 평생 선(善)이라고 인식할 수 있는 어떠한 변화도 없을 것이라고 할 수 있을 것이다. 그러나 그렇게 말함으로써 그는 자신의 마음으로 볼 수 있을지도 모르는 것을 거부하면서, 단지 눈으로 직접 볼 수 있는 것만으로 생활을 제한하게 될 것이다. 또한 자기가 우연히 소유하게 된 그 척도를 선의 척도로 삼게 될 것이다. 그가 만약 불가지(不可知)를 알 수 없는 것들(the unknowable)로 간주하는 선택을 하지 않는다면, 그리고 아무도 모르는 것은 아무도 모를 것이라는 사실, 또 어떤 사람이 아직 배우지 않은 것은 아무도 가르칠 수 없을 것이라는 사실을 믿기로 결정하지 않는다면, 그는 가장 높은 희망을 포기하고 의식적인 노력을 늦출 어떤 근거도 찾을 수 없다.

제5장

공통의지의 형성

1

　사람들이 눈에 보이지 않는 세계에 대한 인상(impression)을 형성할 때 많은 변수가 작용한다. 접촉점들이 변하고, 고정관념으로 굳은 기대감도 다르며, 무엇보다 관련 당사자들의 이해관계가 가장 첨예하게 달라진다. 많은 사람들이 품고 있는 생생한 인상들은 그들 각자를 기준으로 보면 더 없이 개인적이며, 사람들 전체로 보면 다룰 수 없을 만큼 복잡하다. 그렇다면 사람들의 머릿속에 있는 것들과 그들의 이해력을 벗어난 환경 가운데 있는 것들 사이에 어떻게 실제적인 관계가 형성되는가? 또 민주주의 이론의 언어를 빌리면, 그렇게 많은 사람들이 매우 추상적인 상(像)을 놓고 저마다 서로 다르게 느끼는 가운데서도 도대체 어떻게 공통의지라는 것을 개발해내는 것일까? 이처럼 수많은 변인에서 어떻게 단 하나 불변의 사상이 나오는 것일까? 그리고 이처럼 변화무쌍하고 변덕스러운 심상에서 어떻게 '국민의 의지'라든가 '국가의 목적' 또는 '여론'이라는 것들이 생겨나는 것일까?

여기에 대단한 어려움이 있다는 사실은 1921년 봄에 영국 주재 미국 대사와 수많은 미국인들 사이에 벌어졌던 격한 논쟁에서 잘 드러났다. 당시 하비 씨(Mr. Harvey)는 영국의 어느 만찬 석상에서 행한 연설에서 조금도 주저하는 기색 없이 1917년 미국인들의 동기[1]가 무엇이었는지 세상에 분명히 알려주었다. 그가 설명한 것처럼, 그것들은 윌슨(Wilson) 대통령이 미국의 정신을 선언할 때 고집했던 그 동기들이 아니었다. 물론 하비 씨나 윌슨 씨, 또는 그들을 비판한 사람이나 옹호한 사람들은 물론, 그 밖의 어느 누구도 3천만 혹은 4천만 성인들의 마음속에 무엇이 일어나고 있는지를 양적으로나 질적으로 측정할 수 없는 노릇이었다. 그러나 모든 사람들이 알고 있는 바는 전쟁을 치렀고 다양한 노력을 전개한 결과 그 전쟁을 승리로 이끌었다는 사실이다. 그러나 윌슨의 동기에 자극받은 노력과 하비의 동기에 자극받은 노력이 각각 어느 정도인지, 또 두 사람의 동기로부터 동시에 자극받아 일어난 노력은 어느 정도였는지에 대해서는 그 누구도 알지 못한다. 사람들은 징병에 응했고, 싸우고, 일했으며, 세금을 내고, 공통의 목적을 위해 희생했다. 그러나 무엇이 그 사람들을 움직이게 하고 각자 맡은 일을 하도록 했는지에 대해서는 누구도 정확히 이야기할 수 없다. 그렇다면 이 전쟁은 전쟁을 끝내기 위한 전쟁이라고 생각했던 군인에게 하비 씨가 그 군인이 그런 생각을 하지 않았다고 말해봐야 아무런 소용이 없다. 그렇게 생각했던 군인은 그렇게 생각을 했다. 그리고 그와 다르게 생각했던 하비 씨는 그와 다르게 생각했던 것이다.

같은 연설에서 하비 씨는 1920년의 유권자들이 어떤 생각을 품고 있었는지에 대해서도 앞서와 똑같이 명쾌하게 선언했다. 그것은 무모한 짓이다.

---

[1] 미국의 제1차 세계대전 참전 동기.

만일 당신이 자신을 찍은 유권자들이 모두 당신과 똑같은 동기로 투표했을 것이라고 가정한다면, 그것은 불성실한 짓이다. 집계에 따르면, 1,600만 명이 공화당에 투표했고 900만 명이 민주당에 투표했다. 그들은 국제연맹에 찬성 또는 반대하는 투표를 했다고 하비는 말한다. 이 같은 주장을 뒷받침하기 위해 그는 윌슨이 국민투표를 요구했다는 사실과 민주당과 콕스 씨(Mr. Cox)[2]가 국제연맹이 쟁점이라고 주장했던 부인할 수 없는 사실을 제시할 수 있다. 그러나 국제연맹이 쟁점이라고 말한 것이 국제연맹을 쟁점으로 만들지 않았으며, 투표일에 표결 결과를 계산해도 국제연맹에 관한 의견이 실제로 어떻게 갈리는지를 알지는 못한다. 예를 들어, 900만 명의 민주당원들이 있었다고 치자. 그러면 그들 모두가 국제연맹의 열렬한 지지자들이라고 믿어도 좋은가? 전혀 그렇지 않다. 왜냐하면 미국 정치에 관한 당신의 지식은, 수백만 명 중 많은 사람들이 항상 그랬던 것처럼 남부의 기존 사회제도를 유지하기 위해 투표했으며 또 국제연맹에 관한 의견이 어떻든 간에 그들이 그런 의견을 표명하기 위해 투표한 것은 아니라는 사실을 말해주기 때문이다. 국제연맹을 원했던 사람들은 두말할 필요도 없이 민주당도 그것을 원했다는 사실에 기뻐했다. 국제연맹을 싫어한 사람들은 투표를 하면서 그 혐오를 애써 눌렀을 것이다. 그러나 이들 남부의 두 집단 사람들은 같은 표를 던졌다.

공화당 지지자들은 좀 더 일치하는 모습을 보였는가? 존슨(Johnson)과 녹스(Knox) 상원의원의 비타협적인 입장에서부터 후버 장관(Secretary Hoover)과 태프트(Taft) 대법관의 지지에 이르기까지 넓은 범위에 걸쳐서 다양한 의견을 가진 공화당 유권자를, 누구든 자기 친구들 중에서 찾아낼

---

[2] J. M. Cox : 1920년 미국 민주당 대통령 후보.

수 있을 것이다. 국제연맹에 대해 이런 식으로나 저런 식으로 생각한 사람들이 어느 정도였는지, 그리고 국제연맹에 관한 의견을 투표에 반영한 사람들이 어느 정도였는지에 대해서는 아무도 확정적으로 말할 수 없다. 수없이 많은 생각을 표현할 방식이 두 가지밖에 없을 때, 그 두 가지 방법의 결정적인 조합이 어떤 것인지를 알 수 있는 확실한 방법은 절대로 없다. 보라(Borah) 상원의원[3]은 공화당 지지표에서 공화당에 투표할 이유를 발견했지만, 로웰(Lowell) 총장[4]도 그랬다. 공화당의 다수는 공화당이 승리하면 국제연맹은 사라지게 될 것이라고 믿는 남녀들과, 공화당의 승리가 국제연맹을 지키는 가장 실제적인 방법이라고 믿는 사람들, 그리고 공화당의 승리는 국제연맹의 개편을 위한 가장 확실한 방법이라고 믿는 사람들로 구성되어 있었다. 이 모든 유권자들은 자신의 욕망만이 아니라, 사업을 증진시키거나 노동자들이 분수를 지키도록 하거나 참전했다는 이유로 민주당원을 처벌하거나 더 일찍 참전하지 않았다는 이유로 민주당원을 처벌하거나 벌레슨 씨(Mr. Burleson)를 제거하거나 밀의 가격을 올리길 원하거나 세금을 낮추길 원하거나 대니얼이 세상을 견고하게 구축하지 못하게 막거나 하딩이 똑같은 일을 하도록 도우려는 다른 사람들의 욕망과도 복잡하게 뒤얽혀 있었다.

 그런데도 어떤 결정이 도출되었다. 하딩 씨(Mr. Harding)[5]가 백악관으로 들어갔다. 왜냐하면 모든 유권자들의 최소공통분모가 민주당원들은 나와야 하고 공화당원들이 들어가야 한다는 것이었기 때문이다. 그것은 모

---

3) William Edgar Borah(1865~1940): 아이다호(Idaho) 주 출신 상원의원.
4) Abbott Lawrence Lowell(1856~1943): 하버드 대학교 총장(재임기간: 1909~1933년).
5) Warren G. Harding(1865~1923): 미국의 제29대 공화당 출신 대통령.

든 모순이 해소된 뒤 남은 유일한 투표요인(factor)이었다. 그러나 이 투표요인은 4년 동안 정책을 바꿔놓기에 충분했다. 1920년 11월 바로 그날 변화를 갈망하게 된 정확한 명분(reason)들은 기록되어 있지 않았으며, 심지어 유권자 개개인의 기억에조차 각인되지 않았다. 이유들은 고정되어 있지 않다. 이유들은 성숙하고, 변화하고, 다른 이유들에 녹아들기도 한다. 그렇기 때문에 하딩이 다루어야 하는 여론은 그를 당선시켜준 것들이 아니었다. 의견들의 집합과 어떤 구체적인 행동방침 사이에 불가피한 연결이 전혀 없다는 것을 모든 사람들이 1916년에 보았다. 전쟁을 피하게 해주겠다는 슬로건으로 당선되었음이 분명한 윌슨 씨(Mr. Wilson)[6]는 5개월도 못 되어 미국을 전쟁에 끌어들였다.

그렇기 때문에 민의(民意)의 작용은 항상 설명을 요구하였다. 민의의 엉뚱한 작용에 가장 깊은 인상을 받은 이들은 르봉 씨(Mr. LeBon)에게서 예언자적인 면을 발견했으며, 로버트 필 경(卿)[7]이 "어리석음과 나약함, 편견, 그릇된 감정, 올바른 감정, 완고함, 그리고 여론이라 불리는 신문의 논설 등의 거대한 합성물"이라고 불렀던 것에 관한 일반화를 환영했다. 이리저리 표류하고 앞뒤가 맞지 않는 생각들로부터 확고한 과녁이 나타나기 때문에, 다른 사람들은 한 나라의 주민들 그 위 어딘가에서 신비로운 계략이 작동하고 있음이 분명하다고 결론을 내렸다. 그들은 무작위적인 의견에 질서를 부과하는 집단 영혼, 민족정신, 시대정신을 염원한다. '대령(大靈)'[8]이 필요해 보이는데, 그럴 이유가 있다. 왜냐하면 한 집단의 구성원들의 감정

---

6) Thomas Woodrow Wilson(1856~1924): 미국의 제28대 민주당 출신 대통령. 1916년에 대통령에 재선되었음.
7) Sir Robert Peel(1788~1850): 영국 총리(재임기간: 1834~1835년, 1841~1846년), 보수당 창건자.

과 사상은 그들이 자신들의 여론을 충실히 반영한 진술로 받아들일 수 있을 만큼 단순하고 투명한 무엇인가를 드러내지 않기 때문이다.

2

사실들(facts)은 어떠한 모습으로 변장한 대령(大靈)의 도움 없이도 더욱 설득력 있게 설명될 수 있다. 아무튼 생각이 저마다 다른 사람들을 똑같이 투표를 하도록 이끄는 기술이 모든 정치운동에서 동원되고 있다. 예를 들어, 1916년에 공화당 후보는 다양한 부류의 공화당원들로부터 공화당 지지표를 끌어내야 했다. 후보 지명을 수락한 후 처음 행한 휴스 씨의 연설을 살펴보도록 하자. 당시의 정황은 많은 설명이 필요 없을 정도로 지금도 우리의 기억에 선명하게 남아 있다. 그런데도 쟁점들은 더 이상 논쟁의 대상이 되지 않는다. 수년간 정계를 떠나 있었던 까닭에 그 직전의 쟁점들에 개인적으로 연루되지 않았던 그 후보는 연설이 이례적으로 평범한 사람이었다. 더구나 그는 루스벨트, 윌슨 또는 로이드조지와 같은 지도자들이 소유한, 자신의 추종자들의 감정들을 고스란히 담아낼 줄 아는 배우적인 재능을 갖고 있지도 않았다. 그는 기질상으로도 그렇거니와 훈련을 통해서도 정치의 그런 면과는 거리가 먼 사람이었다. 그러나 그는 정치인의 기술이 어떤 것인지를 짐작으로 잘 알고 있었다. 그는 어떤 일을 어떻게 처리해야 하는지를 잘 알면서도 정작 그 자신은 그렇게 하지 못하는 사람들 중 한 사람이었다. 그런 사람들은 차라리 예술이 후천적 재능인 측면이 강한

---

8) Oversoul : 에머슨(Emerson)이 생각하는 우주의 근원.

나머지 자기 자신이 어떻게 예술을 하고 있는지를 잘 모르는 거장보다는 더 훌륭한 선생들이다. 능력 있는 사람은 실행하고, 능력이 없는 사람은 실행하도록 가르친다는 말은 교사를 비방하는 것으로만 볼 수 없다.

휴스는 그 행사가 중요하다는 사실을 알았기 때문에 원고를 세심하게 준비했다. 특별석에는 방금 미주리에서 돌아온 시어도어 루스벨트가 앉아 있었다. 건물 내에는 결전장에서 돌아온 노병들이 정도의 차이만 있을 뿐 모두 의구심과 당혹감을 품은 채 앉아 있었다. 단상과 다른 특별석에는 1912년의 옛 위선자들[9]과 밤도둑들이 건강한 모습으로 감상적인 기분에 젖은 채 앉아 있었다. 회의장 밖에는 강력한 친(親)독일파와 강력한 친(親)연합군파, 동부와 대도시들의 전쟁 지지파 그리고 중서부와 극서부 지방[10]의 평화파가 있었다. 멕시코에 대한 격한 감정도 있었다. 휴스는 태프트 대 루스벨트, 친독일파 대 친연합군파, 전쟁파 대 중립파, 멕시코 간섭파 대 불간섭파 등 온갖 종류의 결합으로 분열되어 있던 사람들을 바탕으로 민주당에 대항할 다수를 형성해야 했다.

물론 여기서 우리는 그 일의 도덕성이나 지혜에 대해서는 관심이 없다. 오직 우리의 관심은 이질적인 의견을 다루는 한 지도자가 동질적인 표를 확보하는 과업을 이뤄내는 방법에 있다.

이 **대의제** 모임은 좋은 전조입니다. 그것은 **재결합**의 힘을 의미합니다. 그것은 **링컨**(Lincoln) **당**(黨)이 재건되었다는 의미입니다…….

---

9) ex-whited sepulchres : 과거 회칠한 무덤들. 즉, 과거의 위선자들.
10) Far West : 미국 로키 산맥 서쪽 태평양 연안 일대.

강조한 단어들은 어떤 것을 묶는 역할을 한다. 물론 이런 연설에서 링컨은 에이브러햄 링컨과는 아무런 관련이 없다. 그것은 단지 그를 흉내 내고 있는 공화당 후보에게 그 이름이 불러일으킬 애국심을 전이시킬 고정관념에 지나지 않는다. 링컨은 공화당원들과 혁신당[11]과 보수파[12]에게 그들이 분열 이전에는 공통의 역사를 갖고 있었음을 상기시킨다. 그 분열에 대해서는 그 누구도 언급할 여유가 없다. 그러나 분열은 아직 치유되지 않은 채 거기에 분명히 존재했다.

연설자는 그것을 치유해야 한다. 그런데 1912년의 분열은 국내 문제 때문에 일어났다. 루스벨트도 선언했다시피, 1916년의 재결합은 윌슨의 국제 문제 대처에 대한 공통적인 분노에 기초하고 있다. 그러나 국제 문제들은 또한 분쟁을 부르는 위험스러운 것이기도 했다. 1912년 문제를 무시할 뿐 아니라 1916년의 폭발적인 갈등까지도 비켜갈 수 있는 주제로 연설을 시작할 필요가 있었다. 연사는 능숙하게도 연설을 여는 주제로 외교관 임명의 엽관제도[13]를 선택했다. "자격 있는 민주당원들"이라는 표현은 평판을 떨어뜨리는 어법이었는데, 휴스는 즉시 그 말을 환기시켰다. 그 기록은 변호의 여지가 없는 것이었다. 그렇기 때문에 조금의 주저도 없이 공격에 박차를 가했다. 논리적으로 그것은 공통의 분위기를 끌어내는 데 아주 이상적인 서론이었다.

그런 다음 휴스는 역사를 되돌아보면서 주제를 멕시코로 돌린다. 그는 멕시코의 상황이 좋지 않은 쪽으로 전개되고 있다는 일반적인 정서와 전

---

11) Bull Moose : 시어도어 루스벨트가 인솔한 혁신당(Progressive Party)의 당원. 혁신당의 상징인 수컷 큰사슴(bull moose)에서 나온 말.
12) Old Guard : 미국 남부, 특히 찰스턴(Charleston)과 애틀랜타(Atlanta)의 귀족.
13) spoils system : 선거에서 이긴 정당이나 대통령이 관직 임명권을 갖는 제도.

쟁만은 피해야 한다는 그 못지않은 또 다른 일반적 정서, 그리고 윌슨 대통령이 우에르타[14]를 인정하지 않은 것이 옳았다는 의견과 카란사[15]보다 우에르타를 더 좋아한다는 의견 등 최근의 두 가지 강력한 의견의 흐름, 이 외에 두 의견에 대한 중재안 등을 고려해야 했다. 우에르타는 그 기록에서 처음으로 기분을 상하게 만드는 대목이었다…….

그는 사실상 멕시코 정부의 수장(首長)이었습니다.

그러나 휴스는 우에르타를 술주정뱅이 살인자로 간주하는 도덕주의자들을 달래야만 했다.

그를 인정할 것인지 말 것인지는 올바른 원칙에 따라 건전한 분별력을 바탕으로 결정해야 할 문제였습니다.

그래서 그 후보자는 우에르타를 인정해야 한다고 말하는 대신에 올바른 원칙이 적용되어야 한다고 말한다. 모든 사람은 올바른 원칙들을 믿고 있다. 물론 모든 사람은 그도 그런 원칙들을 갖고 있다고 믿는다. 논점을 더욱 흐리기 위해 윌슨 대통령의 정책은 "간섭"이라고 묘사한다. 그 정책은 아마 법률적으로는 그랬을지 몰라도 당시 그 단어가 의미한 바로는 그렇지 않았다. 그 단어의 의미를 진정한 간섭주의자들만 아니라 윌슨이 원했던 것까

---

14) Victoriano Huerta(1854~1916): 멕시코의 장군, 임시 대통령(재임기간: 1913~1914년).
15) Venustiano, Carranza(1859~1920): 멕시코의 혁명 지도자·정치 지도자, 대통령(재임기간: 1917~1920년).

지 포함하도록 확장함으로써, 두 당파 간의 쟁점은 억눌러지게 되었다.

"우에르타"와 "간섭"이라는 두 개의 폭발성 강한 문제를 모든 사람이 원하는 것을 다 포함하는 단어로 바꿈으로써 무사히 통과하면서 연설은 한동안 좀 더 안전한 지대로 넘어간다. 그 후보는 탐피코(Tampico), 베라크루스(Vera Cruz), 빌라(Villa), 산타 이사벨(Santa Ysabel), 콜럼버스(Columbus), 그리고 카리살(Carrizal)에 관한 이야기를 한다. 신문을 통해 알게 된 사실들이 미진해서 그런지 아니면 예를 들어 탐피코의 경우처럼 실제로 설명이 너무 복잡하기 때문인지, 휴스 씨는 구체적으로 이야기한다. 그러한 기록에는 어떠한 반대 감정도 일어날 수가 없다. 그러나 마지막으로 후보자는 어떤 입장을 취해야 했다. 청중은 그것을 기대했다. 비난은 루스벨트의 몫이었다. 휴스는 그의 치유책인 간섭을 채택할 것인가?

우리나라는 멕시코에 대해 어떤 침공 정책도 갖고 있지 않습니다. 우리는 멕시코 영토의 어떤 부분도 원치 않습니다. 우리는 그 나라의 평화와 안전, 번영을 기원합니다. 우리는 그 나라의 상처에 붕대를 감아주고, 그 나라의 기아와 고통을 경감시키고, 실행 가능한 모든 방법을 동원하여 그 나라에 우리의 사심 없는 우정의 손길을 뻗을 준비가 되어 있어야 합니다. 이 행정부의 처신이 어려움을 일으켰는데, 우리는 그것을 극복해야 할 것입니다. ······우리는 새로운 정책을 채택해야 할 것입니다. 확고부동하고 일관성 있는 정책을 통해서만 우리는 영구적인 우호를 증진할 수 있습니다.

우호라는 주제는 비간섭주의자들을 위한 것이고, "새로운 정책"과 "확고부동"이라는 주제는 간섭주의자들을 위한 것이다. 논쟁적인 여지가 없는 기록에 관해서는 지나치게 상세하고, 쟁점에 관해서는 모든 것을 모호하게 남겨두고 있다.

유럽의 전쟁[16]에 관해 휴스 씨는 교묘한 방식을 채택했다.

나는 육상과 해상에서 미국의 '모든' 권리를 유지할 것을 단호히 주장한다.

당시 이 말의 힘을 이해하기 위해서는, 우리는 중립 기간에 어떻게 하여 각 분파가 자신이 반대하던 유럽 국가들만이 미국의 권리를 침해하고 있다고 믿게 되었는지를 기억해야 한다. 휴스는 친(親)연합군파에게, 자신이 독일을 위압했을 것이라고 말하는 듯했다. 그러나 친(親)독일파는 영국 해군이 미국의 권리 대부분을 침해하고 있었다고 주장했다. 그 상투적인 문구는 "미국의 권리"라고 하는 상징적인 구절로 지극히 상반되는 두 가지 목적을 동시에 언급한다.

그러던 중 갑자기 루시타니아호(號) 사건[17]이 일어났다. 1912년의 분열[18]과 마찬가지로 그것은 조화를 방해하는 치명적인 장애물이었다.

……나는 루시타니아호의 침몰 때문에 미국인이 생명을 잃는 일과 같은 참사는 절대로 있어서는 안 된다고 확신합니다.

⋮

16) 제1차 세계대전.
17) The Lusitania : 1915년 5월 7일 영국 호화여객선 루시타니아호가 독일 잠수함에 격침된 사건으로 미국은 이에 강경하게 항의하고, 국내의 여론도 반(反)독일 쪽으로 굳어갔다. 독일은 루시타니아호가 군수품을 싣고 있었다는 것을 격침의 구실로 내세웠으나, 그 뒤에도 독일의 잠수함전이 격렬해지자 1917년 미국은 독일에 대항하여 제1차 세계대전에 참전하게 되었다.
18) Schism : 1912년 공화당의 분열을 의미함.

타협 불가능한 일은 제거되어야 한다. 우리 모두가 의견의 일치를 볼 수 없는 문제가 있을 때는, 그런 문제가 존재하지 않는 척 행동하자. 미국과 유럽 관계의 미래에 대해 휴스 씨는 침묵을 지켰다. 그가 무슨 말을 하더라도, 그 자신이 지지를 얻으려고 노력하고 있는 화해 불가능한 이 두 분파를 만족시켜주지는 못했을 것이다.

휴스 씨가 이런 기법을 발명하지 않았고 또 그 기법을 가장 성공적으로 이용하지 않았음은 말할 필요조차 없다. 그러나 그는 각기 다른 의견에서 나온 여론이 어떤 식으로 흐려지고, 또 여론의 의미가 어떤 식으로 다양한 색깔이 혼합된 중성의 색조에 가까워지는지를 잘 보여주었다. 갈등이 사실로 존재하는 상황에서 표면적인 조화가 목적일 때, 그 결과 일반적으로 대중적 호소에 두루뭉술하게 얼버무리는 현상[19]이 나타나게 된다. 공개 토론에서 결정적인 순간에 나타나는 모호함은 거의 언제나 동문서답을 하고 있다는 징후이다.

3

하지만 어떤 모호한 생각이 어떻게 하여 깊이 느껴지는 의견들을 하나로 통합하는 힘을 그렇게 자주 발휘하는가? 제아무리 깊이 느껴진다 할지라도, 이런 의견들은 그것들이 다루고 있다고 공언하는 사실들을 일관성 있게, 또 진솔하게 취급하지 않는다는 것을 우리는 기억한다. 멕시코와 유럽 전쟁처럼 보이지 않는 환경에 대해서는 우리의 감정은 치열할지라도 통

---

19) obscurantism : (문학·예술에서) 고의로 의도를 모호하게 하는 표현주의.

제력은 약하다. 그것을 야기한 애초의 상(像)과 단어는 감정 그 자체의 힘과 같은 어떠한 힘도 갖고 있지 않다. 우리가 전에 한 번도 가본 적이 없는 곳에서, 우리의 눈에 보이지도 않고 들리지도 않게 일어난 일들에 관한 설명은, 꿈이나 환상에서처럼 아주 간단하게 이뤄지는 것 외에는, 현실의 모든 차원을 반영하지도 못하고 또 그렇게 할 수도 없다. 그러나 그것은 온갖 감정을 불러일으킬 수 있으며, 때로는 현실보다 더 많은 감정을 불러일으킬 수 있다. 왜냐하면 방아쇠가 하나 이상의 자극에 의해 당겨질 수 있기 때문이다.

원래 방아쇠를 잡아당겼던 자극은 인쇄 언어 또는 구두 언어를 통해 마음속에 일어난 일련의 상(像)들이었을 수 있다. 이런 상(像)들은 곧 약해지며 계속 뚜렷하게 유지하기가 어렵다. 그 상들의 윤곽과 맥박이 흔들리고 변한다. 점진적으로 당신이 왜 그것을 느끼는지 그 이유를 확신하지 않은 가운데서도 당신이 느끼는 것을 아는 과정이 시작된다. 시들해지고 있는 상(像)들은 다른 상(像)들로 교체되고, 그다음에 이름들이나 상징들로 교체된다. 그러나 감정은 계속되며 이젠 교체된 상징들과 이름들에 의해서도 자극을 받을 수 있다. 심지어 엄격한 사고(思考)에서조차도 이러한 교체가 일어난다. 왜냐하면 만일 어떤 사람이 두 개의 복잡한 상황을 비교하려고 노력한다면, 그는 두 상황의 모든 세세한 것을 마음속에 담아두려는 노력이 너무나 힘이 든다는 사실을 금방 깨닫기 때문이다. 그 사람은 이름, 부호, 그리고 표본들의 속기법(速記法)[20]을 동원한다. 그가 조금이나마 진전을 보려면 이렇게 해야 한다. 왜냐하면 그가 글을 한 줄 두 줄 써 내려가면서 그 모든 내용을 다 지고 옮길 수는 없기 때문이다. 그러나 만약 그가 그런

---

20) shorthand: 약기(略記), 간단한 전달법.

식으로 상들을 교체하고 이름이나 부호를 단순화했다는 사실을 잊어버린다면, 그는 금방 장황한 문장(verbalism)에 빠지고, 대상과 상관없는 이름들에 대해 말하기 시작한다. 그러면 그는 첫 대상과 결별한 그 이름이 언제 다른 대상과 부적절한 결합을 하고 있는지를 알 길이 없어진다. 일상적인 정치에서 남몰래 벌어지는 어린애 바꿔치기[21]를 감시하기는 더욱 어렵다.

이러한 현상은 심리학의 조건반사의 원칙처럼 한 가지 생각에 단 한 가지 감정만 따르는 것이 아니기 때문이다. 그 감정을 불러일으키는 요소도 끝없이 많고, 그 감정을 만족시킬 수 있는 것도 끝없이 많다. 그 자극이 오직 희미하게, 그리고 간접적으로만 인식되는 상황이고 또 목표도 마찬가지로 간접적일 때 이 말은 더욱더 사실이 된다. 왜냐하면 당신이 어떤 감정, 예를 들어 공포를 처음에는 당장 위험한 것과 연결시켰다가 그다음에는 그 위험한 것의 관념(idea)과, 또 그다음에는 그 관념과 비슷한 무엇인가와 계속 연결시켜나가기 때문이다. 어떤 면에서 보면 인류 문화의 전체 구조는 자극과 반응의 정교한 합작품이며, 원래의 감정적 능력은 그 자극과 반응의 합작품 한가운데에 자리 잡고 있다. 의심할 바 없이, 감정의 질은 역사의 흐름에 따라 변화했지만 감정의 조건화를 특징짓는 속도나 정교함은 그처럼 변하지 않았다.

생각에 대한 감수성은 사람에 따라 크게 다르다. 러시아에서 굶주리는 어린이에 대한 생각이 바로 눈앞에 보이는 것처럼 생생하게 다가오는 사람도 있다. 그런 한편 먼 곳의 생각에 의해서는 거의 아무런 자극을 받지 못하는 사람도 있다. 이 두 부류의 사람들 사이에 여러 부류의 사람들이 있

---

21) changeling : 바꿔친 아이. 유럽 민담에서 요정이나 난쟁이들이 인간의 아이를 빼앗아가면서 몰래 남겨놓는다고 하는 기형이거나 저능한 아이.

다. 그리고 사실에는 둔감하고, 오직 생각에 의해서만 자극을 받는 사람도 있다. 그러나 비록 생각에 의해 어떤 감정이 일어날지라도, 우리는 자신이 현장에서 행동을 함으로써 그 감정을 충족시키지 못한다. 러시아 어린이가 굶어 죽고 있다는 생각이 그 아이를 먹여주고 싶은 욕망을 불러일으킨다. 그러나 그런 감정의 자극을 받은 그 사람은 그 아이에게 음식을 먹일 수는 없다. 다만 그 사람은 비개인적인 단체나 혹은 후버 씨(Mr. Hoover)라 불리는 어떤 화신(化身)에게 돈을 줄 수 있을 뿐이다. 그의 돈은 그 어린이에게 가지 않는다. 그것은 다수의 어린이들을 먹이는 일반적인 공동기금으로 간다. 그래서 그 생각이 이차적인 것과 마찬가지로 그 행동의 효과도 이차적이다. 인식도 간접적이고, 그 행위도 간접적이고, 효과만 즉시적이다. 그 과정의 세 부분 중에서, 자극은 눈에 보이지 않는 어디선가에서 오고, 반응은 눈에 보이지 않는 어딘가에 닿고, 단지 감정만이 온전히 그 사람의 내면에 존재한다. 그 어린이의 굶주림에 대해서도, 어린이의 구제에 대해서도 그는 오직 생각만 갖고 있지만 아이를 돕고 싶은 그의 욕망에 대해서는 실제의 경험을 갖고 있다. 그 자신의 내면에 있는 감정이 일차적인 그 일(business)의 핵심적인 사실이다.

   가변적인 한계들 안에서, 감정은 자극과 반응 둘 다와 관련하여 옮겨질 수 있다. 그렇기 때문에 만일 당신이 다양하게 반응하는 경향을 가진 다수의 사람들 중 많은 사람들에게 똑같은 감정을 불러일으킬 어떤 자극을 발견할 수 있다면, 당신은 원래의 자극 대신에 그것으로 대체할 수 있을 것이다. 예를 들어, 만일 한 사람은 국제연맹을 싫어하고 다른 사람은 윌슨 씨를 싫어하고 세 번째 사람은 노동계급을 두려워한다면, 당신은 그들 모두가 싫어하는 것과 정반대가 되는 어떤 상징을 발견할 경우 그들을 단결시킬 수 있을 것이다. 그 상징이 미국정신(Americanism)이라고 가정해보

자. 첫째 사람은 그것을 미국의 고립을 지키는 것을 의미하는 것으로 읽거나 아니면 독립이라고 부를 것이다. 둘째 사람은 그것을 자신이 미국의 대통령에 대해 품고 있는 생각과 충돌을 빚는 어떤 정치인을 거부하는 것으로 이해할 것이고, 셋째 사람은 혁명에 저항하라는 외침으로 이해할 것이다. 그 상징 자체는 엄격히 말해 어떠한 구체적인 것도 의미하지 않지만 거의 모든 것들과 결합될 수 있다. 그리고 그 점 때문에 그 상징은 공통된 감정들의 공통된 결속이 될 수 있다. 비록 처음에는 그 감정들이 공통점이 없는 사상들에 결부되어 있었지만 말이다.

정당이나 신문사들이 미국주의, 진보주의, 법과 질서, 정의, 인류애(Humanity)에 대한 지지를 선언할 때, 그들이 만일 그러한 상징들 대신에 어떤 구체적인 문제를 놓고 토론을 하려고 한다면 분명히 분열상을 보였을 상충되는 당파들의 감정을 하나로 융합시키길 희망할 것이다. 왜냐하면 상징을 중심으로 어떤 연합이 이루어질 때, 감정은 그 상징 아래에서 대책들을 엄밀히 검토하는 쪽보다는 일치를 이루는 쪽으로 흐르기 때문이다. 내가 생각하기에, 이 같은 복합적인 문구들을 상징적이라고 부르는 것이 편리하고 또 기술적으로도 맞다. 그것들은 특정한 사상을 나타내는 것이 아니라 사상들 사이에 일종의 휴전이나 접합점을 대표한다. 그것들은 출발지나 최종 목적지와 관계없이 수많은 철도들이 모이는 전략적 철도 중심지와 비슷하다. 그러나 당장은 대중의 감정을 억누를 수 있는 상징들을 획득한 사람이 공공정책에 대한 제안권을 그만큼 통제할 수 있다. 그리고 어떤 특정한 상징이 제휴의 힘을 발휘하는 한, 대망을 품은 당파들은 그 상징을 얻으려고 투쟁할 것이다. 예를 들어, 링컨의 이름이나 루스벨트의 이름을 생각해보라. 현재 통용되고 있는 상징들을 지배할 수 있는 지도자나 집단이 현재 상황의 지배자이다. 물론 거기에는 한계가 있다. 많은 집단의 사람들이 그 상징이 의미한다고 생각하는 사실들을 지나치게 폭력적으로 남용하거나, 그 상징의 이름으로 새로운 목적들에 지나치게 저항하게 되면, 이른바 그 상징을 폭발시켜버리게 될 것이다. 1917년 한 해 동안 이런 식으로 신성 러시아(Holy Russia)와 러시아 황제(Little Father)[22]라는 강력한 상징이 고통과 패배의 충격을 받고 깨어졌다.

4

러시아의 붕괴라는 사건의 엄청난 결과는 모든 전선에서 그리고 모든 사람들 사이에 느껴졌다. 그 결과는 전쟁으로 인해 발생한 다양한 의견이 공통된 것으로 결정되는 인상적인 실험으로 직접 이어졌다. 14개 조항[23]이 연합국, 적국, 중립국 등 모든 정부와 모든 국민들에게 제출되었다. 이것은 세계대전의 계량할 수 없는 중요한 것들을 서로 결합시키려는 시도였다. 이것은 분명히 새로운 출발이었다. 그 이유는 동시에 똑같은 사상들에 대해, 아니면 적어도 그 사상들에 대한 똑같은 이름을 생각하도록 인류의 모든 결정적인 요소들이 다 드러날 수 있었던 최초의 대전(大戰)이었기 때문이다. 케이블, 라디오, 전신, 그리고 일간신문이 없었다면 14개 조항의 실험은 불가능했을 것이다. 그것은 전 세계에 걸쳐 "공통 의식(common

---

22) 'Little Father' myth : (폭군을 미화하려고 만든 신화)에서 Little Father가 러시아 황제임을 유추해낼 수 있음. 이 신화에 따르면 선하고 정의로운 폭군(Little Father)은 정부가 주도하는 비합리적이고 강압적인 조처들에 대해 모르고 있으며, 그 책임은 모두 폭군의 조언자들에게 있다고 함.
23) The Fourteen Points : 미국의 우드로 윌슨 대통령이 제1차 세계대전 후의 평화 정착을 위해 제안한 평화원칙(1918. 1. 18).

consciousness)"으로 회귀(回歸)를 시작하기 위해 현대적 커뮤니케이션 기계를 이용하려는 시도였다.

그러나 먼저 우리는 1917년 말 14개 조항이 제출되었을 당시 상황을 일부 검토해야 한다. 왜냐하면 그 문서가 최종적으로 취한 형식에 이 모든 고려사항이 어떤 식으로든 나타나 있기 때문이다. 여름과 가을 동안에 사람들의 기질과 전쟁의 경과에 심대한 영향을 미친 일련의 사건이 발생했다. 7월에 러시아는 마지막 공세를 취했다가 비참하게 패했고, '11월의 볼셰비키 혁명'을 부른 '사기저하(demoralization)'의 과정이 시작되었다. 이보다 좀 일찍이 프랑스는 샹파뉴[24]에서 재앙이나 다름없는 패배를 당했으며 이것이 군대 내 폭동과 민간인들 사이에 패배주의적 민심동요 사태를 낳았다. 영국은 잠수함 공격의 영향과 플랑드르[25] 전투에서 엄청난 패배로 고통을 당하고 있었다. 11월에 영국군은 캉브레[26]에서 최전선의 군대와 본국 지도자들의 간담을 서늘하게 만든 패배를 경험했다. 극단적인 전쟁 피로증이 서유럽 전체에 널리 퍼져 있었다.

사실상, 고통과 실망 때문에 사람들은 지금껏 받아들였던 전쟁론에 집중하지 못하고 흔들렸다. 그들의 이해관계는 더 이상 일반적인 공식 발표로는 통제되지 않았고, 그들의 관심은 떠돌기 시작했다. 때때로 자신의 고통이나 자신의 당과 계급의 목표, 정부에 대한 전반적인 분노 쪽으로 헤매고 있었다. 공식적 선전에 의한 지각의 다소 완벽한 조직, 그리고 희망과

---

24) Champagne : 프랑스 북동부의 마른 주와 아르덴·뫼즈·오트마른·오브·욘·센에마른·엔 주들의 일부를 포함하는 역사·문화 지역.
25) Flanders : 중세에 북해 연안의 저지대 남서부에 있던 공국으로서 이 지역은 오늘날 프랑스의 노르 주와 벨기에의 동플랑드르·서플랑드르 주, 네덜란드의 젤란트 주로 나뉘어 있다.
26) Cambrai : 프랑스 북부 노르파드칼레 지방 노르 주에 있는 도시.

공포와 증오의 자극에 의한 이해관계와 관심의 조직, 즉 사기라 불리는 것이 붕괴의 길로 접어들고 있었다. 어느 곳에서나 병사들의 마음은 위안을 약속하는 새로운 애착물을 찾기 시작했다.

갑자기 그들은 어마어마한 드라마를 보았다. 동부전선에서 성탄절 휴전, 살육의 종언, 소란의 끝, 평화의 약속이 있었다. 브레스트-리토프스크[27]에서는 모든 소박한 사람들의 꿈이 실현되었다. 협상이 가능하게 되었고, 적과 맞서 목숨을 걸지 않고도 시련을 끝낼 수 있는 방법이 생겼다. 사람들은 머뭇거리면서도 열렬한 관심을 갖고 동부전선으로 눈을 돌리기 시작하였다. 그렇게 하지 않아야 할 이유가 뭐야?라고 그들은 물었다. 도대체 그 모든 짓들이 뭘 위한 거야? 정치인들은 지금 자신들이 무슨 짓을 하고 있는지 알고 있는가? 정말로 우리는 그들이 말하고 있는 것을 위해 싸우고 있는 것인가? 혹시 서로 맞서 싸우지 않고도 그것을 얻을 수 있는 것은 아닌가? 검열 때문에 이런 것들이 좀처럼 인쇄물에 나타나지는 않았지만, 랜스다운(Lansdowne) 경(卿)이 연설했을 때 사람들은 마음으로부터 반응을 보였다. 전쟁의 초기 상징들은 진부해졌고 사람들을 단결시키는 힘을 잃었다. 연합국 측 각국에서는 속으로 균열이 점점 더 생겨나고 있었다.

비슷한 일이 중부 유럽에서도 일어나고 있었다. 그곳에서도 전쟁의 원래 추진력이 약화되었다. '신성한 연합'은 무너졌다. 전선을 따라 나타난 수직적 분열에 온갖 보이지 않는 방식으로 수평적 분열이 가로지르고 있었다. 군사적 결정이 이뤄지기도 전에 먼저 전쟁의 도덕적 위기가 찾아왔다.

---

27) Brest-Litovsk : 러시아 서부의 도시. 브레스트-리토프스크 조약. 1918년 3월 3일 러시아 혁명으로 성립된 러시아의 소비에트 정부가 제1차 세계대전 중의 교전국인 독일, 오스트리아, 불가리아, 터키 등과 체결한 단독 강화조약.

윌슨 대통령과 그의 보좌관들은 이 모든 것을 깨달았다. 물론 그들은 그 상황에 대해 완벽하게 알고 있지는 않았지만 내가 지금까지 대략적으로 설명한 내용은 알고 있었다.

또한 그들은 연합국 정부들이 형식이나 정신 측면에서 전쟁에 관한 대중의 생각과 어긋나는 일련의 계약에 묶여 있다는 사실도 알고 있었다. 물론 파리 경제회의의 결정들은 공적인 성격이었고, 비밀 조약들의 조직망이 1917년 11월 볼셰비키들에 의해 공개되었다. 조약의 조건들은 사람들에게 어렴풋이 알려져 있었지만, 민족자결과 무병합(無倂合), 무배상(無賠償)의 이상적 강령과는 어울리지 않는 것은 확실하게 믿어졌다. 대중의 의문은 알자스-로렌[28] 또는 달마티아[29]의 가치가 과연 영국인 몇 천 명의 목숨에 해당하는가, 폴란드나 메소포타미아의 가치는 프랑스인 몇 명의 목숨에 해당하는가라는 형태를 띠었다. 또한 이런 의문이 미국에 전혀 알려지지 않은 것도 아니었다. 브레스트-리토프스크 회의에 참여하기를 거부함으로써 연합군 전체의 주장은 수세에 몰렸다.

여기에 유능한 지도자라면 결코 간과할 수 없는 매우 예민한 심리 상태가 한 가지 있었다. 이상적인 반응은 연합국들의 합동작전일 수 있다는 심리였다. 10월의 연합국 간 회의에서 논의되었을 때, 그것은 불가능한 것으로 판명되었다. 그러나 12월까지 그 압력이 워낙 컸기 때문에 조지 씨와 윌슨 씨는 독자적으로 반응을 보이는 쪽으로 움직였다. 이 대통령이 선택한

---

28) Alsace-Lorraine : 현재 프랑스의 오랭·바랭·모젤 주에 해당하는 지역. 알자스-로렌이란 프랑스-프로이센 전쟁 직후인 1871년 프랑스가 독일에게 양도한 1만 3,123km²의 영토를 이르는 이름이었다.
29) Dalmatia : 크로아티아에 있는 지방. 아드리아 해를 따라 길게 뻗은 해안지방을 중심으로 그 주변의 섬들로 이루어져 있다.

형식은 14개 항의 평화조건에 관한 성명이었다. 거기에 번호를 붙인 것은 정확도를 확보하고 동시에 여기에 사무적인 문서가 있다는 인상을 심어주기 위한 장치였다. "전쟁의 목적" 대신 "평화의 조건"을 언급한다는 생각은 브레스트-리토프스크 협상에 대한 진정한 대안을 마련해야 할 필요성에서 나온 것이었다. 그것들은 러시아와 독일 간 협상의 장관(壯觀)을 그보다 더 웅장한 장관인 전 세계 대중토론으로 대체함으로써 더욱더 주목을 끌기 위한 의도였다.

세계의 이해관계를 나열함에 따라, 이젠 그 이해관계를 통합시키고 그 당시 상황에 담긴 다양한 모든 가능성에 유연하게 대처할 수 있게 할 필요가 있었다. 그 조건들은 연합국 대부분이 가치 있다고 여길 만한 것이어야 했다. 그것들은 각 국민의 민족적 열망에 부합해야 하면서도, 한편으로 어떠한 국가도 스스로를 다른 국가의 앞잡이로 여기지 않을 만큼 그 열망을 제한해야 했다. 그 조건들은 공식적 분열을 조장하지 않을 정도로 공식적인 이해관계들을 만족시켜야 했으며, 그러면서도 사기를 떨어뜨리지 않도록 대중의 인식에 부합해야 했다. 한마디로 그것들은 전쟁이 지속될 경우 연합국의 단결을 지키고 확인시키는 것이어야 했다.

그러나 그 조건들은 또한 실현 가능한 평화의 조건들이어야 했다. 그래야만 독일의 중도파와 좌파가 선동에 움직일 상황이 될 경우 그들이 지배계급을 공격할 조문을 갖게 될 것이었다. 그렇기 때문에 그 조항들은 연합국들이 국민들에게 좀 더 가까이 다가가도록 밀어붙이고, 독일 지배자들이 그들의 국민으로부터 멀어지게 하고, 연합국들과 독일 민간인들 그리고 오스트리아-헝가리의 피지배 국민들 간에 공통된 이해의 전선을 확고히 다질 수 있어야 했다. 14개 조항은 거의 모든 사람이 맞춰 수정할 어떤 기준을 세우려는 과감한 시도였다. 만약 충분히 많은 적국 국민이 준비가 된다면 평화가 가능하겠지만, 그렇지 않다면 연합국은 전쟁의 충격을 더한층 이어갈 준비를 갖출 것이었다.

이러한 모든 고려 사항이 14개 조항에 반영되었다. 어느 한 사람도 그 모든 것들을 마음속에 품고 있지는 않았겠지만, 관련된 모든 사람들은 그중 일부를 생각하고 있었다. 이런 배경을 고려하여 그 문서의 몇몇 측면을 검토해보자. 첫 5개 조항과 제14 조항은 "공개 외교", "해양 자유", "무역의 기회균등", "군비 축소", 제국주의적 식민지의 병합 금지 그리고 국제연맹에 관한 내용들이다. 그것들은 당시 모든 사람들이 믿는다고 공언한 대중적인 일반론을 선언한 것이라고 해도 될 것이다. 그러나 제3 조항은 더욱 구체적이다. 그것은 의도적으로 또 직접적으로 파리 경제회의의 결의를 표적으로 삼고 있으며, 독일인들을 질식의 공포에서 구해주겠다는 의미였다.

제6조는 특정 국가를 다룬 첫 조항이었다. 그것은 연합국에 대한 러시아의 의구심에 대한 대답인 것으로, 그 약속의 화술은 브레스트-리토프스크라는 드라마에 맞춘 것이었다. 제7조는 벨기에를 다루고 있으며, 중부 유럽의 대부분을 포함한 사실상 전 세계의 신념에 비해 형식과 목적 면에서 뒤떨어졌다. 제8조에서 우리는 잠시 멈춰야 한다. 그것은 프랑스 영토의 반환과 복구에 대한 절대적 요구로 시작한 다음, 알자스-로렌 문제로 넘어간다. 이 조항의 문구는 방대하고 복잡한 이해관계들을 몇 개 단어로 압축해야 하는 공식 성명서의 특징을 거의 완벽하게 보여준다. "그리고 거의 50년 동안 세계 평화를 어지럽힌 프러시아가 알자스-로렌과 관련하여 1871년에 프랑스에 저지른 잘못을 바로잡아야 한다.……" 여기에 사용된 모든 단어는 세심한 주의를 기울여 선택된 것들이었다. 저질러진 잘못은 바로잡아야 한다고 했다. 그렇다면 알자스-로렌이 반환되어야 한다고 말

하지 않은 이유는 무엇인가? 그렇게 표현하지 않은 이유가 있다. 만일 국민투표에 부칠 경우 그 당시 모든 프랑스인들이 재병합을 위해 무한정 싸우려 할 것인지가 불확실했기 때문이고, 또 영국인들과 이탈리아인들이 계속해서 싸울 것인지는 더더욱 불확실했기 때문이다. 그래서 그 문구는 두 가지 경우를 모두 다뤄야 했다. "바로잡다"라는 말은 프랑스에게 만족을 보장해주었지만, 단순한 병합을 약속하는 것으로 해석되지는 않았다. 그런데 왜 프러시아가 1871년에 저지른 잘못이 언급되었을까? 물론 프러시아라는 단어는 남부 독일인들에게 알자스-로렌이 그들에게 속한 것이 아니라 프러시아에 속했다는 사실을 상기시키려는 의도에서 사용되었다. 왜 "50년 동안" 평화가 어지럽혀졌다고 말했으며, 또 왜 "1871년"이란 단어를 썼을까? 우선 프랑스인과 나머지 세계가 기억하고 있던 것이 1871년이었다. 그것은 그들의 불만의 초점이었다. 그러나 14개 조항 작성자들은 프랑스 관료들이 1871년의 알자스-로렌보다 더한 것을 계획했음을 알고 있었다. 1916년 차르[30]의 대신들과 프랑스 관료들 사이에 오고간 비밀 각서는 자르[31] 계곡의 병합과 일종의 라인란트[32]의 분할을 포함하고 있었다. 그 비밀 각서는 "알자스-로렌"이라는 용어에 자르 계곡을 포함할 계획이었다. 그 이유는 비록 1815년에 분리되었고 프랑스-프로이센 전쟁이 끝나자

30) Czar : 제정 러시아의 황제.
31) Saar : 독일 남서부의 주(州).
32) Rhineland : 라인 지방. 역사상 논란의 대상이 되고 있는 서유럽 지역. 라인 강을 끼고, 독일과 프랑스·룩셈부르크·벨기에·네덜란드 사이에 있는 현재의 경계선 동쪽, 즉 독일에 있다. 카를스루에 시에서 남쪽으로 스위스 국경 지대까지 끈 모양 지역(이곳의 서쪽에서 라인 강이 프랑스와 독일의 국경을 이루고 있음)을 별도로 하면, 이곳은 프랑스의 모젤 주와 바랭 주의 북쪽 경계선에서부터 독일의 자를란트 주와 라인란트팔츠 주를 지나 북서쪽으로 바덴뷔르템베르크, 서쪽으로 헤센, 남서쪽으로 노르트라인베스트팔렌까지 뻗어 있다.

더 이상 그 영역에 속하지 않았지만, 자르 계곡은 1814년에는 알자스-로렌의 일부였기 때문이다. 자르 계곡의 병합을 위한 프랑스의 공식 문구는 1814~1815년의 알자스-로렌을 의미하는 "알자스-로렌" 속에 그것을 포함하는 것이었다. 대통령은 "1871년"을 고집함으로써 사실 독일과 프랑스 사이의 최종적 경계선을 정하고 있었으며, 동시에 비밀조약에 대해 언급하고 또 그것을 내쳐버렸다.

제9조는 좀 덜 정교한 방식으로 이탈리아에 대해 똑같은 역할을 한다. "명백히 인식할 수 있는 민족 간의 경계선"은 런던 조약에서 정한 경계선이 아니었다. 이들 경계선은 부분적으로는 전략적이고, 부분적으로는 경제적이며, 부분적으로는 제국주의적이고, 부분적으로는 민족적인 것이었다. 그 조항 중에서 연합국의 동정심을 유발할 수 있는 유일한 부분은 진정한 이탈리아 민족 통일주의자들[33]을 회복시키는 것이었다. 그 밖의 것들은, 정세에 밝은 사람들이면 알고 있었듯이, 단지 임박한 유고슬라비아의 반란을 늦추는 것이었다.

5

이 14개 조항을 환영한 외견상 열광적인 만장일치가 이 계획에 대한 동의를 뜻한다고 생각하면 잘못이다. 모든 사람들이 자신이 좋아하는 것을 발견한 것 같았고, 이런저런 측면과 세부사항들을 강조했다. 그러나 아무

---

33) The Italia Irredenta : 이들의 호칭은 미수복된 이탈리아(Italia irredenta, 영어로는 Unredeemed Italy)라는 말에서 유래했다.

도 그것을 놓고 논의하려는 위험은 감수하지 않았다. 문명 세계에 잠재해 있는 갈등을 가득 담은 그 문구들이 받아들여졌다. 그 문구들은 서로 대립되는 사상들을 나타냈지만, 공통된 감정을 불러일으키기도 했다. 그리고 아직도 버텨야 했던 필사적인 10개월의 전쟁 동안 그 문구들은 그만큼 서구 사람들을 규합하는 데 한몫을 했다.

14개 조항이 고통이 끝났을 때의 막연하고 행복한 미래를 다루는 한, 그 조항의 해석을 둘러싼 진정한 갈등은 겉으로 드러나지 않았다. 그것은 전혀 눈에 보이지 않는 상황을 해결하기 위한 계획이었으며, 그 계획이 모든 집단으로 하여금 각자 나름의 고유한 희망을 갖도록 부추겼기 때문에 모든 희망이 함께 뒤섞여 공공의 희망이 되었다. 그 이유는, 휴스 씨의 연설에서 본 것처럼, 조화(造化)가 상징들의 위계조직(hierarchy)이기 때문이다. 더 많은 당파를 포함시키기 위해 위계조직의 상층부로 올라갈수록, 당신은 지적 연결고리는 잃을지라도 감정적인 연결고리는 한동안 지킬 것이다. 그러나 그 감정까지도 더욱 옅어진다. 당신이 경험으로부터 멀어질수록 일반화 또는 신비 쪽으로 더 깊이 들어가게 된다. 당신이 기구(氣球)를 타고 올라가면 갈수록 구체적인 대상들은 당신에게서 더욱더 멀어진다. '인류의 권리'나 '민주주의에 안전한 세상'과 같은 문구들을 갖고 최고봉에 도달했을 때, 당신은 더 멀리 더 넓게 볼 수 있지만 세세한 대상은 거의 보지 못한다. 그런데 감정을 간직한 사람들은 수동적으로 남지는 않는다. 모든 사람들이 점점 더 대중적 호소에 매달림에 따라, 그리고 그 의미가 전파되는 사이에 감정이 자극됨에 따라, 그 문구들의 매우 사적인 의미들이 보편성을 갖게 된다. 당신이 몹시 원하는 것이면 무엇이든 '인류의 권리'이다. 왜냐하면 그 어떤 것보다 더 공허하고 또 거의 모든 것을 의미할 수 있게 된 그 문구는 곧 그야말로 거의 모든 것을 의미하게 되기 때문이다. 윌슨 씨의 문구들은 지구 곳곳에서 끝없이 다르게 이해되었다. 이 혼란을 바로잡기 위해 협상을 거친 공공 문서는 하나도 없다. 그래서 해결의 날이 왔을 때, 모든 사람들이 모든 것을 기대하기에 이르렀다. 이 조약을 작성한 유럽인들은 큰 선택권을 가졌으며, 그들은 자신들의 고국에서 가장 큰 권력을 휘두르고 있는 동포들의 기대를 실현하기로 결정했다.

그들은 상징의 위계조직에서 '인류의 권리'로부터 '프랑스의 권리', '영국의 권리', 그리고 '이탈리아의 권리'로 내려왔다. 그들은 상징의 사용을 포기하지 않았다. 그들은 전쟁이 끝난 후 자신의 선거권자들의 상상력 속에 어떠한 영구적 뿌리도 남기지 않을 것들만을 포기했다. 그들은 상징주의를 사용함으로써 프랑스의 단결을 유지했지만, 유럽의 단결을 위해서는 아무런 위험도 무릅쓰려 하지 않았다. 프랑스라는 상징은 강한 애착이 느껴졌지만, 유럽이라는 상징은 역사가 짧을 뿐이었다. 그렇다고는 해도, 프랑스 같은 상징과 유럽 같은 하나의 총괄적 의미(omnibus) 사이의 구별은 뚜렷하지 않다. 국가와 제국의 역사는 그들을 결속시켜주는 사상의 범위가 확장하는 시기와 축소하는 시기들이 있음을 보여준다. 사람들이 작은 충성심에서 더욱 큰 충성으로 끊임없이 이동했다고 말하지는 못한다. 왜냐하면 사실들이 그 같은 주장을 뒷받침하지 못하기 때문이다. 로마제국과 신성로마제국은 세계국가라는 것을 믿는 사람들이 유추하여 주장했던 19세기의 민족 통일들보다 더 멀리 팽창했다. 그렇다고 해도, 실질적인 통합은 제국들의 일시적 흥망성쇠와는 상관없이 증대해온 것이 아마 사실일 것이다.

6

 이런 실질적인 통합은 의심의 여지 없이 미국 역사에서도 일어났다. 1789년 이전 10년 동안 대부분의 사람들은 자신들의 주(州)와 자신들의 공동체는 실재하지만 주(州)들의 연합은 실제로 존재하지 않는 것으로 느낀 것 같다. 자신들의 주에 대한 사상과 주의 깃발, 주의 가장 저명한 지도자들, 또는 매사추세츠 주나 버지니아 주를 나타내는 것이면 그 무엇이든 그것은 진정한 상징이었다. 그런 것들은 말하자면 유년기와 직업, 거주지 등등에서 얻은 실제 경험에 의해 길러진다. 사람들의 경험 범위는 자신들의 주(州)라고 상상하는 그 경계선을 거의 넘은 적이 없었다. '버지니아 주 사람(Virginian)'이란 단어는 버지니아 주 사람들이 알고 있거나 느낀 거의 모든 것과 관련되어 있었다. 그것은 그들의 경험과 직접적으로 통하는 가장 광범위한 정치적 관념이었다.

 그것은 그들의 경험이지, 그들의 필요는 아니었다. 왜냐하면 그들의 필요는 그 당시 적어도 13개 식민지 크기 정도였던 그들의 실제 환경에서 비롯되었기 때문이다. 그들은 공동방어가 필요했다. 아메리카 식민지 동맹[34]만큼의 광범위한 금융 및 경제체제가 필요했다. 그러나 주라는 의사환경이 그들을 둘러싸고 있는 한, 주에 관한 상징들이 그들의 정치적 관심을 고갈시켰다. 식민지 동맹과 같은 주(州)들 간의 관계와 관련 있는 사상은 무력한 추상적 개념을 의미했다. 그것은 하나의 상징이라기보다는 총괄적 의미(omnibus)였으며, 그 총괄적 의미가 창조하는 다양한 집단들 간의 조

---

34) The Confederation : 1781~1789년 연합 규약(Articles of Confederation)에 따라 조직된 식민지 13개 주의 연합체.

화는 일시적이었다.

나는 동맹이라는 개념이 무기력한 추상적 개념이라고 말했다. 그럼에도 헌법이 채택되기 전 10년 동안에 통일의 필요성이 존재했다. 통일의 필요성이 고려되지 않았더라면 일이 어긋났을 것이라는 의미에서 통일의 필요성이 존재했다. 각 식민지의 일부 계급들이 점차 주의 한정된 경험을 벗어나기 시작했다. 그들의 개인적인 이해관계들이 주 경계선을 넘어서 주들 사이의 이해관계로 변했고, 그들의 마음속에 진정한 국가적 범위라는 미국의 환경에 관한 상(像)이 차츰 형성되기 시작하였다. 그들에게 동맹이라는 개념은 진정한 상징이 되었으며, 더 이상 총괄적 의미가 아니었다. 그런 사람들 중 가장 상상력이 뛰어난 사람은 알렉산더 해밀턴[35]이었다. 그는 마침 서인도제도에서 태어났기 때문에 어떤 주에도 원초적으로 애착을 갖고 있지 않았으며, 활동적인 삶을 시작하면서부터 모든 주의 공통 관심사와 연관을 맺고 있었다. 그 당시 대부분의 사람들은 지역 성향이 강했다. 그렇기 때문에 수도가 버지니아에 있어야 하는지 아니면 필라델피아에 있어야 하는지는 그들에게 엄청나게 중요한 문제였다. 그런데 해밀턴에게는 이 문제가 감정적으로 중요하지 않았다. 그가 원했던 것은 주의 부채를 떠안는 것이었다. 그래야만 제안된 동맹을 더욱더 강한 독립국가로 만들 수 있다고 예상했기 때문이다. 그래서 그는 포토맥(Potomac) 지역을 대표하던 사람들로부터 필요한 두 표를 얻기 위해 의사당의 자리를 기꺼이 내주었던 것이다. 해밀턴에게 연합은 그의 모든 관심과 모든 경험을 대표하는 상징

---

35) Alexander Hamilton(1755/57~1804): 미국의 정치가. 미국 독립전쟁 중 G. 워싱턴의 부관으로 활약하였다. 독립 후 아나폴리스회의, 헌법제정회의에 뉴욕 대표로 참가하였다. 연방헌법 비준 성립을 위해 「연방주의자(The Federalist)」를 발표하였다. 워싱턴 대통령 밑에서 재무장관으로서 상공업의 발달을 중시하는 재무정책을 취하였다.

이었다. 포토맥의 화이트(White)와 리(Lee)에게는 그들의 지방을 상징하는 것은 그들이 봉사했던 최고의 정치적 실체였으며, 그들은 비록 대가를 치르기 싫어했지만 그 상징을 위해 봉사했다. 그들은, 특히 "화이트는 거의 위경련이 일어나는 듯한" 괴로운 심정으로 표를 바꾸기로 하는 데 동의했다고 제퍼슨(Jefferson)은 말한다.

하나의 공통의지가 구체화할 때는 항상 알렉산더 해밀턴 같은 사람이 활약한다.

7

상징은 종종 매우 유용하고 아주 신비로운 힘을 지니기 때문에 그 단어 자체가 불가사의한 마력을 내뿜는다. 상징에 관해 생각할 때, 우리는 상징이 마치 독립적인 힘을 소유하고 있는 것처럼 다루려는 유혹에 빠진다. 그러나 한때 황홀경을 불러일으켰던 멋진 상징들이 더 이상 아무에게도 영향을 미치지 못하게 된 예를 꼽자면 끝이 없다. 박물관이나 민속학에 관한 책들은 죽은 문장(紋章)과 주문(呪文)들로 가득하다. 상징 자체에는 힘이 전혀 없고, 또 상징은 사람들의 마음속에 일어나는 연상에 의해서만 힘을 얻을 수 있기 때문이다. 만일 우리가 상징의 순환 과정을 상세히 연구할 만한 인내심을 갖고 있다면, 힘을 잃은 상징들과 뿌리를 내리지 못한 상징들은 세속적인 역사를 보여줄 것이다.

휴스의 선거운동 연설과 14개 조항, 그리고 해밀턴의 프로젝트에 상징이 사용되었다. 그러나 그것들은 특정한 시점에 누군가에 의해 사용된다. 말들 자체가 아무런 감정이나 되는대로 만들어내지는 못한다. 그 말은 전략적인 위치에 있는 사람들의 입에서 나와야 하고 또 시점도 적절해야 한다. 그렇지 않으면 그것은 단지 바람에 불과하다. 상징들은 우리의 것으로 인정받을 수 있어야 한다. 왜냐하면 그것들은 그 자체로는 아무것도 의미하지 않기 때문이다. 또 가능한 상징들 중에서 선택하는 것이 언제나 매우 중요한 까닭에 우리의 주의를 끌려고 서로 경쟁하는 상징들 사이에서 우물쭈물하다가 낭패를 보는 일이 없어야 하기 때문이다. 두 개의 건초 가마니 사이에 망설이는 모습으로 서 있는 당나귀 신세가 되어서는 안 되는 것이다.

여기서 1920년 선거 직전에 일반 시민들이 어느 신문에 밝힌 투표의 이유를 예로 들어보자.

하딩을 지지하는 사람들.

오늘 하딩과 쿨리지에게 투표한 애국적인 남녀들은 후대 사람들에게 제2의 독립선언서에 서명한 이들로 기억될 것이다.

윌모트 씨(Mr. Wilmot), 발명가

그는 미국이 '복잡하게 얽힌 동맹'에 들어가지 않도록 할 것이고, 워싱턴은 하나의 도시로서 정부의 통치를 민주당에서 공화당으로 바꿈으로써 이득을 볼 것이다.

클래런스 씨(Mr. Clarence), 세일즈맨

폭스(Fox)를 지지하는 사람들.

미합중국 국민은 국제연맹에 가입하는 것이 프랑스의 전쟁터에서 선언한 우리의 의무라는 것을 알고 있다. 우리는 전 세계에 평화를 정착시키기 위해 우리의 역할을 짊어져야 한다.

마리 양(Miss Marie), 속기사

만약 우리가 국제 평화를 얻기 위한 국제연맹에 가입하기를 거부한다면 우리 자신의 자존심과 다른 나라의 존경을 잃게 된다.

스펜서 씨(Mr. Spencer), 통계학자

이 두 쌍의 문구는 똑같이 고상하고, 똑같이 진실되면서 거의 정반대의 뜻을 전하는 말들이다. 클래런스 씨와 윌모트 씨는 한순간이라도 프랑스의 전쟁터에서 선언한 우리의 의무를 이행하지 않으려 했다는 말인가? 아니면 그들이 국제평화를 원하지 않았단 말인가? 마리 양과 스펜서 씨는 복잡하게 얽힌 동맹을 원하거나 미국 독립의 포기를 인정한단 말인가? 윌슨 대통령이 말한 것처럼, 그들은 국제연맹이 전 세계를 위한 독립선언이자 혼란을 해결하는 동맹이며 또한 지구를 위한 먼로주의[36]라는 주장을 폈을 것이다.

---

[36] Monroe Doctrine : 1823년 12월 2일 먼로 대통령이 의회 연두교서에 발표한 미국 외교정책의 기본 방향. 유럽과 신대륙은 서로 다른 정치체제를 가지고 있으므로 별개의 지역으로 남아야 할 것을 선언하면서 아래와 같은 네 가지 기본사항을 밝혔다. ①미국은 유럽 열강의 국내 문제나 열강 사이의 세력 다툼에 개입하지 않는다. ②미국은 아메리카 대륙의 기존 식민지와 보호령을 인정하고 간섭하지 않는다. ③장차 아메리카 대륙에서의 식민지 건설을 엄금한다. ④유럽 열강이 아메리카 대륙의 어떠한 나라라도 억압하고 통제하려고 한다면, 이는 미국에 대한 적대 행위로 간주될 것이다.

8

상징이 제공하는 것은 매우 풍부하고 또 그것이 지니는 의미도 아주 탄력적인데, 하나의 특정한 상징이 특정한 사람의 마음에 어떻게 뿌리를 내릴 수 있는가? 상징은 우리가 권위 있는 인물이라고 여기는 또 다른 인간 존재에 의해 우리의 마음에 심어진다. 만일 그것이 충분히 깊게 심어진다면, 우리는 훗날 우리에게 그 상징을 흔들어대는 사람을 권위자라고 부르게 될 것이다. 그러나 우선은 상징이 우리 마음에 맞고 중요한 사람들에 의해 소개되기 때문에 우리 마음에 맞고 중요하게 여겨진다.

우리는 현실적인 상상력을 갖춘 상태에서 18세에 태어나지 않는다. 그렇기 때문에 쇼 씨(Mr. Shaw)가 회고하는 것처럼, 여전히 유아기에 타인이나 물체와 접촉할 때 나이 든 사람들에게 의존하는 버지-루빈[37]의 시대에 살고 있다. 그래서 우리는 사랑하는 권위 있는 사람들을 통해 외부 세계와 연결된다. 그들은 보이지 않는 세계와 연결되는 최초의 다리인 셈이다. 그리고 비록 우리가 점진적으로 그 거대한 환경의 여러 국면을 스스로 통달해가긴 하지만 그래도 알려지지 않은 거대한 환경이 언제나 있다. 우리는 그 거대한 환경과 여전히 권위자들을 통해서 연결된다. 모든 사실들이 눈에 보이지 않는 곳에서는 진실한 보도나 그럴듯한 오보나 비슷하게 읽히고, 비슷하게 들리고, 비슷하게 느껴진다.

우리 자신의 지식이 풍부한 몇몇 주제를 제외하고는, 우리는 진실한 설명과 거짓 설명을 구분하지 못한다. 그렇기 때문에 우리는 신뢰할 만한 기자들과 신뢰할 수 없는 기자들을 구분하는 것이다.

∴
37) Burge-Lubin : 버나드 쇼의 희곡 「The Thing Happens」에 등장하는 영국 대통령.

이론적으로는 우리는 각 주제에서 최고의 전문가를 선택해야 한다. 그러나 전문가의 선택은, 비록 그것이 진리를 선택하는 문제보다는 훨씬 더 쉬울지라도, 여전히 지나치게 어려우며 실행 불가능할 때도 종종 있다. 전문가들 스스로도 자신들 중에서 누가 최고의 전문가인지 전혀 확신하지 못한다. 그리고 우리가 전문가라고 확인한다 하더라도 그 전문가는 아마 우리의 상담을 받아주기에는 너무 바쁘거나 접근이 불가능한 사람일 수도 있다. 그러나 어떤 일에서 맨 위의 위치에 있는 관계로 쉽게 확인되는 사람들이 있다. 부모, 선생님, 그리고 실력 있는 친구들이 우리가 최초로 만나는 그런 부류의 사람들이다. 우리는 아이들이 부모 중에서 어느 한쪽을 더 신뢰하고 또 주일학교 교사보다 역사 선생을 더 신뢰하는 이유 같은 어려운 문제에 우리가 빠져들 필요는 없다. 또한 우리는 신문을 통해서나 공적인 일에 관심이 있는 지인들을 통해서 진리가 어떤 식으로 공인들에게 점진적으로 전파되는가 하는 문제에도 빠져들 필요가 없다. 정신분석학 분야의 문헌을 보면 그에 관한 암시를 담은 가설이 풍부하다.

어쨌든 우리는 자신이 미지의 것들로 가득한 영역과 연결시켜주는 접합점이 되는 사람들을 신뢰한다는 사실을 깨닫는다. 정말 이상하게도, 이런 사실은 가끔 우리의 본성이 원래부터 품위가 없고, 양이나 원숭이 같은 성질을 가졌다는 증거로 여겨진다. 그러나 우주에서의 완벽한 독립은 생각조차 할 수 없는 일이다. 만일 우리가 거의 모든 것을 당연한 것으로 받아들이지 않는다면, 우리는 삶을 정말 하찮은 것에 쏟아야 한다. 완벽히 독립적인 성인에 가장 가까운 존재가 바로 은둔자이다. 은둔자의 활동 범위는 매우 좁다. 완전히 혼자 힘으로 활동하는 은둔자는 좁은 반경 안에서 단순한 목적을 위해서만 활동할 수 있다. 만일 어떤 은둔자가 위대한 사상들에 대해 생각할 시간을 갖는다면, 우리는 그가 은둔자가 되기 전에 다른 사람들에 의해 힘들게 얻은 정보의 전체 목록을 아무런 의문 없이 받아들였다고 자신 있게 말해도 좋다. 몸을 따뜻하게 유지하고, 굶주림을 피하는 것에 관한 정보도 그런 예이다. 그가 파고드는 그 위대한 물음들도 마찬가지로 그런 정보에 속한다.

우리의 삶에서 좁은 범위에 미치는 극소수를 제외한 모든 일들 중에서, 최대한의 독립을 유지하는 방법은 우리가 호의적으로 귀를 기울이는 권위자들을 늘려가는 것이다. 타고난 아마추어로서 우리의 진리 추구는 전문가들을 자극하고 그들로 하여금 확신의 어투를 보이는 어떠한 반대론에도 대답하도록 강요하는 것이다. 우리는 종종 그런 논쟁에서 누가 논리적으로 승리를 거두었는지 판정할 수 있다. 하지만 토론자 어느 누구도 도전하지 않는 거짓 전제나 아무도 논쟁거리로 삼지 않은 측면들에 관해서는 속수무책이다. 나중에 이 책에서 우리는 민주적 이론이 어떻게 정반대의 가정을 근거로 진행되고 또 정부의 목적을 위해 어떻게 자부심 강한 개인들을 무한정 공급하는 것을 가정하고 있는지 보게 될 것이다.

우리가 외부 세계와 접촉하기 위해 의존하는 사람들은 바로 그 외부 세계를 운영하는 것처럼 보이는 사람들이다. 그들은 세상의 극히 일부만 운영하고 있는지 모른다. 간호사는 아이를 먹이고, 목욕시키고, 잠자리에 눕힌다. 이런 사실이 간호사에게 물리학, 동물학, 그리고 성경의 고등 비평(Higher Criticism)에 관한 권위를 부여하지는 않는다. 스미스 씨(Mr. Smith)는 공장을 운영하거나, 적어도 공장을 운영하는 사람을 고용한다. 이러한 사실이 그로 하여금 미국의 헌법이나 포드니 관세표(Fordney tariff)의 효력에 대한 권위를 갖게 하지는 않는다. 스무트 씨(Mr. Smoot)는 유타 주에서 공화당을 이끌고 있다. 그러한 사실 자체가 그가 세무 상담에 가장 적합한 인물임을 입증하지는 않는다. 그런데도 간호사는 한동안 그 어린이가 어떤 동물학을 배워야 할 것인지를 결정하며, 스미스는 헌법이 의미하는 바에 대해 자기 아내와 비서 그리고 아마도 교구 목사에게까지도 할 말이 많을 것이다. 또한 누가 스무트 상원의원의 권위의 한계를 정하겠는가?

목사, 장원(莊園)의 영주, 지휘관과 왕, 정당 지도자, 상인, 두목 등은 출생, 상속, 아니면 정복이나 선거 중 어떻게 선출되었든 관계없이, 그들과 그들의 조직된 추종자들이 인간사를 다스린다. 그들은 관리들이다. 그리고 같은 사람이 가정에서는 육군원수이고 사무실에서는 소위(少尉)이고 정치에서는 보잘것없는 위치에 있을지라도, 또 많은 기관들에서 계급 서열이 흐릿하고 감춰져 있을지라도, 많은 사람의 협력이 필요한 모든 기관에서는 그런 계급 조직이 어느 정도 존재한다. 미국 정치에서는 그것을 기구나 "조직"이라고 부른다.

9

이 기구의 구성원들과 보통 사람들 사이에는 중요한 차이가 많다. 지도자, 운영위원회, 그리고 내부단체 등은 자신들의 환경과 직접 접촉한다. 확실히 그들은 어떤 것을 환경이라고 정의 내릴 것인지에 대해서는 아주 제한적인 개념밖에 갖고 있지 않다. 그러나 그들은 전적으로 추상적인 것들만을 취급하지는 않는다. 그들이 당선되었으면 하고 바라는 특정한 사람들이 있고, 개선되기를 바라는 특정한 대차대조표가 있으며, 달성되어야 할 구체적인 목표가 있다. 내가 의미하는 바는 그들이 정형화된 관념 쪽으로 기우는 인간의 성향으로부터 자유롭다는 뜻이 아니다. 그들의 고정관념이 그들을 일상의 틀에 박힌 어리석은 사람들로 만든다. 그러나 그들의 한계가 무엇이든지 간에, 우두머리들은 그 넓은 환경의 결정적인 부분과 실질적으로 접촉한다. 그들은 결정을 한다. 그들은 명령을 내린다. 그들은 협상을 벌인다. 그리고 아마 그들로서는 전혀 상상하지 못했을 수도 있는 결정적인 무엇인가가 실제로 일어난다.

그들의 부하들은 공통의 확신으로 그들과 연결되어 있지 않다. 말하자면 어떤 기구에서 좀 낮은 지위에 속하는 구성원들은 지도자들의 지혜에 대해 독자 판단에 따라 충성을 바치지는 않는다. 계급구조에서 각각의 구성원은 상관에게 의존하며, 반대로 상관은 자신에게 의지하는 부하계급 위에 군림한다. 그 기구를 하나로 뭉쳐주는 것은 특권체계이다. 이 특권체계는 기회와 그것을 추구하는 사람들의 취향에 따라, 모든 측면에서 족벌주의와 후원제도가 통용되는 체계에서부터 파벌, 영웅숭배 또는 고착된 관념까지 다양한 모습을 보인다. 그것들은 군대의 계급에서부터 봉건제도의 토지와 봉사(service), 그리고 현대 민주주의의 일자리와 명성(publicity)에 이르기까지 다양하다. 특권을 폐지함으로써 특정 기구를 파괴할 수 있는 이유도 바로 여기에 있다. 그러나 모든 긴밀한 집단 안에서는 그 기구가 반드시 다시 나타나게 되어 있다고 나는 믿는다. 왜냐하면 특권은 전적으로 상대적인 것이며, 균등은 불가능하기 때문이다. 당신의 마음이 그릴 수 있는 가장 절대적인 공산주의를 한번 상상해보라. 거기서는 다른 사람이 소유하지 않은 것은 아무도 소유할 수 없다. 그런데도 만일 그 공산주의 집단이 어떤 행위라도 취해야 한다면, 가장 많은 유권자를 확보할 연설을 한 사람의 친구라는 단순한 즐거움만 있어도 그를 중심으로 내부자들이 결성되도록 하기에 충분하다고 나는 확신한다.

그렇다면 어떤 집단의 판단이 거리를 지나가는 행인의 의견보다 언제나 더 응집성 강하고 형식에 더 충실한 이유를 설명하기 위해 집단지성(collective intelligence)이라는 것을 내세울 필요까지도 없다. 한 사람 또는 소수의 마음은 일련의 사고를 추구할 수 있지만, 생각의 일치를 추구하는 집단은 하나의 집단으로서 찬성하거나 반대하는 그 이상의 일을 하지 못한다. 위계조직의 구성원들은 집단적인 전통을 가질 수 있다. 도제로서 그들은 거장에게서 일을 배우며, 그 거장도 도제일 때 그 일을 배웠다. 어떤 영속적인 사회에서든 지배적인 위계조직 안의 인물들의 변화는 어떤 중요한 고정관념과 행동 방식의 전달이 가능할 만큼 느리다. 아버지가 아들에게, 고위 성직자가 초심자에게, 노병이 사관생도에게 보고 행하는 특정한 방법을 가르친다. 이 방법들이 친숙해지고, 다수의 외부 사람들에게 그런 식으로 인식된다.

10

인간 집단이 극소수의 사람들에 의해 운영되는 중앙기구 없이 어떠한 복잡한 일에서도 서로 협력한다는 관점은 멀찍이서 봐야만 그럴듯하게 들린다. "입법이나 행정 업무를 몇 년 경험한 사람이라면 반드시 세상을 지배하는 사람들의 숫자가 너무나 적다는 것을 관찰하지 않을 수 없다."고 브라이스(Bryce)는 말한다. 물론 여기서 그는 국가의 업무에 대해 언급하고 있다. 만일 당신이 모든 인류사를 고려한다면 지배하는 사람의 숫자가 확실히 상당할 것이다. 그러나 만일 당신이 입법기관이나 정당, 노동조합, 민족주의 운동, 공장, 혹은 클럽 등 어떤 특정한 기관을 생각한다면, 그 기관을 지배하는 사람은 이론적으로 지배하게 되어 있는 사람들의 숫자에 비해 극히 적을 것이다.

  선거에서 압도적인 승리는 한 기구를 몰아내고 새로 다른 기구를 들일 수 있다. 혁명은 때로 어떤 특정한 기구를 완전히 없애버린다. 민주 혁명은 몇 년 간격으로 한 기구가 다른 기구의 실수를 발판삼아 일어나는, 서로 교대하는 두 개의 기구를 설정한다. 그러나 그 다른 기구가 어디론가 자취를 감추는 것은 아니다. 목가적인 민주주의 이론이 실현되고 있는 곳은 아무데도 없다. 노동조합이나 사회주의 정당, 혹은 공산주의 정부에서도 실현되지 못한다. 어디에나 하나의 내부단체가 있고, 그것을 둘러싸고 몇 개의 동심원이 형성되고, 이 동심원들은 점차 무관심하고 냉담한 보통 사람들 속으로 퍼져가면서 엷어진다.

  민주주의자들은 집단생활에 나타나는 이런 현상과 결코 타협한 적이 없다. 그들은 변함없이 그것을 잘못된 것으로 여겼다. 왜냐하면 민주주의에는 두 개의 비전이 있는데, 하나는 자부심이 강한 개인을 전제로 하고 다른 하나는 모든 것을 조정하는 '대령(大靈)'을 전제로 하기 때문이다.

  두 개의 비전 중에서 대령을 전제로 하는 것은 약간의 이점을 갖는다. 그 비전의 민주주의는 적어도 대중이 모든 구성원의 마음에서 동시에 생기는 것이 아닌 결정을 내린다는 점을 인식하고 있기 때문이다. 그러나 만약 우리가 그 기구에 관심을 고정시킨다면, 집단행동을 주재하는 수호신으로서의 신은 쓸데없는 신비적인 것이 된다. 그 기구는 아주 무미건조한 실체이다. 그것은 집에서 옷을 입고 살고 또 이름을 부를 수 있고 묘사할 수도 있는 인간으로 구성되어 있다. 그들은 일반적으로 '대령'에게 맡겨진 모든 일들을 수행한다.

11

기구가 존재하는 이유는 인간성이 사악하기 때문이 아니다. 어떠한 집단에서든 개인의 관념들에서 공통적인 사상이 저절로 나타나지 않는다. 그 이유는 많은 사람들이 자신의 손길이 닿지 않는 어떤 상황에 직접 행동할 수 있는 방법의 수가 제한되어 있기 때문이다. 어떤 방식으로든 그들 중 일부는 이주할 수 있고, 파업을 벌이거나 불매운동을 하고, 찬양하거나 비난할 수 있다. 그들은 이런 수단들을 통해 가끔은 자신들이 싫어하는 것에 저항하거나 자신들이 원하는 것을 방해하는 사람들을 강제할 수 있다. 그러나 대중 행동으로는 아무것도 건설하지 못하고 창안하지 못하며 협상하거나 관리할 수 없다. 서로 결집할 수 있는 조직화된 위계조직을 갖지 않은 대중은 이런 식으로 가격이 지나치게 비싸면 구매를 거부하고 임금이 지나치게 낮으면 일을 거부할 수 있다. 노동조합은 파업이라는 집단행동으로 대립을 깨뜨림으로써 조합 간부들이 협약을 논의할 수 있도록 한다. 예를 들어 노동조합은 공동 관리의 권리를 얻을 수 있을 것이다. 그러나 조합은 조직을 통하지 않고는 그 권리를 행사할 수 없다. 국민은 전쟁을 일으키자고 요구할 수는 있지만, 일단 전쟁이 시작되면 참모부의 명령에 따라야 한다.

직접적인 행위는 모든 실용적 목적을 위해 대중에게 제시된 쟁점에 대해 '예스' 또는 '노'라고 말할 수 있는 권리로 제한된다. 그 이유는 아주 단순한 경우에 한해서만 어떤 쟁점이 대중의 모든 구성원들에게 거의 동시에 자발적으로 똑같은 형태로 제시될 수 있기 때문이다. 산업 분야뿐 아니라 다른 분야에도 비조직적인 파업과 불매운동이 벌어진다. 여기서는 불만이 너무나 명백하기 때문에 지도자가 없어도 많은 사람들에게서 사실상 똑같은 반응을 끌어낼 수 있다. 그러나 이런 초보적인 경우에도 나머지 사람들이 무엇을 원하는지 남들보다 재빨리 간파하는 능력 때문에 즉석에서 지도자가 나타나게 되어 있다. 그런 사람들이 나타나지 않는 경우에는 군중은 각자 개인적인 목적을 품은 채 떠돌거나 아니면 언젠가 오십 명의 군중이 그랬듯이 자포자기하는 심정으로 방관하면서 어떤 사람이 자살하는 것을 그저 지켜볼 것이다.

왜냐하면 우리가 눈에 보이지 않는 세계로부터 받는 인상들 대부분을 갖고 엮어내는 것은 환상 속에서 벌어지는 일종의 무언극이기 때문이다. 우리가 우리 시야 밖에서 일어나는 사건에 대해 의식적으로 어떤 결정을 내리는 횟수는 아주 적고, 각자가 노력할 경우 성취할 수 있는 것들에 대해 품는 의견도 사소하다. 실용적인 쟁점은 아주 드물게 생긴다. 그래서 결정을 내리는 훌륭한 습관이 전혀 없다. 만일 우리에게 닿는 대부분의 정보가 그 뉴스에 대해 어떻게 느껴야 한다는 식의 암시를 담고 있지 않다면, 결정의 습관이 없다는 것이 더욱 두드러진다. 우리는 그런 암시를 필요로 한다. 만약 뉴스에서 그 암시를 발견하지 못하면, 우리는 사설이나 믿을 만한 조언자에게 눈길을 돌린다. 만일 우리가 관련되어 있다고 느껴진다면, 우리가 어디에 서 있는지를 알 때까지, 즉 우리가 그 뉴스와 관련하여 예스 또는 노를 느낄 수 있을 만큼 사실들이 명확해질 때까지 그 환상은 불편하게 느껴진다.

많은 사람들이 모두 '예스'라고 대답할 때, 그들은 그렇게 말할 온갖 이유들을 가지고 있을 것이다. 그들은 일반적으로 '예스'라고 대답한다. 왜냐하면 우리가 이미 주목했듯이, 그들의 마음속 상(像)들이 아주 미묘하게 조금씩 다르기 때문이다. 그러나 이러한 미묘함은 그들의 마음속에 남아 있다. 그러다 그것은 다수의 상징적 문구에 의해 공적으로 표현된다. 이때의 상징적 문구들은 대부분의 의도는 배제하고 개인적인 감정만 싣고 있다.

하나의 계급조직 또는 경쟁하는 경우 두 계급 조직은 그 상징들에 확정적인 행위를, 예스 또는 노의 표결을, 찬성 또는 반대의 태도를 결합시킨다. 그렇게 되면 국제연맹에 반대한 스미스와 제10조에 반대한 존스, 그리고 윌슨과 그의 모든 활동에 반대한 브라운은 각자 나름대로의 이유로 다소간 동일한 상징적 문구의 이름으로 공화당에 찬성표를 던짐으로써 결과적으로 민주당에 반대표를 던진다. 이리하여 공통의지가 표현되는 것이다.

어떤 구체적인 선택이 제시되어야 했고, 그 선택은 상징들을 통한 이해관계의 이동에 의해 개인의 의견과 연결되어야 했다. 전문적인 정치인들은 민주적인 철학자들보다 훨씬 먼저 이 사실을 깨달았다. 그래서 그들은 명확한 선택을 형성시키는 수단으로서 협의회와 지명대회 그리고 운영위원회 등을 조직하였다. 많은 사람들의 협조가 요구되는 것을 성취하길 원하는 사람들은 누구나 그들의 예를 따랐다. 그 협조의 성취가 잔인한 방법으로 이뤄지는 때도 간혹 있었다. 평화회의가 10인 위원회로 축소되고, 10인 위원회가 다시 3대국 혹은 4대국 회의로 축소되는 경우가 그런 예이다. 이렇게 축소된 회의체는 조약을 쓸 때, 약소 동맹국들과 그들의 유권자들, 그리고 적들에게 조약을 채택하든가 거부하는 일만이 허용되었다. 대체로 협의는 가능하고 원하는 것보다 더 많이 열린다. 그래도 몇몇 간부들이 큰 집단에 선택을 제시한다는 기본 사실은 여전히 그대로 남아 있다.

12

운영위원회의 남용은 발의권, 국민투표, 그리고 직접 예비선거 등 다양한 제안들로 이어졌다. 그러나 이런 것들은 선거를, 아니면 H. G. 웰스

(Wells)가 언젠가 아주 정확하게 표현한 것처럼, 선택을 복잡하게 함으로써 단순히 기구의 필요성을 아직은 중요하지 않다고 느끼게 하거나 모호하게 만들었다. 왜냐하면 투표를 아무리 많이 한다 하더라도 유권자들이 정책이든 후보자든 '예스'나 '노'라고 대답할 수 있는 쟁점을 만들 필요성은 결코 사라지지 않을 것이기 때문이다. 사실상 "직접 입법" 같은 것은 존재하지 않는다. 직접 입법이 존재한다고 여겨지는 곳에서 무슨 일이 일어나는가? 시민들은 투표장에 가서 다수의 법안이 거의 언제나 간결하게 인쇄된 투표용지를 받는다. 거기서 시민이 조금이라도 어떤 말을 한다면, 그것은 '예스' 혹은 '노'라는 말뿐이다. 그 시민에게 세상에서 가장 훌륭한 수정안이 떠오를 수도 있다. 그래도 그는 '예스' 아니면 '노'라고 투표용지에 표기하는 수밖에 달리 방법이 없다. 그것을 입법이라고 부르는 것은 언어를 모독하는 짓이다. 물론 그 과정을 어떤 이름으로 부르든, 그런 투표에 이로운 것이 전혀 없다는 뜻은 아니다. 어떤 종류의 쟁점에서는 명백한 이점을 누릴 수 있다고 생각한다. 그러나 대중의 결정이 작동할 이 세상의 불가피한 복잡성에 비추어 볼 때, 대중적 결정의 단순성은 매우 중요한 사실이다. 내 생각엔, 누구라도 제안할 수 있는 가장 복잡한 형태의 투표는 '우선순위투표제(preferential ballot)'이다. 이 제도를 채택할 경우 유권자는 제시된 여러 후보 중에서 한 후보에게 '예스'라고 하고 다른 투표자들에게는 '노'라고 하는 대신, 자신의 선택에 대해 순위를 매긴다. 그러나 매우 융통성 있는 이 제도에서도 대중의 행위는 전적으로 제시된 선택 대상들의 질에 달려 있다. 그리고 이런 선택의 대상들은 청원으로 난리법석을 떨고 지지자들을 모으는 정력적인 동료들에 의해 제시된다. 몇몇 사람을 후보자로 지명한 뒤에 많은 사람들이 선거를 하는 것이다.

13

　상징의 엄청난 실용적 중요성 때문에, 성공적인 지도자는 아무리 바빠도 추종자들을 조직화할 상징을 꼭 개발했다. 계급조직 내에서 특권이 하는 역할을 일반 국민들 사이에서는 상징이 한다. 상징은 통일성을 유지한다. 토템 기둥에서부터 국기(國旗)까지, 목제 우상에서부터 보이지 않는 왕인 신까지, 마법의 주문에서부터 애덤 스미스(Adam Smith)나 벤담(Bentham)의 이론까지, 상징은 다른 요소들을 하나로 모으는 구심점의 역할을 한다. 그렇기 때문에 지도자들은 대부분 자신은 상징을 믿지 않으면서도 상징을 소중히 여긴다. 마치 파리(Paris)는 어느 정도 대중의 희생과 맞먹는 가치가 있다고 혼자 중얼거리던 왕처럼, 객관적인 관찰자는 상징을 보호하는 "성조기" 의식(儀式)을 비웃을 수 있을 것이다. 그러나 지도자는 경험을 통해서 상징이 그 역할을 다했을 때야 비로소 자신이 군중을 움직일 수 있는 핸들이 생긴다는 것을 알고 있다. 상징 안에서 감정이 공통의 목표를 향해 분출되고, 실제 사상들의 특징들은 희미해진다. 지도자가 스스로 파괴적인 비판이라고 일컫는 것, 간혹 자유로운 영혼을 가진 사람들이 허튼소리의 배제라고 부르는 것을 미워한다고 해서 이상할 게 하나도 없다. 배젓[38]은 "무엇보다도 우리의 왕권은 존중되어야 한다. 그것을 꼬치꼬치 따지기 시작하면 우리는 그것을 존경할 수 없게 된다."고 말한다. 왜냐하면 명백한 정의(定義)와 솔직한 진술로 따지고 들 경우 사람에게 알려진 고차원의 모든 목표에는 도움이 되겠지만 공통의지를 쉽게 보존하지

---

38) Walter Bagehot(1826~1877) : 영국의 상공인, 수필가, 언론인으로서 문학, 정치, 경제에 관한 많은 저술을 남겼음.

못할 것이기 때문이다. 책임 있는 모든 지도자가 의심하는 것처럼, 꼬치꼬치 따지고 드는 행위는 개인의 마음으로부터 제도적 상징으로 감정이 옮겨가는 것을 방해하는 경향이 있다. 지도자가 제대로 말했듯이, 꼬치꼬치 따지는 행위의 첫째 결과는 개인주의와 서로 적대적인 분파들의 혼돈이다. 신성 러시아나 강철 디아스(Iron Diaz) 같은 상징의 붕괴는 언제나 기나긴 대격변의 시작을 알리는 것이다.

 이러한 위대한 상징들은 감정의 전이를 통해 오래되고 정형화된 어떤 사회의 모든 미세한 요소들의 충성심을 확보하게 된다. 그것들은 각 개인이 풍경과 가구, 사람들의 얼굴과 기억에 대해 품고 있는 그 감정을 불러일으킨다. 그런데 이런 것들은 정적인 사회에서 그의 최초이자 유일한 현실이다. 이미지들과 헌신의 핵심은 국민성(nationality)인데, 이것 없이는 생각조차 할 수 없다. 위대한 상징들은 이러한 헌신들을 흡수하여 원래 이미지들을 환기시키지 않고도 헌신을 불러일으킬 수 있다. 정치에서 더욱 격의 없는 대중의 논쟁에 등장하는 하찮은 상징들은 늘 최초의 상징을 언급하고 있으며 가능하다면 그것과 결합된다. 시영(市營) 지하철 요금이 적절한지에 대한 질문은 국민과 이해관계들 사이의 쟁점으로 상징화된다. 그런 다음 국민은 미국인이라는 상징에 흡수되고, 그러면 최종적으로 선거운동의 열기 속에 지하철 요금 8센트는 비(非)미국적인 것이 된다. 독립전쟁의 아버지들은 비미국적인 것을 막기 위해 목숨을 던졌다. 링컨은 비미국적인 것이 통과되지 못하게 하려고 고난을 당했고, 비미국적인 것에 대한 저항은 프랑스에서 잠든 이들의 죽음에 내포되어 있다.

 별개 사상들에서 감정을 끌어내는 힘 때문에, 상징은 단결의 기제(機制)이며 동시에 착취의 기제이다. 상징은 사람들로 하여금 공동의 목적을 위해 일하도록 한다. 그러나 전략적인 자리에 있는 몇몇 사람들이 구체적인 목표를 선택하기 때문에, 상징은 소수의 사람들이 다수를 바탕으로 살을 찌우고 비판을 비껴나가게 하고 사람들로 하여금 자신이 이해하지도 못하는 목표를 위해 고통을 당하도록 부추기는 도구가 된다.

만약 우리가 자신을 현실적이고, 자부심이 강하고, 자제(自制)할 줄 아는 사람이라고 생각한다면, 우리가 상징에 종속되어 있는 많은 면이 기분 좋은 일이 아니다. 그렇긴 해도 상징들이 모두 악마의 도구라고 결론 내리는 것은 불가능하다. 과학과 사고의 영역에서 상징은 의심의 여지 없이 유혹자 즉 악마 그 자체이다. 그러나 행동의 세계에서는 상징이 자애롭고 때로는 필요한 것이 된다. 필요한 것이 추측되는 경우가 간혹 있고 위험도 조장된다. 그러나 신속한 결과가 절실히 필요한 경우에는 상징을 통한 대중의 조작만이 중요한 일을 신속히 처리하는 유일한 길일 것이다. 이해보다 행동이 더 중요한 경우가 종종 있다. 모든 사람이 어떤 행위를 이해하게 될 경우 그 행위가 실패로 끝나는 수도 간혹 있다. 국민투표까지 기다릴 수 없는 사안도 있고, 일반인들에게 공개될 경우 물거품이 되는 사안도 있다. 예를 들어 전시(戰時)와 같이 국민과 군대 그리고 심지어 사령관들조차도 전략을 극소수의 사람들에게 맡겨야만 하는 경우도 있다. 두 개의 대립되는 의견이 있을 경우에는 비록 그중 어느 하나가 어쩌다 옳다 하더라도 그 두 개 의견이 잘못된 의견 하나보다 더 위험할 수도 있다. 잘못된 하나의 의견도 나쁜 결과를 초래할 수 있다. 그러나 대립하는 두 개 의견은 단결을 와해시켜 재앙을 부를 수 있다.

그렇기 때문에 지원군이 분리되고 흩어진 결과, 코흐(Cough)의 군대에 재앙이 임박한 것으로 예견되었는데도, 포슈(Foch)와 헨리 윌슨 경(Sir Henry Wilson)은 자신들의 의견을 몇몇 사람들만 알게 했다. 대패(大敗)의 위험도 신문지상에서 뜨겁게 논쟁을 전개하는 것보다 덜 파괴적이라는 판단에서였다. 왜냐하면 1918년 3월을 지배했던 일종의 긴장상태에서 가장 중요했던 것은 어느 한 가지 구체적인 조치의 정당함보다는 명령의 출처에 관한 끊이지 않는 기대였기 때문이다. 포슈가 "국민에게 의지했다면", 그가 논쟁에서 이겼을지 모른다. 하지만 논쟁에서 이기기 오래전에 그가 지휘할 군대가 해체되었을 것이다. 왜냐하면 올림포스 산 위에서 벌어지는 언쟁 장면은 재미있고 파괴적이기 때문이다.

그러나 침묵의 음모도 마찬가지다. 라이트(Wright) 대위는 말한다. "위장의 기술이 가장 많이 행해지고 최고의 경지에 오른 곳은 전선이 아니라 최고사령부다. 어느 곳을 가나 모든 상관들은 수없이 많은 선전원들을 동원하여 마치 멀리서 보면 나폴레옹인 것처럼 보이도록 자신을 꾸민다. …… 실패를 감추거나 그럴싸하게 꾸미고, 성공을 과장하거나 조작함으로써 조성된 대중의 엄청난 지지 때문에 이들 나폴레옹들을 해직시키는 것은 거의 불가능하다. ……그러나 이처럼 매우 조직적인 허위의 가장 교활하고 가장 나쁜 결과는 장군들에게로 돌아간다. 그들 대부분은 더없이 겸손하고 애국적이고 또 대부분의 남자들이 군대라는 고귀한 직업을 구하고 따라야 한다. 그렇기 때문에 그들 자신이 궁극적으로 이러한 보편적인 환상의 영향을 받게 된다. 그리고 그 환상을 매일 아침 신문에서 읽으며, 그들은 제아무리 심각한 실패를 하더라도 자신은 전쟁에서 벼락처럼 무서운 존재이며, 공략당하지 않는 존재이며, 또한 자신들이 사령관 자리를 지키는 것은 너무나 신성한 목적이기 때문에 어떠한 수단을 사용해도 정당화된다는 점에 점점 설득당한다. ……이런 위대한 기만을 포함한 다양한 조건들은 마침내 모든 참모들을 모든 통제에서 해방시켜준다. 그들은 더 이상 국가를 위해 살지 않는다. 국가가 그들을 위해 살거나 심지어 죽기도 한다. 승리나 패배는 더 이상 주요 관심사가 아니다. 이들 군주와 비슷한 집단에게 문제가 되는 것은 친애하는 늙은 윌리(Willie) 아니면 불쌍한 늙은 해리(Harry)가 그들의 지휘관이 될 것인지 하는 것이며 샹티이 당(黨)이 앵발리드가(街)(Boulevard des Invalides) 당에게 이길 것인가이다."

그러나 침묵의 위험에 대해 그처럼 웅변적이고 매우 잘 아는 라이트 대위도 환상들을 공개적으로 파괴하지 않는 포슈의 침묵을 인정할 수밖에 없었다. 여기서 우리가 나중에 좀 더 자세히 살피게 될 역설이 하나 나타난다. 삶에 대한 전통적인 민주주의적 관점은 비상사태나 위험을 위해 고안된 것이 아니라 고요와 조화를 위해 고안된 것이기 때문이다. 그래서 대중이 불확실하고 폭발하기 쉬운 환경에서 서로 협동해야만 할 때, 진정한 의미의 동의 없이도 통일과 유연성을 확보하는 것이 언제나 필요하다. 바로 상징이 그런 역할을 한다. 상징은 개인적 의도를 모호하게 하고 구별을 없애고 개인적인 목적을 흐리게 한다. 그것은 개성을 무력하게 만들지만 동시에 집단의 의도를 선명하게 한다. 위기상황에서는 다른 어떤 것도 집단을 결합시킬 수 없기 때문에 상징이 집단을 결합시켜 목적에 부합하는 행동을 하도록 한다. 상징은 개성을 무력하게 만들지만 대중을 활동적으로 만든다. 상징은 단기적으로는 대중이 자신들의 타성, 우유부단의 타성, 아니면 경솔한 움직임의 타성에서 탈출하여 복잡한 상황의 꼬불꼬불한 길을 따라 나아갈 수 있도록 해준다.

14

그러나 좀 더 장기적으로 보면 지도자들과 지도를 받는 사람들 사이에 타협이 늘어난다. 지도자에 대한 일반 사람들의 마음 상태를 묘사할 때 가장 빈번하게 사용되는 단어는 사기(士氣)이다. 개인들이 자신에게 할당된 역할을 정력적으로 행할 때 사기가 높다고 말한다. 즉 상부의 명령에 따라 각자가 모든 힘을 발휘할 때를 말한다. 모든 지도자는 이 점을 마음에 새기고 자신의 정책을 수립해야 한다. 결정을 내릴 때, 지도자는 "장점들"을 고려해야 할 뿐 아니라, 그 장점들이 지속적인 지지를 끌어내야 할 추종자들에게 미칠 영향까지 고려해야 한다. 만약 공격을 계획하는 장군이라면, 부상자의 비율이 지나치게 높아질 때 조직화된 군대가 흩어져 폭도로 변할 수도 있음을 알고 있다.

제1차 세계대전 중에 "프랑스로 간 9명 중 5명이 사상자가 되었기" 때문에, 그 이전의 계산은 엉망진창이 되었다. 인내의 한계는 생각했던 것보다 훨씬 더 컸다. 그러나 어딘가에 한계는 있었다. 그래서 적에게 미칠 효과 때문만이 아니라 크게 보아서 아군과 그 가족에게 미칠 효과 때문에, 이 전쟁에서 어떤 사령부도 감히 피해에 관한 솔직한 발표문을 공표하지 않았다. 프랑스에서는 부상자 명단을 전혀 발표하지 않았다. 영국, 미국, 그리고 독일에서는 전체 사상자수를 발표하여 강렬한 인상을 주는 것을 피하려고 큰 전투에서 생긴 사상자수에 대한 발표를 장기간에 걸쳐 분산시켰다. 오직 내부자들만이 오랜 뒷날까지도 솜(Somme) 전투나 플랜더스(Flanders) 전투에서 치른 대가를 알고 있었다. 의심할 여지 없이 루덴도르프(Ludendorff)는 런던, 파리 혹은 시카고의 보통 사람들보다 이들 사상자들에 대해 훨씬 더 정확한 정보를 갖고 있었다. 모든 진영의 지도자들은, 군인이든 민간인이든 누구나 생생하게 알 수 있었던 실제 전쟁의 결과를 줄이기 위해 안간힘을 썼다. 물론 1917년 프랑스군 같은 노병들 사이에는 대중에게 알려진 것보다 훨씬 더 많은 전쟁 관련 정보가 퍼져 있었다. 그러한 군대는 자체 군대의 피해를 근거로 사령관들을 판단하기 시작한다. 그리고 승리에 대한 터무니없는 약속이 결과적으로 여느 때처럼 유혈이 낭자한 패배로 끝날 때, 1917년 니벨(Nivelle) 공세 때처럼 상대적으로 사소한 실패에도 반란이 일어난다. 이유는 그것이 누적된 실패이기 때문이다. 혁명과 반란은 대체로 사악함이 연속적으로 이어지는 가운데 일어난 작은 악의 결과로서 일어나는 것이다.

정책의 범위가 지도자와 그를 따르는 사람들의 관계를 결정한다. 만약에 지도자가 자신의 계획에 필요한 사람들이 행동이 취해지는 장소에서 멀리 떨어져 있거나, 결과가 알려지지 않거나 지연되고 있다면, 개인의 의무가 간접적이거나 아직 이행되지 않았다면, 그리고 무엇보다 동의하는 것이 기분 좋은 감정을 불러일으킨다면, 지도자는 자유롭게 행동할 수 있을 것이다. 그런 정책들은 즉각 대단한 인기를 누린다. 금주주의자들 사이의 금주령처럼, 피지배자들의 개인 습관에 즉시 영향을 미치지 않기 때문이다. 정부가 외교 문제를 쉽게 다룰 수 있는 큰 이유가 바로 이것이다. 두 국가 간의 마찰 대부분은 모호하고 지루한 일련의 논쟁이 이어지는 식으로 전개된다. 국경 문제가 걸린 경우도 간혹 있지만, 학교의 지리 과목도 정확한 의견을 결코 제시하지 않는 지역이 걸린 문제가 훨씬 더 잦다. 미국이 체코슬로바키아에서는 해방자로 간주되지만, 미국의 신문기사와 뮤지컬 코미디에서는, 그리고 대체로 미국인들끼리 나누는 대화에서는 자기들이 해방시킨 나라가 체코슬라비아인지 유고슬로바키아인지 절대로 결론이 나지 않는다.

오랜 기간 동안 외교 문제에 관한 정책의 범위는 눈에 보이지 않는 환경에 국한되었다. 그곳에서 발생하는 것들은 어느 것이든 실제처럼 느껴지지 않았다. 그래서 제1차 세계대전 이전에는 아무도 싸울 필요가 없었고, 아무도 돈을 낼 필요가 없었기 때문에 정부는 국민을 그리 신경 쓰지 않고

정부의 견해대로 일을 진척시켰다. 지역 문제에서는 정책의 대가가 더욱 쉽게 보인다. 그러므로 아주 예외적인 지도자를 제외한 대부분의 지도자들은 가능한 한 대가가 간접적인 정책을 선호한다.

그들은 직접세를 좋아하지 않는다. 그들은 발생하는 그대로 지불하는 것을 원치 않는다. 그들은 장기 채무를 좋아한다. 그들은 유권자들로 하여금 외국인이 지출할 것으로 믿도록 만들기를 원한다. 소비자의 부담은 수많은 사소한 항목들로 분산되어 있다. 그렇기 때문에 지도자들은 항상 소비자의 입장이 아닌 생산자의 입장에서 번영을 계산하도록 강요받아왔다. 노동운동 지도자들은 항상 가격하락보다는 임금인상을 선호해왔다. 대중의 관심은 거대하지만 포착하기 어려운 산업제도의 낭비보다 눈에는 띄지만 상대적으로 덜 중요한 백만장자들의 수익에 더 많이 쏠리고 있다. 이 책을 쓰고 있는 동안에도 현존하는 주택 공급의 부족을 다루는 어떤 입법기관은 첫째, 주택 공급을 늘리는 데에는 아무 일도 하지 않고 둘째, 탐욕스러운 집주인을 공격하고 셋째, 폭리를 취하고 있는 건축업자와 노동자들을 수사함으로써 이 법칙을 예증하고 있다. 왜냐하면 욕심 많은 집주인이나 폭리를 취하는 배관공사자는 눈에 띄고 직접적인 데 반해, 건설 정책은 간접적이고 재미없는 요소들을 다루고 있기 때문이다.

그러나 사람들은 상상할 수 없는 미래와 보이지 않는 장소에서는 어떤 정책이 자신들에게 득이 될 것이라고 기꺼이 믿는 반면에, 정책에서 나오는 실제 활동은 그들의 의견과는 다른 논리를 따른다. 국민들은 화물 운송비를 인상하면 철도업이 번성할 것이라고 믿도록 설득당할 수 있다. 그러나 만일 화물 운송비 인상이 농민들과 하주(荷主)에게 미치는 영향으로 소비자가 부담할 수 있는 한계를 넘어설 정도로 상품가격이 올라가게 되면, 국민이 그렇게 믿는다고 해서 철도업이 번성하지는 않는다. 소비자가 그

가격을 지불할 것인지 아닌지는 그가 9개월 전에 화물 운송비를 인상하고 화물업을 살리자는 제안에 동의했는지 아닌지에 달린 것이 아니라, 그가 현재의 가격으로 새 모자와 새 자동차를 원하는지 아닌지에 달려 있다.

15

지도자들은 종종 자신이 대중의 마음속에 들어 있는 계획을 드러나게 하는 척한다. 만약 지도자들이 그렇게 믿는다면, 그들은 대체로 자신을 속이고 있다. 계획은 많은 사람들의 마음속에서 동시에 저절로 생기는 것이 아니다. 이는 많은 사람들의 생각이 지도자들의 생각보다 열등하기 때문이 아니라 사고란 유기체(有機體)적인 기능인데 대중은 유기체가 아니기 때문이다.

대중은 끊임없이 암시에 노출되기 때문에 이 같은 사실이 희미해진다. 대중은 그냥 뉴스만을 읽지 않는다. 취해야 할 행동에 대한 암시까지 뉴스와 함께 읽는 것이다. 대중은 사실과 같은 객관적인 보도를 듣는 것이 아니라 이미 특정한 행동 유형에 맞춰 정형화된 보도를 듣는 것이다. 그래서 외양만의 지도자들은, 진짜 지도자는 유력한 신문사의 소유주라는 사실을 알게 된다. 그러나 만약 실험실에서처럼 대중의 경험에서 모든 암시와 통솔력을 제거할 수 있다면, 다음과 같은 것을 발견할 수 있을 것이다. 동일한 자극에 노출된 대중은 이론적으로 오류의 다각형 안에 도표(圖表)화할 수 있는 반응을 보일 것이다. 하나로 함께 분류될 수 있을 정도로 충분히 동일하다고 느끼는 집단이 있을 것이다. 양 극단에는 여러 가지 다른 느낌이 있을 수 있다. 이러한 분류는 각각의 분류군에 있는 개인들이 그들의 반응을 말로 표현할 때 굳어지는 경향이 있다. 다시 말해, 어렴풋이 느꼈던 사람들의 막연한 감정을 말로 표현하게 되면 그들은 자신들이 느꼈던 것을 더 확실히 알게 되고, 따라서 그것을 더욱 확실히 느끼게 될 것이다.

대중의 감정과 접촉하고 있는 지도자들은 이러한 반응을 신속하게 의식한다. 그들은 고물가(高物價)가 대중을 억누르고 있으며, 특정 계급 사람들의 인기가 떨어지고 있다는 사실과 또 다른 나라에 대한 감정이 우호적인지 적대적인지를 잘 알고 있다. 그러나 단지 기자가 가정하는 지도력에 대한 암시의 효과를 계속 가로막는다면, 특정 정책의 선택을 운명적으로 결정해야 하는 대중의 감정에는 아무것도 남지 않을 것이다. 대중의 감정이 요구하는 바는 발전되고 공개된 정책이 논리적으로 원래 감정과 연관되지 않는다면, 유추와 연상에 의해 원래 감정과 연결되게 된다.

그래서 새로운 정책을 시행하려고 할 때는 마르쿠스 안토니우스가 브루투스를 따르는 사람들에게 행한 연설에서처럼 공동체 감정을 불러일으키는 머리말이 있게 마련이다. 가장 먼저 지도자는 대중의 지배적인 의견을 말한다. 때로는 좋은 이야기를 하거나 자신의 애국심을 과시함으로써, 또는 흔히 불만을 없애버림으로써 그는 대중에게 친근한 태도로 다가간다. 그가 믿을 만하다고 밝혀지면 이리저리 방황하던 대중은 그에게로 돌아선다. 그러면 사람들은 그가 캠페인 계획에 착수할 것을 기대하게 된다. 그러나 그는 대중의 감정을 전달하는 슬로건에서 그런 계획을 발견하지 못한다. 심지어 암시조차 되어 있지 않다. 정책이 미치지 못하는 멀리 떨어진 곳에서 계획은 무엇보다 말이나 감정적으로 처음에 대중 속에서 말에 올랐던 일과 연결되어야 한다. 친근한 역할을 맡아 신뢰받는 사람들은 일반에게 받아들여지는 상징에 동의함으로써 계획의 내용을 설명하지 않고도 오랫동안 주도권을 잡고 나갈 수 있다.

그러나 지혜로운 지도자들은 그렇게 하는 것에 만족하지 않는다. 만약 공표해도 크나큰 반대를 불러오지 않고 토론을 해도 행동이 그다지 지연되지 않을 것이라고 생각되면 그들은 사람들의 동의를 구하기 위해 어떤 조치를 취한다. 그러면 그들은 대중 전체에게는 아닐지라도, 부하들에게 비밀을 충분히 털어놓아 그들로 하여금 앞으로 일어날 일에 대해 준비를 시키고, 또한 그 결과는 그들이 자유의지로 원했던 것이라고 느끼게 한다. 그러나 지도자가 아무리 성실하다고 해도 사실들이 매우 복잡할 때 이런 협의에는 항상 어느 정도의 환상이 있게 마련이다. 왜냐하면 대중은 경험이 더 많고 상상력이 더욱 풍부한 사람들과 마찬가지로 우발적으로 일어난 사건을 그렇게 선명하게 느낄 수는 없기 때문이다. 상당히 많은 비율의 사람들은 지도자가 그들에게 제시한 선택에 대해 고맙게 생각할 충분한 시간도 주어지지 않은 채, 또한 배경 설명도 없는 채 그것에 동의하지 않을 수 없다. 그러나 아무도 더 이상 요구할 수 없다. 오직 이론가들만이 할 수 있다. 만약 우리가 재판에서 승리하고, 우리가 말해야만 했던 것에 귀가 기울여지며, 우리가 한 행위의 결과가 좋게 된다면 우리 대부분은 자신의 의견이 당면 과제에 얼마나 많은 영향을 미쳤는지 계속 생각하게 된다.

그러므로 만약 확립된 권력이 민감하고 정보에 정통하다면, 그리고 권력이 분명히 대중의 감정을 만족시키려 한다면, 또 실제로 불만의 원인을 일부 제거하고 있다면, 그것이 아무리 천천히 진행된다 해도, 진행되고 있는 것처럼 보이기만 하면 그 권력은 조금도 두려워할 것이 없다. 밑으로부터의 혁명에 착수하면 엄청나고 지속적인 실수와 거의 무한정의 서투름이 발생한다. 궁전(宮殿) 혁명, 부서(部署) 간 혁명 등은 이와는 다른 것이다. 민중 선동도 마찬가지다. 민중 선동은 감정을 표현함으로써 긴장을 완화하는 수준에 그친다. 그러나 정치인은 이러한 긴장완화가 일시적인 것이며 너무 자주 지나치게 빠져드는 것은 건전하지 못하다는 사실을 알고 있다. 그래서 그는 그 감정과 관계가 있는 사실을 다루는 계획 속에 그 감정을 밀어 넣을 수 없다면 그것이 생기지 않도록 조심한다.

그러나 지도자들이 모두 정치인은 아니며, 모든 지도자들은 물러나기를 싫어하며, 대부분의 지도자들은 지금 상황이 나쁘더라도 다른 사람들이 더욱 나쁘게 하지 않을 것이라고 믿지 못한다. 대중에게 미치는 영향의 범위는 일반적으로 지도자들의 머릿속에 있기 때문에, 그들은 대중이 정책 영향의 범위를 느낄 때까지 단순히 수동적으로 기다리지 않는다. 그러므로 그들은 틈틈이 그들의 방어벽을 손보고 그들의 지위를 강화하고 있다.

방어벽을 보수하는 것은 가끔 속죄의 염소를 바치고, 힘 있는 개인이나 당파에게 영향을 미치는 대수롭지 않은 불평을 시정하고, 어떤 일들을 재정리하고, 자신들의 고향에 병기고(兵器庫)를 두거나 특정인의 악행을 중지시키는 법률을 원하는 한 무리의 사람들을 달래는 일들이다. 선거에 의존하는 공직자(公職者) 한 사람의 하루 활동을 조사해보면 당신의 활동 양상은 더 많이 넓어질 것이다. 해마다 선출되는 국회의원 가운데 공적인 일에 대해 전혀 힘을 쏟을 생각을 하지 않는 사람들이 있다. 그들은 어딘가 허공에서 대단한 봉사를 하기보다는 많은 사람들에게 아주 보잘것없는 하찮은 일에 대해 아주 작은 봉사를 하기를 선호한다. 어떤 조직에서 성공적인 시종(侍從) 역할을 해주는 사람들의 숫자는 제한되어 있으며, 예민한 정치인들은 영향력이 있거나, 명백하게 영향력이 없어서 그 사람에게 주목하는 것은 세상을 깜짝 놀라게 하는 관대함의 표시로 볼 수 있는 사람을 섬기려고 한다. 혜택을 받지 못하고 있는 훨씬 더 많은 사람들, 즉 익명의 다수가 선전을 접하게 된다.

어느 조직에서건 지위가 확고한 지도자들은 엄청나게 많은 이익을 얻게 된다. 사람들은 그들이 남들보다 더 좋은 정보원(情報源)을 갖고 있다고 믿고 있다. 책이나 논문들이 그들의 사무실에 있다. 그들은 중요한 회의에 참석했다. 그들은 비중 있는 사람들을 만났다. 그들은 책임감이 있다. 그러므로 그들이 주목을 끌고 설득하는 어조로 말하기가 쉽다. 그러나 또한 그들은 사실들에 대한 접근에서도 엄청난 통제력을 발휘한다. 모든 공직자는 어느 정도는 검열관이다. 그리고 어느 누구도 숨기거나 언급하지 않음으로써 정보를 억누를 수는 없다. 정보를 억누를 경우 지도자가 대중이 알기를 원하는 것이 무엇인지 알 수 있다. 그렇기 때문에 모든 지도자들은 어느 정도 선전가이다. 전략적인 위치에 있고, 또 간혹 대중에 대한 솔직함과 제도를 위한 안전의 이상들 사이에서 선택을 강요당하는 공직자는 자기 자신이 대중이 알도록 허용할 사실들을 어떤 상황에서 어떤 것으로 위장하여 전달할 것인지를 더욱더 의식적으로 결정하고 있다는 사실을 깨닫는다.

16

내가 생각하기에 의견 일치를 이뤄내는 과정을 상당히 세련되게 할 수 있다는 사실은 아무도 부정하지 않을 것이다. 여론이 형성되는 과정은 확실히 이 책에 나와 있듯이 아주 복잡한 것이며, 그 과정을 이해하는 사람 누구에게나 여론 조작의 기회가 열려 있다는 사실은 너무나 명백하다.

의견의 일치를 이뤄내는 것은 결코 새로운 기술이 아니다. 그것은 아주 오래된 것으로서, 민주주의의 출현과 함께 사라졌다고 여겨졌다. 그러나 그것은 사라지지 않았다. 사실, 그것은 주먹구구식이 아니고 분석을 기반으로 하고 있기 때문에 오히려 기술적으로 엄청나게 향상되었다. 그리고 현대적인 커뮤니케이션 수단에다가 심리학 연구의 결과까지 함께 작용하면서, 민주주의의 실천은 중요한 고비를 돌았다. 어떤 혁명이 일어나고 있다. 어떤 경제적인 힘의 변화보다도 훨씬 더 중요한 혁명이다.

지금 세상사를 지배하고 있는 세대의 인생에서, 설득은 자의식이 강한 기술이자 대중적인 정부의 하나의 정규 기관(器官)이 되었다. 우리 가운데 그 누구도 그 결과를 이해하려고 시작하지 않고 있지만, 어떻게 의견 일치를 이뤄내느냐에 대한 지식은 모든 정치적 계산과 모든 정치적 전제들을 바꿔놓을 것이라고 말하는 일은 결코 무모한 예언이 아니다. 선전이라는 단어의 의미를 반드시 나쁘게만 받아들일 필요는 없는데, 그 선전의 영향 아래에서 옛날 우리 사고에서 상수(常數)였던 것들이 이제는 변수(變數)들이 되었다. 예를 들어, 민주주의의 원래 신조를 믿을 수 없게 되었다. 인간사(人間事)를 처리하는 데 필요한 지식은 인간의 마음에서 자발적으로 나온다는 사실을 믿는 것은 이제 불가능해졌다. 그 이론에 근거해서 행동할 때 우리는 스스로를 자기기만과 우리가 증명할 수 없는 형태의 설득에 노출시키게 된다. 만약 우리가 이해할 수 없는 세상을 다루어야 한다면 우리는 직관, 양심, 또는 일상적인 의견의 우연성에 의존할 수 없다는 사실이 증명되었다.

제6장

민주주의의 이미지

1

   나는 미국에서 미국 그 이상의 것을 보았음을 고백한다. 나는 민주주의의 이미지 그 자체를 얻으려고 노력했다.

   여론은 민주주의의 주된 동인(動因)이라 여겨지기 때문에 여론을 다룬 문헌이 방대하리라고 생각하기가 쉽다. 그러나 그 같은 문헌은 발견되지 않는다. 정부와 정당에 관한 책들, 다시 말해 여론이 형성된 후에 이론적으로 수렴하는 기구에 관한 훌륭한 책들은 많이 있다. 그러나 여론이 발생하는 근원에 관한 책이나, 여론이 형성되는 과정에 관한 책은 상대적으로 희귀하다. 여론이라고 불리는 힘이 존재한다는 사실은 대부분 당연한 것이라고 여겨진다. 미국 정치에 관한 글을 쓰는 이들은 정부가 공동의지를 어떻게 표현하는지, 혹은 공동의지가 정부의 존재 목적을 파멸시키는 것을 어떻게 막을 것인지에 관한 탐구에 관심이 많다. 그들의 전통에 따라, 그들은 여론을 길들이기를 원하거나 여론에 순종하기를 원한다. 그래서 유명한 교과서 시리즈의 어느 편집자는, "정부가 직면하고 있는 가장 난해하고 가장 중요한 질문은 개인적 의견의 힘을 어떻게 공적인 행위로 전달하는가 하는 것이다."라고 기술한다.

그러나 이보다 훨씬 더 중요한 질문이 있다. 즉 정치 현상에 대한 개인적 관점들을 어떻게 확인하는가 하는 문제가 여전히 남아 있다. 나중에 좀 더 논하겠지만, 이미 작동하고 있는 원칙들을 발전시켜 근본적인 향상을 꾀할 수 있다는 전망이 있다. 그러나 이 발전은, 우리가 각자의 의견들이 하나로 합쳐지는 과정에 주목하면서 여론이 어떻게 형성되는지에 관한 지식을 얼마나 잘 배우느냐에 달려 있다. 왜냐하면 부분적 접촉이나 전통, 그리고 개인적 관심 등의 산물인 격식을 차리지 않은 의견은 필연적으로 정확한 기록과 측정, 분석, 그리고 비교를 기초로 한 정치적 사고의 방법과는 다르기 때문이다. 어떤 것이 흥미롭고, 중요하고, 친숙하고, 개인적이고, 극적으로 보이는지를 결정하는 마음의 특성들은 현실적인 의견을 방해하는 것들이다. 그러므로 공동체 전체에 편견과 직관이 충분하지 않다는 확신이 없다면, 시간과 돈, 노동력, 의식적인 노력, 인내, 그리고 평정을 요구하는 현실적인 의견을 형성하는 데 충분한 지지를 얻지 못할 것이다. 그런 확신은 자기비판이 강해질수록 더 커지고, 우리에게 인기를 끌기 위한 연설이 어떤 것인지 자각시켜주며, 우리 자신이 그런 연설을 이용하면 스스로를 경멸하게 하거나, 그것을 발견해내도록 감시하게 한다. 우리가 글을 읽고, 말하고, 결정할 때 의견을 분석하는 철두철미한 습관이 없다면, 우리들 대부분은 좀 더 나은 생각의 필요성을 알아채지 못할 것이며, 그런 것들이 나타날 때도 별다른 관심조차 보이지 않을 것이며, 정치 정보의 새로운 기술이 조작되는 것을 막을 수도 없을 것이다.

그러나 가장 오래되고 가장 강력한 민주주의를 갖고 판단해본다면, 민주주의는 여론을 가지고 신비를 만들었다. 선거일에 다수를 창조해낼 정도로 신비로움을 잘 터득한 능숙한 의견 조직자가 있어왔다. 그러나 이들 조직자들을 정치학에서는 여론을 어떻게 형성하고 관리하는지에 관한 가장 효과적인 지식을 소유한 자들이 아니라 저급한 자나 "문제의 인물"로 간주해왔다. 민주주의 사상에 관해 말해왔던 사람들, 즉 학생과 웅변가와 편집인들은 심지어 민주주의의 행위를 관리해보지도 않고, 마치 다른 사회 사람들이 사건의 진행 과정에서 최종적인 결정의 원인으로 생각하는 신비스러운 힘들을 바라보듯이, 여론을 바라보는 경향이 있었다.

왜냐하면 거의 대부분의 정치 이론에는 그 이론의 전성기 때 검증되지 않고 그냥 넘어간 불가사의한 요소가 있기 때문이다. 그런 요소들의 이면에는 운명, 수호신, 선택된 사람들에게 주어진 권한, 신성 독재 군주제, 천국의 부섭정(副攝政), 명문계급 등이 있다. 더욱 명백한 천사나 악마, 그리고 왕들은 민주주의 사고에서 쫓겨났지만, 우리를 지도해줄 예비적 힘들이 있다고 믿어야 할 필요성은 여전히 존속한다. 그것은 민주주의의 모형을 설계한 18세기 사상가들도 인정했다. 그들은 창백한 신을 갖고 있었지만 동시에 따뜻한 가슴을 갖고 있었다. 그들은 새로운 사회질서를 위한 무오류 기원의 필요성에 대한 대답을 주권재민의 원칙에서 발견했다. 거기에는 신비가 있었고, 오로지 국민의 적들만이 불경스럽고 호기심에 찬 손으로 그것을 건드렸다.

2

그들은 치열하고 불확실한 투쟁을 벌이고 있는 실제 정치인들이었기 때문에 그 신비의 베일을 벗기지 않았다. 그들 스스로가 정부에 관한 어떤 이론보다 훨씬 심도 있고 친근감 있고 중요한 민주주의의 영감을 느꼈다. 오래된 편견에 대한 저항으로 그들은 인간의 존엄을 주장해왔다. 그들을 사로잡은 것은 존 스미스(John Smith)가 공공의 문제에 대해 건전한 의견을 가졌는지 아닌지가 아니라, 늘 열등하게 여겨지는 가문의 자손인 존 스미스가 이제는 더 이상 누구에게도 무릎을 꿇지 않아도 될 것이라는 사실이었다. 이러한 광경은 "그 새벽에 살아 있는 것"이 축복이 되게 했다.[1] 그러나 모든 분석가들은 그러한 고귀함을 깎아내리려 하고, 모든 사람들이 항상 이성적이고 교육받았고 충분한 정보를 갖고 있다는 사실을 부정하거나, 사람들은 어리석어 자신들의 관심사를 늘 잘 알지 못하거나, 모든 사람들은 지배할 소질을 동등하게 타고나지는 않았다고 생각하는 듯하다.

비판가들은 마치 북 치는 소년처럼 환영 받았다. 인간의 오류 가능성에 관한 그들의 모든 관찰들은 싫증 나도록 이용되었다. 만약 민주주의자들이 귀족정치의 주장들 중 어느 하나에라도 진실이 담겨 있다고 인정했더라면, 그들은 자신들의 방어벽에 틈을 열어주는 꼴이 되었을 것이다. 그래서 노예는 천성적으로 노예였다고 아리스토텔레스가 주장하지 않을 수 없었던 것처럼, 민주주의자들은 자유인은 태어나면서부터 입법자요 행정가라고 주장하지 않을 수 없었다. 인간의 영혼은 이러한 기술적인 도구를 아직

---

1) 워즈워스는 프랑스 혁명이 지난 뒤 인간이 평등하게 된 사실을 두고 "그 새벽에 살아 있다는 것이 축복이었다. 젊다는 것은 바로 천국과 같다."라고 표현한 적이 있다.

갖고 있지 않을지도 모르고 앞으로도 결코 가질 수 없을지 모르지만, 원하지 않는 상태에서 다른 사람의 도구로 사용되지 않을 양도할 수 없는 자유를 갖고 있다는 점을 설명하기 위해 그들은 멈출 여유가 없었다. 우월한 사람들은 여전히 너무 강하고 너무 파렴치한 나머지 그런 식의 솔직한 말을 이용하고 싶은 마음을 억누르지 못했다.

그래서 초기 민주주의자들은 대중에게서 합리적인 정당성이 저절로 솟아 나온다고 주장하였다. 비록 토머스 제퍼슨(Thomas Jefferson)과 같은 영리한 사람은 이에 대해 개인적으로 갖가지 유보적인 태도를 보였지만, 다른 모든 사람들은 그러기를 바랐고 또 많은 사람들은 실제로 그랬다고 믿었다. 그러나 한 가지만은 확실했다. 여론이 자발적으로 발생하지 않는다 하더라도, 그 시대의 어느 누구도 여론이 결코 발생하지 않을 것이라고 보지는 않았다는 점이다. 왜냐하면 어떤 근본적인 면에서 볼 때, 민주주의의 기초가 된 정치학은 아리스토텔레스가 만든 학문과 같은 것이었기 때문이다. 통치의 기술이 천부적인 것이라고 전제하고 있는 점에서 보면, 민주주의자와 귀족주의자, 왕정주의자, 그리고 공화주의자에게 동일한 학문이었다. 통치의 기술을 부여받은 사람들이 어떤 부류인지를 정하려 노력할 때, 사람들은 급진적으로 달라졌다. 그러나 무엇보다도 중요한 질문은 정치적 지혜를 타고난 사람들을 찾는 것이라는 점에는 모두가 동의하였다. 왕정주의자들은 왕은 지배하기 위해 태어난 사람이라고 확신하였다. 알렉산더 해밀턴(Alexander Hamilton)은 "모든 계급에는 강한 정신을 가진 이들이 있다. …… 정부의 정신에 어떤 영향을 미치는 극히 예외적인 경우가 간혹 있지만 의회는 지주, 상인, 그리고 학식 있는 전문 직업인들로 구성될 것이다."라고 생각했다. 제퍼슨은 정치적 재능이 신에 의해 농민과 농장주에게 주어진다고 생각했고, 때로는 정치적 재능이 모든 사람들에게서 발견되는 것처럼 말했다. 중요한 전제는 동일했다. 즉, 통치한다는 것은 사회의 기호에 따라, 한 사람 혹은 선택된 소수, 모든 남성, 혹은 남성 중에서 21세 이상의 백인, 때로는 모든 남성과 여성에게서 나타날 수도 있는 본능이라는 점이었다.

누가 가장 적합한 통치자인가를 정하는 기준에서, 세상에 관한 지식이 당연한 것으로 여겨졌다. 귀족주의자는 큰일을 다뤄본 사람들이 통치 본능을 소지하고 있다고 믿었고, 민주주의자들은 모든 사람들이 본능을 갖고 있기 때문에 누구나 큰일을 취급할 수 있다고 주장하였다. 그러나 어느 경우에라도 세상의 지식이 어떻게 통치자에게 전달되는지에 관해 고찰하는 것은 결코 정치학이 다룰 부분이 아니었다. 그들은 국민을 위한다고 해놓고는 유권자에게 정보를 어떤 식으로 제공할 것인가 하는 문제를 해결하려고 노력하지는 않았다. 만 21세가 되면 사람은 정치적 능력을 갖게 된다. 중요한 것은 선한 마음, 합리적인 사고방식, 균형 잡힌 판단력 등이다. 이런 것들은 나이가 들면서 성숙해진다. 하지만 어떻게 정보를 제공할 것인지, 어떻게 판단력을 기를 것인지 고려할 필요는 없었다. 사람들은 호흡을 하듯이 사실들을 받아들였다.

3

그러나 사람들이 이처럼 노력 없이도 얻게 되는 사실에는 한계가 있다. 그들은 살고 일하는 곳의 관습과 보다 뚜렷한 특성은 알 수 있었다. 그러나 그들은 외부 세계를 알아야 했다. 그들은 세상을 직관적으로 알 수 없었을 뿐만 아니라, 단지 살아감으로써 그곳에 관한 믿을 만한 지식을 얻을 수도 없었다. 그래서 자발적인 정치가 가능한 유일한 환경은 통치자의 직접적이고 확실한 지식의 범위 안으로 국한된 환경이었다. 자연이 부여한 인간의 재능을 바탕으로 한 정부가 있는 곳이면 어디서나 이런 결론을 피해가는 것이 불가능하다. 아리스토텔레스도 말했듯이, "만약 한 국가의 시민들이 능력에 따라 관리들을 평가하고 관직을 나누어 준다면 그들은 서로의 특성을 잘 알아야 하며, 만약 그들이 이런 지식을 갖고 있지 않으면 관리자를 뽑는 선거나 소송의 판결은 잘못되고 말 것이다."

분명히 이 격언은 정치사상의 모든 학파에 구속력을 발휘하고 있었다. 그러나 그것은 민주주의자들에게 특별한 어려움을 제기하였다. 계급 통치를 믿는 사람들은 왕의 궁중이나 귀족의 저택 안에서 지배 계층이 서로의 특성을 안다고 주장할 것이고, 나머지 사람들이 수동적으로 있다면 지배 계급의 특성만 알면 된다고 주장할 수 있었을 것이다. 그러나 모든 사람들의 존엄성을 고양시키길 원했던 민주주의자들은 즉시 남성 유권자 전체라고 하는 지배계급의 거대한 규모와 혼란 속으로 휘말려 들었다. 그들의 정치학은 정치는 하나의 본능이고, 본능은 제한된 환경 안에서 작동한다고 말하고 있었다. 그들의 희망은 그들에게 거대한 환경 안에 있는 모든 사람이 통치할 수 있다는 주장을 하라고 명령했다. 그들의 이상과 정치 이론 사이에 생기는 치명적 갈등에서 벗어날 수 있는 유일한 탈출구는 지나친 토론은 그만두고 국민의 소리는 하늘의 소리라고 가정하는 것이었다.

비판적으로 본다면 그 역설은 지나치게 거창하고, 위험이 너무 컸으며, 이상은 너무나도 높았다. 그들은 어떻게 보스턴 시민이 보스턴에 거주하며 버지니아 주민의 견해를 알게 되는지, 어떻게 버지니아에 살고 있는 버지니아 주민이 워싱턴에 있는 정부에 관해 의견을 갖게 되는지, 어떻게 워싱턴에 있는 국회의원들이 중국이나 멕시코에 관한 의견을 갖게 되는지에 대해 설명하지 못했다. 왜냐하면 그 당시 많은 사람들은 눈에 보이지 않는 환경에 대해 판단할 수 없었기 때문이다. 확실히 아리스토텔레스 이후 약간의 발전은 있었다. 일부 신문과 책이 있었고, 좀 더 나은 도로와 선박도 있었다. 그러나 대단한 발전은 없었으며, 18세기의 정치적 가설은 본질적으로 과거 2천 년 동안 정치학 분야에 널리 보급되어 있었다. 선구적인 민주주의자들은 알려진 인간의 관심 범위와 인간의 존엄성에 대한 그들의 무한한 신념 사이에 생긴 갈등을 해결해줄 도구를 갖지 못했다.

그들의 가정은 현대의 신문과 세계적인 통신사, 사진, 그리고 영화를 앞선 것만이 아니었다. 더욱 의미 있는 것은 그들의 가정이 측량과 기록, 양적 분석과 비교분석, 증거의 기준, 목격자의 선입견을 교정하고 평가 절하하는 심리학적 분석의 능력을 앞섰다는 점이다. 우리의 기록들이 만족할 만하고, 분석에 편견이 없으며, 측정이 완전하다고 말하는 것은 아니다. 눈에 보이지 않는 세계를 판단의 영역으로 끌어들인 중요한 발명이 이루어졌다고 말하려는 것이다. 그런 것들은 아리스토텔레스 시대에 만들어진 것도 아니며, 루소(Rousseau), 몽테스키외(Montesquieu), 토머스 제퍼슨(Thomas Jefferson) 시대의 정치 이론에서 눈에 띌 만큼 중요하지도 않았다. 이 책 후반부에서 나는 최근의 인간 복원(human reconstruction) 이론인 영국의 길드 사회주의자 이론에서조차 모든 깊이 있는 전제들은 이들 과거 정치사상 체제에서 계승된 것이라는 사실을 보여줄 것이다.

그 체제가 언제나 유능하고 솔직한 것이 되려면, 사람은 누구나 공적 업무를 부분적으로밖에 경험하지 못한다고 가정해야만 했다. 사람이 공적 업무에 약간의 시간밖에 투여할 수 없다는 점에서 그 가정은 여전히 진실이며 매우 중요하다. 그러나 과거 이론은 인간은 공적 문제에 아주 적은 관심밖에 투여할 수 없을 뿐만 아니라 그 관심도 가까이 있는 문제들에 한

정될 수밖에 없다는 가정을 인정해야만 했다. 아마추어들이 진정으로 가치 있는 선택을 할 수 있도록 먼 곳에서 일어난 사건과 복잡한 사건이 보도되고, 분석되고, 제시되는 시대가 올 것이라고 가정하는 것은 환상이었다. 그런데 그 시대가 지금 눈앞으로 다가왔다. 직접 보지 않는 환경에 대한 지속적인 보고가 실현 가능하다는 사실은 의심할 여지가 없다. 가끔 잘못되는 경우가 있긴 하지만, 그것이 실행되고 있다는 사실은 곧 그것이 될 수 있음을 의미하며, 그것이 얼마나 잘못되었는지를 우리가 알기 시작한다는 사실은 그것이 잘될 수 있음을 의미한다. 기술과 정직성의 수준은 경우에 따라 다르지만 사업가들에게는 기술자들과 사무원들이, 고위 공직자들에게는 비서들과 공무원들이, 작전참모에게는 정보장교들이 멀리 떨어져 있는 복잡한 사안들을 매일매일 보도하고 있다. 이것들은 시작에 불과하지만 급진적이다. 여기서 급진적이라는 것은 그 단어가 갖는 문자적 의미에서, 전쟁이나 혁명, 권력의 포기, 권력의 회복 등의 단어를 반복하는 것보다 훨씬 급진적이다. 로이드조지 씨가 런던에서 아침식사를 마치고 웨일스 탄광에 관해 논의한 다음, 파리에서 저녁식사를 하기 전에 아랍의 운명에 관해 논의하는 것이 가능하게 된, 인간 삶의 규모에 나타난 변화만큼이나 급진적이다.

왜냐하면 인간사의 어떤 측면이라도 판단의 영역으로 갖고 올 수 있는 가능성이 정치사상들을 사로잡고 있던 마법을 풀어버렸기 때문이다. 물론 관심의 범위가 정치학의 주된 전제라는 사실을 깨닫지 못하는 사람들이 많이 있었다. 그들은 모래 위에 집을 짓고, 세상에 대한 매우 제한적이고 자기중심적인 지식의 효과를 자기 사람들에게 과시했다. 그러나 플라톤과 아리스토텔레스에서 마키아벨리, 홉스를 거쳐 민주주의 이론가들에 이르는 중요한 정치사상가들에게, 사색은 세상을 자기 머릿속에 있는 몇

몇 상(像)을 통해 보아야 했던 자기중심적인 인간을 중심으로 맴도는 것이었다.

4

만약 자기중심적인 인간 집단들이 서로 부딪친다면, 그들이 생존 경쟁 상태에 놓이게 되는 것은 명백했다. 홉스[2]는 많은 진리가 담겨 있는 『리바이어던』[3]의 유명한 구절에서 다음과 같이 말하고 있다. "비록 특정한 사람들끼리 전쟁상태에 돌입한 시대가 만약 지난날 어떤 시대에도 없었다 하더라도, 군주와 최고 권력을 가진 주권자들은 언제나 서로 간에 경계심을 늦추지 않고 감시의 눈을 번뜩이며 칼을 갈아 상대와 싸울 태세를 유지해 왔다……."

5

이러한 결론을 교묘히 회피하기 위해, 과거에도 많은 학파를 거느렸고 지금도 거느리고 있는 인간 사상의 위대한 어느 분파는 다음과 같이 주장

---

2) Thomas Hobbes(1588~1679): 영국의 철학자.
3) Leviathan: 토머스 홉스(Thomas Hobbes)가 지은 정치 철학론(1651). 정식 제목은 『리바이어던 혹은 교회적 및 정치적 국가의 소재·형체·권력』이다. 책명 리바이어던은 『구약성서』 「욥기」 41장에 나오는 바다괴물의 이름으로, 인간의 힘을 넘는 매우 강한 동물을 뜻한다. 홉스는 국가라는 거대한 창조물을 이 동물에 비유하였다.

했다. 그것은 사람들 각자가 올바른 기능과 권리를 갖는 이상적이고 정의로운 인간관계의 유형을 생각할 수 있다는 것이었다. 만일 그 사람이 자신에게 할당된 역할을 양심적으로 완수하기만 하면 그의 의견이 옳건 그르건 문제가 되지 않는다. 그는 자신의 의무를 다하고, 다른 사람도 그들 자신의 의무를 다했다. 이처럼 충실한 사람들이 함께 조화로운 세상을 만들었다. 모든 계급제도는 이런 원칙을 잘 보여준다. 이 원칙은 플라톤의 『공화국』, 아리스토텔레스, 이상적인 봉건제도, 단테의 『낙원』, 관료주의 형태의 사회주의, 자유방임주의에서 발견되며, 노동조합 지상주의[4]와 길드 사회주의, 무정부주의, 그리고 로버트 랜싱 씨(Mr. Robert Lansing)에 의해 이상화된 국제법에서도 놀라울 정도로 발견된다. 이 모든 것들은 의견이 강한 개인이나 계급 혹은 공동체를 나머지 인류와 화합하게 하는, 영감을 받거나 강요되거나 타고나는 어떤 조화를 전제로 한다. 좀 더 권위적인 사람들은 각자가 맡은 역할을 하도록 이끄는 교향악단의 지휘자를 상상할 것이다. 그리고 무정부주의적인 사람들은 각 연주자가 내키는 대로 즉석에서 연주하다 보면 가장 훌륭히 조화되는 화음이 나오는 것으로 생각하는 경향이 있다.

   그러나 이러한 권리와 의무라는 도식에 식상해하고, 갈등을 당연한 것으로 여기며, 어떻게 자기편을 정상에 오르게 할지 노력하던 철학자들도 있었다. 그들이 할 일이라고는 인간이면 누구나 겪는 경험을 일반화하는 것이었다. 그렇기 때문에 그들은 항상, 심지어 그들이 두려움에 빠진 듯 보이던 때조차도 더욱 현실적으로 보였다. 마키아벨리(Machiavelli)는 이 학

---

4) syndicalism : 노동자들이 총파업(general strike)·사보타지(sabotage) 등의 직접 행동에 의해 생산·분배 수단의 소유를 목표로 하는 조합주의.

파의 고전적 인물로서 더없이 무자비한 비난을 받았다. 그 이유는 그가 어쩌다 초자연주의자들이 선점했던 분야에서 솔직한 말을 사용한 최초의 자연주의자였기 때문이다. 그는 생존했던 어떤 정치사상가보다 훨씬 더 높은 악명을 떨쳤으며 동시에 훨씬 더 많은 제자를 두었다. 그는 독립적 국가의 존재 기술을 정확하게 말하였다. 그것이 바로 그가 제자를 많이 둔 이유이다. 악명을 떨쳤던 주된 이유는 그가 메디치(Medichi) 가문에 추파를 던지며, 밤에는 자신의 서재에서 "고상한 궁정복"을 입고 스스로 군주가 되는 꿈을 꾸고, 일이 돌아가는 과정에 대한 신랄한 묘사를 그런 방법에 대한 찬사로 바꾸었기 때문이다.

가장 악명 높은 장(章)에서 그는 이렇게 썼다. "군주는 앞서 말한 다섯 가지 특성이 담기지 않은 말은 어떤 것이든 입 밖으로 내뱉지 않도록 주의해야 하며, 그의 말을 듣고 그를 보는 사람에게 자비롭고 신뢰할 만하며, 인정 많고, 정직하고, 경건하게 보이도록 조심해야 한다. 당신에게 직접 다가와서 당신을 만지는 사람은 극히 적고 당신을 보는 사람은 훨씬 많기 때문이다. 일반적으로 사람들이 손보다 눈으로 판단하는 한에서는 바로 앞에 제시한 특성보다 더 중요한 것은 없다. 모든 사람들은 당신의 겉모습을 보며 당신이 진짜 누구인지 아는 사람은 별로 없다. 이 극소수 사람들은 다수의 의견에 감히 반대하지 못하는데, 이 다수의 사람들은 자신들을 지켜줄 국가의 주권자를 갖고 있다. 모든 사람들의 행위, 특히 군주의 행위에는 누구도 도전하려 들지 않고, 그 결과를 보고 판단하게 된다. …… 누구라고 밝힐 수는 없지만, 오늘날 어떤 군주는 평화와 신의(good faith) 외에는 어느 것에 관해서도 결코 설교를 하지 않는다. 하지만 그는 평화와 신의에 가장 적대적이다. 만약 그가 둘 중 하나라도 지켰다면 그 때문에 그의 명성과 왕국을 여러 번 잃었을 것이다."

이것은 냉소적인 말이다. 그러나 자신이 무엇을 왜 보았는지 정확히 알지는 못했지만, 진실로 보았을 때 가질 수 있는 냉소주의이다. 마키아벨리는 "일반적으로 손보다는 눈으로 판단하는" 사람들과 군주들의 성향을 생각하면서, 그들의 판단이 주관적이라는 것을 자기 식으로 말한 것이다. 그는 너무나 세속적이었기 때문에 그 시대 이탈리아인들처럼 세상을 찬찬히, 그리고 전체적으로 보고 있는 척할 수 없었다. 그는 환상에 빠지지 않았으며, 또한 자신들이 본 것을 바로잡는 방법을 배운 사람들이 있다는 생각을 할 자료도 갖고 있지 않았다.

　그가 발견한 바에 따르면, 이 세상은 자신의 관점을 거의 고치지 못하는 사람들로 이루어져 있었다. 그런 사람들은 모든 공적 관계를 개인적 방식으로 보기 때문에 끝없는 투쟁에 말려든다는 것을 마키아벨리는 알았다. 그들은 개인적, 계급적, 왕조(王朝)적, 시정(市政)적 시각에서 여러 일을 보는데, 그 일들은 본질적으로 그들 통찰력의 범위를 훨씬 벗어나 있다. 그들은 자신들의 관점으로 보고 그것이 옳다고 여긴다. 그러나 그들은 자신들과 비슷하게 역시 자기중심적인 다른 사람들과 부딪친다. 그러면 그들의 존재 자체가 위험에 빠지게 된다. 적어도 그들이 전혀 의심을 품지 않은 개인적 이유들로 자신의 존재로 여기고 받아들였던 그것이 하나의 위험이 된다. 개인적이긴 하지만 실제 경험을 기초로 하여 생겨난 목적이 수단을 정당화한다. 그들은 전체를 구하기 위해 이 이상들 중 어느 하나를 희생시킬 것이다. …… "사람은 결과로 판단한다. ……"

6

 이러한 근본적인 진리들이 민주주의 철학자들과 정면으로 맞섰다. 의식적이든 아니든, 민주주의 철학자들은 정치 지식의 한계와 자치정부의 한계를 알고 있었으며, 독립 국가들이 서로 마찰을 빚는 경우 검투사의 자세를 갖춰야 한다는 것도 알고 있었다. 그러나 그들은 사람들 내면에는 운명을 스스로 결정하고, 힘으로 강요할 수 없는 평화를 발견하려는 의지가 있다는 것도 그 못지않게 확실히 알았다. 그렇다면 그들은 그러한 희망과 현실을 어떻게 조화시킬 수 있었을까?

 그들은 주변을 둘러보았다. 그리스와 이탈리아 도시국가에서 부패, 음모, 그리고 전쟁으로 이어진 역사를 발견했다. 그들은 자신들의 도시에서도 내분과 가짜와 열기를 보았다. 이것은 민주주의 이상이 번성할 수 없는 환경이었고, 독립적이고 능력 면에서 동일한 집단들이 자신들의 일을 자발적으로 처리할 수 없는 곳이었다. 아마도 그들은 장 자크 루소(Jean Jacques Rousseau)의 가르침에 따라 멀리 때 묻지 않은 시골 마을을 내다보았을 것이다. 그들은 그 이상(理想)이 고국에도 있다는 것을 스스로 확신할 정도로 충분히 많이 보았다. 특별히 제퍼슨이 그렇게 느꼈고, 그는 누구보다 앞서서 민주주의의 미국적 이미지를 형성하였다. 미국의 독립전쟁을 승리로 이끈 힘은 타운십[5]에서 나왔다. 제퍼슨의 당(黨)이 권력을 잡게 한 표도 타운십에서 나왔던 것이다. 만약 당신이 매사추세츠 주와 버지니아 주의 농촌에서 노예를 지워버리는 색안경을 끼고 있다면, 민주주의가 어떠했을 것인지에 관한 이미지를 마음의 눈으로 볼 수 있을 것이다.

---
5) Township: 군구(郡區). 카운티(county)의 하위 행정구역.

토크빌(Alexis de Tocqueville)은 "미국 독립전쟁이 발발했고, 타운십에서 배양된 국민주권주의 원칙이 국가를 지배했다."고 말한다. 확실히 그 원칙은 민주주의에 관한 고정관념을 형성하고 대중화한 사람들의 마음을 사로잡았다. "국민들을 소중히 여기는 것이 우리의 원칙이다."라고 제퍼슨은 기술하였다. 그러나 그가 소중히 여기는 국민이란 거의 예외 없이 약간의 토지를 소유한 농민들이다. "만약 신이 선택한 사람들이 있다면, 그들은 땅을 가꾸며 땀을 흘리는 사람들이다. 신은 그런 사람들의 가슴을 본질적이고 진정한 덕(德)을 쌓아놓을 특이한 저장고로 만드셨다. 그 저장고는 신이 성화(聖火)를 꺼지지 않도록 보존하는 중심이다. 농민의 가슴이 없었더라면 성화는 지구상에서 사라졌을 것이다. 농민 대중의 도덕적 부패는 어떤 시대, 어떤 국가에서도 전례를 찾아볼 수 없는 현상이다."

이 외침에 자연으로 돌아가라는 낭만적 사고가 아무리 많이 배어 있다 할지라도, 또한 중요한 의미를 지닌 요소도 있었다. 독립적인 농민집단이 자발적인 민주주의가 요구하는 조건에 다른 어떤 인간 사회보다 더 가깝다는 제퍼슨의 생각은 옳았다. 그러나 만약 당신이 그 이상(理想)을 보존하려면, 이상적인 공동체들을 세상의 혐오로부터 지켜내야 한다. 만약 농민들이 자신들만의 일을 처리하려면, 자신들이 익숙하게 처리해온 일들로 국한되어야 한다. 제퍼슨은 이런 모든 논리적인 결론을 이끌어냈다. 그는 제조업, 국제교역, 함선(艦船), 무형자산을 인정하지 않았고, 이론적으로 소규모 자치단체를 중심에 두지 않는 어떤 형태의 정부도 인정하지 않았다. 그 시대에도 그를 비판하는 사람들이 있었는데 그중 한 사람은 이렇게 말했다. "자아도취에 푹 빠져서, 현실적으로는 모든 침략자에 맞서 스스로를 방어할 만큼 충분히 강해진 우리는 영원히 전원생활을 누리며, 이기적이고 무관심에 안주하면서 냉담하고 천박한 삶을 살아갈 것이다."

7

이상적인 환경과 선택된 계급으로 이뤄진, 제퍼슨이 형성한 민주주의적 이상은 그 시대의 정치학과 충돌을 빚지는 않았다. 그러나 그것은 현실과 상충하였다. 부분적으로 풍성한 표현을 통해, 또 부분적으로는 선거운동을 위해 그 이상이 절대적인 용어로 언급될 때는, 그 이론이 원래 아주 특수한 조건에 맞춰 만들어졌다는 사실은 금방 잊혀졌다. 그것은 정치적인 복음이 되었으며, 모든 정당 소속의 미국인들이 정치를 바라볼 때 떠올릴 고정관념들을 제시했다.

제퍼슨의 시대에는 자발적이지 않고 주관적인 여론이 있다는 것을 아무도 받아들이지 않았는데, 바로 그 필연성 때문에 그 복음은 자리를 잡았다. 그러므로 민주주의 전통은 사람들이 원인과 결과가 자신의 거주 지역 안에서 작동하는 일들에 전적으로 관심을 갖는 그런 세상에서만 볼 수 있다. 민주주의 이론은 광범위하고 예상 불가능한 환경에서는 결코 생겨날 수 없었다. 그것은 오목(concave)거울이다. 민주주의자들은 자신들이 외부의 일들을 접하고 있다는 점을 인정한다. 그렇지만 외부와 갖는 그러한 접촉 행위가 애초에 받아들인 민주주의에 대한 위협이 된다고 확신한다. 그것은 두려움을 제대로 아는 것이다. 만약 민주주의가 자발적인 것이라면, 민주주의의 이해관계들은 단순하고, 이해 가능하고, 다루기 쉬워야 한다. 만약 정보의 공급이 일상적인 경험이 되려면, 조건들은 고립된 농촌 타운십의 조건과 비슷해야만 한다. 즉, 환경은 모든 사람들이 직접적이고 확실한 지식을 얻을 수 있는 범위로 한정되어야 한다.

민주주의자는 여론분석이 어떤 것을 보여줄지 이해했다. 보이지 않는 환경을 다룰 때, 결정들은 우연히 이뤄지는데 그런 식으로 결정이 이뤄져서는 곤란하다는 점을 민주주의자는 알고 있었다. 그래서 그는 항상 어떻게 해서든지 보이지 않는 환경의 중요성을 최소화하려고 노력했다. 민주주의자는 국제교역이 외국과 관계를 요구한다는 이유로 그것을 두려워했다. 또 제조업이 대도시를 조성하고 군중을 모은다는 이유로 그것을 불신했다. 그런데도 제조업을 두어야만 한다면, 자급자족을 위한 보호제도를 원했다. 현실 세계에서 이런 조건을 발견할 수 없을 때, 그는 열정적으로 광야로 나가서 외국과 접촉을 피할 수 있도록 멀리 떨어진 곳에 유토피아를 세웠다. 그의 슬로건엔 그의 편견이 드러난다. 그는 자치정부, 자결(自決), 독립을 지지한다. 이 개념들 중에서 어느 하나도 독립 집단의 경계선을 넘어선 동의나 공동체의 뜻을 수반하지 않는다. 민주주의적 행위의 영역은 한계가 지어져 있다. 보호 장치를 갖춘 경계선 안에서는 자급자족을 달성하고 분규를 피하는 것이 목적이다. 이 규칙은 외교정책에만 적용되지 않는다. 그러나 국경 밖의 생활은 그 안의 삶보다 훨씬 더 낯설기 때문에 이 규칙이 외교정책에 한정된다는 사실은 명백해진다. 그리고 역사가 보여주듯이, 민주주의는 외교정책에서 대체로 명예로운 고립과 자신들의 이상을 깨뜨리는 외교술 중 하나를 선택해야 했다. 사실 가장 성공적인 민주주의 국가인 스위스, 덴마크, 호주, 뉴질랜드, 그리고 미국은 유럽적인 의미의 외교정책이라는 측면에서 보면 최근까지도 외교정책이 없었다. 심지어 먼로주의와 같은 법칙도 무외교정책을 가질 정도로 충분히 공화주의적인 주들이 대서양과 태평양을 향해 제방을 쌓으려는 바람에서 나온 것이다.

  독재정치에서는 위험이 없어서는 안 될 중요한 조건인 반면, 민주주의의 작동에서는 안전이 필수적인 것으로 여겨졌다. 독립적인 공동체의 전제조건은 혼란은 되도록 적어야 한다는 것이다. 안전이 없으면 뜻밖의 일이 생긴다. 그것은 당신이 통제할 수 없고 상의할 수도 없는 사람들이 당신의 삶에 영향을 미치고 있다는 것을 의미한다. 그것은 익숙한 일상을 방해하는 힘들이 아직 제어되지 않은 채 비상한 결단을 요구하는 새로운 문제들을 야기한다는 것을 의미한다. 모든 민주주의자는 위험한 위기들이 민주주의와 양립할 수 없다는 것을 뼛속까지 느끼고 있다. 왜냐하면 그들은 대중의 타성(惰性)이란 극소수의 사람들이 신속히 결정하면 나머지는 맹목적으로 따르는 것이라고 잘 알고 있기 때문이다. 이것이 민주주의자들을 무저항주의자로 만들지는 않았으며, 모든 민주주의 전쟁이 평화주의 목적을 위해 싸우도록 하는 결과를 낳았다. 심지어 정복에 나선 전쟁인 경우에도, 그 전쟁이 문명을 지키기 위한 전쟁이라고 굳게 믿었다.

지구 표면의 한 부분을 둘러싸려는 이러한 다양한 시도는 비겁과 무관심 또는 제퍼슨의 비판자들 중 한 사람이 말했던 '수도자적인 규율'에 따라 살고자 하는 의지에 의해 고무되지는 않았다. 민주주의자들은 인간은 자신이 만든 한계로부터 자유로운 상태에서 최대한의 능력을 발휘할 수 있어야 한다는 어떤 찬란한 가능성을 보았다. 통치의 기술에 대한 지식을 가지고, 그들은 자율적인 개인들로 구성된 어떤 사회를 세울 생각을 했다. 구획을 짓고 단순한 사회라는 점에서 그들에 앞서 아리스토텔레스가 구상했던 것과 비슷했다. 그래서 모든 사람이 자발적으로 공적 업무를 처리할 수 있다는 결론을 얻으려고 했다면, 그 외의 다른 전제를 절대로 선택할 수 없었다.

8

자신들의 간절한 소망에 필요한 그 전제를 채택한 다음, 민주주의자들은 다른 결론도 끌어냈다. 자발적인 자치정부를 갖기 위해서는 단순한 독립 공동체를 가져야 했다. 그렇기 때문에 그들은 이런 단순하고 독립적인 일들을 처리하는 데 누구나 능력이 똑같다는 것을 인정해야 했다. 희망이 생각을 낳는 곳에서는 그러한 논리가 설득력을 발휘한다. 더구나 시골의 타운십에서는 전능한 시민이라는 원칙이 대부분 실제적인 목적에 이바지한다. 어느 마을의 모든 주민들은 조만간 마을의 모든 일에 관여하게 된다. 사람들은 순번을 정해 모든 업무를 맡는다. 민주주의의 고정관념이 보편적으로 적용되어 사람들이 복잡한 문명을 바라보면서 폐쇄적인 마을을 보기 전까지는, 전능한 시민이라는 원칙에 심각한 문제가 전혀 없었다.

시민 개개인은 공적 업무를 수행하는 데 적합했을 뿐만 아니라 언제나 공공심으로 무장하였으며 관심의 끈을 결코 놓지 않았다. 사람들과 그들의 일에 대해 잘 아는 타운십에서 개개인은 공공심을 충분히 발휘했다. 앞서 보았듯이, 계량적 사고는 고정관념에 잘 맞지 않기 때문에 타운십에 맞는 생각은 어떠한 목적에도 들어맞는 생각으로 쉽게 전환되었다. 그러나 그런 순환에 또 다른 방향전환이 있었다. 모든 사람들이 중요한 일에는 많은 관심을 갖는 것으로 여겨졌기에, 그런 일들만이 모든 사람이 관심을 가지는 중요한 일로 보이게 되었다.

이는 사람들이 그들의 머릿속에 자리 잡고 있는 상(像)을 바탕으로 외부 세계의 상(像)을 형성한다는 것을 의미한다. 이 상(像)들은 그들의 부모와 교사들이 정형화하여 그들에게 전해준 것이며, 그들 자신의 경험으로는 거의 고쳐지지 않는다. 극소수 사람들만이 주(州) 경계선을 넘어가서 처리하는 일을 가졌다. 외국에 나가야 했던 사람들은 그보다 훨씬 더 적었다. 대부분의 유권자들은 같은 환경에서 일생을 살았다. 그들은 오직 미미한 몇 개 신문과 팸플릿, 정치 연설, 종교 교육, 떠도는 소문 등을 바탕으로 상업과 금융, 전쟁과 평화와 같은 더욱 광범위한 환경을 이해해야 했다. 객관적인 보도에 근거를 둔 여론은 즉흥적인 환상에 기초한 여론에 비해 그 숫자가 아주 적었다.

그래서 형성기에는 여러 가지 이유로 자급자족이 정신적 이상이었다. 타운십의 물리적 고립, 개척자의 고독, 민주주의 이론, 개신교의 전통, 정치학의 한계 등이 한데 어우러져 작용하면서 사람들로 하여금 정치적 지혜는 개인의 양심에서 벗어나야 한다고 믿게 했다. 절대적인 원칙들에서 법을 추론하는 것이 그들의 자유로운 활력을 많이 빼앗았을 것이라는 사실은 당연하다. 미국의 정치적 정신은 그 자본을 먹고 살아야 했다. 미국의 정치적 정신은 법률주의(legalism)에서 검증된 일단의 규칙들을 발견했다. 이 규칙들에서 새로운 규칙들이 나올 수 있었다. 경험을 통해 새로운 진리를 배워야 하는 수고를 할 필요도 없었다. 그 방식이 놀라울 정도로 신성했기 때문에 모든 외국인 관찰자들은 미국인들의 역동적이고 현실적인 활력과 공적 삶에서 확인되는 정적인 이론주의 사이의 대조적인 모습에 놀랐다. 미국인들의 고착된 원칙에 대한 확고부동한 사랑은 자급자족을 달성하는 유리한 방법으로 알려졌다. 그러나 그것은 어떤 한 공동체에서 생기는 외부 세상에 관한 여론은 몇 가지 정형화된 이미지들로 구성되어 있다는 것을 의미했는데, 이들 이미지는 주로 법률이나 도덕률에서 추론되고 지역적 경험을 통해 촉발된 감정에 자극을 받았다.

그리하여 궁극적 인간의 존엄성이라는 멋진 이상에서 출발하고 있는 민주주의 이론은 자체 환경을 보도할 지식 도구를 갖추지 못함으로써 유권자의 내면에 축적된 지혜와 경험에 의지할 수밖에 없게 되었다. 제퍼슨의 말을 빌리면, 신은 인간의 가슴을 "실질적이고 참된 덕성을 저장하는 신의 특이한 저장고"로 만들었다. 이런 식으로 선택된 사람들은 자신들의 독립적인 환경 안에서 모든 사실들을 직시할 수 있었다. 그들은 환경이 너무

친숙했기 때문에 그곳 사람들은 실질적으로 똑같은 것을 이야기하고 있다는 생각이 당연하게 받아들여졌다. 그러므로 의견이 일치하지 않을 때도 똑같은 사실들에 대한 판단의 차이에 불과했다. 정보의 출처를 놓고 증거를 대야 할 필요가 없었다. 정보원들은 모든 사람이 알고 있었고, 누구나 똑같이 접근할 수 있었다. 궁극적인 기준을 문제 삼을 필요도 없었다. 독립된 공동체 안에서 사람들은 동종의 도덕률을 가질 수 있다고 하거나 최소한 그렇게 가정했다. 따라서 의견의 차이는 오직 용인된 기준을 용인된 사실에 논리적으로 적용하는 그 과정 안에서 생길 뿐이었다. 그리고 추론의 기능도 제대로 표준화되어 있었기 때문에 추론상 오류는 자유 토론에서 금방 드러났다. 결국 이러한 한계는 있지만 자유에 의해 진리를 얻을 수 있게 되는 것이다. 공동체는 정보 제공을 당연한 것으로 여겼다. 즉 공동체는 학교, 교회, 가정을 통해 규범을 전하고, 어떤 전제를 찾아내는 능력보다 그 전제로부터 추론을 끌어내는 힘을 기르는 것이 지적 훈련의 최고 목표가 되었다.

9

"예상했던 일이 일어났다."라고 해밀턴은 기술하였다. "연방의 조처들은 제대로 집행되지 않았으며, 각 주(州)의 태만이 점점 커져 결국 극단으로 치달으며 마침내 연방 정부의 모든 기능을 묶어버려 무시무시한 정지 상태로 끌고 갔다." …… 왜냐하면 "우리의 경우, 연방체제에서는 개별 주권을 가진 13개 주의 의지야말로 연방에서 나온 모든 중요한 조치를 완전하게 집행하는 데 꼭 필요하기 때문이다." 그는 이 외에 달리 어떤 방식이 있겠느냐고 반문했다. "각 주의 통치자들은 조치들 자체의 옳고 그름을 판단할 것이다. 그들은 제안되거나 요청된 사안이 자신들의 즉각적인 이익이나 목적과 부합하는지를 고려하고 또 그것을 채택하는 데 따르는 일시적인 편의나 불편도 고려할 것이다. 이 모든 것들은 올바른 판단을 내리는 데 필요한 국가적 이유나 나라 환경에 대한 지식 없이 행해지고 있다. 또한 이해관계에 민감하고 의구심이 강한 마음 상태에서 이뤄질 것이다. 그리고 결코 잘못된 결정을 내릴 수 없는, 지역 목표에 매달리는 편애(偏愛)도 작용할 것이다. 이와 똑같은 과정이 연방을 이루는 모든 개별 주에서 반복될 것이 분명하다. 그리고 전체 평의회에서 수립한 계획은 언제나 정보를 제대로 접하지 못하고 편견에 사로잡힌 각각의 다른 의견 때문에 늘 오락가락할 것이다. 대중 집회의 절차를 잘 알고, 또 외부 압력이 없는 경우에도 중요한 문제를 만장일치로 해결하기가 얼마나 어려운지 겪어본 사람이라면, 누구나 서로 멀리 떨어진 가운데 다른 시간대와 다른 기분 상태에 있는 다수가 모인 집회에서 동일한 견해와 목적을 갖고 협력해가도록 설득하기란 사실상 불가능하다는 사실을 쉽게 이해할 것이다.

존 애덤스가 말한 것처럼 "오로지 외교적인 회의"일 뿐이었다고 표현한 한 의회의 질풍노도 같았던 십 년 동안에, 혁명 지도자들은 다수의 자기중심적인 공동체들이 같은 환경에서 서로 뒤엉키면 어떤 일이 발생하는지에 관해 "유익하지만 고통스러운 교훈"을 얻었다. 그래서 1787년 5월 혁명 지도자들이 표면상 연맹 규약[6]을 개정하기 위해 필라델피아로 갔을 때, 그들은 18세기 민주주의의 기본 전제에 전면적으로 맞섰다. 그들은 매디슨이 말한 대로, "민주주의란 언제나 혼란과 투쟁이 벌어지는 굉장한 구경거리"

6) Articles of Confederation : 미합중국을 결성한 13주의 최초 헌법.

라고 느끼면서 당시 민주주의 정신에 의식적으로 반대하였을 뿐만 아니라, 또한 독립 환경에서 자치라는 공동체들의 이상을 국가 차원으로 최대한 확충하기로 결의하였다. 사람들이 자신의 모든 일을 자발적으로 처리한다는 '근시안적(concave)' 민주주의의 충돌과 실패가 그들의 눈앞에 전개되었다. 그들이 본 대로, 문제는 민주주의에 반(反)하는 정부를 회복시켜야 하는 것이었다. 그들은 정부란 국가적 결정을 내리고 그 결정을 전국적으로 시행하는 권력기구로 이해하였다. 그들이 믿었던 민주주의는 지방과 계급이 각자의 직접적인 이익과 목적에 맞춰 자결(自決)을 주장하는 것이었다.

그들은 서로 분리되어 있는 공동체들이 동일한 사실들에 대해 동시에 행동하게 할 지식의 조직 가능성을 계산에 넣지 못했다. 우리는 이제야 뉴스가 자유로이 유통되고 공통언어가 존재하는 세상의 특정 지역에서, 삶의 일정한 측면에서 그럴 가능성이 있다는 사실을 깨닫기 시작하였다. 산업과 세계 정치에서 자발적 연방주의라는 사상은 아직 초보단계이다. 그렇기 때문에, 우리의 경험에서 보듯이 아주 좁고 매우 조심스럽게 현실 정치 속으로 걸음을 내딛는다. 한 세기 이상 지나서야 몇 세대에 걸친 지적 노력에 대한 보상으로 우리가 겨우 이해할 수 있게 된 것을 미국의 헌법 제정자들이 이해했을 리 만무하다. 국민 정부를 세우기 위해 해밀턴과 그의 동료들은 인간이란 공동 이익에 관심을 갖고 있기 때문에 서로 협력한다는 이론에 근거한 것이 아니라, 힘의 균형에 의해 특수 이익집단들 사이에 평형상태가 유지될 때 통치될 수 있다는 이론을 근거로 한 계획을 수립해야 했다. 매디슨은 "야망에는 야망으로 대응해야 한다."고 말했다.

몇몇 저술가들이 추측한 대로, 그들은 정부가 영원히 교착상태에 빠질 만큼 모든 이익관계들의 균형을 추구할 의도는 아니었다. 그들은 지방적, 계층적 이해관계를 교착상태에 빠뜨려 그런 것들이 정부를 방해하지 못하게 할 생각이었다. "인간이 인간을 관리하는 정부를 수립하려는 계획에서 매우 어려운 문제는 이것이다. 즉 먼저 정부가 피통치자들을 관리할 수 있도록 해야 한다. 그다음에는 정부가 스스로를 통제할 수 있어야 한다."고 매디슨은 말했다. 그렇다면 매우 중요한 어떤 의미에서 견제와 균형의 원칙은 여론에 대해 연방주의 지도자들이 가진 문제의 해결책이었다. 그들은 지역 의견을 무효화할 수 있는 정교한 기구를 궁리해내는 것 말고는 "피비린내 나는 칼의 힘"을 "치안관의 온화한 영향"으로 대체할 어떤 방법도 찾지 못했다. 그들은 공통된 정보에 기초한 공통된 동의의 가능성 이외에는 방대한 유권자들을 조작할 어떠한 방법도 이해하지 못했다. 해밀턴이 1880년 태머니 홀[7]의 도움으로 뉴욕 시의 통치권을 장악했을 때, 애런 버[8]가 해밀턴에게 상당히 감명 깊은 교훈을 준 것은 사실이다. 그러나 해밀턴은 이러한 새로운 발견을 참작할 줄 알게 되기 전에 살해되었고, 포드 씨(Mr. Ford)의 말대로 버의 권총이 연방당[9]의 수뇌들을 날려버렸다.

10

헌법 초안이 쓰였을 때, "정치는 여전히 신사들 간의 회의와 동의에 의해 처리될 수 있었다." 그리고 해밀턴이 정부 운영을 위해 도움을 청한 것

7) Tammany Hall : 19세기에서 20세기 초까지 뉴욕에서 강력한 영향력을 행사하던 부정한 정치 조직. 때때로 모든 부정한 정치 조직을 가리키기도 함.
8) Aaron Burr(1756~1836) : 미국의 정치가. 대영 항쟁에 참가해 독립전쟁 때 워싱턴 장군의 참모로 각지에서 싸웠다. 뉴욕 주지사를 둘러싸고 정적과 결투를 벌여 그를 죽인 뒤 도망쳐 정치 생명에 종말을 고했다. 멕시코에 새 공화국을 수립하려다 발각되어 반역죄로 체포되었다.
9) Federal Party : 독립전쟁 후 강력한 중앙정부 제도를 주장한 정당.

도 신사계급이었다. 그것은 헌법상 견제와 균형에 의해 지방의 편견이 균형 상태를 유지하게 되면 신사들이 국정을 맡아야 한다는 의미였다. 이 계급에 발탁된 해밀턴이 그 계급 사람들에게 인간적인 호의에서 선입견을 가졌던 것은 분명하다. 그러나 그것만으로는 그의 통치술을 설명하는 데 부족하다. 확실히 그가 연방을 위해 정열을 쏟은 것은 의심의 여지가 없다. 내가 생각하기에는 그가 연방을 만들기 위하여 계급의 특권을 이용했다고 말하지 않고 계급의 특권을 보호하기 위하여 연방을 만들었다고 주장하는 것은 진실을 왜곡하는 것이다. 해밀턴은 "우리는 인간을 우리가 발견한 그대로 받아들여야 하며, 만약 그가 대중을 위해 봉사하기를 기대한다면, 우리는 그의 열정이 그렇게 하도록 흥미를 유발시켜줘야 한다."고 말한다. 그는 국가의 이익을 신속히 추구할 열정을 가진 사람들이 통치하기를 원했다. 이런 사람들로는 신사계급, 공공 채권자(public creditor), 제조업자, 물류업자, 무역업자가 있다. 분명한 목적을 위해 재빠른 수단을 채택한 조치로서 지방 명사들이 새로운 정부에 애착을 갖게 하도록 해밀턴이 취한 일련의 재정적 조치들보다 역사상 더 좋은 예는 아마 없을 것이다.

비록 헌법제정회의(constitutional convention)가 비밀리에 진행되었고 인준도 "성인 남자의 6분의 1 이하 투표"에 의해 처리되었지만, 부정은 거의 없거나 전혀 없었다. 연방주의자들은 연방을 주장했지 민주주의를 주장하지 않았다. 심지어 '공화국(republic)'이라는 단어는 공화당 출신 대통령으로 2년 이상 봉직한 뒤였던 조지 워싱턴(George Washington)에게도 불쾌하게 들렸다. 헌법은 대중의 지배 범위를 제한하려는 명백한 시도였으며, 정부가 갖기로 했던 유일한 민주주의적 기관은 재력에 따라 극도로 제한된 선거를 기초로 구성되는 하원이었다. 심지어 이런 상태의 하원도 정부에서 매우 방종한 부분으로 믿어졌기 때문에 상원, 선거인단, 대통령의 거부권, 그리고 사법부의 해석에 의해 세심하게 견제를 받으며 균형 잡히게 만들었다.

그리하여 프랑스 혁명이 세계적으로 대중의 감정에 불을 지피던 때인 1776년 미국의 혁명가들은 임시방편으로 멀리 영국의 독재왕정까지 거슬러 올라가서 모델을 찾아내 만든 헌법 아래 모였다. 이런 보수적인 반동은 오래갈 수 없었다. 그것을 만든 사람들은 소수파였으며, 그들의 동기에 의심의 눈길이 쏟아졌다. 워싱턴이 은퇴하게 되었을 때, 신사계급은 후계 자리를 놓고 벌어진 투쟁에서 살아남을 정도로 강하지 못했다. 미국 헌법제정자들의 원래 계획과 그 시대 도덕적 감정 사이의 괴리가 너무 컸기 때문에 어느 선한 정치인이 그것을 정리하여 이용할 수 있었다.

11

제퍼슨은 자신의 당선을 "1800년의 위대한 혁명"이라고 했지만 그것은 어디까지나 마음속의 혁명이었을 뿐 그 이상은 아니었다. 정책의 큰 변화는 전혀 없었지만 새로운 전통 하나가 수립되었다. 왜냐하면 제퍼슨은 처음으로 미국인들에게 헌법이 민주주의의 도구라고 가르쳤고, 또한 미국인들이 그 이후 정치에 대해 표현할 때 사용하게 될 이미지, 사상, 심지어 많은 문구들을 정형화하였기 때문이다. 그 정신적 승리가 워낙 완벽했기 때문에 25년 후에 연방주의자들의 고향에 초대된 토크빌은 심지어 "공화당의 연속 집권에 화가 난 사람들조차도 공식 석상에서는 공화당 정부에 환호하고 민주주의 제도의 장점을 찬양했다."고 기술하였다.

미국의 헌법제정자들은 아주 지혜로웠음에도 불구하고 비민주적인 헌법이 분명히 오래 지속되지 못할 것이라는 사실을 예상하지 못했다. 헌법 문제에 대한 의견에 관한 한 해밀턴이나 마찬가지로 정부를 "교양 없는" 국민의 의지에 넘겨줄 준비가 덜 되어 있던 제퍼슨과 같은 사람이 대중 통치를 과감하게 부정하는 태도는 공격의 표적이 되게 마련이었다. 연방주의 지도자들은 자신들의 확고한 신념을 명확하게 말해온 사람들이다. 그들의 공적 의견과 사적 의견 사이에 불일치는 거의 없었다. 그러나 제퍼슨의 생각은 모호함으로 가득했는데, 이는 해밀턴과 그의 전기(傳記) 작가들이 생각한 것처럼, 제퍼슨의 생각에 내재한 결함 때문만이 아니라 그가 연방과 자발적 민주주의를 동시에 믿었기 때문이다. 그 당시 정치학에서는 이 둘을 화해시킬 수 있는 방법이 없었다. 제퍼슨은 아무도 그 의미를 생각해내지 못했던 새롭고 거대한 사상에 관한 비전을 품고 있었다. 그런 탓에 그의 생각과 행동은 혼란스러웠다. 그러나 아무도 국민주권 사상을 명확히 이해하지 못했지만 거기에는 인간의 삶을 크게 증진시킬 내용이 포함되어 있었기 때문에, 그것을 공개적으로 부정했던 헌법은 어떠한 것도 오래 지속될 수 없었다. 그리하여 국민주권에 대한 솔직한 부정은 사람들의 의식에서 지워지게 되었으며, 겉보기에 제한적인 입헌 민주주의의 정직한 한 예인 그 문건이 직접 대중 통치의 한 도구로 여겨지고 논의되었다. 제퍼슨은 실제로 연방주의자들이 헌법을 곡해하였다고 믿기에 이르렀으며, 그들은 더 이상 헌법을 기초한 사람들이 아니라고 생각했다. 그래서 이런 정신으로 헌법은 다시 쓰였다. 부분적으로는 실제 수정을 통해서 아니면 선거 인단의 경우처럼 관행을 통해서 이루어졌다. 그러나 중요한 것은 또 다른 고정관념을 통해 헌법을 해석함으로써 이제 헌법의 외양은 더 이상 과두정치의 그것처럼 보이지 않게 되었다는 것이다.

미국인들은 자신들의 헌법을 민주주의의 도구라고 믿게 되었고 또 그렇게 다루었다. 미국인들의 이런 허구적인 생각은 토머스 제퍼슨이 승리한 덕택이며, 그것은 위대하고 보수적인 허구였다. 헌법에 대한 충성과 민주주의에 대한 충성은 서로 양립할 수 없다. 그렇기 때문에 만일 모든 사람들이 헌법을 그것을 기초한 사람들처럼 인식한다면, 헌법은 폭력적으로 폐기되었을 것이라고 추측하는 것이 맞다. 제퍼슨은 미국인들에게 헌법을 민주주의의 표현으로 이해하도록 가르침으로써 이러한 모순을 해결하였다. 그 자신도 거기서 멈추었다. 그러나 25년 정도의 세월이 흐르면서 사회 조건들이 급격하게 변한 뒤 앤드류 잭슨(Andrew Jackson)은 앞서 제퍼슨이 마련했던 전통 위에 그 정치적 혁명을 수행했다.

12

그 혁명의 정치적 핵심은 정실주의(patronage) 문제였다. 정부를 설립한 사람들은 공직을 가볍게 침해할 수 없는 일종의 재산으로 간주하였으며, 의심의 여지 없이 그들이 속한 사회 계급이 그 공직을 장악하기를 바랐다. 그러나 민주주의 이론은 전능한 시민주의를 가장 중요한 원칙의 하나로 삼고 있었다. 그래서 사람들이 헌법을 민주주의의 도구로 보기 시작하자, 공직의 영속성은 비민주적인 것이 확실해졌다. 여기서 인간의 자연스러운 야망이 그 시대의 위대한 도덕적 충동과 일치하였다. 제퍼슨은 무자비하게 실천에 옮기지는 않는 가운데 그 사상을 대중화하였다. 버지니아 주 출신 대통령들이 집권하던 시절에는 소속 당에 따라 공직에서 물러나는 경우가 별로 없었다. 공직을 정실에 따라 바꾸는 관행을 확립한 인물은 잭슨이었다.

우리에게는 신기하게 들리는 공직의 단기 순환이라는 원칙이 당시에는 대단한 개혁으로 여겨졌다. 그것은 보통 사람도 어떤 공직이든 적합하다고 함으로써 그들에 대한 새로운 존엄을 인정하고, 소규모 사회 계급의 독점을 파괴하여 능력 있는 사람에게 길을 열어주는 것일 뿐 아니라, "수세기 동안 정치적 부패를 막는 특효약이라고 주장되었고", 관료주의의 발생을 막는 수단으로 여겨지게 되었다. 공직의 잦은 교체를 실천하는 것은 독립적인 촌락에서 유래한 민주주의의 이미지를 광범위한 영역에 적용한 것이었다.

물론 공직의 잦은 교체가 민주주의 이론에 기초한 이상적 공동체에서 보여주었던 것과 같은 결과를 국가에서도 똑같이 보여주지는 않았다. 그것은 전혀 예상치 못한 결과를 가져왔다. 물밑으로 사라진 연방주의자들을 대신해 새로운 지배계급이 등장했다. 의도와 달리, 정실주의는 해밀턴의 재정적 조치들이 상류계급에게 미쳤던 것과 같은 영향을 대규모 선거인단에게 미쳤다. 우리는 정부의 안정이 정실주의에 얼마나 큰 빚을 지고 있는지를 종종 인식하지 못한다. 왜냐하면 자연스러운 지도자들로 하여금 자기중심적인 공동체에 지나치게 애착을 쏟지 않도록 하는 것이 정실주의이고, 또 지역 명사들이 지역 정신을 약화시키고 일종의 평화적인 협력을 모색하도록 한 것이 정실주의이기 때문이다. 그런 공통이익이라는 정신이 없었다면 바로 그 사람들이 연방을 찢어놓았을 수도 있었을 것이다.

그러나 물론 민주주의 이론은 새로운 지배계급을 생성할 것으로 여겨지지 않았으며, 그 사실에 순응한 적도 결코 없었다. 민주주의자가 공직의 독점을 폐지하고 단기 순환제의 확립을 원했을 때, 그는 머릿속으로 누구나 공직을 맡을 수 있고 임기를 마친 후에는 겸손하게 농장으로 돌아가는 타운십을 생각하고 있었다. 특별한 정치계급이라는 개념은 민주주의자가 싫어했던 바로 그것이었다. 그러나 그는 자신이 좋아했던 것을 얻을 수 없었다. 그 이유는 이론은 이상적인 환경에서 유래한 것이었으나 그는 현실의 환경에서 살고 있었기 때문이다. 민주주의의 도덕적 충동을 깊이 느끼면 느낄수록, 그는 서로 멀리 떨어져서 서로 다른 인상(印象)을 받은 일을 공동체들이 깊이 논의할 때 동일한 견해와 추구에서 오래 지속될 협력을 이루어내기 어렵다고 한 해밀턴의 말에 담긴 심오한 진리를 받아들이려 하지 않았다. 왜냐하면 그 진리는 공동의 승인을 얻어내는 기술이 획기적으로 증진될 때까지는 공적 업무에서 민주주의의 완전한 실현이 지연되는 것을 의미하기 때문이다. 그래서 제퍼슨과 잭슨이 주도한 혁명이 양당제도를 확립하고, 신사계급의 지배에 대한 대안을 창조하고, 견제와 균형의 교착 상태를 통치하는 규율 등을 정착시킨 정실주의를 탄생시키게 되었다. 그러나 이 모든 것들은 사람들 눈에 보이지 않는 가운데 일어났다.

이리하여 공직의 순환은 명목상 이론일 뿐이고, 실제로는 후원자들끼리 서로 주고받는 자리가 되었다. 임기제도는 공직의 영구 독점이 아닐 수 있지만 직업 정치인은 영원했다. 하딩 대통령도 말한 적이 있지만, 통치 자체는 쉬울 수 있지만 선거에서 승리하는 것은 고도의 기술이 필요한 작업이다. 공직자의 봉급은 제퍼슨이 입었던 옷처럼 내보이듯 소박해 보일지 모르지만, 정당의 운영과 승리를 위한 경비는 굉장한 것이었다. 민주주의라는 고정관념이 눈에 보이는 정부는 통제했지만, 미국인들이 자신의 환경을 이루는 진정한 사실을 놓고 자신을 수정하고 예외로 하고 적용시키는 과정은 눈에 보이지 않아야 했다. 심지어 모든 사람이 그런 것에 대해 알고 있을 때에도 그래야만 했다. 민주주의의 원래 이미지에 부합해야 하는 것들은 법률 조문, 정치인들의 연설, 정당의 강령, 그리고 행정부의 형식적인 기구뿐이었다.

13

　자율적인 공동체의 여론이 자기중심적일 때 누군가가 어떤 철학적인 민주주의자에게 자기중심적인 공동체들을 어떻게 하면 협력하게 할 수 있는지 물었다면, 그 민주주의자는 의회로 구현된 대의제 정부를 가리켰을 것이다. 그러면 그 사람은 대통령의 권력이 강화되는 사이에 대의제 정부의 위세가 꾸준히 떨어져왔다는 사실을 알고서는 크게 놀랄 것이다.

　일부 비평가들은 이 문제점의 뿌리를 지역 명사들만을 워싱턴으로 보내는 관습으로까지 거슬러 올라갔다. 그들은 만약 의회가 전국적으로 저명한 인사들로 구성되어 있다면, 수도 워싱턴의 삶은 좀 더 빛날 것이라고 생각했다. 물론 그랬을 수도 있다. 만일 퇴임한 대통령과 각료들이 존 퀸시 애덤스[10]의 예를 따랐다면 아주 좋을 것이다. 그러나 그런 사람들이 없었다는 사실이 의회의 곤경을 설명해주지는 못한다. 왜냐하면 의회가 쇠퇴하기 시작한 것은 정부 기구 중에서 상대적으로 가장 탁월한 부분을 차지하고 있을 때였기 때문이다. 사실은 그 반대가 더욱 진실일지도 모른다. 의회가 국가 정책 수립에 직접적인 영향력을 잃으면서 명사들을 끌어들이지 못했을 가능성이 있는 것이다.

　내가 생각하기에, 세계적 현상이 된 의회에 대한 불신의 주 원인은 의회가 본질적으로 광대한 미지의 세상에 대해 무지한 사람들의 집단이라는 데서 찾을 수 있다. 몇몇 예외가 있긴 하지만, 헌법이나 대의제 정부이론이

---

10) John Quincy Adams(1767~1848) : 미국의 제6대 대통령(재임기간 : 1825~1829년). 제2대 대통령 존 애덤스의 첫째 아들로 대통령이 되기 전에는 외교관으로서 뛰어난 활동을 했으며 먼로 독트린을 고안해냈다. 1831~1848년 연방의원으로 일할 때는 노예제도의 확대에 대항해 지속적이고 때로는 극적인 싸움을 벌였다.

의회의 정보 입수 방법으로 유일하게 인정하고 있는 것은 관할 선거구들 간에 의견을 교환하는 것이다. 의회가 세상에서 무슨 일이 벌어지고 있는지를 알 수 있는, 정식으로 인정된 제도적 방법은 없다. 이론상으로는, 각 관할 선거구의 선량들이 그 지역 유권자들의 최선의 지혜를 중앙에 가져오며, 이 모든 최선의 지혜들이 모인 것이 의회가 필요로 하는 것이다. 지역 의견들을 표현하고 교환하는 행위의 가치에 대해서는 논할 필요가 없다. 의회는 한 대륙국가의 시장으로서 위대한 가치를 지닌다. 국회의사당의 현관, 로비, 숙소에서, 국회의원 부인들의 티파티(tea parties)에서 그리고 국제도시 워싱턴의 응접실에 가끔 들름으로써 사람들은 새로운 통찰력을 얻고 시야를 넓힌다. 그러나 비록 그 이론이 옳고 또 관할선거구가 언제나 현명한 사람들을 보낸다 하더라도, 지역 인상들의 총합이나 조합은 국가 정책의 기초가 되거나 외교 정책을 통제하는 데는 충분하지 못하다. 대부분 법률의 실제 효과는 포착하기 어렵거나 감춰져 있다. 따라서 지역적 마음 상태를 통해 지역적 경험을 걸러내는 것으로는 법률의 실제적 효과를 이해할 수 없다. 그 효과는 오직 통제된 보도와 객관적인 분석을 통해서만 알 수 있다. 큰 공장의 공장장이 현장 주임과 나눈 대화만으로 공장이 얼마나 효율적으로 돌아가는지 알 수 없고 회계사가 조사한 비용명세표와 자료를 면밀히 조사해봐야 알 수 있듯이, 의원이 각 지역에 관한 상(像)들의 조각을 모아놓은 모자이크를 통해서는 연방의 진정한 상태를 파악할 수 없다. 의원은 지역에 관한 상(像)들을 알 필요가 있다. 그러나 만일 그가 그 상들을 정확히 헤아릴 도구를 갖고 있지 않다면, 상(像)들의 가치를 정확히 따지기가 어려워진다.

    대통령은 연방의 상태에 관한 메시지를 전달함으로써 의회를 지원한다. 대통령은 정부에서 활동하고 보고하는 방대한 부처들을 지휘하고 있기 때문에 그렇게 할 입장에 있다. 그러나 그는 자신이 선택한 것만을 의회에 말한다. 의회의 곤란한 질문으로 애를 먹지 않으며, 공공의 이익에 부합하는 것이 어떤 것인지 검열할 권한을 쥐고 있다. 그것은 때때로 아주 불합리할 정도로 일방적이고 까다로운 관계이다. 따라서 의회는 중요한 자료를 얻기 위해 시카고의 어느 신문사나 하급 공직자의 고의적인 기밀누설에 기대야 한다. 의원들이 필요한 사실들을 얻기 위해 접촉하는 정보원은 아주 형편없다. 그렇기 때문에 그들은 할 수 없이 사적인 비밀정보나 의회 조사를 빌린 공인된 잔혹행위에 의존해야 한다. 이 의회 조사에서는 사고에 필요한 적법한 양식에 굶주린 의원들이 거칠게 인간 사냥에 나선 듯 잔인한 행동을 그치지 않는다.

　이런 의회 조사에서 얻는 얼마 안 되는 정보와 집행부서들과 갖는 간헐적인 소통, 개인적으로 수집한 관련이 있거나 없는 자료, 의원들이 읽는 신문과 정기간행물, 서적, 그리고 주간(州間)통상위원회, 연방무역위원회, 관세위원회 등을 통한 새로운 도움을 제외하고는, 의회의 의견 형성은 근친상간처럼 외부로부터 격리된 채 이뤄진다. 이 때문에 국가의 법 제정은 소수의 박식한 내부자들에 의해 준비되어 당파적인 힘으로 통과되는 것이거나, 아니면 지역적 필요에서 입안되는 지역적 개별 조항들의 집합체로 나눠지게 된다. 관세율표, 해군 조선소, 육군 주둔지, 하천과 항만, 우체국과 연방 정부 빌딩, 연금과 후원 등은 국민생활에 미치는 혜택의 확실한 증거로 근시안적인 공동체를 채운다. 근시안적이기 때문에, 그들은 지방의 부동산 가치를 높이기 위해 모은 연방 기금으로 흰색 대리석 빌딩[11]을 짓는 것을 볼 수 있고, 지방개발사업의 누적된 비용을 계산하지 않고 건설업

---

11) white marble building : 연방 정부 빌딩(federal buildings)을 의미함.

자들을 쉽게 고용할 수 있는 것이다. 오직 자신의 지역구에 대해서만 아는 사람들로 구성된 의회에서, 지역을 초월하는 일을 다룰 법들은 창조적 참여 정신을 갖지 않은 전체 의원들에 의해 거부되기도 하고 통과되기도 한다고 말해도 별 무리가 없을 것이다. 의원들은 지역의 쟁점으로 취급될 수 있는 법률의 제정에만 참여한다. 왜냐하면 정보를 수집하고 분석하는 효율적인 도구가 없는 입법기관은 우발적 폭동에 의해 깨지는 맹목적 규칙성과 상호결탁 사이를 왔다 갔다 해야 하기 때문이다. 규칙성을 괜찮게 만드는 것이 상호결탁이다. 그 이유는 어떤 의원이 적극적인 유권자들이 바라는 대로 자신이 그들의 이해관계를 예의주시하고 있다는 사실을 입증하는 것이 상호결탁 행위이기 때문이다.

  개별 의원이 그런 현실에 만족하는 경우를 제외하고는 결코 의원 각자의 잘못이 아니다. 가장 영리하고 부지런한 의원도 자신이 투표한 법안들마다 일부분씩을 이해하겠다고 바랄 순 없다. 그가 할 수 있는 최선의 길은 소수의 법안만이라도 전문적으로 알고 나머지에 관해서는 다른 사람의 조언을 받아들이는 것이다. 대학 시절 마지막으로 시험을 치른 후 한 번도 공부를 하지 않은 것처럼 어떤 주제에 관해 벼락치기로 공부하느라 수건으로 땀을 닦으며 여러 잔의 블랙커피를 마시던 의원들을 나는 많이 보았다. 그들은 정보를 캐내야 했으며, 의식적으로 조직된 정부에서 결정에 적합한 형태로 내놓았을 사실들을 검증하고 정리하느라 땀을 흘려야 했다. 심지어 정말 잘 아는 주제일 때조차 그들의 불안은 이제 시작일 뿐이다. 왜냐하면 그의 지역구에서 편집인들과 상공회의소, 중앙연합조합, 그리고 부인단체들이 이런 수고를 인색하게 평가하며 지방의 색안경으로 그의 업적을 보려 하기 때문이다.

14

정실주의가 정치적 거물들을 연방 정부에 배속시킨 것처럼, 수없이 많은 지방 보조금과 특권들은 자기중심적인 공동체들에 크게 기여했다. 정실주의와 정부 보조금은 수천 가지의 특별한 의견과 지방의 불만들, 그리고 개인적 야심들을 한데로 융합하고 안정시킨다. 거기에는 단 두 개의 대안뿐이었다. 하나는 공포와 복종을 강요하는 정부이고, 다른 하나는 "국가 환경과 국가 이성에 관한 지식"을 모든 사람에게 밝혀 정보와 분석, 자의식이 고도로 발달한 제도에 기초한 정부이다. 독재제도는 부패했고, 자발적 제도는 아주 초기단계에 있다. 그래서 대단위 국민 집단들 간의 연합, 국가들의 연맹, 산업국가, 혹은 국가 간의 연방 등의 미래를 평가할 때, 어느 정도까지 협동을 힘에 의존할 것인지 또는 어느 정도까지 협동을 온건한 대안인 정실주의와 특권에 의존할 것인지는 공동 의식에 필요한 자료가 존재하는 정도에 따라 결정된다. 알렉산더 해밀턴과 같은 위대한 국가 건설자의 비결은 그가 이러한 원칙들을 평가하는 방법을 알고 있었다는 데 있다.

15

자기중심적인 집단들 간의 분쟁이 도를 넘어설 때면, 과거 개혁자들은 두 개의 대안 중 하나를 선택할 것을 강요받았다. 그중 하나는 로마로 통하는 길을 선택하여 전쟁을 벌이는 부족들에게 로마식 평화, 즉 무력에 의한 평화를 강제하는 것이었다. 또한 그들은 고립, 자치, 그리고 자급자족의 길을 선택할 수 있었다. 거의 언제나 그들은 최근에 걸어보지 않은 길을 선택했다. 만약 그들이 제국의 단조로움을 파괴하고자 했다면, 그들은 자신들 공동체의 소박한 자유를 무엇보다 더 소중히 여겼을 것이다. 그러나 만약 이러한 단순한 자유가 지방색 강한 질투심 때문에 짓눌리는 것을 보았다면, 그들은 위대하고 강력한 국가의 여유로운 질서를 갈망하였을 것이다.

그들이 어떤 선택을 하건, 근본적인 어려움은 똑같았다. 결정권을 지방으로 분산시키면, 곧 지역 의견들이 얽혀 혼란의 수렁에 빠져들었다. 또 결정권이 중앙에 집중되면 국가 정책은 수도의 소규모 사회계층의 의견에 따르게 되었다. 어떤 경우이건, 한 지방의 권리를 다른 지방의 권리로부터 지키거나, 각 지방에 법과 질서를 강요하거나, 중앙의 계급적 정부에 저항하거나, 중앙집권적 또는 지방분권적 사회를 야만적인 외적의 침입으로부터 막기 위해서는 힘이 필요했다.

현대 민주주의와 산업제도는 모두 국왕과 귀족정치, 치밀한 경제적 통제 정권에 대한 반동이 일어나던 시대에 탄생했다. 산업 분야에서는 이러한 반동이 자유방임적 개인주의로 알려진 극단적인 권리 이전의 형태를 취했다. 개개의 경제적 결정은 관련 자산의 소유권을 가진 사람이 내리게 되어 있었다. 거의 모든 것들이 누군가에 의해 소유되었다. 그렇기 때문에 모든 것을 관리하는 누군가가 있게 마련이었다. 이것은 철저히 다원적인 통치였다.

비록 궁극적으로는 조화를 이루게 되어 있는 경제학의 불변 법칙에 의해 통제되는 것이긴 했지만, 그것은 누군가의 경제철학에 따른 경제 통치였다. 이 경제 통치는 훌륭한 결과를 많이 이루긴 했지만, 동시에 시대를 역류하는 비열하고 무시무시한 결과도 초래하였다. 그중 하나가 산업계에서는 일종의 로마식 평화, 즉 무력에 따른 평화인 신탁제도로서, 산업계 밖에서는 약탈식 식민지주의였다. 국민들은 입법부에 구원의 손길을 요청했다. 그들은 반(半)주권적인 기업들을 규제하기 위하여 타운십 농부의 이미지에 기초한 대의제 정부를 간절히 바랐다. 노동계급은 노동조합을 조직하기 시작했다. 이어서 중앙집권화와 군비확장 경쟁이 진행되었다. 개혁자들이 자신들의 힘을 모아 거대기업에 맞서게 되면서, 트러스트 즉 기업합동이 일어나고 직종별 노동조합이 연합하고 제휴하여 노동운동으로 확대되었다. 따라서 워싱턴에서는 정치 체제가 더욱 강해지고 각 주에서는 더욱 약해졌다.

실질적으로 이 기간 중에 마르크스 좌파에서부터 시어도어 루스벨트를 중심으로 한 신 민족주의자들에 이르기까지 모든 사회주의 정파들은 중앙집중화 현상을, 기업들의 반(半)주권적인 힘들이 국가에 흡수되는 것으로 끝이 날 어떤 진화의 첫 단계로 보았다. 그러나 전쟁 중 몇 개월을 제외하고는 그 진화는 결코 일어나지 않았다. 그것으로 충분했으며, 무엇이든 잡아먹는 잡식성의 국가권력에 맞서 새로운 몇몇 형태의 다원주의를 선호하는 쪽으로 수레바퀴가 방향을 돌렸다. 그러나 이번에는 사회가 애덤 스미스가 말한 경제적 인간이나 토머스 제퍼슨이 말한 농민의 원자(原子) 개인주의로 되돌아간 것이 아니라, 자발적 집단의 일종의 분자(分子) 개인주의로 돌아간 것이다.

이러한 이론의 변화에서 볼 수 있는 한 가지 흥미로운 사실은 각각의 변화 모두가 생존을 위해 마키아벨리를 따를 필요가 없는 그런 세상을 번갈아 약속하고 있다는 점이다. 그 변화들은 모두 강제적 형태에 의해 확고히 되고, 그 자체를 지키기 위해 강제력을 행사하고, 그러다가 그 강제력 때문에 모두 버려진다. 그런데도 그 변화들은 강제, 물리적 권력 또는 특별한 지위, 정실주의, 특권을 자신의 이상의 한 부분으로 인정하지 않는다. 개인주의자는 계몽된 이기주의가 안팎의 평화를 가져올 것이라고 말했다. 사회주의자는 침략의 동기들이 소멸될 것이라고 확신한다. 신 다원주의자는 침략 동기가 사라지기를 소망한다. 마키아벨리주의를 제외한 모든 사회이론에서 강제력은 불합리한 것이다. 강제력이 어리석고 말로 표현할 수 없고 다루기 힘든 것이기 때문에, 인간의 삶을 합리화하려는 사람은 예외 없이 그것을 무시하려는 유혹에 빠지게 된다.

16

현명한 사람이 힘의 역할을 충분히 인정하지 않기 위해 할 수 있는 행동의 범위는 콜 씨(Mr. G. D. H. Cole)의 길드 사회주의에 관한 저서에 나와 있다. 그에 따르면 현재의 국가는 "일차적으로 강제의 도구"이며, 길드 사회주의자 사회에서는 조정 역할을 맡는 조직은 있을 수 있어도 절대 권력은 있을 수 없다. 그는 이 조직을 코뮨[12]이라고 부른다.

그리고 나서 그는 코뮨의 권력들을 나열하기 시작하는데, 일차적으로 강제적인 도구가 아니라는 것을 기억하게 한다. 코뮨은 가격 분쟁을 해결한다. 때로는 가격을 고정시키고, 잉여분을 할당하거나 손실을 분산한다. 그것은 천연자원을 할당하고, 채권발행을 통제한다. 그리고 "공동 노동력"을 할당한다. 그것은 길드와 공직자들의 예산을 승인한다. 그것은 세금을 부과한다. "수입의 모든 문제"는 그 사법권의 지배를 받는다. 그것은 공동

---

12) Commune : 최소 행정구역으로서의 지방자치제.

체 안에서 생산에 참여하지 않는 구성원들에게 수입을 할당한다. 그것은 길드들 사이의 정책과 사법권에 관한 모든 문제를 최종으로 결정한다. 그것은 재판관들을 임명한다. 그것은 길드에게 강제권을 부여하고, 강제력 행사가 개입되는 모든 경우에 길드의 정관들을 비준한다. 그것은 전쟁을 선포하고 평화조약을 맺는다. 그것은 군대를 통제한다. 그것은 해외에서 국가의 최고 대표자이며, 국내에서는 국경 문제를 해결한다. 그것은 새로운 기능 조직을 발족시키거나 기존 조직에 새로운 기능을 배당한다. 그것은 경찰을 지휘한다. 그것은 개인의 행동과 재산을 통제하는 데 필요한 법률들을 제정한다.

이러한 권한들은 하나의 코뮨이 행사하는 것이 아니라, 최상위에 위치한 전국 코뮨과 지역이나 지방 코뮨의 연합 구조에 의해 행사된다. 물론 이것이 절대 국가는 아니라고 콜 씨가 주장해도 상관없으나, 만일 오늘날 현대 국가가 모두 콜 씨가 빠뜨린 어떤 강제력을 누리고 있다면, 나는 코뮨이 절대 국가라고 생각할 수밖에 없다.

그러나 그는 길드 사회가 비강제적이 될 것이라고 말한다. "우리는 강제가 아닌 자유로운 봉사 정신으로 이해되는 새로운 사회를 건설하기를 원한다." 그러므로 대부분의 사람들이 그러하듯이, 이런 희망을 가진 사람들은 비록 오늘날의 길드 사회가 코뮨을 위해 가장 폭넓은 강제력을 이미 보유하고 있을지라도, 강제를 최소한으로 축소하겠다고 약속한 길드 사회의 계획 내용을 자세히 들여다볼 것이다. 보편적 동의를 얻는 새로운 사회가 출현하지는 못할 것이라는 점은 이미 자명하다. 콜 씨는 솔직하게 사회의 변천에 필요한 힘의 요소를 인정했다. 그리고 그는 내전이 얼마나 발생할지 명백하게 예측할 수는 없지만 노동조합에 의한 직접적인 행동의 시기가 필요하다는 점은 확실히 알고 있었다.

17

그러나 사람들이 약속의 땅을 향해 길을 열며 나아갈 때, 그 과도기의 문제와 그 결과가 그들의 미래 행동에 미칠 영향은 차치하고 현존하는 그 길드 사회가 어떤 모습일지 한번 상상해보자. 무엇이 길드 사회를 비강제력의 사회로 지켜나갈 것인가?

콜 씨는 이 문제에 대해 두 가지 답을 갖고 있다. 하나는 자본주의적 소유를 폐지하면 공격 동기가 없어질 것이라는 정통 마르크스주의적 대답이다. 그러나 그가 진정으로 그렇게 믿은 것 같지는 않다. 왜냐하면 만일 그가 그렇게 믿었다면 그도 평균적인 마르크스주의자들처럼 노동자 계급이 일단 정권을 잡은 후 어떻게 국가를 운용할 것인지에 관해서는 신경을 쓰지 않을 것이기 때문이다. 만약 그의 진단이 옳다면 마르크스주의자도 아주 옳은 것이 된다. 만약 질병이 자본가 계급에만 퍼져 있다면, 자본가 계급만 없애면 병은 저절로 없어질 것이다. 그러나 콜 씨의 관심은 혁명 뒤에 올 사회가 국가의 집단체제로 운용될 것인지, 길드나 협동사회에 의해 운용될 것인지, 민주주의 의회나 기능적 대표제도에 의해 운용될 것인지에 있었다. 사실상 길드 사회주의는 대의 정부의 새로운 이론으로서 관심을 끌었다.

길드 사회주의자들은 자본가의 재산권이 소멸되면 기적이 일어날 것이라고 기대하지 않는다. 물론 그들은 소득의 평준화가 원칙으로 자리 잡으면 사회적 관계에 큰 변화가 올 것이라고 진정으로 기대했는데, 이런 기대는 상당히 정당한 것이다. 그러나 내가 알고 있는 바로는, 그들은 다음과 같은 면에서 정통 소련 공산주의자와 다르다. 즉 공산주의자는 소득과 봉사에서 평준화가 이뤄지면 사람들은 공격 동기를 잃을 것이라고 믿으면서 프롤레타리아 독재의 힘으로 평등을 확립해야 한다고 제안한다. 길드 사회주의자들 역시 힘에 의한 평준화를 확립하자고 제안한다. 그러나 그들은 균형이 유지되려면 그것을 유지할 기구가 필요하다는 사실을 이해할 만큼 영리하다. 그러므로 길드 사회주의자들은 그들이 새로운 민주주의 이론이라고 믿는 것에 대해 신념을 갖고 있다.

그들의 목적은 "메커니즘을 올바로 고쳐서 인간들이 사회 의지를 표현하는 데 적합하도록 조정하는 것이다."라고 콜 씨는 말한다. 사회 의지는 자치국가 내에서 "온갖 사회적 행위로" 스스로 표현할 수 있는 기회를 누려야 한다. 이런 말의 저변에는 만약 각 개인에게 영향을 미칠 모든 일을 처리하는 데 그 개인의 의지가 관여하지 않는다면 인간의 존엄이 침해당한다는 전통적인 가정뿐만 아니라 진정한 민주주의적 욕구라고 할 수 있는 인간의 존엄을 증진시키려는 욕구가 깔려 있다. 그러므로 길드 사회주의자들은 초기 민주주의자와 마찬가지로 자치라는 이상이 실현될 수 있는 환경을 신중히 찾았다. 루소와 제퍼슨 이후로 백 년 이상의 세월이 흘렀고 관심의 초점도 시골에서 도시로 옮겨졌다. 신 민주주의자는 더 이상 민주주의의 이미지를 이상적인 농촌 타운십에서 찾지 않는다. 그는 이제 워크숍[13]으로 관심을 돌린다. "연합의 정신이 가장 마음껏 표현할 수 있는 영역에서 자유롭게 활동할 수 있게 해야 한다. 그곳은 바로 사람들이 함께 어울려 일하는 습관과 전통을 갖고 있는 공장이다. 공장은 산업 민주주의의 자연적이고 근본적인 단위이다. 이는 곧 공장은 자체의 일을 가능한 한 자유롭게 처리할 수 있어야 할 뿐 아니라, 공장의 민주적 단위가 길드라는 더욱 큰 민주주의의 근본이 되어야 한다는 뜻이다. 또 길드 행정과 통치의

⁞
13) workshop : 강의식이 아닌 참가자들의 자주적인 토론과 실습이 주가 되는 강습회.

큰 기관들은 주로 공장 대의제의 원칙에 기초를 두어야 한다.

물론 공장이라는 말은 아주 느슨한 단어이며, 콜 씨는 우리에게 그것을 탄광, 조선소, 부두, 정류소, 그리고 "자연스러운 생산의 중심지"라고 할 수 있는 모든 장소를 의미하는 것으로 받아들이라고 한다. 그러나 이런 의미의 공장은 산업과는 아주 다른 것이다. 콜 씨가 이해하는 공장은 사람들이 실제로 개인적 접촉을 하는 작업장, 그리고 모든 일꾼들이 서로를 직접 알 수 있을 정도로 작은 환경이다. "이런 민주주의가 진정 실현 가능한 것이 되려면 길드의 모든 구성원들의 가슴에 절실하게 와 닿아야 하며, 그들이 직접 운용할 수 있어야 한다." 이것이 중요하다. 그 이유는 콜이 제퍼슨처럼 정부의 자연스러운 단위를 찾고 있기 때문이다. 유일하게 자연적인 단위는 완벽하게 친근한 환경이다. 이런 의미에서 대규모 공장, 철도 체계, 대단위 석탄 채취장은 자연적인 단위가 아니다. 아주 작은 공장이 아니라면, 콜 씨가 진정으로 생각하고 있는 것은 작업장이다. 이곳이 바로 사람들이 "함께 일하는 습관과 전통"을 갖는 것으로 여겨지는 장소이다. 그 밖의 큰 공장과 나머지 산업은 하나의 추론된 환경일 뿐이다.

18

작업장의 순수한 내부 문제에서 자치란 "한 번 휙 둘러보기만 해도 이해할 수 있는 일"을 통치하는 것이라는 사실은 누구나 다 알 수 있고, 거의 모든 사람들이 받아들일 것이다. 그러나 어떤 작업장의 내부 문제가 어떤 것인지에 대해 논쟁이 일어날 수 있다. 임금, 생산 기준, 물품 구매, 생산품의 마케팅, 작업의 확장 등과 같은 큰 관심사들은 결코 순수한 내부 문제가 아니다. 작업장 민주주의는 자유를 누리지만, 외부로부터 엄청난 제한을 받는다. 작업장 민주주의는 어느 정도까지는 작업장을 위해 계획된 작업의 배열을 다룰 수 있다. 작업장 민주주의는 개인의 성격과 기질을 다룰 수 있다. 그것은 또 사소한 산업적 정의를 구현하기도 하고, 어느 정도 큰 개인적 분쟁에서 제1심 법정의 역할을 할 수도 있다. 무엇보다도 그것은 다른 작업장들이나 공장 전체와 협상을 벌일 때 하나의 단위로 행동할 수 있다. 그러나 고립은 불가능하다. 산업 민주주의의 단위는 철저히 외교문제와 얽혀 있다. 그리고 길드 사회주의 이론의 시금석은 바로 이들 외적(外的) 관계를 관리하는 것이다.

외적 관계들은 작업장에서 공장, 공장에서 산업계, 산업계에서 국가에 이르기까지 순차적으로 이어지는 대의제도에 의해 처리되어야만 한다. 그러나 이 모든 구조는 작업장에서 비롯되며, 그 구조에서 나온 모든 특이한 미덕들도 작업장으로 돌려진다. 작업장들을 최종적으로 "조정"하고 "규제"할 대표자들을 뽑을 그러한 대표자들을 뽑는 대표자들은 진정한 민주주의를 통해 선출된다고 콜 씨는 주장한다. 왜냐하면 그 대표자들이 원래 자치단위에서 유래하고 또 전체 연방 기구는 자치의 정신과 그 실현에 고무되기 때문이다. 이들 대표자들은 작업장에서 "노동자들 스스로에 의해" 즉 개인들의 "실질적 의지로 이해되는 것"을 수행하는 것을 목표로 삼는다.

역사적으로 볼 때, 정말로 이런 원칙에 따라 운영되는 정부는 영구적인 결탁 아니면 서로 싸우는 작업장들이 빚는 혼돈 상태가 될 것이다. 왜냐하면 작업장의 노동자가 순전히 작업장 내 모든 문제에 진정한 의견을 가질 수 있을지라도, 그 작업장과 공장, 산업계, 그리고 국가의 관계에 대한 그의 "의지"는 고정관념, 다른 사람의 자기중심적인 의견을 덮어버리는 이기심 등 여러 제한을 받게 되기 때문이다. 그가 작업장에서 겪는 경험은 기껏해야 전체 중 일부 측면에 국한된다. 작업장 안에서 어떤 것이 옳은지에 대한 그의 판단은 본질적인 사실을 직접적으로 아는 지식을 통해서만 형성될 수 있다. 눈에 보이지 않는 훨씬 더 크고 복잡한 환경에서 옳은지에 대한 그의 의견은 개별 작업장의 경험을 바탕으로 일반화한 것이라면 정확하기보다 틀릴 확률이 훨씬 더 높다. 경험상의 문제이긴 하지만 오늘날 노동조합의 고위 간부들처럼, 길드 사회의 대표자들은 자신들이 결정해야 할 수많은 문제들을 보면 거기에는 작업장에서 "실질적인 의지로 이해되는 것"은 전혀 없다는 사실을 깨닫는다.

19

그러나 길드 사회주의자들은 그런 비판이 어떤 위대한 정치적 발견을 무시하는 맹목적인 것이라고 주장한다. 그들은 다음과 같이 이야기할 것이다. 작업장의 대표들이 작업장 전체의 의견이 없는 많은 문제들에 결정을 내려야 한다는 것을 생각한다면 당신은 옳은 것이라고. 그러나 당신은 어떤 케케묵은 오류에 단순히 빠져 있다. 즉 당신은 어떤 사람들의 집단을 대표할 누군가를 찾고 있는데 그런 사람은 찾을 수가 없다. 존재 가능한 유일한 대표는 "어떤 특정한 기능"을 수행할 사람이며, 그렇기 때문에 각 개인은 "수행되어야 할 기능의 종류만큼 많은 대표"를 선택하도록 도와야 한다.

그런데 그 대표자들이 작업장 사람들을 위해 발언하는 것이 아니라 그들이 관심을 갖고 있는 특정한 기능을 위해 발언한다고 가정해보자. 만일 그 대표자들이 그 기능에 대한 집단의 의지를 집단이 이해하는 대로 수행하지 않는다면, 그들은 충성스럽지 않다. 이들 기능직 대표들이 만난다. 그들이 맡은 업무는 조정하고 규제하는 것이다. 작업장끼리 의견 충돌이 없다면 조정하고 규제할 필요가 없을 것이기 때문에 그런 의견 충돌이 있다고 가정해야 하는데, 그렇다면 각 대표는 다른 대표의 제안을 어떤 기준으로 판단하는가?

  기능 본위의 민주주의의 특이한 미덕은 저마다 자신의 이해관계에 따라 솔직하게 투표한다는 점인데, 이 이해관계들은 사람들이 매일의 경험에서 아는 것으로 여겨진다. 이는 자립적인 집단 안에서 그렇게 할 수 있다. 그러나 외부 관계에서는 하나의 전체로서 집단이나 그 대표자는 직접적인 경험을 벗어나는 문제들을 다룬다. 작업장이 자연스럽게 전체 상황을 파악하는 것은 불가능하다. 그렇기 때문에 한 작업장이 산업계와 사회 안에서 누리고 져야 할 권리와 의무에 관한 그 작업장의 여론은 교육이나 선전의 문제들이지, 작업장 의식에서 자연스레 나오는 산물이 아니다. 길드 사회주의자들이 파견단을 뽑건 대표를 뽑건, 그들은 정통 민주주의자가 가진 문제를 피할 수 없다. 전체로서의 집단이나 선출된 대변인은 직접적인 경험 그 너머로 사고를 확장해야 한다. 그는 다른 작업장에서 비롯된 문제들과 전체 산업 그 너머에 있는 문제들에 대해 투표해야 한다. 작업장의 주된 관심은 전체 산업에 대한 사명감도 포함하지 않는다. 직업, 거대 산업, 선거구, 국가 등의 기능은 하나의 개념이지 경험이 아니다. 그것은 상상하고 발명하고 가르치고 믿어야 한다. 그리고 당신이 이들 기능에 대해 최대한 신중하게 정의를 내린다고 해도, 그 기능에 대한 작업장의 견해가 다른 작업장의 견해와 반드시 일치하지 않는다는 사실을 받아들인다면 당신은 하나의 이해를 대표하는 사람은 다른 이해관계의 대표들이 제안한 안건에도 관심을 갖고 있다고 말하는 것이나 마찬가지다. 당신은 그가 공통의 이해관계를 고려해야 한다고 말하고 있다. 그리고 그에게 찬성표를 던지면서, 당신은 단순히 당신의 기능에 대한 관점을 대변할 사람을 선택하는 것이 아니라 그 기능에 대한 견해에 관해 당신의 관점을 대표할 사람을 선택하는 것이다. 그런데 여기서 당신 자신이 직접 알 수 있는 것은 당신의 기능에 대한 당신 자신의 관점뿐이다. 당신은 정통 민주주의자만큼이나 막연하게 투표하고 있다.

20

길드 사회주의자들은 기능이라는 단어를 만지작거리면서 공통의 이해관계를 어떻게 인식할 것인가 하는 문제를 해결했다고 생각했다. 그들은 세상의 모든 중요한 작업들이 기능들로 분해되었다가 다시 조화롭게 종합되는 그런 사회를 상상한다. 그들은 하나의 전체로서 사회가 세운 목적들에 근본적인 일치를 이룰 수 있다고 가정하고 이런 목적들을 수행하는 데 조직된 모든 집단의 역할을 근본적으로 일치시킬 수 있다고 가정한다. 따라서 그들이 가톨릭 봉건사회에서 생긴 한 제도에서 그들 이론의 이름을 따온 것은 멋진 정서라고 하겠다. 그러나 그 시대 현자들이 가정했던 그 기능 조직은 죽을 운명을 지닌 인간에 의해 실현되지 않았다는 사실을 기억해야 한다. 길드 사회주의자들이 어떤 식으로 그 조직이 실현되고 또 현대 세계에 받아들여질 것으로 생각했는지는 분명하지 않다. 간혹 그 구상이 노동조합 조직에서 발전한다고 주장하는 것 같기도 하고, 또 다른 때는 코뮌들이 집단의 헌법적 기능을 정의할 것이라고 주장하는 것도 같다. 그러나 집단들이 스스로 자체 기능을 정의한다고 믿는지 아닌지에 따라 실제로 상당한 차이가 난다.

어떤 경우든 콜 씨는 사회는 "명백히 구분되는 개별적이고 본질적인 기능 집단"이라는 인정받은 개념을 근거로 한 사회계약에 의해 운영될 수 있다고 가정한다. 그렇다면 사람은 어떻게 이러한 본질적 기능 집단을 알아낼까? 내가 이해하는 바로, 콜 씨는 하나의 기능이란 사람들의 집단이 관심을 갖는 것이라고 생각한다. "기능 본위 민주주의의 본질은 사람은 자신이 관심을 갖는 기능들의 숫자만큼 많이 계산되어야 하는 것이다." 여기서 관심이라는 단어에는 적어도 두 가지 의미가 있다. 하나는 그 사람이 관여한다는 뜻이고, 다른 하나는 그의 생각이 어딘가에 몰두하고 있다는 뜻이다. 예를 들어 존 스미스는 스틸맨(Stillman)의 이혼소송 사건에 대해 엄청난 관심을 갖고 있다. 그는 모든 황색신문(lobster edition)에 실린 관련 뉴스를 한 자도 빼지 않고 읽을 것이다. 한편 자신의 이미지가 위험에 처한 젊은 가이 스틸맨(Guy Stillman)은 정작 그 일로 전혀 괴로워하지 않을 수 있다. 존 스미스는 자신의 "이해관계"에 영향을 미치지 않는 소송사건에 관심을 갖고 있으며, 가이(Guy)는 자신의 인생 자체를 바꿔놓을지도 모르는 사건에 대해 관심이 없다. 나는 콜 씨가 존 스미스 쪽으로 기운 것 같아 우려된다. 그는 '기능에 따라 투표를 하면 투표가 너무 잦아진다.'는 "매우 어리석은 반론"에 다음과 같이 대답한다. "만약 어떤 사람이 지역구의 여러 문제에 대해 투표하고 싶을 정도로 관심을 갖고 있지 않고 또 그가 투표하게 할 만큼 관심이 충분히 일어나지 않는다면, 그는 투표권을 포기하는 것이며 그 결과는 그가 관심 없이 맹목적으로 투표해도 민주적이라고 하는 것과 마찬가지다."

콜 씨는 교육받지 못한 유권자는 "투표권을 포기한다."고 생각한다. 그렇다면 교육받은 자의 투표는 자신의 관심을 드러내고, 그들의 관심은 그 기능을 정의한다는 것이 된다. "그러므로 브라운, 존스, 로빈슨 등은 각각 한 표씩만 갖는 것이 아니라, 그들의 연합적인 행동을 요구하는 다양한 문제에 대해 그 숫자만큼 기능 본위의 표결을 해야 한다." 나는 콜 씨가 브라운, 존스, 로빈슨이 자신들이 관심이 있다고 주장하는 모든 선거에 투표자격을 가져야 하고, 이름을 밝히지 않은 다른 누군가가 그들이 관심을 가질 자격을 갖춘 기능들에 선택될 수 있다고 생각하고 있는지 상당히 의문이다. 만일 나에게 콜 씨의 생각이 어떤 것인지 묻는다면, 그는 투표권을 포기하는 사람은 교육받지 못한 유권자라고 하는 대단히 이상한 가정으로 이 어려움을 얼버무려 넘기려 한다. 그리고 그는 고위 권력에서 기능 본위의 투표를 마련하든, 아니면 투표에 관심이 있는 사람만 투표한다는 원칙에 따라 "낮은 곳"에서부터 투표를 하게 되든 간에 오로지 교육받은 사람들은 어떤 식으로든 투표를 할 것이므로 그 제도는 계속 작동할 것이라고 결론을 내린 듯하다.

그러나 교육받지 못한 유권자에도 두 종류가 있다. 모르면서 자신이 모른다는 사실을 아는 사람이 있다. 그런 사람은 대체로 트인 사람이다. 자신의 투표권을 포기하는 사람이 그런 사람이다. 그러나 무식하면서도 자신이 무식하다는 것을 모르거나 상관하지 않는 사람이 있다. 정당제도가 작동하는 한, 이런 사람은 항상 투표소에 나갈 것이다. 그의 표가 정당제도의 초석이다. 그리고 길드 사회의 코뮨은 세제, 임금, 물가, 신용, 천연자원에 대해 막강한 권력을 행사하기 때문에, 선거가 최소한 우리의 선거만큼 격렬하게 전개되지는 않을 것이라고 가정하는 것은 터무니없다.

사람들이 자신들의 관심을 드러내는 방식은 기능적 사회의 기능들을 제한하지 않을 것이다. 기능을 정의하는 방법이 두 가지 더 있다. 하나는 길드 사회주의 탄생을 가져온 투쟁을 벌였던 노동조합을 통하는 것이다. 그런 투쟁은 집단을 일종의 기능적 관계로 견고하게 결속시키며, 이들 집단들을 길드 사회주의 사회의 기득권자로 만든다. 그들 중 일부는 광부들이나 철도원들처럼 매우 강하며 자본주의와 벌인 투쟁에서 배운 자신들의 기능관에 아마 강한 애착을 느낄 것이다. 사회주의 국가에서 유리한 위치에 놓인 노동조합들이 응집과 통치의 중심이 될 수 있다는 사실은 전혀 이상하지 않다. 그러나 불가피하게 길드 사회에서 그런 노동조합은 다루기 힘든 문제가 될 수 있다. 왜냐하면 직접 행동이 그들의 전략적 힘을 드러냈을 것이고, 또 일부 지도자들은 최소한 그 힘을 자유의 제단에 바치려 하지 않을 것이기 때문이다. 그들을 "조정"하기 위하여 길드 사회는 서로 힘을 모아야 했을 것이며, 그래서 길드 사회주의 급진파들이 길드의 기능을 정의할 만큼 충분히 강력한 코뮌의 출현을 요구할 것이라는 사실을 곧 알게 되었으리라고 나는 생각한다.

그러나 만약 당신이 정부(코뮌)로 하여금 기능을 정의하게 할 것이라면, 그 이론의 전제가 사라진다. 근시안적으로 자기밖에 볼 줄 모르는 개별 단위 작업장들이 자발적으로 사회와 관련을 맺도록 하려면 기능들의 구성이 명백히 필요하다고 가정해야 했다. 만약 기능의 구성이 각 유권자들의 머릿속에 확립되어 있지 않다면, 길드 사회주의에서 자기중심적인 의견을 사회적 판단으로 전환시키는 방법은 정통 민주주의의 방법보다 낫지 않다. 그리고 물론 그런 확립된 구성은 있을 수 없다. 그 이유는 비록 콜과 그의 동료들이 좋은 구성을 고안해냈다 하더라도, 모든 권력의 원천인 작업장 민주주의들은 그것에 관해 배우고 상상한 것을 통해 현재 작동 중인 구성을 판단할 것이기 때문이다. 길드 사회주의자들은 동일한 구성을 달리 이해할 것이다. 그래서 길드 사회를 결속시켜주는 뼈대로서의 구성 대신, 구성은 어떠해야 한다고 정의하려는 시도가 다른 곳에서와 마찬가지로 길드 사회주의에서도 정치의 주된 업무가 될 것이다. 만약 우리가 콜 씨의 기능에 관한 구성 체계를 받아들인다면, 그가 제의한 거의 모든 것을 허락하는 셈이다. 불행하게도 그는 길드 사회에서 끌어내려 했던 결론을 자신의 전제에 넣어버렸다.

21

내가 생각하기에 그 교훈은 아주 분명하다. 공적 생활의 실체와 자기중심적인 의견을 뚜렷하게 구별할 수 있도록 환경을 제대로 알려주는 제도나 교육이 없을 경우, 공통의 관심사는 거의 대부분 여론을 빗겨가고, 개인적 관심이 지역성을 넘어서는 전문화된 계층에 의해서만 관리될 수 있다. 이런 계급은 무책임하다. 왜냐하면 이들은 대중이 알지 못하는 상황에서 공유되지 않는 정보를 바탕으로 행동하며, 오로지 이뤄진 사실에 대해서만 책임을 지기 때문이다.

민주주의 이론이 자기중심적 의견만으로는 좋은 통치를 확보하는 데 충분하지 않다는 것을 인정하지 않음으로써, 이론과 실제 사이에 갈등이 끊임없이 빚어진다. 그 이론에 따르면, 콜 씨가 말한 대로 인간의 완전한 존엄이 구현되려면 그의 의지가 "온갖 형태의 사회적 활동으로" 표현될 수 있어야 한다. 의지의 표현은 인간들의 열정으로 여겨지는데, 인간은 본능적으로 통치의 기술을 가진 것으로 가정되기 때문이다. 그러나 평범한 경험으로 볼 때, 자결(自決)은 인간 성격의 많은 관심거리들 중 하나에 지나지 않는다. 스스로 운명을 개척하려는 주인이 되고자 하는 욕망은 강력하지만, 그와 똑같이 강한 다른 욕망들, 예컨대 안락한 생활, 평화, 부담에서 벗어나고자 하는 욕망 등과 조정해야 한다. 민주주의의 원래 가정들에는 각자의 의지 표현은 자연스레 자기표현의 욕망을 만족시킬 뿐 아니라 편안한 삶에 대한 욕망도 충족시킨다는 것이 포함되어 있다. 안락하게 생활하면서 자신을 표현하려는 본능은 타고나는 것이기 때문이다.

그러므로 항상 의지를 표현하는 도구를 강조해왔다. 민주주의의 엘도라도(이상향)[14]는 언제나 모든 사람들의 천성적인 선한 의지와 본능적인 정치력을 정치 행위로 옮길 수 있게 하는 완벽한 환경, 완벽한 선거제도와 대의제였다. 제한된 영역에서 짧은 기간에 그런 환경이 매우 훌륭하게 갖춰졌는데, 말하자면 완전히 고립되고 풍부한 기회가 가득했기 때문에 그 이론은 사람들로 하여금 언제 어디서든 적합하다는 생각을 품기에 충분할 정도로 잘 돌아갔다. 그러다 고립이 끝나고 사회가 복잡해지면서 사람들이 각자 서로에 맞춰 조정할 수밖에 없게 되자, 민주주의자는 좀 더 완벽한 투표 단위를 고안해내는 데 많은 시간을 들였다. 콜 씨가 말한 대로, 어쨌든 "기구를 바로잡아서 사람들의 사회 의지에 가능한 한 맞게 조정할 것"이라는 희망에서였다. 그러나 민주주의 이론가가 그느느라 바쁘게 움직이는 사이에, 그는 인간성의 실질적 관심으로부터 멀어져갔다. 그는 자치정부라는 한 가지 일에만 몰두해 있었다. 인류는 질서, 권리, 번영, 보는 것과 듣는 것, 그리고 권태에 빠지지 않는 것 등 온갖 다른 일들에도 관심을 가졌다. 자발적인 민주주의가 이 같은 다른 관심사들을 만족시켜주지 못하는 한, 대부분의 경우 사람들은 공허하게 보았다. 성공적인 자치 기술은 본능적으로 얻어지지 않는다. 그렇기 때문에 사람들은 자치 자체를 위

----
14) El Dorado : 스페인어로 The Golden (One). 남미 아마존 강가에 있다고 상상했던 황금의 나라.

한 자치는 바라지 않는다. 그들은 자치의 결과를 누리려고 자치를 바란다. 나쁜 조건에 대한 저항으로서 자치를 원하는 충동이 항상 가장 강렬한 이유가 여기에 있다.

민주주의의 오류는 통치의 과정과 결과보다는 통치의 기원에 집착한 데 있다. 민주주의자는 언제나 정치권력이 정당한 방법에 따라 이뤄진다면 그 권력은 유익하다고 가정해왔다. 민주주의자의 관심은 온통 권력의 원천에 모아졌는데, 사람들의 의지를 표현하는 것이 아주 훌륭한 일이라는 믿음에 사로잡혀 있기 때문이다. 그가 그런 믿음에 최면이 걸리게 된 이유는 첫째, 표현은 인간의 최고 관심사이며 둘째, 의지는 본능적으로 선한 것이라고 생각하기 때문이다. 그러나 강의 상류에서 아무리 물의 양을 조절해도 그 강물의 흐름을 완전히 통제하지 못하는 법이다. 민주주의자들은 사회 권력을 창출할 멋진 기구, 말하자면 선거와 대의제에 맞는 기구를 고안하는 일에 몰두하는 동안, 사람들의 다른 관심사를 거의 무시했다. 권력이 어떤 식으로 창출되든 간에, 결정적인 관심은 권력이 행사되는 방법에 있다. 문명의 특징을 결정짓는 것은 권력의 사용이다. 그리고 권력의 사용은 그 원천에서 통제할 수 없다.

만약 통치를 전적으로 그 원천에서 통제하려 든다면, 당신은 불가피하게 중대한 결정들을 사람들의 눈에 보이지 않게 하게 된다. 그 이유는 다음과 같다. 훌륭한 삶을 가져올 정치적 결정을 저절로 낳는 본능이란 절대로 없어서 실제로 권력을 행사하는 사람들은 국민의 의지를 표현하지 못할 뿐만 아니라 대부분의 문제에 의지라는 것이 전혀 존재하지 않기 때문에 선거민들에게 숨어 있는 의견에 따라 권력을 행사하기 때문이다.

만일 당신이 민주주의 철학에서, 통치는 본능적인 것이며 그렇기 때문에 자기중심적인 의견들로 관리될 수 있다는 가정을 몽땅 뽑아버린다면,

인간의 존엄에 대한 민주주의의 믿음은 어떻게 되는가? 인격의 불충분한 어느 한 측면과 결속시키지 않고 인격의 총체와 연관시킴으로써, 인간의 존엄은 새로운 생명을 얻는다. 왜냐하면 전통적인 민주주의자가 인간은 현명한 법률과 훌륭한 통치에서 본능적으로 그런 존엄성을 드러낼 것이라는 매우 불확실한 가설로 인간의 존엄을 위태롭게 만들었기 때문이다. 유권자들은 그렇게 하지 않았고, 그래서 민주주의자는 완고한 사람들에게는 약간 어리석게 보였다. 그러나 만약에 당신이 자치에 관한 단 하나의 가정을 근거로 인간의 존엄을 이야기하지 않고 각자의 능력이 적절히 발휘될 수 있는 어떤 생활수준이 있어야 인간의 존엄이 지켜진다고 주장한다면, 문제는 완전히 달라진다. 그렇게 되면 당신이 통치에 적용하는 기준은 그 통치가 최소한의 건강과 멋진 주택, 생활필수품, 교육, 자유, 쾌락, 아름다움 등을 주는지 아닌지가 될 것이지, 이 모든 것들을 희생시키는 대가로 사람들의 마음에 불쑥 떠오른 자기중심적인 의견들에 그 통치가 흔들리는지 아닌지에 따르는 것은 아니다. 이러한 기준이 어느 정도 정확하고 객관적으로 설정되느냐에 따라, 불가피하게 비교적 소수의 관심사가 된 정치적 결정이 보통 사람들의 관심 안으로 파고들어갈 수 있다.

 우리가 알고 있는 어느 시대에도, 눈에 보이지 않는 환경 전체가 모든 사람들에게 아주 명백해진 까닭에 사람들이 자발적으로 통치의 모든 일에 건전한 여론을 내놓을 가능성은 전혀 없다. 설령 그럴 가능성이 있다 하더라도, 우리들 대부분은 과연 우리들에게 영향을 미칠 "온갖 형태의 사회적 행위"에 관한 의견을 형성하려고 귀찮아하면서도 기꺼이 시간을 할애할 것인지는 매우 회의적이다. 현실적인 단 하나의 전망은 우리가 각자 자신의 영역에서 보이지 않는 환경에 관한 현실적인 상(像)에 따라 더욱더 많이 활동할 것이며, 이런 상(像)들을 현실적인 것으로 만들 수 있도록 전문가들을 더 많이 배출할 것이라는 점이다. 우리 자신의 가능한 관심이라는 다소 좁은 범위를 벗어나면, 사회적 통제는 공직자들과 산업계 지도자들의 행동을 측정하는 생활수준과 감사(監査) 방법을 고안해내는 데 달려 있다. 신비주의적 민주주의자가 늘 상상해온 것처럼, 우리 스스로는 이 모든 행위를 고무하거나 이끌 수 없다. 그러나 우리는 이 모든 것을 솔직하게 기록하고 그 결과를 객관적으로 측정할 것을 고집함으로써, 이런 행위에 대한 실질적 통제권을 꾸준히 강화할 수 있다. 나는 우리의 이 같은 주장은 희망적이라고 말하고 싶다. 왜냐하면 그러한 생활수준과 감사 방법을 바탕으로 운영한 지가 얼마 되지 않기 때문이다.

제7장

신문

1

　인간이 세상을 통치하기 위해서는 세상으로 나아가서 탐구해야 한다는 사상은 정치사상에서 아주 미미한 역할밖에 하지 못했다. 어떤 방식으로든지 통치에 유리한 쪽으로 세상일을 보도하는 데 필요한 기구가 아리스토텔레스 시대부터 민주주의의 전제들이 확립된 시대에 이르기까지 상대적으로 거의 발전을 이루지 못했기 때문이다.
　그러므로 만약 당신이 초기 민주주의자에게 국민 의지의 기초가 되어야 할 정보를 어디서 얻는지 물었다면, 그는 그 질문에 당황했을 것이다. 그것은 마치 그의 삶과 그의 영혼은 어디로부터 유래했느냐고 묻는 것과 비슷하다. 그는 국민의 의지는 항상 존재하는 것이고, 정치학의 의무는 선거와 대의제를 실행할 수 있는 발명품을 만들어내는 것이라고 거의 언제나 가정했다. 만약 그 발명품들이 자립적인 촌락과 작업장에서 그런 것처럼 적절한 조건에서 제대로 작동하고 적용되었다면, 그 기구는 아리스토텔레스가 관찰했던 주의력의 일시성과 자립적인 공동체 이론이 암묵적으로 인정했던 그 주의력의 범위가 좁다는 사실을 어떻든 극복할 수 있었을 것이다. 심지어 최근에도 우리는 길드 사회주의자들이 선거와 대의제가 올바른 단위에서 확고히 이뤄진다면 원래부터 협력적인 공화국이 가능하다는 관념에 사로잡혀 있는 것을 확인했다.

지혜는 찾으려고만 하면 거기 있다고 확신한 민주주의자들은 여론을 형성하는 문제를 시민적 자유의 한 문제로 다루었다. "자유롭고 공개적인 충돌에서 진리가 뒤로 밀려날 줄 누가 알았겠는가?" 그렇다면 우리는 아무도 진리가 지는 것을 보지 못했다고 가정하면서, 막대기 두 개를 비비면 불이 지펴지듯이 진리는 그런 충돌로 일어난다고 믿어야 하는가? 미국의 민주주의자들이 자신들의 권리장전[1]에 구현한 이런 고전적인 자유의 원칙 뒤에는 사실상 진리의 기원에 관한 몇 가지 상이한 이론들이 자리 잡고 있다. 그중 하나는 의견들이 서로 경쟁하다 보면 진리에는 독특한 힘이 있기 때문에 진리에 가장 가까운 것이 승리할 것이라는 믿음이다. 우리가 경쟁을 충분히 오랜 시간 동안 지속할 수 있다면, 아마 이 말도 맞을 것이다. 이런 맥락에서 논쟁을 벌이는 사람들은 역사의 판단을 마음속으로 그리면서 구체적으로 살아서는 이단자로 처형당한 뒤 죽어서 성자로 떠받들어지는 사람들을 생각한다. 밀턴의 주장은 진리를 인식하는 능력은 모든 인간에게 고유한 것이며 진리가 자유롭게 유포되다 보면 결국 받아들여지게 될 것이라는 믿음을 바탕으로 하고 있다. 이해력이 부족한 경찰관 앞에서는 예외지만, 밀턴의 주장은 사람들이 진리를 말하지 못하는 상황이라면 진리를 발견할 가능성이 없다는 사실을 보여주는 바로 그 경험에서 비롯된다.

∴
[1] Bill of Rights: 헌법에 첨가된 최초의 10개 조 개정(amendments).

이런 시민적 자유의 실용적 가치와 그것을 지키는 일의 중요성에 대해서는 아무리 높이 평가해도 지나치지 않다. 시민의 자유가 위태롭게 되면 인간의 정신도 위태로워진다. 만일 전시(戰時)처럼 자유를 제한해야 할 때가 되면, 사상의 억압은 문명의 위기가 된다. 만일 필요한 것을 부당하게 이용하려는 히스테리 환자들이 많아져서 전쟁 때 금기사항들을 평화 때에도 그대로 실행하려 든다면, 문명이 그런 사상의 억압을 전쟁의 영향에서 회복하지 못하게 할 것이다. 다행히, 절대 다수 사람들은 전문 조사관들을 받아들일 정도로 관대하지 않다. 공포에 휘둘리고 싶어 하지 않는 사람들의 비판을 통해, 이들 전문 조사관들은 자기가 말하는 것 중 열에 아홉은 뜻도 모른 채 뱉어내는 비열한 존재라는 사실이 점차 드러나게 된다.

그러나 이런 근본적인 중요성이 있어도, 시민의 자유는 이런 의미로 보면 현대 세계에서 여론을 보장하지 못한다. 왜냐하면 진리는 자발적인 것이고, 진리를 얻는 수단은 외부의 간섭이 없을 때 존재한다고 언제나 가정하기 때문이다. 그러나 당신이 보이지 않는 환경에 대해 논할 때, 이 가정은 거짓이 된다. 멀리 떨어져 있거나 복잡한 문제에 관한 진리는 분명하지 않고, 정보를 수집하는 조직은 기술적이고 비용도 많이 든다. 그러나 정치학 특히 민주주의적 정치학은 아리스토텔레스가 세운 전제들을 고쳐서 말할 수 있을 정도로 그 원래 가정에서 충분히 벗어나지 못하고 있다. 그렇기에 정치사상이 어떻게 하면 현대 국가의 시민들에게 보이지 않는 세상을 볼 수 있게 할 것인가 하는 문제를 파고들게 되었을 것이다.

그 전통은 아주 깊다. 예를 들어 상당히 최근까지도 미국 대학에서는 신문이 존재하지 않는 것처럼 정치학을 가르쳤다. 지금 대학의 신문학과를 언급하는 것이 아니다. 그런 학과들은 학생들의 취업을 목적으로 하는 직업학교(trade school)이기 때문이다. 나는 미래의 실업가와 변호사, 공직자, 그리고 일반 시민들에게 해석되는 정치학을 말하고 있다. 정치학에서는 언론과 대중 정보의 정보원에 관한 연구는 없었다. 미국의 어떤 정치학도나 사회학자도 뉴스 수집에 관한 책을 쓴 적이 없다는 사실은 정치학의 틀에 박힌 관심 분야를 잘 모르는 사람들에게는 좀처럼 설명되지 않는 이상한 현상이다. 때때로 언론에 관해 언급을 하기도 해서 언론은 "자유롭지 않고" "진실하지 않다"고 비난도 하고, "자유로워야 하고" "진실해야 한다"고 주장도 했다. 그러나 그 이상은 거의 없었다. 그리고 전문 직업인들에 대한 경멸은 여론에서도 나타난다. 언론이 보이지 않는 환경과 접촉하는 주된 수단이라는 사실은 일반적으로 받아들여진다. 그리고 사실상 모든 곳에서 언론은 원시 민주주의가 우리 각자가 스스로를 위해 할 수 있다고 상상했던 일을 우리를 위해 자발적으로 해야 하며, 또한 우리가 관심을 둔 외부 세계의 진실된 상(像)을 매일 또는 하루 두 번씩 보도해야 하는 것으로 여겨지고 있다.

2

진리는 얻어지는 것이 아니라 고무되고, 드러나고, 대가 없이 제공되는 것이라는 끈질기고 오래된 신념은 신문 독자로서 우리들의 경제적 편견에 노골적으로 나타난다. 그 진리가 제아무리 돈벌이가 되지 않는 것일지라도, 우리는 신문이 우리에게 진리를 제공할 것이라고 기대한다. 우리가 필수적인 것으로 인식하는 이 어렵고 종종 위험하기도 한 서비스를 얻는 대가로, 우리는 최근까지 조폐국에서 발행한 최소액의 동전을 지불할 것이라고 생각했다. 우리는 주중에 발행되는 신문에는 2, 3센트를 내는 데 익숙해졌고, 삽화가 곁들여진 백과사전식 지식과 오락거리가 붙은 일요판에는 5센트나 10센트까지 마지못해 내게 되었다. 신문의 대가를 지불해야 한다고 잠시나마 생각하는 독자는 없다. 신문에 진리의 샘이 솟아오르기를 기대하면서도, 어떠한 위험이나 비용, 수고가 걸려 있으면 법률적 또는 도덕적 계약을 맺지 않는 것이다. 사람들은 신문이 자신에게 맞으면 명목상 가격을 지불할 것이고 그렇지 않으면 언제라도 지불을 중단하고 자신에게 맞는 다른 신문으로 바꿀 것이다. 신문사 편집인은 매일 다시 뽑아야 한다고 한 누군가의 말이 상당히 적절해 보인다.

독자와 신문 사이의 이런 무심하고 일방적인 관계는 우리 문명의 한 변칙이다. 이 같은 관계는 다른 어디에도 없다. 그러므로 신문을 다른 사업이나 기관과 비교하기 어렵다. 신문은 순수하고 단순한 사업이 아니다. 부분적으로는 신문이 생산비 이하의 낮은 가격에 규칙적으로 팔리기 때문이기도 하지만, 주된 이유는 공동체가 언론과 상업이나 생산업에 서로 다른 윤리 기준을 적용하기 때문이다. 신문은 윤리적으로 교회나 학교처럼 여겨진다. 그러나 만약 당신이 신문을 그런 것들과 비교하려 해도 제대로 되지 않는다. 납세자들은 공립학교를 위해 세금을 물고, 사립학교는 기부금이나 등록금으로 유지되고 교회에는 보조금과 헌금이 있다. 언론은 법학, 약학, 공학과 비교할 수 없다. 왜냐하면 이런 직업들에서는 소비자가 봉사에 대한 돈을 지불하기 때문이다. 만일 독자의 태도를 근거로 하여 판단한다면, 자유 언론은 사실상 공짜로 그냥 주는 신문을 의미한다.

그러나 신문 비평가들이 언론기관도 학교, 교회, 그리고 비영리 전문직들과 동일한 차원에서 활동하기를 기대한다면, 그 비평가들은 단지 그 공동체의 도덕 기준을 표명하고 있는 것이다. 이것은 다시 한 번 민주주의의 근시안적인(concave) 특성을 예증하는 것이다. 인위적으로 획득한 정보의 필요성은 전혀 느껴지지 않는다. 정보는 자연스럽게, 다시 말해 공짜로, 시민의 가슴에서 나오는 것이거나 신문에서 그냥 나와야 한다. 시민은 전화요금, 기차요금, 자동차 가격, 그리고 오락의 대가는 지불할 것이다. 그러나 뉴스의 대가는 공개적으로 지불하지 않는다.

그러나 그는 다른 사람으로 하여금 자신에 관한 글을 읽게 하는 특권에 대해서는 후하게 지불한다. 바로 광고를 하는 데 직접 돈을 낸다. 그리고 다른 사람의 광고비는 간접적으로 지불한다. 왜냐하면 상품의 가격에 숨어 있는 그 비용은 그가 효과적으로 이해하지 못하는 보이지 않는 환경의 일부분이기 때문이다. 대중은 광고된 상품을 구입하는 데는 맛있는 크림 소다수의 값 그 이상을 지불하면서도 세상에 관한 모든 뉴스의 대가로 소다수의 값을 공개적으로 지불하게 한다면 모욕으로 간주할 것이다. 대중은 지불의 형태가 숨겨져 있을 때에만 언론에 돈을 지급한다.

3

그러므로 발행부수는 목적을 위한 수단이다. 발행부수는 광고주에게 팔릴 때에만 자산이 되는데, 광고주들은 독자가 내는 간접세에서 확보된 수입으로 사들인다. 광고주가 구매하는 발행부수는 그가 무엇을 팔 것인가에 달려 있다. 신문은 "고급신문"일 수도 있고 "대중신문"일 수도 있다. 전반적으로 명확한 어떤 구분이 있는 것은 아니다. 그 이유는 광고를 통해 팔리는 상품들의 고객은 매우 부유하거나 아주 가난한 층이 아니기 때문이다. 그들은 생활필수품을 구매하고도 자유롭게 쓸 수 있을 만큼 충분한 잉여를 보유하고 있는 사람들이다. 그러므로 상당히 잘사는 가정에 배달되는 신문은 광고주에게 대부분의 기회를 제공하게 된다. 그것은 가난한 가정에도 배달된다. 그러나 몇몇 특정 상품을 제외하고는, 발행부수가 엄청나지 않다면 분석적인 광고업자들은 발행부수를 대단한 자산으로 평가하지 않는다. 발행부수가 엄청난 허스트[2] 계열의 몇몇 신문들의 경우는 다르다.

광고주가 높은 값을 지불하며 광고 대상으로 삼는 사람들을 화나게 만드는 신문은 광고주에게는 나쁜 매체이다. 아무도 광고가 자선사업이라고 주장하지 않는다. 그렇기 때문에 광고주들은 미래 고객들에게 아주 확실히 도달할 수 있는 매체의 지면부터 산다. 잡화상의 추문이 보도되지 않는다고 걱정하느라 시간을 낭비할 필요가 없다. 그런 것들은 결코 중요하지 않으며, 이런 사건들은 많은 신문 비평가들이 생각하는 것보다 자주 일어나지 않는다. 진짜 문제는 뉴스 수집 비용을 지불하는 데 익숙하지 않은 신문 독자들을 제조업자들과 상인들에게 팔릴 수 있는 발행부수의 형태로 바꿔놓아야 한다는 것이다. 그리고 신문이 돈을 끌어낼 수 있는 가장 중요한 사람들은 바로 지출할 돈을 많이 가지고 있는 사람들이다. 그런 신문은 구매 대중의 관점을 존중하게 되어 있다. 신문이 편집되고 발행되는 것은 이런 구매 대중들을 위해서다. 이들의 지원이 없다면 신문은 살아남을 수 없다. 신문은 광고주를 모욕할 수 있고 막강한 은행업자나 운송업자를 공격할 수 있다. 그러나 만약 독자 대중을 소외시킨다면 신문은 존립에 반드시 필요한 자산을 잃고 말 것이다.

《뉴욕 이브닝 선(New York Evening Sun)》에서 근무했던 존 기븐 씨(Mr. John L. Given)는 1914년 미국에서 발행되는 2,300개 일간지 중에서 약

---

2) William Randolph Hearst(1863~1951) : 미국의 신문 경영자.

175개 이상이 인구 10만 명이 넘는 도시에서 발행된다고 말했다. 이들 신문은 "일반 뉴스"[3]를 보도한다. 이들은 중대 사건들을 다루는 뉴스를 수집하는 주요 신문들이며, 심지어 175개 신문 중에서 어느 하나도 구독하지 않는 사람들조차 결국엔 외부 세계에 관한 소식을 그 신문들에 의존한다. 왜냐하면 이 신문들이 뉴스를 상호 교환하며 협력하는 거대한 신문협회를 이루고 있기 때문이다. 그러므로 각 신문사는 단지 자사 독자에게 정보를 전하는 제공자일 뿐만 아니라 다른 도시에 있는 신문사들의 지역 기자이기도 하다. 농촌신문과 특수신문은 대체로 이들 주요 신문들로부터 일반 뉴스를 얻는다. 이들 주요 신문들 가운데 다른 신문사들보다 특히 돈이 많은 신문들은 국제뉴스를 다루기도 하는데, 대체로 미국의 모든 신문사들은 몇몇 대도시 일간지들이 운영하는 신문협회와 특별 뉴스를 제공하는 통신사에 의존한다.

    개략적으로 말하면, 일반적인 뉴스 수집에 대한 경제적 지원은 10만 명 이상이 살고 있는 도시의 상당히 부유한 계층이 광고된 상품을 살 때 지불하는 돈에 포함되어 있다. 이들 구매 대중의 주 수입원은 무역업, 상업, 제조업, 그리고 금융업이다. 그들 중에는 신문 광고에 가장 많은 돈을 지불하는 단골들도 있다. 그들은 집중적인 구매력을 지닌다. 비록 그들의 구매력이 규모에서는 농민과 노동자의 구매력을 합친 것에 못 미치지만, 일간신문이 미치는 범위 안에서는 그들이야말로 가장 민감한 자산이다.

---

3) general news: 사회면 뉴스.

4

더구나 이들은 이중으로 관심을 끈다. 이들은 광고주에게 최고의 고객일 뿐만 아니라 이들 중에는 광고주들도 포함되어 있다. 그러므로 신문이 이들에게 심은 인상은 정말로 중요하다. 다행히도 이 대중은 만장일치의 의견을 갖지는 않는다. 이 대중은 "자본주의적"일지는 몰라도 자본주의에 대해, 그리고 자본주의의 운영 방식에 대해 다양한 견해를 갖고 있다. 위험에 처한 때를 제외하고, 존경할 만한 이 의견은 다양한 정책을 가능하게 할 정도로 충분히 갈리고 있다. 만일 신문 발행인들 스스로가 이들 도시 공동체의 구성원이 아니고 또 자신의 동료들이나 친구들의 눈을 통해 세상을 정직하게 보지 않는다면 그 의견은 더욱 많이 갈라질 것이다.

신문 발행인들은 투기사업에 종사하고 있다. 왜냐하면 신문은 상업의 일반적인 조건에도 따르지만, 이보다는 독자들과 '결혼계약'이 아닌 '자유연애'에 의해 발행부수가 결정되기 때문이다. 따라서 모든 발행인들의 목표는 신문 판매대의 '자유형' 구매자들로 이루어진 비정기 구독자들을 충성심 가진 정기 구독자들로 바꿈으로써 발행부수를 늘리는 것이다. 현대 저널리즘의 경제학에 비춰볼 때, 독자들의 충성심에 진정으로 의존하는 신문이 최대한으로 독립적인 신문이다. 끊임없이 그 신문 곁을 지키는 독자집단은 어떤 광고주가 휘두르는 힘보다 훨씬 더 강하며 광고주들의 연합을 분쇄할 정도로 강하다. 그러므로 광고주 때문에 독자를 배반하는 신문이 있다면, 그 발행인이 광고주와 진심으로 견해를 같이하거나, 그가 독자의 지시에 공개적으로 저항할 경우 독자들의 지지를 기대할 수 없다고 그릇 생각하고 있거나 이 둘 중 하나라고 자신 있게 말해도 좋다. 그것은 뉴스의 대가로 돈을 지급하지 않는 독자들은 그 대가를 충성심으로 지급하려 할 것인지에 관한 문제이다.

5

　신문을 구매하는 대중의 충성심은 어떤 계약서에도 명문화되어 있지 않다. 거의 대부분의 다른 사업에서는 서비스를 기대하는 사람은 일시적 변덕을 규제하기 위해 계약을 맺는다. 최소한 그는 자신이 얻은 것에 대한 대가만은 지불한다. 정기간행물의 경우 일정한 기간 동안 계약을 맺는 가장 가까운 접근법은 구독료를 미리 내는 것이다. 내가 생각하기에 대도시 일간지에는 경제적으로 그리 큰 요인이 아니다. 자신의 충성심에 관해 독자만이 매일매일 판단하기 때문에, 약속을 파기하거나 지지하지 않아도 어떤 소송도 할 수 없다.
　모든 것이 독자의 지조에 달려 있지만, 이러한 사실을 독자에게 상기시켜주는 막연한 전통조차도 없다. 그의 충성심은 그가 어떻게 느끼느냐와 그의 습관에 달려 있다. 그리고 이런 것들은 단순히 뉴스의 질에만 달려 있지 않고, 수많은 모호한 요소들의 영향을 더 강하게 받는다. 그런데 우리와 신문이 우연히 맺은 관계에서 우리는 그 요소들을 좀처럼 명료하게 의식하려 들지 않는다. 이것들 중에서 가장 중요한 것은 우리들 각자가 관련되었다고 느끼는 뉴스를 신문이 어떻게 다루었는가에 따라 신문을 평가하는 경향이 있다는 사실이다. 신문은 우리 경험 밖에 있는 수많은 사건을 다룬다. 또한 우리의 경험 영역 안의 사건들도 다룬다. 대부분의 경우 우리는 신문이 이런 사건들을 다루는 방식을 근거로 그 신문을 좋아할 것인지 싫어할 것인지, 믿을 것인지, 거절할 것인지를 결정한다. 만약 우리의 사업과 교회, 정당 등 우리가 안다고 생각하는 사건에 관해 신문이 만족스러운 설명을 제시하면 그 신문은 분명히 과격한 비판을 피할 수 있다. 아침 식탁에 앉은 사람이 자신의 의견을 점검하는 기준으로 신문보다 더 나은 것이 뭐가 있겠는가? 그러므로 대부분의 사람들은 자기 자신의 경험과 관련 있는 문제들에 대해서는 신문이 일반 독자들이 아니라 특별한 변론자의 능력으로 가장 엄격하게 책임 있는 설명을 해주기를 바라는 것이다.

이해 당사자들 말고는 보도된 기사의 정확성을 평가할 수 있는 사람이 거의 없다. 만일 뉴스가 지역적이고 경쟁 상대가 있다면, 편집인은 기사가 불공정하거나 부정확하게 묘사되었다고 생각할 수 있는 사람의 의견을 들어야 한다. 그러나 그 뉴스가 지역적인 것이 아니라면, 거리상 멀리 떨어진 기사일수록 기사의 잘못을 교정할 가능성은 점점 작아진다. 다른 도시의 신문에 실린 자신들에 관한 기사가 잘못되었다고 생각할 경우 그것을 수정할 수 있는 사람들은 홍보 담당자를 고용할 만큼 조직이 잘된 집단의 구성원들뿐이다.

여기서 어떤 신문의 일반 독자가 뉴스에서 자신을 잘못 보도했다고 생각하더라도 법적 조치를 취할 방법이 전혀 없다는 사실은 흥미로운 일이다. 중상이나 명예훼손으로 고소할 수 있는 사람들은 피해를 본 당사자뿐이다. 이 당사자는 자신이 입은 손해를 입증해야 한다. 부도덕하다거나 선동적이라고 막연하게 묘사된 사건을 제외하고는, 법률은 일반 뉴스는 공통의 관심사가 아니라는 전통을 지키고 있다.

그러나 비록 무관심한 독자들은 대체로 파악하지 못하고 있을지라도, 일부 독자들은 아주 분명한 선입견을 가질 수 있는 뉴스 항목들로 구성된다. 그런 항목들은 독자의 판단 자료가 되며, 사람들이 각자의 개인 기준을 갖지 않고 읽는 뉴스를 일부 독자들은 정확성이 아닌 다른 기준으로 판단한다. 그들은 자신들에게는 허구와 구별되지 않는 어떤 주관적인 문제를 다루고 있다. 진리의 규범 같은 것은 적용되지 않는다. 그들은 자신의 고정관념과 일치하는 뉴스에는 별다른 마음의 동요가 일어나지 않는다. 그 기사가 자신들의 관심을 끈다면 계속 읽을 것이다.

6

심지어 대도시에서도 '독자들은 자신에 관해 읽고 싶어 한다.'는 원칙에 입각해서 편집하는 신문들이 있다. 이론적으로 볼 때, 만일 많은 사람들이 신문지상에서 자신의 이름을 자주 보게 된다면, 다시 말해 결혼식, 장례식, 친목회, 외국여행, 오두막집 모임, 학교에서 수상(受賞), 50회 생일, 회갑, 은혼식, 유람여행, 바닷가 야유회 등에 관한 소식을 읽게 된다면, 그런 신문은 안정적인 발행부수를 확보할 것이다.

이런 신문을 위한 전통적 원칙은 1860년 4월 3일 호러스 그릴리(Horace Greeley)[4]가 지방 신문을 창간하려는 '친구 플레처(Friend Fletcher)'에게 쓴 편지에 적혀 있다.

"1. 보통 사람은 자기 자신에게 가장 깊은 관심을 갖고, 그다음은 자신의 이웃에게 관심을 많이 갖는다는 분명한 개념을 갖고 시작하게. 이런 면에서 볼 때, 아시아와 통고 제도(Tongo Islands)에서 생기는 일은 순위가 한참 뒤라네. 교회 창립, 신규 회원 가입, 농장 매매, 가옥 신축, 공장 가동, 상점 개업, 그 밖에 여러 가정에서 관심 가질 만한 일이라면 비록 짧아도

---

4) Horace Greeley(1811~1872) : 미국의 신문 편집인.

적절하게 자네 신문에 기록하는 일을 놓치지 말게. 만약 농부가 큰 나무를 베거나 거대한 사탕무를 재배하거나 밀과 옥수수를 엄청나게 수확하였다면 그 사실을 가급적 간결하고 예외 없이 모두 신문에 보도하게."

리 씨(Mr. Lee)가 말한 것처럼 어디서 발행되든 모든 신문은 어떻게 해서든지 "고향에 관해 인쇄된 일기장"의 기능을 수행해야 한다. 뉴욕 같은 대도시처럼 광범위하게 배포되는 일반 신문이 이런 기능을 수행할 수 없는 곳에는 그릴리의 유형에 근거해서 발간되는, 도시의 작은 구역을 대상으로 한 소형 신문이 있다. 뉴욕의 맨해튼(Manhattan)과 브롱크스(Bronx)에는 지역 일간지들이 일반 신문보다 두 배가 넘는다. 그리고 이 신문들은 상업, 종교, 다양한 국적의 독자를 위해 여러 종류의 특별 부록을 발간한다.

이런 일간지들은 자신들의 삶이 흥미롭다고 생각하는 사람들을 위해 발간된다. 그러나 자신들의 생활이 단조롭고 재미없다고 생각하며 헤다 가블러[5]처럼 조금 더 긴장감이 강한 삶을 살아보고 싶어 하는 사람들도 많다. 그런 독자들을 위해 상상 속 인물들의 개인적인 삶에 지면 전체나 지면의 일부를 할애하는 신문들이 있다. 그러면 독자들은 상상 속 인물들의 화려한 타락 행위를 환상 속에서 자기 자신과 동일시한다. 상류사회에 대한 허스트 씨(Mr. Hearst)의 지칠 줄 모르는 관심은, 상류사회에는 결코 속할 수 없지만 신문에서 읽은 상류사회에 관한 삶이 자신의 일부라는 막연한 감정에서 일종의 대리 만족을 얻으려는 사람들의 욕구를 충족시킨다.

⋮

5) Hedda Gabler : 노르웨이의 극작가, 헨리크 입센이 쓴 4막의 희곡이자, 이 드라마의 주인공이다. 이 희곡은 1890년에 처음 발간되었으며, 19세기 사실주의 희극이자, 세계적인 드라마로 인정을 받게 되었다. 헤다는 연극에서 가장 극적인 역할 중 하나이며, '여성 햄릿'이며, 일부의 모습은 상당한 논란을 불러일으켜왔다. 해석에 따라, 헤다는 사회와 싸우는 이상적인 여주인공으로, 환경의 희생자로, 전형적인 페미니스트로, 또는 모략적인 악한으로 묘사될 수 있다.

대도시에서는 "고향에 관해 인쇄된 일기장"은 똑똑한 사람들의 일기장이 되기 쉽다.

그리고 우리가 이미 말한 대로, 도시의 일간지는 멀리 떨어진 곳에 관한 뉴스를 개별 시민들에게 전하는 임무를 수행한다. 그러나 신문의 발행부수를 유지해주는 것이 정치뉴스나 사회뉴스는 아니다. 이런 것에 대한 흥미는 간헐적이며, 거기에만 기대는 발행인은 거의 없다. 그러므로 신문은 중대 뉴스에 관한 한 비판적이지 않은 커다란 독자군(群)을 동시에 유지하기 위해 다양한 기획 기사에 전념한다. 더구나 한 공동체 내에서 중대 뉴스에 대한 경쟁은 아주 심하지 않다. 신문업자들은 주요 사건들에 일정한 기준을 갖고 있다. 대형 특종기사(scoop)는 이따금 한 번씩 보도한다. 최근 《뉴욕 타임스》는 다양한 의견을 가진 모든 사람들에게 꼭 필요한 신문이 되었지만 그 신문이 보도하는 것처럼 방대한 양의 뉴스를 필요로 하는 독자는 분명히 규모가 크지 않다. 다른 신문과 차별화하고 꾸준히 독자를 모으기 위해서는 일반 뉴스 외의 분야를 다뤄야 한다. 신문들은 상류사회, 스캔들, 범죄, 스포츠, 영화, 여배우, 실연 상담, 고등학교 소식, 여성란(欄), 소비자란(欄), 요리, 체스, 카드놀이, 원예, 만화, 요란한 정당 소식 등 각계각층의 소식을 보도한다. 그 이유는 발행인이나 편집인들이 이런 것들에 흥미가 있어서가 아니라 신문 비평가들이 신문에서 오직 진실만을 요구한다고 생각하는, 열정적 관심을 가진 독자들을 잡아두기 위한 방법을 찾아야 하기 때문이다.

신문 편집인은 묘한 입장에 처해 있다. 그의 회사는 광고주가 독자들에게 부과한 간접세에 의존하고 있다. 신문사에 대한 광고주의 지원은 효과적인 고객 집단을 한곳에 붙들어두는 편집인의 기술에 달려 있다. 이 고객들은 자신들의 개인 경험과 정형화된 기대에 따라 판단한다. 기본적으로 신문에서 읽은 대부분의 뉴스에 독자적인 지식을 전혀 갖고 있지 않기 때문이다. 만일 고객의 판단이 우호적이라면, 편집인은 적어도 수지타산을 맞출 발행부수를 유지하고 있다. 하지만 이런 발행부수를 확보하기 위해서 편집인은 넓은 세상에 관한 뉴스에만 전적으로 의존해서는 안 된다. 물론 편집인은 최대한 흥미롭게 뉴스를 다뤄야 한다. 하지만 일반 뉴스, 특히 공적 사안에 관한 뉴스만으로는 많은 독자들로 하여금 일간지들 중에서 자기 신문을 선택하도록 할 수 없다.

신문과 공공 정보 사이의 이처럼 다소 애매한 관계는 신문사 직원들의 급여에 반영된다. 이론적으로 신문사 전체 조직의 기반을 이루는 취재보도는 신문사의 직종 중에서 가장 낮은 보수를 받고 가장 하찮게 여겨진다. 대체로 유능한 사람들은 필요해서거나 경험을 쌓기 위해서, 그리고 가능한 한 빨리 이 직종을 마쳐야겠다는 분명한 의도를 갖고 기자직을 택한다. 왜냐하면 단순한 평기자로는 보수를 많이 받을 수 없기 때문이다. 저널리즘에서 높은 보수는 특수한 업무, 자기 이름을 걸고 보도하는 주필급의 유능한 특파원, 임원급, 그리고 특유한 기교와 묘미를 갖춘 사람에게로 간다. 물론 이것은 경제학자들이 '능력의 임대(rent of ability)'라고 부르는 것 때문이다. 그러나 이 경제원칙이 저널리즘에서 이상한 폭력을 행사한다. 뉴스 수집이 갖는 공적 중요성을 보면 훈련이 잘된 유능한 인재가 필요한 분야인데도 그 원칙 때문에 유능한 인물이 들어오지 않는 것이다. 유능한 인재가 가능한 한 빨리 "단순한 취재 보도직"에서 벗어나기 위해 그 직을 맡는다는 사실은 그 직종에서 명예와 자존심을 안겨주는 공동체로서의 전통이 생겨나지 않았기 때문이라고 나는 생각한다. 왜냐하면 긍지를 갖게 하는 이런 집합적인 전통은 신입 기자의 수준을 높이고, 규칙을 위반할 때 벌하고, 기자가 자신의 사회적 지위를 주장하는 힘을 부여하는 것이기 때문이다.

7

그러나 이 모든 것들도 문제의 핵심까지 닿지는 않는다. 저널리즘의 경제학이 뉴스 보도의 가치를 저하시킬지라도, 이 시점에서 분석을 포기하는 것은 그릇된 결정론 때문이라고 나는 확신한다. 기자가 지닌 고유의 힘은 매우 크고 또 취재 과정을 거치는 능력 있는 사람들이 아주 많은 것처럼 보인다. 그렇기 때문에, 비교해보면 기자직을 의사나 엔지니어 또는 법조계 수준으로 끌어올리려는 노력이 극히 적었던 근본 원인이 있는 것이 분명하다.

업튼 싱클레어 씨(Mr. Upton Sinclair)가 "구리 전표"[6]라고 말한 그것이 그 근본적인 원인이라고 주장했을 때, 그는 미국의 많은 사람들의 의견을 대변한 것이다.

"여러분은 매주 급료 봉투 속에서 구리 전표를 발견한다. — 여러분은 신문과 잡지를 위해 기사를 작성하여 인쇄해서 배포한다. 구리 전표는 그 치욕의 대가이다. — 여러분은 상당한 양의 진리를 취재하여 그것을 시장에 내다 파는데, 이는 인간의 순결한 희망을 거대기업이라는 매스꺼운 매음굴에 팔아먹는 것이다."

이를 통해 볼 때, 부유한 신문사 사주들의 다소 의도적인 음모에 의해 일단의 진실과 근거 있는 희망들이 무참히 짓밟히는 일이 있는 것 같다. 만약 이 이론이 맞는다면, 한 가지 결론이 얻어진다. 즉 거대 기업과 전혀

---

[6] Brass Check: 싱클레어의 소설 제목이기도 함. 소설 속에 나오는 구리로 만든 동전으로서 사창가의 손님이 돈을 내고 구리 동전을 바꾸어 창녀에게 지불했음. 동전이긴 하지만 화폐로 쓰이지 않은 일종의 전표임.

연관이 없는 신문에서는 진리가 그다지 더럽혀지지 않을 것이다. 왜냐하면 만약 대기업의 통제를 받지 않고 대기업과 친하지도 않은 신문이 상당한 정도의 진리를 담지 못한다면, 싱클레어의 이론은 어딘가 틀린 것이기 때문이다.

그런 신문이 있다. 이상한 이야기이지만, 싱클레어 씨는 해결책을 제안하면서 자신의 독자들에게 가장 급진적 신문에 가까운 신문을 구독하라고 권하지는 않는다. 왜 그럴까? 미국 저널리즘의 문제들이 대기업의 '구리 전표'에서 생긴 것이라면, 왜 어떠한 식으로든 '구리 전표'를 받지 않는 신문을 읽는 것이 해결책이 될 수 없는 것인가? "온갖 신조 또는 대의명분"의 거대한 이사회를 가진 어떤 "전국지(National News)"가 철강기업합동(Steel Trust)이나 세계 산업 노동자 조합[7], 스탠더드 석유회사(Standard Oil Company), 사회주의 정당 등이야 "상처를 받든지 말든지 상관없이" 각종 사실을 가득 담은 신문을 찍도록 보조금을 지급하는 이유는 무엇인가? 만약 대기업, 다시 말해 철강기업합동, 스탠더드 석유회사가 문제의 원인이라면, 모든 사람들에게 세계 산업 노동자 조합이나 사회주의 신문을 읽도록 권하지 않는 이유는 무엇인가? 싱클레어 씨는 왜 그렇게 권하지 않는지에 대해 말하지 않는다. 그 이유는 간단하다. 그는 반(反)자본주의 신문이 자본주의 신문에 대한 해결책이라는 점을 누구에게나, 심지어 자기 자신에게조차 확신시키지 못한다. 그는 자신의 '구리 전표' 이론에서나 건설적인 제안에서도 똑같이 반자본주의 신문을 무시한다. 그러나 미국의 저널리즘을 진단하고 있다면 당신은 그것을 무시할 수 없다. 만약 당신이 관심을 갖는 것이 "진리의 온전한 실체"라면, 다른 여러 신문들에서 쉽게 찾

7) I. W. W. : Industrial Workers of the World.

을 수 있는 불공정과 거짓말들을 무시하고, 어느 한 신문에서 발견한 그런 예만을 모아놓고 거기서 얻은 거짓말의 원인을 당신이 조사대상으로 삼은 신문의 공통적인 특성으로 생각하는 중대한 논리적 오류를 범해선 안 된다. 만약 신문의 결점을 "자본주의"의 탓으로 돌리려 한다면 어쩔 수 없이 자본주의가 지배하지 않는 곳에는 그런 결점이 존재하지 않는다는 사실을 입증해야 한다. 싱클레어 씨가 그렇게 하지 못했다는 것은 그가 진단에서는 모든 것을 자본주의 탓으로 돌리지만 해결책에서는 자본주의와 반(反)자본주의를 모두 무시했다는 사실에서 알 수 있다.

어떤 비(非)자본주의 신문도 진실성과 능력의 모델로 채택될 수 없다는 사실이 싱클레어 씨와 그의 동조자들로 하여금 자신들의 가정을 더욱 비판적으로 보게 했을 것이라고 추측할 수 있다. 예를 들어, 그들은 스스로에게 대기업들이 타락시키는, 반(反)대기업에서도 얻는 것으로 보이지 않는 진리의 실체는 어디에 있느냐고 물었을 것이다. 왜냐하면 내가 믿기에 그 질문은 문제의 핵심, 즉 뉴스란 무엇인가 하는 문제로 이끌기 때문이다.

8

하루 24시간 일하는 전 세계 모든 기자들도 이 세상에서 발생하는 모든 일을 눈으로 직접 볼 수는 없다. 기자가 그렇게 많은 것도 아니다. 그리고 어느 누구도 한 번에 한 곳 이상 가 있을 수 없다. 기자는 천리안을 갖고 있지도 않고, 수정 구슬을 통해 세상을 마음대로 볼 수도 없으며, 이심전심의 도움을 받을 수도 없다. 그러나 이처럼 비교적 적은 수의 사람들이 용케도 보도하는 사건의 범위가 표준화된 관행이 아니라면 사실상 기적에 가깝다.

신문이 인류 전체를 지켜볼 수는 없다. 그들은 경찰본부, 검시관실(檢屍官室), 군 사무소, 시청, 백악관, 상원, 하원 등 특정 장소에만 감시자를 주재시킨다. 이들은 직접 감시를 하는데, 대부분의 경우 "어떤 사람의 삶이 정상 궤도를 벗어나거나, 다룰 만한 가치가 있는 사건이 발생하면 이를 알게 하는, 상대적으로 정해진 몇 안 되는 곳"을 감시하도록 자신들을 고용하는 연합체에 소속된다. 예를 들면, 존 스미스(John Smith)가 브로커가 되었다고 가정하자. 10년 동안 그는 순탄한 생활을 추구해왔기에 그의 고객과 친구들을 제외하고는 아무도 그에 대해 생각하지 않는다. 신문에서는 그는 존재하지 않는 것과 같다. 그러나 11년째 되는 해에 그는 큰 손실을 입었고 자산은 모두 사라져버려 변호사를 불러 재산 정리를 한다. 변호사는 군 사무소로 급하게 가고, 군 서기는 공식 서류에 필요 사항들을 기입한다. 이쯤에서 신문사가 끼어든다. 서기가 스미스의 사업 정리 서류를 작성하는 동안, 기자 한 사람이 그의 어깨 너머로 대충 훑어보았고 몇 분 뒤 기자들은 스미스의 파산 내용을 알게 된다. 그러고는 마치 지난 10년 이상 매일 스미스의 집 앞을 지켰던 것처럼 그의 사업 상태를 훤히 알게 되는 것이다.

　기븐 씨(Mr. Given)가 신문은 "스미스의 파산"과 "그의 사업 상태"에 관해 안다고 말할 때, 그는 스미스가 그 문제들을 아는 것처럼 아니면 마치 스미스를 주인공으로 한 세 권짜리 소설을 쓴 아널드 베닛 씨(Mr. Arnold Bennett)가 그 문제들을 아는 것처럼 신문도 그 문제를 안다는 의미로 말하는 것은 아니다. 신문은 단지 "몇 분 만에" 군 사무소에서 기록한 숨김없는 사실들을 아는 것이다. 이처럼 겉으로 드러난 행위가 스미스에 대한 뉴스를 "폭로"한다. 그 뉴스가 계속 보도될 것인지 아닌지는 별개 문제이다. 중요한 것은 일련의 사건이 뉴스가 되려면 그 사건들이 항상 겉으로 드러나는 행위에서 사람들의 눈에 두드러져야 한다는 점이다. 일반적으로도 역시 적나라하게 드러나는 행위가 있어야 뉴스가 된다. 스미스의 친구들은 몇 년 동안 그가 위험을 무릅써왔다는 것을 알았을지도 모르며, 만약 그 친구들이 말 많은 사람들이라면 그 소문이 금융담당 편집자에게 닿았을지도 모른다. 그러나 명예훼손 때문에 그 어떤 내용도 보도될 수 없었다는 사실은 제쳐놓더라도, 이 소문들 중에는 기사화할 만한 확실한 것이 하나도 없다. 무엇인가 구체적인 형태의 확실한 것이 발생해야 한다. 그것은 파산 선고 행위일 수도 있고, 화재, 충돌, 폭행, 폭동, 체포, 고발, 법안 제출, 연설, 투표, 회의, 저명인사의 의견발표, 신문 사설, 세일, 급여표, 가격 변동, 교량건설 제안서 등일 수도 있다. 이처럼 뭔가가 보이게 드러나야 한다. 사건들의 추이가 어떤 확정적인 형태를 갖추어야 하고, 사건의 어떤 측면이 사실로 표면화되는 단계에 이르기 전까지 뉴스와 가능성을 가진 진리는 구별되지 않는다.

9

하나의 사건이 보도할 수 있는 형태를 갖추는 시점이 언제가 되느냐 하는 문제에 대해서는 자연히 다양한 이견이 있다. 유능한 저널리스트는 삼류 기자보다 뉴스를 더 빈번하게 찾아낸다. 만약 그가 위험하게 기울어진 건물을 봤다면, 뉴스로 확인하려고 그 건물이 붕괴될 때까지 기다리지 않을 것이다. 아무개 경(卿)이 기후에 관해 조사하고 있다는 말을 듣고 차기 인도 총독의 이름을 추측해낸 훌륭한 기자가 있었다. 행운은 존재하지만 그것을 거머쥐는 사람은 얼마 되지 않는다. 대체로 뉴스의 흐름은 사건이 자주 일어나는 어떤 분명한 장소에서 정형화된 형상으로 이뤄진다. 가장 분명한 장소는 국민적 사안들이 공적 권위와 만나는 곳이다. 법은 사소한 일에 관여하지 않는다(De minimis non curat lex). 결혼, 출생, 사망, 계약, 실패, 도착, 출발, 소송, 무질서, 전염병, 그리고 재앙이 알려지는 곳이 바로 그런 곳이다.

그러므로 우선, 뉴스는 사회적 조건들을 비추는 거울이 아니라 유난히 툭 튀어나온 측면을 보도하는 것이다. 뉴스는 씨앗이 어떻게 땅속에서 싹을 틔우는지 말해주지 않고 첫 번째 싹이 처음 지면을 뚫고 나왔을 때를 알려준다. 심지어 땅속에 있는 씨앗에 어떤 일이 생겼다고 어떤 사람이 말하면 뉴스로 당신에게 전한다. 뉴스는 새싹이 예상했던 시기에 나지 않으면 그렇다고 말해줄 것이다. 그러니까 어떤 사건이 확정되고, 객관화되고, 측정되고, 이름 붙일 요소가 많으면 많을수록, 그 사건이 뉴스가 될 수 있는 요소도 더 많아진다.

그렇기 때문에 만일 언젠가 의회가 인류를 향상시킬 모든 방법을 다 사용한 뒤 야구 경기의 점수 매기는 것을 금지시킨다 해도, 경기 자체는 다르게 해서 가능할 것이다. 그 경기에서는 심판이 자신의 정정당당한 경기 감각에 따라 경기 시간과 각 팀의 공격, 승부의 판단을 내릴 수도 있다. 만약 그런 경기가 신문에 보도된다면, 그 기사에는 심판의 판정 기록, 관중의 야유와 응원에 대한 기자의 인상, 그리고 정해진 위치 없이 몇 시간이건 아무런 표시도 없는 잔디밭을 배회하는 몇몇 선수들에 대한 막연한 설명 등이 포함될 것이다. 이처럼 너무나 불합리한 곤경에 대한 논리를 생각하면 할수록, 뉴스 취재를 위해서는 (경기 목적은 별도로 하고) 이름을 붙이고 점수를 매기고 또 기록하는 장치와 규칙이 없다면 많은 일을 할 수 없다는 것이 더욱 분명해진다. 그러한 기구는 절대로 완벽하지 않기 때문에 심판의 생활은 종종 어수선해진다. 그는 수많은 중요한 경기를 자기 눈으로 판단해야 한다. 만일 누군가가 모든 경기를 사진으로 담아둘 가치가 있다고 생각한다면, 판정의 다툼은 사라질 것이다. 사람들이 규칙을 지키자마자 체스에서 다툼이 사라졌듯이 말이다. 인간의 눈이 느려서 포착을 못한 까닭에 뎀프시[8]의 어떤 일격에 카펜티어[9]가 나가떨어졌는지에 대해 많은 기자들이 마음속으로 가졌던 의문을 마침내 해결해준 것은 영화였다.

기록을 할 수 있는 좋은 기구가 있을 때에는 언제든지, 현대의 뉴스 보도는 아주 정확하게 이루어진다. 증권거래소에 바로 그런 것이 있어서 주가 변동 뉴스가 믿을 수 있을 만큼 정확히 시세판에 속보로 전해진다. 선거 결과를 처리하는 기구가 있어서 개표와 집표가 순조롭게 진행될 때, 대체로 전국적인 선거 결과는 선거일 밤이면 알려진다. 문명화된 공동체에서는 사망, 출생, 결혼, 이혼 등이 기록되어 은폐나 누락이 없는 한 전부 알려진다. 산업계와 정부의 일부 부서에서 증권, 화폐, 주요상품, 은행 결재, 부동산 거래, 임금표 등의 처리를 위해 정확도를 달리하며 쓰이는 기구가 존재한다. 수출과 수입은 세관을 통과하고 직접 기록으로 남기 때문에 수출과 수입에는 이런 기구가 존재한다. 국내 상거래, 특히 상점에서 이뤄지는 고객과 거래에서 그 같은 기구는 존재하지 않는다.

나는 뉴스의 확실성과 기록 시스템은 매우 직접적인 관계를 맺고 있다고 생각한다. 개혁자들이 신문을 비판하며 내세우는 주된 주제들을 상기한다면, 그것은 신문이 득점을 기록하지 않는 야구 경기의 심판과 같은 위

---

8) William Harrison Dempsey(1895~1983): 미국의 프로복서, 헤비급 챔피언(1919~1926).
9) Georges Carpentier(1894~1975): 통칭 'Gorgeous Georges', 프랑스의 권투 선수, 라이트 헤비급 챔피언(1920~1922).

치에 서 있는 경우라는 사실을 알게 될 것이다. 마음의 상태를 다룬 모든 뉴스도 이런 성격이고, 인품과 성실성, 포부, 동기, 의도, 대중의 감정, 국민의 감정, 여론, 외국정부에 관한 정책 등에 관한 기술(記述)도 모두 마찬가지다. 앞으로 발생할 일들에 관한 뉴스들도 이런 성격이다. 개인적 수익, 개인 소득, 임금, 작업 조건, 노동의 효율성, 교육의 기회, 실업, 단조로움, 건강, 인종차별, 불공정, 상거래 금지, 낭비, "후진국 국민", 보수주의, 제국주의, 급진주의, 자유, 명예, 청렴 등을 묻는 뉴스도 이런 성격이다. 이 모든 것들은 기껏 일시적으로 기록한 자료를 바탕으로 한다. 이런 자료들은 검열이나 사생활의 전통 때문에 감춰질 수 있다. 아무도 기록을 중요하게 여기지 않거나 형식적이라고 생각하기 때문에, 아니면 아무도 객관적인 측정 시스템을 발명하지 않았기 때문에 자료 자체가 존재하지 않을 수도 있다. 따라서 이런 문제들을 다룬 뉴스가 깡그리 무시되지 않고 보도된다면 논쟁의 여지가 있을 수밖에 없다. 점수를 기록하지 않은 사건들은 개인적이거나 통상적 의견으로 보도되거나 아니면 아예 뉴스가 되지 않는다. 그런 것들은 누군가가 항의를 하거나 조사를 벌이거나, 공개적으로 문제로 삼을 때에야 뉴스의 형태를 갖추게 된다.

이것이 바로 홍보 담당자들이 존재하는 근본적인 이유이다. 어떤 사실과 어떤 인상을 보도할 것인가를 정하는 재량권이 엄청나다는 사실은, 널리 알려지기를 원하는 집단이든 알려지길 피하는 집단이든 불문하고 모든 집단의 사람들로 하여금 그러한 재량권의 행사를 기자에게만 전적으로 맡길 수 없다는 확신을 품게 만든다. 그 집단과 신문의 중간에 홍보 담당자들을 고용하는 것이 더 안전하다. 그런 사람을 고용하고 나면 그의 전략적 위치를 이용하려는 유혹이 엄청 커진다. 프랭크 코브 씨(Mr. Frank Cobb)는 이렇게 말했다. "제1차 세계대전 직전에 뉴욕의 신문사들이 정규직으로 고용되었거나 정기적으로 일을 맡은 홍보 담당자들의 숫자를 조사했는데, 당시 그런 사람이 1만 2,000여 명인 것으로 집계되었다. 그런 사람들이 지금(1919년)은 얼마나 되는지 알지 못하지만 뉴스의 직접적 경로가 폐쇄되었고 대중을 위한 정보는 우선 홍보 담당자들에 의해 걸러진다. 거대 기업들은 이런 사람들을 고용하고 있으며, 은행과 철도회사, 모든 사업 조직, 사회활동 조직, 정치활동 조직도 홍보 담당을 두고 있다. 홍보 담당자들은 뉴스가 경유하는 일종의 매체들이다. 심지어 정치인들도 그것을 갖고 있다."

만약 그 보고가 명백한 사실을 단순히 다시 전하는 것이라면, 홍보 담당자들은 일개 서기의 역할에 그친다. 그러나 대부분의 대형 뉴스와 관계되는 한, 사실은 단순하지도 않고 전혀 명백하지도 않으며, 홍보 담당자의 선택과 의견에 좌우된다. 그렇기 때문에 사람들이 신문이 게재해주기를 원하는 사실들을 직접 선택하기를 원하는 것은 당연한 일이다. 홍보 담당자가 바로 그런 선택을 한다. 그리고 그런 일을 함으로써, 그렇게 하지 않으면 도저히 종잡을 수 없을 상황에 대한 명확한 상(像)을 제시하여 확실히 기자의 수고를 많이 덜어준다. 그러나 홍보 담당자가 기자에게 제시하는 상(像)은 홍보 담당자가 대중에게 보여주고 싶은 상(像)이다. 그는 자신의 고용주와, 고용주의 이익과 부합하는 진리에만 책임을 느끼는 검열관이자 선전자이다.

홍보 담당자의 발전은 현대 생활의 여러 사실들은 자발적으로 알려질 수 있는 형상을 취하지 않는다는 것을 보여주는 명백한 증거이다. 사실들은 누군가에 의해 형상화되어야 한다. 일상적인 기자들의 업무로는 그 사실들을 형상화할 수 없고, 또 이해관계가 끼어 있지 않은 조직적인 정보란 거의 없기 때문에, 어느 정도 필요한 공식화는 당사자들의 이해관계에 따르고 있다.

10

훌륭한 홍보 담당자는 자신이 명분을 내세우는 미덕들이 일상의 테두리에서 튀어나올 정도로 낯선 것이 아니라면 뉴스가 아니라는 것을 잘 이해한다. 이것은 신문이 미덕을 좋아하지 않아서가 아니라, 아무도 무언가가 일어났다고 기대하지 않을 때 아무 일도 일어나지 않았다고 말하는 것은 가치가 없기 때문이다. 그래서 만일 홍보 담당자가 무료로 홍보를 원한다면, 정확하게 말해서 무엇인가를 새로 시작해야 한다. 그는 눈길을 끌 행동을 준비해야 한다. 교통을 방해하거나 경찰을 집적거리는 등, 어떤 식으로든지 자신의 고객이나 자신의 명분을 이미 뉴스가 된 사건에 얽혀들게 만든다. 여성 참정권론자들은 이 사실을 알았는데, 이 지식을 특별히 중요하게 여기지는 않았지만 그것을 활용하여 행동했다. 그래서 찬반 논쟁이 사람들의 입에 오르내리고 난 뒤 한참 지나서도 여성 참정권을 계속 뉴스로 보도되도록 하여, 사람들이 여성 참정권 운동을 미국에서 자리 잡은 기성 제도 같은 것으로 받아들이게 만들었다.

다행히도 여성 참정권론자들은 페미니스트들과 달리 아주 구체적이고 매우 간단한 목표를 갖고 있었다. 가장 유능한 찬성자와 가장 유능한 반대자가 잘 알듯이, 선거가 상징하는 것은 결코 단순하지 않다. 그러나 선거권은 단순하고 잘 알려져 있는 권리이다. 신문을 비난하는 가장 주된 사안인 노동쟁의 문제에서, 파업권은 선거권처럼 아주 단순하다. 그러나 어떤 구체적인 파업의 원인과 목적은 여성운동의 그것처럼 매우 미묘한 사안이다.

파업에 이르게 한 여러 조건이 나쁜 것이라고 가정해보자. 그렇다면 나쁜 것의 척도는 무엇인가? 적절한 생활수준, 위생, 경제적 안정, 인간의 존엄 등에 대한 개념일 수 있다. 산업계 조건이 공동체의 이론적 기준에 훨씬 못 미치는데도 노동자들이 너무나 비참해서 항의조차 할 수 없을 수도 있다. 또 조건들이 기준 이상인데도 노동자들이 격렬하게 항의할 수도 있다. 기준이라는 것은 기껏해야 모호한 척도일 뿐이다. 그러나 우리는 조건들이 기준 이하라고 가정해보자. 왜냐하면 기준은 편집인이 이해하는 것이기 때문이다. 종종 노동자들이 위협할 때까지 기다리지 않고 사회운동가의 부추김을 받아 편집인이 기자들을 보내 취재를 하도록 할 것이며 나쁜 조건들에 대해 주의를 환기시킬 것이다. 물론 그는 자주 이렇게 할 수는 없다. 이런 취재는 시간과 돈과 특별한 재능 그리고 많은 지면을 요구하기 때문이다. 조건들이 나쁘다는 뉴스를 그럴듯하게 보이게 하려면 많은 지면이 필요하게 된다. 피츠버그(Pittsburgh)의 철강 노동자에 관한 진실을 말하기 위해서는 일단의 기자들과 엄청난 시간 그리고 여러 권의 두꺼운 책자가 필요했다. 대체로 일간지가 '피츠버그 조사서' 또는 '초교파 철강 보고서'를 작성하는 것을 신문사의 업무 중 하나로 간주하리라고 가정하는 것은 불가능하다. 이런 일들처럼, 아주 많은 노력이 요구되는 뉴스는 일간지의 능력 밖에 있다.

그런 나쁜 조건들 자체는 뉴스가 되지 못한다. 아주 예외적인 경우를 제외하고는 저널리즘이 일반적인 소재를 직접 보도하는 것이 아니기 때문이다. 저널리즘은 소재를 양식화한 다음에 보도한다. 그러므로 보건국이 공업지대의 이례적으로 높은 사망률을 보고한다면 비로소 나쁜 노동 조건들이 뉴스가 될 수 있다. 이런 식의 중간 개입이 없다면, 노동자들이 조직화하여 고용주들에게 개선을 요구하고 나설 때까지는 그 사실들은 뉴스가 되지 못한다. 심지어 노동자들이 그런 행동을 취하고 나섰다고 해도, 노사간 해결책이 쉽게 타결될 것이 확실하다면, 그 타협의 결과와 상관없이 뉴스의 가치는 낮아진다. 그러나 만약 노동자와 고용주의 관계가 무너져 파업이나 직장폐쇄로 치닫는다면 뉴스 가치는 커진다. 그 동맹파업이나 휴업이 신문 독자들의 생활에 직접적인 연관이 있거나 질서를 파괴할 경우에는 뉴스 가치가 더욱 커진다.

근본적인 문제는 요구, 파업, 무질서 등 쉽게 인지될 수 있는 증후들을 통해 뉴스에 등장한다. 노동자의 입장이나 이해관계가 없는 정의파의 입장에서 보면 요구, 파업, 무질서 등은 아주 복잡한 과정에서 나타난 단순하고 작은 사건이다. 그러나 그때의 모든 현실들은 기자와, 신문들을 후원하는 특별한 대중이 직접 경험할 수 있는 영역 밖에 있다. 그렇기 때문에 기자들과 특별한 대중은 노동자들이 보통 공개 행동으로 표시하여 형상화된 어떤 신호를 만들 때까지 기다려야 한다. 그 신호가 동맹파업이나 경찰의 개입 등의 형태로 나타나면, 그것을 계기로 사람들이 파업과 무질서에 대해 품고 있는 고정관념이 작동하게 된다. 눈에 보이지 않는 투쟁에는 고유의 맛이 없다. 그것은 추상적으로 언급되는데, 그 추상성에 독자와 기자의 즉각적인 경험이 더해질 때 생기가 불어넣어진다. 물론 그것은 파업에 참가한 사람들이 겪는 경험과는 아주 다르다. 노동자들은 현장 감독의 성질, 신경을 갉아먹는 기계의 단조로움, 맥 빠지게 하는 탁한 공기, 아내들의 힘든 가사노동, 자녀의 발육 장애, 공동주택의 더러움 등을 느낀다. 파업의 슬로건에 이런 감정들이 녹아 있다. 그러나 기자와 독자는 처음에는 파업과 몇몇 표어만을 발견한다. 그들은 그런 것들에 자신들의 감정을 싣는다. 그들의 감정이란 파업 때문에 그들이 일하는 데 필요한 상품의 생산이 멈추게 되므로 하는 일이 불안해진다거나 물자 부족으로 물가가 오를 것이라거나, 지독한 불편을 초래할 것이라는 생각 등이다. 이런 것들도 역시 현실이다. 그렇기 때문에 그들이 파업이 발생했다는 추상적인 뉴스에 색깔을 입히면 필연적으로 노동자는 불리한 입장에 처하게 된다. 노동자들의 비탄이나 희망에 관한 뉴스가 거의 불가피하게 생산에 대한 공개적인 공격 성향으로 드러난다는 사실은 기존 산업 체계의 본질이라고 하겠다.

그러므로 더없이 무질서하게 얽힌 복잡한 상황들을 맞게 된다. 문제들을 신호화하는 공개적인 행동, 그 신호를 발표하는 정형화된 뉴스, 그리고 독자가 자신에게 직접 영향을 주는 경험에서 끌어내 그 뉴스에 스스로 주입시킨 의미 등이 복잡하게 얽히는 것이다. 이제 그 독자가 파업에서 겪은 경험은 매우 중요하게 될 것이다. 그러나 그 파업을 일으킨 핵심 문제의 관점에서 보면, 그것은 별난 것이다. 그러나 이 별난 의미가 자연히 가장 흥미로워진다. 상상력을 발휘하여 핵심 쟁점으로 들어가는 것은 독자의 입장에서 보면 자신의 틀에서 빠져나와 아주 다른 삶 속으로 들어가는 것이다.

파업을 보도하는 가장 손쉬운 방법은 공개 행위로 드러난 사실을 뉴스화하고 그 사건이 독자의 생활을 방해한다고 묘사하는 것이다. 이렇게 하면 우선 독자의 주의력을 환기시키게 되고, 쉽게 독자의 흥미를 돋우게 된다. 내가 가장 중요하다고 생각하는 점으로, 노동자나 개혁자가 보기에 신문의 의도적 허위 보도로 보이는 것들은 대부분 뉴스를 찾는 과정에 따르는 현실적 어려움의 직접적 결과이거나, 또 에머슨(Emerson)이 말했듯이, 우리가 "(그것들을) 우리에게 익숙한 경험의 새로운 버전으로 이해"하지 못할 때, 그리고 "(그것들을) 당장에 그것과 비슷한 우리의 사실들로 바꾸려 하지 못할 때", 먼 곳에서 일어난 사실들을 흥미롭게 만드는 데 따르는 정서적 어려움의 결과이다.

신문에 파업이 보도되는 방식을 연구한다면, 쟁점 사안들을 크게 다루거나 중요 기사로 취급하는 경우가 아주 드물고, 아무 데서도 언급하지 않을 때도 자주 있다는 사실을 알게 될 것이다. 다른 도시에서 일어난 노동쟁의가 중대한 의미를 가지려면 쟁점 사항에 관한 결정적인 정보가 뉴스에 담겨 있어야 한다. 뉴스 보도의 관행은 이런 식이며, 정치적 쟁점이나 국제 뉴스의 경우에도 약간의 변화만 있을 뿐 이에 따라 보도된다. 뉴스란 분명히 드러난 흥미로운 사실의 묘사이다. 신문을 이런 관행에 집착하게 만드는 압력은 여러 측면에서 나온다. 그것은 오직 어떤 상황의 정형화한 국면에만 주목하라는 경제논리에서 나온다. 또 새로운 사건을 제대로 볼 줄 아는 저널리스트를 찾기 어려운 데서도 나온다. 그리고 이례적인 견해를 그럴듯하게 보이게 할 줄 아는 능력 있는 저널리스트조차도 기사를 발표할 충분한 지면을 확보하기 어려운, 거의 불가피한 문제에서도 나온다. 독자의 즉각적인 흥미를 유발해야 하는 경제적 필요성과, 전혀 독자의 흥미를 유발시키지 못할 때 예상되는 경제적 위험, 또는 돌발 뉴스를 불충분하거나 서툴게 써 독자의 감정을 상하게 하지 않을까 하는 우려에서도 나온다. 문제가 된 위험한 사건이 관련될 때, 이 모든 어려움들이 한데 어울려 편집자의 마음에 불확실성을 불러일으킨다. 그렇게 되면 편집자는 논란의 여지가 없는 사실을 선호하고 당장 독자의 관심을 쉽게 끌 수 있는 것을 다루게 된다. 여기서 논란의 여지가 없고 쉽게 관심을 끄는 것은 파업 그 자체와 파업으로 야기된 독자의 불편이다.

  현재의 산업 조직에서는 민감하고 깊이 있는 모든 진리들은 아주 신빙성이 없는 진리들이다. 그런 것들은 정확한 기록과 계량적 분석이 결핍된 상황에서는 끝없는 논란을 부를 수 있는 생활수준, 생산성, 인권 등에 관한 판단 문제도 포함한다. 그에 관한 기준들이 산업계에 존재하지 않는 한, 뉴스의 방향은, 에머슨이 이소크라테스[10]를 인용하여 말한 바대로, "두

---

10) Isocrates(B. C. 436~B. C. 338): 아테네의 수사가(修辭家), 정치평론가.

더지를 산이라 생각하고, 산을 두더지라 생각하는" 경향을 보일 것이다. 산업계에서 합법적인 절차가 없거나 증거와 주장을 면밀히 검사하는 전문가가 없다면 거의 모든 저널리스트들은 독자들에게 선정적인 사실들만 추구하게 될 것이다. 매우 광범위한 산업 관계들을 고려할 때, 회의나 분쟁 조정을 한다고 해도 결정을 내리는 데 필요한 사실들을 걸러내는 독립 장치가 없다면 신문의 대중을 위한 문제는 산업계의 문제가 되지는 않을 것이다. 그러므로 신문에 호소하여 분쟁을 해결하려는 것은 신문사와 독자들에게 감당하지도 못하고 또 감당할 의무가 없는 부담을 지우는 것이다. 실질적인 법률과 질서가 존재하지 않는 한, 엄청난 양의 뉴스들은, 의식적이고 과감하게 바로잡아지지 않는다면, 자신의 입장을 합법적이고 조리 있게 주장할 방법을 전혀 갖지 못한 사람들에게 불리하게 작용할 것이다. 사건 현장의 속보는 사건을 일으킨 원인보다, 주장에서 생긴 분쟁에 집중하게 된다. 원인들은 제대로 밝히기가 어려운 법이다.

11

편집자는 현장에서 들어온 이런 속보들을 다룬다. 그는 사무실에 앉아서 그 기사들을 읽는데, 사건의 전모를 직접 보는 경우는 드물다. 우리가 본 것처럼, 편집자는 매일 적어도 자기 독자들 중 일부를 잡아두려고 노력을 다해야 한다. 어쩌다 경쟁 신문이 그 독자들의 기호를 맞추기라도 하면 독자들은 가차 없이 보던 신문을 버릴 것이기 때문이다. 신문은 분초를 다투는 경쟁을 하기 때문에 편집자는 엄청난 스트레스를 받으며 일한다. 모든 기사는 신속하고 복잡한 판단을 요구한다. 제대로 이해해야 하고, 또 다른 기사들과의 관계 속에서 파악해야 하고, 대중의 관심에 따라 크게 키우기도 하고 줄이기도 해야 한다. 표준화와 정형화, 관행적인 판단, 세밀함에 대한 과감한 무시 등이 없다면, 편집자는 흥분 때문에 오래 살지 못할 것이다. 최종적으로 정해진 지면을 채우고, 제 시간에 준비를 끝내야 한다. 기사마다 캡션을 달아야 하고, 캡션은 일정한 숫자의 단어로 제한되어야 한다. 구독자의 변덕스러운 긴급성, 명예훼손 소송과 끝없는 문제가 일어날 수 있다. 체계화가 이뤄지지 않으면 절대로 일을 처리하지 못할 것이다. 제품을 표준화하게 되면 실패를 부분적으로 담보할 뿐 아니라 시간과 노력을 아낄 수 있기 때문이다.

신문들끼리 서로 가장 큰 영향을 주고받는 이유도 바로 여기에 있다. 그래서 전쟁이 발발했을 때, 미국 신문들은 과거에 전혀 경험한 적 없는 주제에 직면하게 되었다. 해저 유선 전신 요금을 낼 수 있었던 몇몇 부유한 일간지들이 뉴스를 확보하는 데 주도적인 역할을 하였고, 그런 뉴스 제공 방식이 전체 신문업계에 모델이 되었다. 그러나 그 모델은 어디에서 유래된 것일까? 영국의 신문을 본뜬 것이었다. 그 이유는 노스클리프[11]가 미국 신문사들을 소유했기 때문이 아니라, 처음에는 영국인 특파원을 고용하는 것이 더 쉬웠기 때문이고 나중에는 미국의 저널리스트들이 영국 신문을 가장 쉽게 읽을 수 있었기 때문이었다. 런던은 해저 유선 전신과 뉴스의 중심지였으며, 전쟁을 보도하는 기술이 발전한 곳이기도 하였다. 이와 유사한 일이 러시아 혁명 관련 보도에서도 생겼다. 이 경우 러시아에 접근하는 것은 러시아군(軍)과 연합군의 검열에 의해 동시에 차단되었으며, 러시아어(語)

---

11) Northcliffe Newspapers Group(현 Northcliffe Media Ltd.): 영국과 중유럽, 동유럽에 기반을 둔 신문 재벌 그룹. 2007년에 회사명을 지금의 Northcliffe Media Ltd.로 바꿈.

의 장벽이 접근을 더욱 어렵게 만들었다. 그러나 효과적인 보도가 벽에 부딪힌 이유는 혼란 상황이 호전되고 있다고 해도 무엇보다 혼란 상태를 보도하는 것이 어렵기 때문이었다. 그리하여 헬싱포르스,[12] 스톡홀름, 제네바, 파리, 그리고 런던의 정보원에서 나온 러시아 뉴스는 검열관들과 선전가들의 손에 의해 다듬어졌다. 검열관들과 선전가들은 오랫동안 아무런 견제도 받지 않았다. 그들은 스스로 우스꽝스럽게 될 때까지, 러시아 혁명이라는 거대한 혼란의 진실된 측면들에서 증오와 공포를 떠올릴 한 세트의 고정관념을 만들어냈고, 그 증오와 공포가 워낙 컸던 탓에 저널리즘의 핵심 본능인, 현장에 가서 보고 전하려는 욕망이 오랫동안 짓눌렸다.

12

독자에게 도달한 모든 신문은, 어떤 기사들을 실을 것인지, 어느 위치에 배치할 것인지, 지면을 어느 정도 할애할 것인지, 또 각 뉴스의 어떤 면을 부각시킬 것인지 등을 놓고 일련의 선별 과정을 거친 결과물이다. 거기엔 어떤 객관적인 기준도 없다. 관습은 있다. 같은 도시에서 발행되는 조간신문 두 개를 예로 들어보자. 한 신문의 제목은 "영국은 프랑스의 침략에 대항해 베를린을 돕기로 선언, 프랑스는 공개적으로 폴란드 지지"였고, 다른 신문은 "스틸만 부인의(Mrs. Stillman's) 또 다른 연인"이었다. 당신이 어느 신문을 더 좋아하는지는 기호의 문제인데, 그것이 전적으로 편집자의 기호는 아니다. 특정 집단의 독자들이 30분 동안 신문을 읽으며 어디에 관심을

⋯
12) Helsingfors : 핀란드의 수도인 헬싱키(Helsinki)의 스웨덴식 이름.

쏟도록 할 것인지에 대해 편집자가 판단 내려야 하는 문제이다. 여기서 독자의 눈길을 사로잡는 것은 종교적인 가르침이나 도덕 문화를 기초로 한 시각에서 기사를 배열하는 것과는 전혀 다르다. 그것은 독자의 감정을 자극하고, 독자로 하여금 자신이 읽는 기사에 개인적인 동질감을 갖게 만드는 문제이다. 기사가 묘사하는 투쟁에 독자를 끌어들일 수 없는 뉴스는 폭넓은 독자를 얻을 수 없다. 관객이 연극에 빨려드는 것처럼, 신문 독자도 개인적 공감을 갖고 뉴스에 빠져들어야 한다. 여주인공이 위험에 처할 때나 베이브 루스[13]가 방망이를 휘두를 때 모든 관객이 집중하듯이, 독자는 더욱 민감하게 뉴스를 받아들인다. 독자가 기사 속에 빠져들기 위해서는 친근하게 느껴지는 발판이 있어야 한다. 이 발판은 고정관념을 사용하여 제공된다. 만일 배관공들이 모인 협회를 '연합(combine)'이라 부른다면, 신문은 독자가 이 연합에 적개심을 품는 것이 적절하다는 뜻을 전한다. 만약 그 협회를 "지도적인 사업가의 모임"이라고 부른다면, 이는 독자들에게 호의적인 반응을 보이라는 신호가 된다.

여론을 형성하는 힘은 바로 이런 요소들의 결합에 있다. 사설들은 이를 강화한다. 때때로 뉴스 면이 너무 혼란스러워 독자가 동일시하기 어려운 상황에서 사설들은 독자에게 뉴스를 들여다볼 실마리를 제시한다. 뉴스를 재빨리 파악하기를 원하는 독자들 대부분에게는 열쇠가 필요하다. 그는 일종의 암시를 요구한다. 말하자면 자기 자신에 대해 어떠어떠한 사람이라고 이해하고 있는 독자가 신문의 어느 면에 가면 자신의 감정과 뉴스를 일치시킬 수 있는 읽을거리를 찾을 수 있는지 가르쳐줄 암시가 필요하다는 뜻이다.

---

13) Babe Ruth(1895~1948): 본명 George Herman Ruth. 미국의 프로야구 선수. 강타자로서 1927년에는 한 시즌에 홈런 60개의 기록을 세웠다.

월터 배젓[14]은 이렇게 썼다. "만약 당신이 어느 중산층 영국인으로 하여금 '시리우스[15]에 달팽이들'이 있는지 없는지를 생각하게 만들 수만 있다면, 그는 곧 거기에 대해 의견을 갖게 될 것이다. 그가 생각하게 만들기는 어렵지만, 만일 그가 생각하게 된다면, 그는 소극적으로 있지 않고 어떤 결정을 하게 된다. 물론 일상적인 화제에 대해서도 그렇다. 식료품상이 외교 정책에 관해 강력한 신조를 갖고 있고, 젊은 여성이 성찬식에 관한 완벽한 이론을 갖는다. 이 두 사람은 이 문제들에서는 어떠한 의문도 품지 않는다."

그러나 앞서 말한 그 식료품상은 자신의 식료품에 대해서는 많은 의구심을 갖고 있으며, 성찬식에 대해 확신을 갖고 있는 그 젊은 여성은 식료품상과 결혼을 해야 할지 말지를 놓고 온갖 의심을 품고 있다. 결혼을 않는다면 그의 관심을 받아들이는 것이 적절한지에 대한 온갖 의구심을 갖고 있다. 소극적인 태도를 갖는 것은 결과에 대해 관심이 없거나 양자택일에 대한 감각을 분명히 갖고 있는 경우이다. 외교 정책이나 성찬식의 경우, 결과에 대한 관심은 강렬한 반면 의견을 확인할 수 있는 수단이 별로 없다. 이것이 일반 뉴스의 독자가 겪는 어려움이다. 만약 독자가 뉴스를 읽는다면, 그는 그것에 관심을 가져야 한다. 다시 말해 뉴스가 묘사하는 상황에 빠져들고 결과에도 관심을 갖는 것이다. 그러나 그렇게 되면 그는 소극적으로 남아 있을 수 없다. 독자가 읽는 신문이 그 독자를 이끄는 방향을 옳고 그른지 검토할 독립적인 수단이 없다면, 그가 관심을 갖고 있

---

14) Walter Bagehot(1826~1877): 영국의 경제·정치학자, 문예비평가, 은행·금융론자. 1860년 《이코노미스트》지의 편집인 겸 지배인이 되어 평생 그 자리에 있었다.
15) Sirius: 천랑성(天狼星, Dog Star). 항성 중에서 가장 밝음.

다는 사실 자체가 진리에 가장 근접한 균형 잡힌 의견에 도달하는 것을 어렵게 만들 수 있다. 그가 더욱 열정적으로 뉴스에 개입할수록, 그는 의견이 다른 기사뿐 아니라 혼란스럽게 하는 뉴스에도 더 분개하게 된다. 많은 신문들이 솔직히 독자들의 당파심을 건드렸다가 나중에 편집자의 판단에 따라 사실이 달라졌다고 입장을 바꾸려고 해도 그것이 쉽지 않다는 사실을 깨닫는 이유도 바로 거기에 있다. 입장을 바꿔야 한다면, 최고의 기술과 섬세함으로 다뤄야 한다. 일반적으로 신문은 이처럼 위험한 시도를 하지 않으려 한다. 그런 뉴스를 차츰차츰 줄여나가다가 결국 사라지게 함으로써 탈 것이 없어 불이 스스로 꺼지게 하는 방식이 더 쉽고 더 안전하다.

13

우리가 신문에 대한 연구를 더욱더 정확하게 하려고 시작함에 따라, 우리가 설정한 가설은 더욱 중요해진다. 만약 우리가 싱클레어 씨나 그의 적들과 마찬가지로 뉴스와 진리는 똑같은 것을 다르게 표현한 말이라고 가정한다면, 아무런 결론에도 이르지 못할 것이라고 나는 확신한다. 우리는 이 점에 대해 신문이 거짓말을 했다고 증명할 것이다. 그리고 싱클레어 씨의 설명도 거짓이라고 입증할 것이다. 결국 싱클레어 씨가 누군가가 거짓말을 했다고 말했을 때 싱클레어 씨의 말 자체가 거짓말이었고, 또 누군가가 싱클레어 씨가 거짓말을 했다고 말했을 때 그 사람의 말도 거짓이라는 사실을 보여줄 것이다. 우리도 우리 자신의 감정을 터뜨릴 것이지만, 우리는 대기(大氣) 중에 발산한다.

내가 보기에 가장 생산적인 가설은 뉴스와 진리는 같은 것이 아니고 명확히 구분되어야 한다는 것이다. 뉴스의 기능은 하나의 사건을 두드러지게 하는 것이다. 그리고 진리의 기능은 숨겨진 사실들을 밝혀내 사실들 간의 관계를 설정해주고, 사람들 행위의 기반이 되는 현실에 관한 상(像)을 그려주는 것이다. 오직 사회적인 조건들이 인식되고 측정할 수 있는 형태를 가질 때에만 진리와 뉴스의 실체가 일치한다. 그것은 인간 관심사의 전체 영역 중에서 상대적으로 적은 부분이다. 이 부분에서, 오직 이 부분에서만 뉴스가 무엇인가를 곡해하고 은폐하였다는 주장을 당파적인 판단 그 이상으로 충분하고 정확하게 검사할 수 있다. 다른 공급자가 없다고 해서 뉴스 정보원이 믿기가 어려운데도 레닌이 죽었다는 정보를 계속 흘린다고 레닌 사망기사를 여섯 번이나 반복해서 보도했다면 어떤 변호나 정상 참작, 변명이 있을 수 없다. 이 경우 뉴스는 "레닌 사망"이 아니라 "헬싱포르스, 레닌 사망했다고 전하다."로 해야 한다. 신문은 레닌의 사망 뉴스를 보도한 것보다는 뉴스의 정보원이 신뢰할 만했는지에 대해 더 큰 책임감을 느껴야 한다. 편집자들이 가장 큰 책임을 져야 할 유일한 사안이 바로 그것이다. 그러나 러시아 국민들의 희망을 기사로 다룰 경우라면, 정보원의 신뢰도를 검사할 길은 없다.

이렇듯 정확한 검사 방법이 없다는 것이 신문이라는 직업의 특성을 설명한다고 나는 생각한다. 그 외 다른 설명은 전혀 없다. 정확하게 설명한다면 그것을 다루는 데 특출한 능력이나 두드러진 훈련이 전혀 필요 없다는 것이다. 대부분이 저널리스트의 자유재량에 들어 있다. 존 스미스가 파산했다는 사실이 군 사무소 서기가 확실히 기록한 그 영역에서 벗어나기만 하면, 모든 고정된 기준은 사라진다. 존 스미스가 실패한 이유, 인간적 약점, 그가 좌초하게 된 경제적 조건의 분석 등은 아주 다양한 방식으로 이야기될 수 있다. 저널리스트가 뉴스를 벗어나 막연한 진리의 영역으로 들어갈 때, 의학, 공학, 심지어 법학에도 규율이 있지만 응용 심리학에는 그의 마음을 이끌 만한 권위를 가진 규율이 전혀 없다. 그 자신의 마음을 이끌 규범이 전혀 없고, 독자나 발행인의 판단을 강요할 규범도 전혀 없다. 저널리스트가 진실에 대해 갖는 견해는 단지 그의 견해일 뿐이다. 그 진리를 그가 보는 바대로 어떻게 증명할 것인가? 저널리스트는 증명할 수 없다. 싱클레어 루이스 씨(Mr. Sinclair Lewis)가 자신이 메인 스트리트에 관한 모든 진리를 말했다는 사실을 증명하지 못하는 것과 똑같다. 그리고 저널리스트는 자신의 약점을 이해하면 할수록, 객관적으로 검토할 방법이 존재하지 않는 곳에서는 자신의 의견이 자신의 고정관념, 규범, 관심의 정도에 따라 형성된다는 것을 더 쉽게 받아들이게 된다. 그는 자신이 세상을 주관적인 렌즈를 끼고 보고 있다는 사실을 안다. 셸리(Shelley)가 말했듯이, 저널리스트는 자신도 역시 영원의 백색 빛을 더럽히는 다양한 색깔의 유리 돔(dome)이라는 사실을 부정할 수 없다.

그리고 이런 지식에 의해 그의 확신은 약해진다. 그는 여러 종류의 도덕적 용기를 가질 수 있고 때로는 실제로 용기를 갖고 있다. 그러나 신학의 지배에서 물리학을 마침내 해방시켜주는 어떤 기술에 대해 확신을 갖지 못한다. 그것은 물리학자에게 이 세상의 모든 권력에 대항할 지적인 자유를 주었던, 논박할 수 없는 방법의 점진적인 발전이었다. 물리학자의 증명은 아주 분명했고, 증거는 전통에 비교하면 아주 월등했기에 그는 마침내 모든 통제에서 탈출하였다. 그러나 저널리스트는 자신의 양심이나 다루는 사실에서 이러한 지지를 갖지 못한다. 고용주와 독자들의 의견이 그에게 작용하는 통제는 선입견에 의한 진리의 통제가 아니라 의견에 대한 또 다른 의견의 통제이므로 하나가 다른 하나보다 덜 진실하다고 증명할 수 없다. 노동조합은 미국의 제도들을 파괴할 것이라는 게리(Gary) 판사의 주장과 노동조합이란 인간 권리를 지키는 대리인이라는 곰퍼 씨(Mr. Gomper)의 주장 중 어느 쪽을 선택할 것인지는 대체로 어떤 쪽을 믿을 것인가 하는 당신의 의지에 좌우된다.

이런 논쟁들을 축소하는 일, 즉 그것들을 뉴스로 보도할 수 있는 수준으로 낮춰가는 과제는 기자가 수행할 수 없다. 저널리스트는 의견 형성의 바탕이 된 진리의 불확실한 측면을 사람들에게 확인시킬 수 있고 그 일은 필요하기도 하다. 또한 저널리스트가 비판과 선동으로 사회과학을 자극하여 사회적 사실들에 대해 더욱 분명하게 설명할 수 있게 하고, 정치인들이 좀 더 분명한 제도들을 마련하게 하는 것도 가능하고 또 필요하다. 다시 말해, 신문은 보도 가능한 진리를 확장하기 위해 싸울 수 있다. 그러나 오늘날의 사회적 진리는 조직되어 있기 때문에, 신문이 발행 날짜에 따라 여론에 대해 민주적 이론이 요구하는 지식의 양을 다르게 구성하지 못한다. 이것은 급진적인 신문의 뉴스에서 볼 수 있듯이, '구리 전표' 때문이 아니라 신문이 다루는 사회의 지배 세력들을 아주 불완전하게 기록하고 있기 때문이다. 신문이 그런 세력들을 기록할 수 있다는 이론은 거짓이다. 신문은 조직들이 활동하여 신문을 위해 기록한 것들만을 기록할 수 있다. 그 밖의 모든 것은 주장과 의견으로서, 흥망성쇠, 자의식, 인간 정신의 용기에 따라 부침(浮沈)을 거듭한다.

싱클레어 씨가 우리가 믿도록 설득했듯이, 신문이 그만큼 보편적으로 사악하지 않고 그만큼 깊이 공모하는 것이 아니라면, 신문은 민주주의 이론이 이제까지 인정한 것보다 훨씬 더 연약하다. 신문은 너무나 약해서 국민 주권이라는 짐을 떠안을 수 없으며, 민주주의자들이 천부적인 것이라고 희망하는 진리를 자발적으로 공급하지도 못한다. 신문이 그러한 진리의 덩어리를 공급해줄 것이라고 기대한다면, 우리는 잘못된 판단 기준을 쓰게 된다. 우리는 뉴스의 제한적인 본질과 무한히 복잡한 사회의 상태를 오해하고 있다. 우리는 우리들 자신의 인내와 공공심 그리고 다방면에 걸친 능력을 과대평가하고 있다. 우리 자신의 취향에 대한 진솔한 분석을 통해서는 발견되지 않는 재미없는 진리를 추구하는 욕구를 가지고 있다고 가정하고 있는 것이다.

그런데 신문이 모든 성인이 모든 논제에 대해 의견을 가질 수 있도록 인류의 공공생활 전체를 해석할 의무를 지게 된다면, 신문들은 실패하고, 반드시 실패할 수밖에 없으며, 우리가 인식할 수 있는 어떠한 미래에도 계속 실패할 것이다. 노동의 분업과 권위의 배분으로 작동해온 이 세상이 전체 인구의 보편적 의견에 따라 지배될 수 있다고 가정하는 것은 불가능하다. 그 이론은 무의식적으로 전지전능한 개별 독자를 이론적으로 설정하고 있으며, 대의제 정부와 산업 조직, 그리고 외교가 성취하지 못한 것은 무엇이든 신문이 성취하도록 부담을 지운다. 하루 24시간 중 30분 동안 모든 사람에게 작용하는 신문에게 공공기관들의 기강을 바로잡을 '여론'이라 불리는 신비로운 힘을 창조하라고 요구한다. 신문은 종종 실수로 그런 역할을 할 수 있는 것처럼 굴었다. 신문은 자체적으로 엄청난 도덕적 피해를 입으면서까지 여전히 원래의 전제들에 얽매여 있던 민주주의를 북돋았다. 즉 신문들이 모든 정부 기구를 위해, 모든 사회 문제 해결을 위해 자발적으로 정보를 제공하는 기구가 되어줄 것을 기대했다. 그런데 신문은 통상 그런 정보 기구가 될 수 없다. 스스로 지식의 도구를 제공하는 데 실패한 기관들은 "문제들"의 덩어리가 되었는데, 이 문제들은 전체 인구가 신문 전부를 읽으면서 풀어나갈 것으로 생각된다.

다른 말로 하면 신문을 직접 민주주의의 한 기관으로 여기게 되었다는 뜻이다. 더욱 광범위한 영역에서 매일매일 일어나는 법안 제출, 국민투표,

소환 등에 귀속하는 기능들을 신문이 맡게 된 것이다. 밤낮으로 열리는 '여론 법정'에서는 항상 모든 것들을 위한 법률을 정해야 한다. 그러나 그것은 법적 효력은 없다. 뉴스의 본질을 고려해본다면, 그것은 생각할 수조차 없다. 왜냐하면 우리가 앞서 보았듯이, 뉴스의 정확성은 사건이 기록되는 정확성에 비례하기 때문이다. 만약 이름을 붙이고, 측량하고, 형체를 갖추고, 구체화할 수 있는 사건이 아니라면, 그 사건은 뉴스의 특성을 갖추는 데 실패한 것이거나 우연과 선입견에 바탕을 둔 관찰이기가 쉽다.

그러므로 대체로 현대 사회에 관한 뉴스의 질은 신문이 발행되는 사회 조직을 보여주는 하나의 지표이다. 제도들이 우수하면 우수할수록, 모든 이해관계가 더욱 공식적으로 표현되고, 쟁점들이 더 많이 해결되고, 객관적인 기준들이 더 많이 도입되고, 사안들이 뉴스로 더 완벽하게 제시된다. 최선의 경우 신문은 제도들의 하인이며 수호자이다. 최악의 경우에는 신문은 사회 혼란을 틈타 자신들의 목적만을 챙기는 소수 집단의 수단이 된다. 사회제도들이 제 기능을 수행하는 데 실패하는 정도에 따라 파렴치한 저널리스트는 그 혼란을 틈타 한몫 챙길 수 있으며 양심적인 저널리스트는 불확실성을 놓고 도박을 벌여야 한다.

신문이 사회제도들의 대체물은 아니다. 신문은 끊임없이 움직이며 어둠 속에 묻힌 에피소드들을 하나하나 찾아내어 우리에게 보여주는 탐조등의 불빛과 같다. 인간은 이 빛에만 기대 세상일을 처리할 수는 없다. 인간은 에피소드나 사건, 폭발로 사회를 통치하지 못한다. 사람들이 자신들의 안정된 빛으로 세상을 볼 때, 비로소 신문은 그들을 향하여 대중적인 결정을 할 수 있을 정도로 명료하게 상황을 알려줄 수 있다. 문제는 신문보다 더 깊은 곳에 있으므로 그 해결책 또한 더 깊은 곳에 있게 마련이다. 문제는 분석과 기록 시스템에 기초를 둔 사회 조직 안에, 그 원칙의 필연적인 결과 안에 있다. 또 문제는 전지전능한 시민이라는 이론을 포기하고, 결정권을 분산시켜, 비교 가능한 기록과 분석에 따른 결정을 조정하는 데서 생기는 것이다. 만일 일을 수행하는 사람들과 감독하는 사람들이 그 일을 이해하도록 만드는 어떤 회계감사가 경영의 핵심에서 이뤄지고 있다면, 문제가 발생해도 단순히 맹목적인 충돌과 같은 것은 아니다. 그때도 역시, 뉴스는 신문의 활동을 감시하는 어떤 정보 시스템에 의해 신문을 위해 폭로된다.

그것은 급진적인 방법이다. 신문의 어려움을 보기 위해 어떤 공통의 원천으로 돌아가보자. 지역적인 것이건 기능적인 것이건 대의정부가 안고 있는 문제들처럼, 또 자본주의건 협동적이건 아니면 공산주의적인 것이건 산업이 안고 있는 문제들처럼 말이다. 그 공통의 원천이란 바로 자치적 인간이 어떤 지식 기구를 발명하고 창조, 조직하고도 자신들의 경험과 편견을 초월하는 데 실패했던 것을 일컫는다. 정부, 학교, 신문, 교회가 민주주의의 명백한 실패를 가져온 폭력적인 선입견과 무관심, 중요한 것 대신 하찮은 신기한 것들에 대한 호기심, 오락거리와 세 발 달린 송아지 같은 것에 대한 갈망 등에 저항해서 나아가는 데 별로 진척을 거두지 못한 이유는 그것들이 세상에 대한 믿을 만한 상(像)을 갖지 않은 채 행동을 했기 때문이다. 이것은 대중적인 정부의 중요한 결함이며, 대중 정부의 전통이 가진 고유한 결함이다. 이 밖의 다른 결함들은 모두 이 결함에서 비롯되었다고 나는 믿는다.

제8장

조직화된 정보

1

만약 해결책이 흥미로운 것이었다면 찰스 매카시[1], 로버트 밸런타인 (Robert Valentine), 프레더릭 테일러[2] 같은 미국의 개척자들이 사람들이 자신들의 말을 듣도록 하기 위해 그렇게 열심히 투쟁하지는 않았을 것이다. 그러나 그들이 싸워야 했던 이유와, 정부 연구, 산업 감사, 예산 관련 기관들이 개혁에서 미운 오리새끼가 되는 이유는 명백하다. 그들은 흥미로운 여론이 형성되는 과정을 역행하고 있다. 평범한 사실들, 고정관념의 거대한 장면, 극적인 동일화를 보여주는 대신, 그들은 극적인 것을 부수고

1) Charles James McCarthy(1861~1929): 하와이 제도의 5대 주지사(재임기간: 1919~1921년).
2) Frederick Winslow Taylor(1856~1915) 미국의 경영학자, 과학적 관리법 창시자. 처음에는 법률가를 지망하였으나 안질(眼疾) 때문에 단념하고 1874년 필라델피아에 있는 기계공장의 도제(徒弟)로 들어갔다. 뒤에 미드베일제강소의 기계공 기사장(技師長)을 거쳐 베들레헴 스틸사(社)에서 일하면서 노동자들의 태업과 파업을 목격하고 과학적인 작업관리의 필요성을 통감한 나머지 과학적 관리법 테일러시스템을 창안하여 공장개혁과 경영합리화에 큰 공적을 남겼다.

고정관념을 뚫고 나가서 사람들에게 낯설고 비인간적인 사실들을 제공한다. 이것은 고통스럽지는 않아도 다소 따분하다. 이것을 고통스럽게 느끼는 사람들, 즉 협상을 즐기는 정치인과 감출 것이 많은 당파심 강한 사람은 그들이 느끼는 고통에서 벗어나려고 종종 대중이 느끼는 따분함을 이용한다.

2

그러나 어떤 복잡한 사회에서도 점쟁이, 사제, 장로 같은 특별한 인간의 도움을 추구해왔다. 보편적 능력 이론에 기초를 둔 우리 고유의 민주주의도 정부를 운영하고 산업을 관리하기 위해 법률가가 필요했다. 특별히 훈련받은 사람은 일반인의 마음에서 자발적으로 일어나는 것보다 훨씬 광범위한 진리의 체계를 어렴풋하나마 맞출 수 있다고 인정된 것이다. 그러나 우리는 경험으로 전통적인 법률가의 능력만으로는 충분한 도움이 되지 않는 다는 것을 알았다. 위대한 사회(Great Society)는 기술에 대한 지식을 응용하여 격렬하게, 놀랄 만한 차원으로까지 성장했다. 정확한 측정과 계량적인 분석 방법을 배운 기술자들에 의해 이루어졌다. 옳고 그름을 연역적으로 생각하는 사람들에 의해서는 지배될 수 없다는 것을 사람들은 깨닫기 시작했다. 위대한 사회는 그것을 창조해낸 기술에 의해서만 통제될 수 있다. 그래서 더욱 개화되고 지도적인 사람들은 점점 더, 위대한 사회의 일정 부분이 그 사회를 관리하는 사람들에게 이해될 수 있도록 훈련받거나 스스로 배운 전문가들에게 도움을 요청했다. 이런 사람들은 통계학자, 회계사, 감사, 산업 상담역, 다양한 분야의 기술자, 과학 관리자, 인사담당

행정관, 연구자, "과학자", 그리고 때로는 개인비서 등 온갖 이름으로 알려져 있다. 그들은 서류 캐비닛, 카드 목록, 도표, 낱장식 장치, 그리고 무엇보다도 타자 친 서류 한 장이 놓여 있는 널찍한 책상 앞에 앉아서 가부간의 결재 형식으로 제시된 정책 사안을 결정하는 더할 나위 없이 철저한 이상적인 중역과 같이 각자 나름의 전문용어를 갖고 왔다.

이 모든 진전은 자발적인 창조적 진화라기보다 맹목적인 자연선택의 결과였다. 정치인, 행정관리, 정당의 지도자, 자원 봉사단체의 장은 하루에 24건이나 되는 서로 다른 주제에 관해 토의해야 한다면 누군가가 자기를 지도해줘야 한다는 사실을 알았다. 그는 메모장을 요구하기 시작했다. 그는 자신에게 온 우편물을 읽을 수도 없었다. 중요한 편지의 흥미로운 문장들에 밑줄을 그어줄 사람이 필요했다. 자신의 책상 위에 쌓여가는 타자 친 서류더미를 도저히 소화해낼 수 없다. 그래서 요약을 요구했다. 그는 끝없이 이어지는 숫자들을 읽어낼 수 없었다. 그래서 숫자들을 색칠한 도표로 그려줄 사람을 받아들였다. 그는 자신이 기계들을 구분할 줄 모른다는 것을 알았다. 그래서 기계들을 골라서 가격과 용도를 알려줄 수 있는 기술자를 고용했다. 그는 마치 다루기 힘들 만큼 무거운 짐을 옮기려 할 때, 먼저 모자를 벗고 그다음에는 외투를 벗고, 나중에는 셔츠를 벗는 것처럼 짐을 하나씩 덜어냈다.

3

그러나 그는 도움이 필요하다는 사실을 알았지만 신기하게도 사회과학자에게 도움을 청하는 데는 빠르지 않았다. 화학자, 물리학자, 지리학자는 훨씬 이전에 친절하게 환영을 받았다. 그들이 거둔 자연에 대한 승리를 신속하게 인정하였기에 그들을 위한 실험실을 세워주고 많은 유인책들을 제공하였다. 그러나 인간성 관련 주제를 다루는 사회과학자의 경우는 다르다. 여기에는 다양한 이유가 있다. 주된 원인은 사회과학자가 보여줄 만한 승리가 별로 없다는 것이다. 승리는 정말 적었는데, 왜냐하면 역사적인 과거를 다루지 않는 한, 그는 대중에게 그것들을 제시하기 전에는 자신의 이론을 입증할 수 없기 때문이다. 물리학자는 가설을 세우고 시험하며, 가설을 수백 번이라도 수정할 수 있다. 그렇게 하고도 결국 자신이 틀렸더라도 자신 이외에는 아무도 그 대가를 치르지 않는다. 그러나 사회과학자는 실험실에서 실시하는 검사에 대해 장담할 수가 없고, 만약 그의 충고가 받아들여져 해나가다가 그가 틀렸다면 그 결과는 감히 상상할 수도 없을 것이다. 그의 작업은 본질상 책임은 더 크고 확신은 조금밖에 없는 것이다.

그러나 그것뿐만이 아니다. 실험실 과학에서 과학자는 생각과 행위의 딜레마를 정복했다. 그는 행위의 표본을 의지에 따라 몇 번이고 반복할 수 있는 조용한 장소로 가져와 천천히 시험할 수 있다. 그러나 사회과학자는 계속해서 딜레마에 부딪치게 된다. 그가 자기 서재에서 생각할 여유를 가지고 있더라도 그는 공식 보고서, 신문, 인터뷰 등을 통해 제공되는 매우 일상적이고 불충분한 인쇄물에 의존해야만 한다. 그가 사건이 일어나는 "세상"에 나간다고 해도 그 사건을 결정하기 위해 신성한 곳으로 가기 전까지 오랫동안, 종종 쓸데없는 수습기간을 거쳐야 한다. 그는 자기에게 적당한 때에 행동을 취하거나 그만둘 수가 없다. 각별히 그의 말에 귀를 기울이는 사람은 없다. 책임자들은 자기 정책을 지지하지 않는 사회과학자들을 다소 낮춰 봐왔다. 그것은 자신이 최소한 부분적으로 잘 알고 있는 내부 사정을 사회과학자는 오직 외부에서 알려고 한다는 사실과, 그리고 사회과학자의 가설은 본질상 실험실에서 입증 가능한 것이 아니며, 그 가설의 확인 여부도 '현실' 세계에서만 가능하다는 것을 알고 있기 때문이다.

사회과학자는 마음속으로는 자신에 대한 이런 평가가 옳다고 느낀다. 그는 자신이 한 일에 대해 내면적인 확신이 거의 없다. 오로지 반신반의하며, 아무것도 확신하지 못한 채 사고의 자유를 지키려는 설득력 있는 이유를 찾지 못한다. 자신의 양심이 허락하는 범위에서, 그가 실제로 주장할 수 있는 것은 무엇일까? 그가 지닌 자료는 불확실하고 증명 수단도 부족하다. 그가 가지고 있는 가장 좋은 자질은 좌절의 원인이 된다. 그가 진정으로 비판적이고 과학적 정신에 흠뻑 젖어 있다면 그는 이론만 따지는 공론가가 될 수 없으며 자신이 확신하지 않는 이론을 지키기 위하여 평의원들, 학생들, 시민 연합회나 보수 신문에 대항해 대(大)결전장에 나갈 수 없기 때문이다. 만약 대결전장에 나간다면, 신을 위해 싸울 결의가 필요한데, 정치학자는 신이 자신을 불렀는지에 관해 언제나 약간 회의를 품고 있다.

결과적으로, 만약 사회과학의 상당 부분이 건설적이라기보다 변명의 성격을 띤다면 그 이유는 "자본주의" 안에 있는 것이 아니라 사회과학의 기회에 있는 것이다. 물리학자들은 다른 사람에게 억압받거나 무시될 수 없는 종류의 결론을 산출해내는 방법을 만들어냄으로써 성직자의 세력에서 벗어나 자신들의 자유를 성취하였다. 그들은 확신과 권위를 획득하였으며, 자신들이 무엇을 위해 싸워야 하는지를 알았다. 사회과학자도 자신의 방법을 만들어낼 때 권위와 힘을 얻게 될 것이다. 위대한 사회(Great Society)의 지도자들은 보이지 않는 세계를 이해할 수 있는 여러 분석 방법을 필요로 하는데, 사회과학자들은 그런 그들의 필요성을 잘 이용함으로써 권위와 힘을 얻게 될 것이다.

그러나 실제로는, 사회과학자는 관련 없는 소재에서 자신의 자료들을 모은다. 사회 과정은 대부분 행정상 우연한 사건처럼 간헐적으로 기록된다. 의회 보고서, 토론, 조사, 소송사건, 인구조사, 관세, 세율 등과 같은 소재들은 마치 필트다운(Piltdown) 원시인(原始人)의 두개골을 모으듯이 독창적인 추론에 의해 한데 모아져야 비로소 연구자가 자신이 연구하고 있는 사건에 대한 어떤 상(像)을 얻게 되는 것이다. 이처럼 동료 시민들의 의식적인 생활을 취급하지만 일반화를 시도하는 사람은 자신의 자료 수집 방법을 실제로 감독하지 못하기 때문에 결과는 비참할 만큼 불명확해지곤 한다. 병원에 거의 가지 않고, 동물 실험도 해보지 않은 학생들이 수행한 의학연구를 상상해보라. 그것은 환자였던 사람들의 이야기, 일정한 기준 없이 나름의 진단 체계를 가진 간호사들의 보고, 그리고 약국의 초과 이익에 관한 세무서의 통계자료 등을 근거로 하여 결론을 내릴 수밖에 없는 의학 연구라고 상상해보라. 사회과학자는 법의 일부를 집행하고, 정당화, 설득, 주장 또는 입증을 시도하려는 공직자의 마음에 무비판적으로 존재하는 범주들로부터 자신이 만들 수 있는 것을 해내야 한다. 연구자들은 이것을 알고 있으며, 이에 대한 방어로서 자신의 정보를 평가절하하는 수준을 살피는 신뢰성을 확인하는 학문의 영역이 발달해왔다.

그것은 좋은 일이긴 하다. 그러나 그것이 사회과학의 불건전한 입장을 교정하는 단순한 수단에 불과하다면 아주 빈약한 것이 되고 만다. 왜냐하면 학자는 추측해선 안 되는데, 확실히 모르면서 어떤 일이 일어난 상황과 원인에 대해 말하는 것은 약삭빠르게 여겨지기 때문이다. 그러나 의원들의 조정자, 행정을 비추는 거울과 척도로 고용된 전문가는 사실을 이와는 전혀 다르게 다룬다. 그는 행동을 앞세우는 사람들이 자기에게 던져준 사실들을 일반화하는 것이 아니라 자신이 행동하는 사람들에게 사실들을 정리해 주는 사람이다. 이것은 그의 전략적 위치에서 일어난 커다란 변화이다.

그는 더 이상 바쁜 책임자들이 제공한 것을 되새김질하며 바깥에 서 있는 것이 아니라, 결정의 배후가 아닌 정면에 나와 자기 자리를 차지한다. 오늘날 순서는 책임자가 자기의 사실을 발견하고, 그 사실들을 근거로 해서 결정한다. 그러고 나면 어느 정도 시간이 지난 다음, 사회과학자가 책임자의 결정에 대한 옳고 그름에 대한 중요한 이유를 추론하는 것이다. 이러한 소급적인 관계는 '학문적'이라는 좋은 단어가 지닌 나쁜 의미에서의 '학문적'이다. 진정한 순서가 되려면, 먼저 이해관계가 없는 전문가가 책임자를 위해 사실을 발견하고 명확히 한 다음, 그가 이해하는 결정과 자신이 조직한 사실들을 비교하고 그 비교를 통해 그가 만들 수 있는 지혜를 다듬어야 하는 것이다.

4

물리학에서는 이러한 전략적 위치 변화가 천천히 시작되었다가 그 뒤 빠르게 속도를 더했다. 일찍이 발명가와 기술자가 낭만적인 반(半)쯤 굶은 국외자로서 기인(奇人) 취급을 받던 시절이 있었다. 사업가와 기능공은 그들이 지닌 신비로운 솜씨를 다 알고 있었다. 그 뒤 그 신비로움은 정도가 더해졌고, 마침내 산업은 오직 숙련된 전문가들만이 볼 수 있었던 물리학적 법칙과 화학적 결합에 의존하게 되었다. 과학자는 라틴구(區)[3]의 고상한 다락방에서 사무실 건물이나 실험실로 이사했다. 왜냐하면 과학자만이 산업이 의존하고 있는 현실에 관한 작업용 상(像)을 그릴 수 있었기 때

---

3) Latin Quarter : 학생, 예술가가 많이 사는 구역.

문이다. 이 새로운 관계에서 과학자는 그가 거기에 주었던 것과 같은 정도의 것, 아마 그가 준 것보다 더 많은 것을 취할 수 있었다. 응용과학은 끊임없이 실용적인 결정을 내려야 하는 것 때문에 경제적 후원, 엄청난 영감, 그리고 폭넓은 관련성을 끌어냈지만 순수과학은 그보다 더 빨리 발전하였다. 그러나 물리학은 결정을 내린 사람들이 자기가 지닌 상식에만 의존해야 했기에 엄청난 한계가 있었다. 그들은 과학자들에 의해 복잡해진 세상을 통치하는 데 과학의 도움을 받지 못했다. 그들은 또다시 스스로 이해할 수 없는 사실들을 취급하게 되었고, 한때 기술자들의 도움을 청했던 것처럼, 이제는 통계학자, 회계사, 그리고 온갖 전문가들의 도움을 필요로 했던 것이다.

이런 실용적인 과학자들이야말로 새로운 사회과학의 진정한 선구자들이다. 그들은 "달리는 자동차 바퀴와 맞물려" 있으며, 이러한 과학과 행위의 실용적인 관여로부터 철저히 혜택을 볼 것이다. 실용적인 관여란 행위에 대한 신념이 뚜렷해짐으로써 나타나는 행위, 그리고 행위에 대한 계속적인 시험에 의해 나타나는 신념을 말한다. 아직 시작에 불과하다. 그러나 단순히 실제적인 어려움 때문에 모든 대규모 연합이 자신들만의 특정 환경에 대해 보도할 전문가의 필요성을 깨닫게 될 사람을 포함해야 한다는 사실을 인정한다면, 상상력은 작업의 기반이 되는 전제를 갖게 된다. 우리는 전문가들끼리 기술과 성과를 주고받는 가운데 사회과학의 실험적 방법의 실마리를 볼 수 있다고 생각한다. 각 학군과 예산, 보건소, 공장, 조세율표 등이 서로 정보의 자료가 될 때 비교 가능한 경험들이 많아지면서 진정한 실험의 차원에 가까워지기 시작한다. 48개 주와 2,400개 도시, 27만 7천 개의 학교, 27만 개의 공장, 2만 7천 개의 광산과 채석장 속에는 만일 기록되고 이용할 수 있다면 풍부한 경험의 원천이 있다. 그리고 사회의 근본을 뒤흔들지 않고도 어떠한 가설도 공정한 시험을 받을 수 있는 기회가 주어지고, 아주 미미한 위험을 감수해도 되는 시행착오의 기회도 있다.

이미 쐐기는 박혀 있다. 도움을 필요로 하는 산업계 지도자들이나 정치인들에 의해서뿐 아니라 시정(市政) 조사위원회, 국회 도서관, 기업체, 노동조합, 공공 목적의 특수 로비활동, 여성유권자 연맹, 소비자 연맹, 생산자 협회 등과 같은 자원 단체들에 의해, 수백 개의 무역협회나 시민조합에 의해, 국회 조사보고서, 교육국 등에 의해 그렇게 되어 있다. 어떤 식으로든 이들 모두가 공정하지는 않다. 그것은 중요하지도 않다. 문제는 그들 집단 모두가 개별적인 시민들과 그들이 둘러싸여 있는 광대한 환경 사이에 어떤 형태로든 전문성을 끼워 넣을 필요성을 증명하기 시작한다는 점이다.

5

민주주의의 실천은 민주주의 이론에 앞서왔다. 이론에 따르면 성인 유권자들은 함께 모여서 자신들의 마음속 의지에 따라 결정을 내리게 된다. 그러나 실제에서는 이론에서 보이지 않는 위계조직(hierarchies)이 출현함에 따라, 건설적으로 순응도 상당히 있었고, 또 민주주의의 이미지에 들어맞지 않는 적응도 있어왔다. 보통은 시야를 벗어난 수많은 관심과 기능들을 대표하는 몇몇 방법이 발견되었다.

우리는 법정(法廷)에 관한 우리의 이론에서 이러한 사실을 가장 많이 의식하는데, 선출된 공직자들이 잊기 쉽지만 지켜야 할 관심사들이 있다는 이론에 근거해서 그들의 입법권과 거부권을 설명할 때 그렇다. 그러나 인구조사국은 인구, 사물, 여러 변화들을 세고, 분류하고, 서로 연관시킬 때

역시 환경 가운데 보이지 않는 요인들을 설명해준다. 지질조사는 광물자원을 드러내고, 농림부는 농민 개개인은 극히 적은 부분만 보게 되는 요인들을 국가의 각종 평의회에 제출한다. 학교 당국, 관세 위원회, 영사(領事) 서비스, 국세청 등은 선거에 의해서는 도저히 이런 관점을 스스로 대표할 수 없는 사람이나 사상, 사물을 대표한다. 아동국은 유권자에게는 보통 보이지 않기 때문에 자발적으로는 유권자의 여론이 될 수 없는 관심과 기능들로 구성된 합성물 전체를 대변하고 있다. 그래서 유아 사망률에 관한 비교 통계자료를 내는 것은 유아 사망률의 감소로 이어지는 경우가 많다. 그런 자료가 출판됨으로써 시(市) 공무원들과 유권자들은 환경에 관한 자신들의 상(像) 속에 아기들의 자리를 발견하는 것이다. 마치 아기들이 자신들의 불만을 널리 알리려고 시의회 의원들을 뽑은 것처럼, 통계 수치가 아기들을 눈에 띄게 하였다.

국무부에는 극동 업무국이 있다. 무엇을 위한 것인가? 일본과 중국 정부는 모두 워싱턴에 대사를 두고 있다. 그들은 극동을 대변할 자질을 갖추지 못한 것일까? 그들은 극동의 대표자이다. 그러나 미국 정부가 극동에 관해 알고자 하는 모든 정보를 그 대사들에게서 얻을 수 있다고 주장하는 사람은 아무도 없다. 그들이 스스로 아무리 솔직하다고 가정해도 여전히 그들 대사는 제한된 정보의 통로일 뿐이다. 따라서 그들을 보충하기 위해 우리는 도쿄와 베이징에 대사를 두고, 여러 곳에 영사도 두고 있는 것이다. 또한 내가 추측하기에 몇몇 비밀 요원도 두고 있을 것이다. 그들은 극동 업무국을 경유하여 국무장관에게 보고서를 보내고 있을 것이다. 여기서 국무장관은 무엇을 기대하는 것일까? 나는 극동 업무국은 국가 예산을 낭비한다고 생각하는 사람을 알고 있다. 사실 장관들 중에는 특별하고 새로운 사실들을 잘 몰라서 소속 부처에 도움을 청하는 사람들도 있다. 그들이 미국의 입장을 정당화하는 정돈된 주장을 가질 것이라고는 도저히 기대할 수 없다.

그들이 요구하는 것은 마치 국무장관이 극동 자체와 접촉한 것과 같이 전문가들이 극동에 관한 모든 자료를 장관의 책상에 가져다 놓는 것이다. 전문가는 번역하고 단순화하고 일반화해야 한다. 그러나 보고서의 결과에서 나오는 추론은 보고서에만 단순히 적용되는 것이 아니라 극동 전체에 들어맞아야 한다. 만약 장관이 능력을 가진 사람이라면 그가 고용한 전문가들이 "정책"을 갖고 있다는 사실을 결코 받아들이지 않을 것이다. 장관은 전문가들이 일본의 대(對) 중국 정책을 좋아하는지 알고 싶어 하지 않는다. 그는 일본의 대중국 정책에 대해 중국, 일본, 영국, 프랑스, 독일, 러시아의 서로 다른 계급들이 어떻게 생각하는지를 알려고 하며, 또 그에 따라 어떤 행동을 할 것인지를 알고 싶어 한다. 그는 제출된 모든 자료를 바탕으로 하여 자신의 결정을 내리려고 한다. 극동 업무국이 일본과 미국 대사 또는 태평양 연안 출신 상원의원과 하원의원에게서는 얻을 수 없는 자료들을 충실히 제출하면 할수록, 그는 더욱 훌륭한 국무장관이 될 것이다. 그의 정책이 태평양 연안 의원들의 의견에서 결정될 수도 있다. 그러나 그의 일본관(觀)은 일본에서 얻어질 것이다.

6

이 세상에서 최선의 외교 활동에서 정보의 수집과 정책의 통제가 완벽하게 분리되는 것은 우연이 아니다. 전쟁 동안 수많은 영국 대사관들과 영국 외교부에는 당시 지배적인 호전정신을 염두에 두지 않는 사람들, 종신 공직자들, 특수 요원들이 거의 항상 있었다. 그들은 찬반(贊反)이나 지지하는 국민적 정신, 아주 싫은 것, 연설에서 말하지 않고 가슴속에 묻어둔 것들에 대한 장광설을 던져버렸다. 그들은 그런 일들은 정치 지도자들에게 넘겼다. 그러나 나는 어느 미국 대사관에서 한 대사가 자기는 고국 동포들의 기운을 북돋운다고 생각되지 않는 것은 결코 워싱턴에 보고하지 않았다고 이야기하는 것을 들은 적이 있다. 그는 자신이 만난 모든 사람들을 기쁘게 했고 오갈 데 없는 전쟁 노동자들을 도와주었고, 기념비의 제막식에서 최고의 모습을 보였다.

하지만 그는, 전문가의 힘은 자신을 결정을 내리는 사람과 분리하고, 어떤 결정이 내려지는지 전문가 자신조차 개입하지 않는 데 달려 있다는 사실을 이해하지 못했다. 그 대사처럼, 입장을 취하고 결정에 관여하는 사람은 조만간 무시된다. 그때 그는 그 사안에 대해 어느 한쪽을 지지하는 또 다른 한 사람 정도로 여겨진다. 왜냐하면 그가 너무 지나치게 관심을 보이게 되면, 그는 자기가 보기 원하는 것만 보기 때문이다. 이 때문에 그가 주재하는 곳에서 봐야 할 것을 제대로 보지 못한다. 그 대사는 주재지에서 보이지 않는 것들을 보게 해야 한다. 그는 유권자가 아닌 사람들, 명백하지 않은 유권자들의 기능, 시야를 벗어난 사건들, 침묵하는 사람들, 아직 태어나지 않은 사람들, 사람과 사물의 관계 등을 표현한다. 그는 실체 없는 유권자들을 갖고 있다. 그리고 투표는 결국 힘을 시험하는 것이고, 승화된 전투이며, 전문가는 당면한 것들 중에 쓸 수 있는 힘이 아니기 때문에, 이처럼 실체 없는 것들은 정치적 다수를 형성하는 데 별로 쓸모가 없다. 그러나 그는 여러 세력들의 전열을 방해함으로써 자신의 힘을 발휘할 수 있다. 그는 보이지 않는 것을 보이게 함으로써 물리적인 힘(material force)을 행사하는 사람들과 새로운 환경에 직면하며, 그들 속에서 이념이나 감정을 일으키고, 그들 속에서 내쫓기도 한다. 그래서 가장 심오한 방식으로 결정에 영향을 미칠 수 있는 것이다.

사람들은 어떤 방식이 환경에 모순되는 것이라고 깨닫게 되면 그 방식으로는 오래 행동할 수 없다. 그가 어떤 방식으로 행위에 열중하고 있어도, 그들은 환경을 새롭게 인식하고, 선택하고, 합리화해야만 한다. 그러나 그들의 면전에 너무나 눈에 뚜렷하고 해명하기 어려운 집요한 사실이 있다면, 다음의 세 가지 중 하나를 선택할 수 있다. 첫째, 그것을 고집스럽게 무시할 수 있다. 그 대신 그 과정에서 스스로 상처를 입거나, 자기 역할을 과장하여 불행에 빠질 수 있다. 둘째, 그 사실을 받아들일 수는 있지만 행동은 거부할 수 있다. 그 대신 그들은 정신적 불쾌감과 좌절을 대가로 치르게 된다. 셋째, 가장 흔하다고 생각하는데, 그들은 자신들의 모든 행동을 확대된 환경에 맞게 조정한다.

전문가가 최종 결정을 다른 사람들이 하도록 한다고 해서 전문가가 무능한 인간이라고 생각하는 것은 경험한 것과 다르다. 결정 과정에 개입하는 요인들이 미묘하면 미묘할수록 전문가가 휘두르는 힘은 더욱 무책임해진다. 더욱이 연관되는 사실들이 점차 유권자와 관리자에게서 벗어나기 때문에 전문가는 과거 어느 때보다 갈수록 더 많은 힘을 행사할 것이라고 확신한다. 모든 정부 기관들은 연구소나 정보부를 조직하게 될 것이며, 그런 조직들은 세계 각국의 모든 군사정보부서가 그렇듯이 촉수를 뻗치고 확장할 것이다. 그러나 전문가라고 해도 결국 인간으로 남게 된다. 그들은 권력을 즐길 것이고, 스스로가 검열관이 되고 싶은 유혹에 빠질 수도 있으며, 그래서 결정을 내리는 과정의 실제 기능을 빼앗을 수도 있을 것이다. 만약 그들의 기능이 올바로 정의되지 않으면, 그들은 자신들이 적절하다고 생각하는 사실들만을 상부에 전달하고 그들이 승인하는 결정만을 아래로 내려 보낼 것이다. 간단히 말해 전문가도 관료화되는 것이다.

유일한 제도적 안전장치는 업무를 실행하는 직원들과 조사 직원들을 가능한 한 철저하게 분리하는 것이다. 이 둘은 서로 대등하지만 전혀 다른 집단이어야 한다. 따라서 이들은 별도로 고용되고 가능하면 다른 자금에서 급여가 지급되며, 다른 상관을 모시게 해야 한다. 또 서로의 개인적 성공에 관심을 보이지 않아야 한다. 산업계에서 감사, 회계사, 조사관은 관리자, 감독관, 현장 감독으로부터 독립되어야 하며, 산업을 사회적 통제권에 두기 위하여 기록 담당 기구는 이사회나 주주들로부터 독립되는 것을 마침내 보게 될 것으로 믿는다.

7

그러나 산업과 정치에서 정보부를 설립하는 데 아무것도 없이 되지는 않는다. 그리고 기본적인 기능의 분리를 주장하는 것과는 별개로, 어떤 경우라도 원칙적으로 형식을 지나치게 상세히 주장하면 번거롭게 된다. 정보 업무의 필요성을 믿고 그것을 택하려는 사람들이 있는 반면, 제대로 이해도 못하면서 정보 없이는 자신의 일을 처리하지 못하는 사람들도 있다. 한편 그것에 저항하는 사람들도 있다. 그러나 모든 사회 기관에 이러한 원칙이 자리 잡고 있다면, 정보 업무는 진보할 것이며 그것을 시작하는 방법은 우선 착수하는 것이다. 예를 들면, 연방 정부가 워싱턴이 몹시 필요로 하는 정보부를 깔끔하게 처리하기 위해 한 세기 동안 계속되어온 행정 분규와 불합리한 중복을 지금 바로 해결할 필요는 없다. 선거 전에 당신은 그러한 관계 단절에 과감하게 뛰어들겠다고 공약할 수 있다. 그러나 당신이

숨을 헐떡이며 거기에 도착했을 때 당신은 개개의 불합리한 사건 모두가 습관, 강한 이해관계, 그리고 절친한 동료 의원들과 연결되어 있음을 알게 된다. 당신이 이 모든 전선에서 공격을 하면 당신은 강한 반격에 직면하게 될 것이다. 시인이 노래했듯이 당신은 늘 용감하게 출전했다가 항상 패배한다. 한 곳에서는 시대에 뒤떨어진 부서를 없애고, 다른 곳에서는 여러 사무원들을 내보내거나 두 부서를 하나로 묶을 수 있다. 그러는 동안 당신은 조세와 철도 운송으로 바쁘게 되고 개혁의 시대는 끝나는 것이다. 게다가 모든 후보자가 항상 약속하는 진정으로 합리적인 정부를 개편하기 위해서는, 당신은 자신의 지나친 열정을 가라앉힐 시간을 갖기보다 그 열정을 방해해야 할 것이다. 그리고 당신이 새로운 계획 하나를 갖고 있다고 가정한다면 그것이 무엇이든 그 계획을 실행할 공직자들이 필요하다. 고위 공직자들은 어떨까? 심지어 옛 소련에서조차도 고위 공직자들의 복귀를 기뻐했는데, 만약 이러한 옛 공직자들이 너무 무자비한 대접을 받게 된다면 그들은 유토피아 자체를 파괴할 것이다.

어떤 행정적인 계획도 선의(善意) 없이는 작동될 수 없고, 그 새로운 실행에 대한 선의는 교육이 있어야 가능해진다. 좀 더 나은 방법은, 귀감이 될 수 있는 기관을 어디든 당신이 발견할 수 있는 틈을 통해 기존의 기구에 매주 그리고 매달 도입하는 것이다. 그러면 그 기구를 움직이는 사람들뿐 아니라 그 기구의 책임자와 외부 대중의 눈에도 그 기구가 눈에 띄게 될 것을 바랄 수 있다. 고위 공직자들이 자기들 모습을 보기 시작할 때, 또는 국외자들과 책임자나 부하들이 모두 똑같은 사실들을, 만약 당신이 그렇게 부르고 싶다면 '그놈의 똑같은 사실들'을, 보기 시작할 때 비로소 장애는 줄어들 것이다. 어떤 부서가 비효율적이라고 하는 개혁자의 의견은 단지 개인적인 의견일 뿐이며, 부서의 눈에는 자기 부서 고유의 의견이 그것보다 더 나은 의견이다. 그러나 그 부서의 업무를 분석하고 기록하고 다른 부서들이나 민간 기업이 하는 일과 비교한다면 논쟁은 다른 국면으로 옮겨간다.

워싱턴에는 내각을 대표하는 열 개의 부(部)가 있다. 여기서 각 부에 영구적인 정보과(課)가 있다고 가정해보자. 효율성의 조건들에는 어떤 것이 있을까? 무엇보다 정보요원들은 그 부를 담당하는 의회 위원회들과 그 부를 맡은 장관으로부터 독립적이어야 하며 결정이나 행동에 연루되지 말아야 한다. 그런데 그러한 독립성은 자금, 재직기간, 사실에 대한 접근 등 세 가지 요인에 달려 있다. 왜냐하면 어떤 의회나 부서의 공무원이 정보요원들로부터 자금을 빼앗거나 해임시키거나 정보를 차단할 수 있다면 그 정보요원은 의회나 부의 예속물이 되기 때문이다.

8

자금 문제는 중요하면서도 어렵다. 어떤 연구 기관도 연간 수당을 시샘 많고 인색한 의회의 분배금에 의존한다면 정말 자유롭지 못하다. 그러나 의회로부터 궁극적인 자금의 통제권을 빼앗을 수는 없다. 재정적 조치는 의심스러운 사기꾼의 공격과 교활한 파괴로부터 직원들을 보호해주며 동시에 성장을 제공하는 것이다. 직원들은 아주 확고한 참호 안에서 충분히 보호되고 그들에 대한 공격은 공개적으로 이루어질 것이다. 아마도 그들은 신탁 자금을 조성하는 연방 헌장의 뒤에서, 그리고 정보국이 속해 있는 과(課)의 특별 예산에 기초를 두고 차등제의 배후에서 오랫동안 일을 할지도 모른다. 어쨌든 금액이 대단하지는 않다. 신탁자금은 최소한의 직원들을 위한 간접비와 자본금을 제공할 것이며 차등제에 따라 확장 비용을 충당할 것이다. 어쨌든 간에 예산은 장기 지불 의무와 같은 사고(事故)의 범위를 초과해서 편성되어야 한다. 이것은 헌법 수정 조항 통과나 국채 발행보다 심각하게 "의회의 재량을 유보하는" 것은 아니다. 의회는 그 헌장을 폐기할 수 있다. 그러나 의회는 그것을 완전히 폐기해야지 엉뚱한 항목을 넣어서 방해해서는 안 될 것이다.

임기는 종신제로 해야 하며, 은퇴 후의 연금, 더 깊은 학문과 훈련을 위한 연가(年暇), 동료 전문가들의 심의를 거친 뒤 해고 등 면밀한 조항이 있어야 한다. 비영리 학문적 직업에 적용되는 조건들이 여기 적용되어야 한다. 만약 이 직업이 눈에 띄게 된다면 여기 종사자들은 존엄성과 안전성 그리고 적어도 고위층에서는 실제 결정을 내리는 데 적당한 거리를 가져야 가능해지는 마음의 자유가 있어야 한다.

자료에 대한 접근은 유기적인 행동에서 이뤄져야 한다. 정보부는 모든 서류를 검사하고, 어떤 공직자나 외부인을 심문할 권리를 가져야 한다. 이 같은 지속적인 조사는 지금은 우리 정부의 일상 특징이 되어버린 세상을 놀라게 하는 의회 청문회와 발작적인 정보 탐색 행위와는 결코 비슷하지 않다. 정보부는 회계 방법을 부서에 제안할 권리를 가져야 하며, 만약 그 제안이 거절되거나 수락된 뒤에 위반하는 일이 있으면 정보부의 헌장에 따라 의회에 청원할 권리를 가져야 한다.

첫째의 예로서, 각 정보부는 의회와 각 부를 연결하는 역할을 하는데 한 가지 제안이 결코 다른 제안을 배제하지 않겠지만, 내가 판단하기로는 상원과 하원의 회의장에 나타나는 각료들보다 더 나은 연결이라고 생각한다. 정보부는 정책 집행을 감시하는 의회의 눈이 될 것이며, 의회의 비판에 대한 각 부의 답변이 될 것이다. 그래서 각 부의 활동은 영원히 들여다볼 수 있게 될 것이므로 아마도 의회는 불신과 삼권분립이라는 잘못된 신조에서 생겨난 세세한 입법의 필요성을 더 이상 느끼지 않을 것이다. 삼권분립이라는 잘못된 신조는 효율적인 행정을 너무나 어렵게 만들고 있다.

9

그러나 물론 10개의 정보부 모두가 물샐틈없는 상태에서 활동하지는 못할 것이다. 각 정보부 간의 관계 속에는 "조화(調和)"를 위한 최선의 기회가 내재해 있다. 이 조화에 관해서는 수없이 많이 들어왔지만 본 적은 거의 없었다. 확실히 다양한 요원들은 가능하다면 어디에서든 비교 가능한 측정 기준을 채택할 필요가 있을 것이다. 그들은 서로 기록을 교환할 것이다. 그런 뒤 만약 국방부와 체신부가 함께 목재를 구입하고 목수를 고용하거나 벽돌로 벽을 쌓는다면 그들은 반드시 동일한 기관을 거칠 필요는 없다. 왜냐하면 그것은 성가시고 지나친 중앙 집중화를 의미하기 때문이다. 그러나 그들은 동일한 사물에 대해서는 똑같은 측정 기준을 사용하고, 상호 비교를 의식하며, 상대방을 경쟁자로 취급하게 될 것이다. 그리고 이런 경쟁은 많으면 많을수록 좋다.

경쟁의 가치는 그것을 측정하는 데 쓰는 기준의 가치에 의해 결정된다. 그러므로 우리는 스스로에게 단순히 경쟁의 존재를 인정하느냐고 묻는 대신, 경쟁자들이 지닌 경쟁의 가치를 인정하느냐고 물어야 한다. 정상적인 사람이라면 아무도 "경쟁의 철폐"를 기대하지 않는다. 경쟁의식이 자취를 감추면 사회적인 노력은 본능적인 영감을 가진 소수를 제외하고는 단순히 일상적인 일들에 기계적으로 복종하는 것이 되기 때문이다. 그러나 아무도 경쟁이 모두에 대한 저마다의 살인적인 투쟁이라는 논리적 결론에까지 도달하지는 않을 것으로 기대한다. 문제는 경쟁의 목표와 게임의 규칙을 선정하는 것이다. 거의 언제나 금전, 권력, 인기도, 환호, 또는 베블런 씨가 말하는 "눈에 잘 띄는 낭비" 등과 같이 누구나 잘 알 수 있는 가장 분명한 측정 기준이 게임의 규칙을 결정할 것이다. 우리의 문명은 이 밖에 다른 어떤 측정의 기준을 보통 제공하는가? 또 우리가 항상 시끄럽게 요구하는 효율성, 생산성, 유용성 등을 어떻게 측정할 것인가?

대체로 이런 측정기는 없으므로 이런 이상들을 이루려고 하는 경쟁도 그리 많지 않다. 왜냐하면 동기(動機)의 높낮이에 따른 차이는 사람들이 종종 주장하듯이 이타주의와 이기주의의 차이가 아니기 때문이다. 그것은 실제 행동이 쉽게 이해되는 목적을 위한 것인지, 또는 알기 어렵고 불확실한 목적을 위한 것인지의 차이다. 어떤 사람에게 이웃보다 더 많은 이윤을 내라고 권고하면 그는 자신의 목표를 알게 된다. 그런데 그에게 더욱더 많은 사회봉사를 하라고 권하면 그는 무엇이 사회봉사인지 어떻게 확신할 수 있을까? 이 경우 무엇이 시험이고 무엇이 측정인가? 시험하는 것은 주관적인 감정이고 측정하는 것은 어떤 사람의 의견이다. 평화 시에 어떤 사람에게 국가를 위해 봉사해야 한다고 말하면 당신은 그럴싸한 평범한 이야기를 한 것이다. 하지만 전쟁 중에 같은 말을 했다면 봉사라는 말은 의미를 갖게 된다. 그것은 입대(入隊), 국채 구입, 식량 절약, 매년 1달러를 버는 노동 등 구체적인 여러 행위를 의미한다. 그는 그런 봉사 하나하나를 적군보다 숫자도 많고 더 잘 무장된 아군을 전선에 보내는 구체적인 목적의 한 부분으로 확실히 이해하게 된다.

그래서 행정을 더 잘 분석하면 할수록, 비교할 요소들을 더 잘 알아낼수록, 또한 당신이 증진시키려고 하는 질(質)적인 것에 대한 계량적 척도를 더욱더 많이 발명할수록, 당신은 경쟁을 이상적인 목표에 접근할 수 있게 한다. 만약 당신이 올바른 지수를 고안해낼 수 있다면, 작업장 내에서 각 노동자들 사이에, 각 작업장들 사이에, 공장들 사이에, 학교들 사이에, 정부의 각 부처 사이에, 각 연대 사이에, 각 사단 사이에, 각 선박 사이에, 각 주(州) 사이에, 각 군(郡) 사이에, 각 도시 사이에서 동료들을 경쟁시킬 수 있다. 또한 당신이 고안한 지수가 우수하면 우수할수록 이 경쟁은 점점 더 유용한 것이 된다.

10

자료의 교환에 많은 가능성이 있는 것은 분명하다. 정부의 각 부는 비록 약간 다른 형태이긴 하지만 항상 다른 부처가 이미 획득한 정보를 요구한다. 국무부는 멕시코의 석유 매장량, 그 매장량과 나머지 세계의 석유 공급량의 관계, 석유 매장지 소유주, 현재 건조 중이거나 건조 계획 중인 군함에 대한 석유의 중요성, 다른 지역의 상대적인 가격들을 알 필요가 있다고 치자. 오늘날 국무부는 이들 정보를 어떻게 얻고 있는가? 아마도 그 정보는 내무부, 법무부, 상공부, 노동부, 해군 등에 흩어져 있을 것이다. 또는 국무부의 어느 직원이 정확할 수도 있고 그렇지 않을 수도 있는 참고문헌에서 관련 항목을 살펴본다. 아니면 어떤 비서가 다른 개인 비서에게 전화를 걸어 기록을 요청하고 나면 사환이 난해한 보고서들을 두 팔에 가득 안고 도착한다. 국무부는 결정해야 하는 외교 문제에 적합하도록 국무부 내에 있는 정보국에 사실들을 모으라고 요청할 수 있어야 한다. 그러면 외교 정보처는 이런 사실들을 중앙 정보교환 기관에서 얻을 것이다.

이런 제도는 곧 정보를 모으는 가장 특이한 방식이 될 것이다. 그리고 이 제도 내에서 일하는 사람들은 정부의 문제가 실제로 무엇인지 알게 될 것이다. 그들은 정의(定義), 용어, 통계학적 기술, 논리의 여러 문제를 다루게 될 것이며, 사회과학 전반에 걸쳐 구체적인 사례를 고찰할 것이다. 외교상, 군사상 몇 가지 비밀을 제외하고는 이런 모든 자료는 미국 학자들에게 당연히 공개해야만 한다. 정치학자가 다뤄야 할 가장 어려운 문제와 그 학생들이 수행해야 할 진짜 연구는 여기에 있는 것이다. 모든 작업이 워싱턴에서 수행될 필요는 없지만, 어디까지나 워싱턴과 관련하여 수행될 수 있다. 그러므로 중앙 기관은 국립대학이 될 소지가 있다. 그 부처의 직원들은 대학 졸업생 중에서 채용할 수 있을 것이다. 그들은 국립대학의 평의원들과 전국 각지에 흩어져 있는 교사들 간 협의에 따라 선정된 논문들을 연구하게 될 것이다. 이런 제휴에 융통성이 있다면 영구직 직원들의 보완책으로서, 대학에서 임시직과 전문직을 불러들이고 워싱턴에서 불러온 강사들을 바꿀 수도 있을 것이다. 이처럼 직원 교육과 채용은 함께 진행된다. 연구의 일부분은 학생들이 수행할 것이고, 대학들에서 정치학은 미국 정치와 직접 연관되는 일이 될 것이다.

11

이 원칙의 중요한 개요는 주(州)정부, 시, 지방의 군(郡)에도 동일하게 적용된다. 비교나 상호 교류 작업은 주, 시, 군의 연합체에서도 일어날 수 있다. 또한 이들 연합체 내에서 바람직한 지역 조합의 결성도 가능하다. 회계(會計)제도가 비슷하다면 지나치게 많은 중복을 피할 수 있다. 특히 지역 간 협조는 바람직하다. 왜냐하면 법률상 경계선은 흔히 효율적인 환경과 일치하지 않기 때문이다. 그러나 법률상 경계선들은 일정한 관습상의 기초를 갖고 있기 때문에 그 경계를 흩뜨리는 데는 많은 비용이 든다. 몇몇 행정 영역들에서는 그들의 정보를 조정함으로써 자율성과 협력을 조화시킬 수 있다. 예를 들면 행정 단위로서 뉴욕은 시청에서 잘 다스리기에는 이미 너무 거추장스럽다. 그러나 보건과 교통 등 많은 목적을 위해서는 광역 지구(地區)가 진정한 의미의 행정 단위이다. 그러나 거기에는 용커스(Yonkers), 저지시티(Jersey City), 패터슨(Paterson), 엘리자베스(Elizabeth), 호보켄(Hoboken), 바욘(Bayonne) 등의 대도시가 있다. 그들을 모두 하나의 센터에서 관리하는 것은 불가능하지만 그들은 많은 기능들을 공동으로 수행해야 한다. 아마도 궁극적으로는 시드니(Sydney)와 비어트리스 웨브(Beatrice Webb) 부부가 제안한 지방 정부와 같은 융통성 있는 안(案)이 적절한 해결책일 것이다. 그러나 처음 내디뎌야 할 발걸음은 결정이나 행동 면에서 조화가 아니라 정보와 연구의 조화일 것이다. 다양한 지방 자치국의 공무원들에게 그들의 공통된 문제를 똑같은 사실들에 비추어서 보게 해주자.

12

정치와 산업에서 그러한 정보망이 부담이 되고 항상 초조하게 만든다는 사실은 부인할 수가 없다. 그것은 수월한 일거리를 찾는 사람들, 세세한 것에 얽매이는 사람들, 남의 일에 참견하는 사람들에게는 더없이 매력적인 일이다. 거기에는 번잡한 절차, 산더미처럼 쌓인 서류, 지겨운 질문지들, 각 서류들의 복사본 7매, 서명, 지연(遲延), 분실된 서류들, 2gb 서식 대신에 136호 서식 사용, 잉크가 아닌 연필로 작성되었기 때문에 또는 붉은 잉크 대신 검정 잉크로 작성되었기 때문에 되돌아온 서류 등이 발견될 것이다. 업무는 아주 형편없이 끝나게 될 것이다. 모든 게 잘 돌아가는 기관이란 없는 것이다.

그러나 만약 전체적으로 정부의 각 부처와 공장, 사무실, 대학 사이에서 사람, 자료, 비판 등이 자유롭게 순환된다면 내부 부패의 위험은 그만큼 크지 않을 것이다. 또한 이러한 정보기관들이 생활을 복잡하게 한다는 비난도 옳다고 할 수 없다. 이와는 반대로 그것들은 현재 인력의 범위에서는 관리할 수 없을 정도로 매우 복잡한 것들을 폭로함으로써 오히려 단순화를 지향하려 할 것이다. 근본적으로 현실의 보이지 않는 통치 체계는 너무나 복잡하게 뒤엉켜 있어서 대부분의 사람들은 따르기를 포기했고, 시도를 하지 않기 때문에 그것이 비교적 단순하다고 생각하려는 유혹에 빠지기 쉽다. 이와는 정반대로 그것은 파악하기 어렵고 숨겨져 있고 불명확하다. 정보 조직을 사용한다는 것은 결과적으로 인력을 줄이는 것이다. 왜냐하면 각각의 경험을 모두에게 전달함으로써 시행착오를 줄일 수 있고, 이러한 사회 과정을 통해 직원들은 자아비판을 강화하기 때문이다. 만약 당신이 특별 조사위원회, 대배심[4], 지방 검사, 개혁 조직, 그리고 방황하는 공무원들이 문제 해결을 위해 애쓰느라 헛되이 보낸 시간들을 고려한다면 정보기관은 그다지 많은 인력이 들어간 것은 아니다.

---

4) grand jury : 미국에만 있는 제도. 영국은 1933년에 폐지됨. 기소 여부를 결정하는 배심으로 12~23명의 배심원(juror)으로 구성됨. 심리는 비공개이며 결정은 만장일치의 찬성을 얻지 않아도 됨. 이에 비해 소배심(petty jury 혹은 petit jury)은 12명의 배심원으로 구성됨.

근대적인 환경과 관련하여 여론과 민주주의적 이론의 분석이 원칙적으로 적절하다면 이러한 정보활동이 개선의 실마리라고 나는 결론지을 수밖에 없다. 내가 이 장(章)에 포함한 몇몇 제안을 언급하는 것은 아니다. 그것들은 단지 몇 개의 예(例)에 불과하다. 그 기술적인 문제를 해내는 작업은 훈련받은 사람이 맡아야 하며, 그들조차 오늘날 자세한 사항은 물론이고 그 형태마저 예견하지 못한다. 현재 기록되어 있는 사회 현상은 그리 많지 않고, 분석 도구는 조잡하며, 개념은 모호하고 무비판적이다. 그러나 내가 생각하기에 보이지 않는 환경을 효과적으로 보고할 수 있고, 그 보이지 않는 환경이 다양한 집단에게 보고될 때 편견에서 벗어나서 집단의 주관주의를 극복할 수 있는 방식도 있다는 것을 충분히 보여주고 있다.

만약 그것이 사실이라면, 정보 원칙을 실천함으로써 사람들은 자치정부의 중심적인 어려움, 즉 보이지 않는 현실을 다루는 어려움을 극복하는 방법을 찾게 될 것이다. 이런 어려움 때문에 한 자치 공동체가 고립의 필요와 광범위한 접촉의 필요를 조화시키고, 지역적 결정의 존엄과 개성을 안전이나 광범위한 조정과 조화시키고, 책임을 희생시키지 않고 유능한 지도자들을 얻는 것, 그리고 모든 주제에 대한 보편 여론에 도전하지 않으면서 유용한 여론을 갖는 것은 불가능했다. 보이지 않는 사건에 대한 공통된 형태와 개별 행위에 대한 공통 척도가 확립되지 않는 한, 이론상으로나마 민주주의에 대해 적용할 수 있는 유일한 이미지는 고립된 인간 공동체에 기초한 것이었다. 아리스토텔레스의 유명한 격언에 따르면 이 고립된 공동체 사람들의 정치적 능력은 그들의 시야 범위로 제한되었다.

그러나 오늘날에는 해결 방법이 하나 있다. 확실히 긴 시간을 필요로 하지만 빠져나갈 방법이긴 하다. 시카고의 한 시민이 고대 아테네인보다 더 나은 눈과 귀를 갖고 보고 듣는 것은 결코 아니지만 그 해결방법은 시카고 시민이 아주 멀리 떨어져 있으면서 보고 들을 수 있는 방법과 근본적으로 같은 것이다. 마음속으로 생각한 환경과 효율적인 환경 사이에 불일치를 줄이는 것은 오늘날 가능하고, 좀 더 많은 노동력이 투입된다면 더욱 가능해질 것이다. 이것이 실현됨에 따라 연방주의는 더욱더 동의에 의해 움직일 것이며 강제는 점차 감소할 것이다. 연방주의는 자치 집단들을 통합시킬 수 있는 단 하나의 가능한 방법이므로, 그 통합이 연방 문제들에 대해 올바르고 일반적으로 용인된 사상에 기초하지 않는 곳에서는 연방주의는 제국주의적 중앙 집중화와 편협한 무정부주의를 왔다 갔다 하게 될 것이다. 이러한 사상들은 자발적으로 생겨나지는 않는다. 그것들은 분석에 입각한 일반화에 의해 종합되어야 하며, 그러기 위해서는 분석 도구가 연구에 의해 고안되고 시험되어야 한다.

어떠한 선거 방법도, 어떠한 지역의 조작도, 어떠한 소유제도의 변경도 문제의 근본에 도달하지 못한다. 인간의 내부에 있는 것보다 더 많은 정치적 지혜를 그로부터 끌어낼 수는 없다. 어떠한 개혁도, 개인 경험의 한계 탓에 인간의 의견에 들어 있는 주관주의를 극복하는 방법을 의식적으로 제공해주지 않는다면, 그것이 아무리 놀랄 만한 것이라고 해도 진정으로 급진적인 것은 아니다. 어떤 통치제도, 선거제도, 대의제도는 다른 제도보다 많은 것을 이끌어낸다. 그러나 결국 지식은 양심에서 나오지 않고, 그 양심이 다루는 환경에서 나온다. 사람들이 정보의 원칙에 따라 행동할 때 그들은 사실을 찾아내고 지혜를 사용하려고 밖으로 나온다. 그러나 그들이 그 원칙을 무시할 때 그들은 스스로 내부로 들어가 그 안에 있는 것만 찾는다. 지식을 늘리는 대신 자신의 편견을 갈고 다듬는 것이다.

13

　모든 공공문제에 대해 여론을 가져야 한다는 이론에 근거를 두고 행동하는 사람은 실생활에서는 아무도 없다. 물론 자신은 여론을 갖지 않았기 때문에 공공문제가 없다고 생각하는 경우에는 이 같은 사실은 감춰진다. 그러나 우리의 정치 이론에서는 비록 "의견이 개괄적인 원칙만을 다루더라도 의견의 작용은 계속된다."라는 브라이스 경(Lord Bryce)의 말을 그가 의도했던 것 이상으로 문자 그대로 계속 생각한다. 그리고 개괄적인 원칙이 무엇인지 전혀 모른 채 우리는 지속적인 의견을 갖고 있다고 스스로 생각하기 때문에, 수많은 정부 보고서, 통계 자료, 곡선, 그래프를 보는 것과 관련 있어 보이는 논의를 맞이하여 자연스럽게 괴로운 하품을 하게 된다. 왜냐하면 이 모든 것들은 일단 편파적인 미사여구처럼 혼란스럽고 재미가 없기 때문이다.

　국가의 모든 시민이 모든 정보부서의 간행물을 읽는 데 시간을 쏟아부은 다음에 결코 어떠한 개괄적인 원칙에도 잘 맞지 않는 수많은 현실 문제들에 기민해지고, 잘 알게 되고, 열정적이 된다고 가정하는, 어떤 계획에 쏟을 수 있는 주의력의 양은 너무나 적다. 나는 그런 추정은 하지 않는다. 주로 정보부서는 사람들의 행위 도구이고, 결정권을 가진 대표자와 그 일터에서 일하는 사람의 도구이다. 만약 정보부서가 그들을 돕지 않으면 결국 정보부서는 아무도 돕지 않을 것이다. 그러나 정보부서가 사람들이 일하는 환경을 이해하도록 돕는 한, 그들이 하는 일을 눈으로 볼 수 있게 만든다. 그리고 그만큼 그들은 일반 대중에 대해 책임을 다하게 되는 것이다.

　그래서 그 목적은 시민 각자에게 모든 문제에 대해 전문적 의견을 갖도록 부담을 지우는 것이 아니라, 시민 각자의 짐을 벗겨서 책임 있는 관리자에게 맡기려는 것이다. 물론 정보 제도는 일반 정보의 정보원으로서 또 일간신문을 체크하는 것으로서 가치를 갖고 있다. 그러나 그것은 부차적이다. 정보 제도의 진정한 용도는 정치와 산업에 있는 대의제 통치와 행정을 돕는 역할이다. 회계사, 통계관, 비서관 등의 형식으로 전문 보고자의 도움을 구하는 요구는 대중에게서 나오는 것이 아니라 공공사업을 하는, 더 이상 주먹구구로 일할 수 없는 사람들로부터 나오는 것이다. 그것은 그 기원(起源)에 있어서, 그리고 이상에 있어서도, 공공사업이 얼마나 나쁘게 되는지를 알기 위한 도구라기보다 공공사업을 더 잘하기 위한 도구이다.

14

시민 한 개인으로서, 한 자주적인 유권자로서는 이런 문서의 요약을 시도할 수 있는 사람은 없다. 그러나 분쟁의 한 당사자 집단, 국회 내 어느 위원회의 한 위원, 정부의 고위 공직자, 기업이나 노동조합의 임원, 산업별 노사협의회 구성원 등에게는 쟁점이 되고 있는 구체적인 문제에 관한 보고서를 점차 환영하게 될 것이다. 어떤 신념에 관심을 갖고 있는 한 시민은 현재도 그런 것처럼, 문서들을 연구하기 위해 직원을 고용했던 자원 단체들에 속할 것이며, 관료집단을 통제하는 역할을 하는 보고서를 만들 것이다. 이런 자료 연구의 일부는 신문 기자들이 하고, 상당한 부분은 전문가와 정치학자들이 했을 것이다. 그러나 국외자는, 우리 모두 현대 생활의 극히 일부분을 제외한다면 나머지에 대해서는 국외자인데, 시간이나 주의(注意), 관심, 또는 구체적인 판단을 내릴 장비가 없다. 사회에 대한 나날의 관리는 온전한 조건에서 일하는 내부 사람들에게 의존해야 한다.

국외자인 일반 대중은 사건이 일어난 뒤의 결과와 사건 이전의 절차와 관련해서만 이 조건들이 과연 온당한지 아닌지의 판단을 내릴 수 있다. 여론의 작용이 계속적이라는 일반적인 원칙은 근본적으로 절차에 관한 원칙이다. 국외자는 전문가에게 관련 있는 사실들이 틀림없이 고려되었는지 말해달라고 요청할 수 있다. 대부분의 경우 국외자는 무엇이 관련 있는 것이며 무엇이 고려되어야 하는지 스스로 결정할 수 없다. 아마도 국외자는 결정에 이해관계가 있는 집단들이 제대로 발언할 수 있었는지, 만약 투표가 있었다면 공정하게 수행되었는지, 그리고 결과는 올바르게 받아들여졌는지 정도만 판단할 수 있을 것이다. 뉴스에서 뭔가 볼 것이 있다고 보도하면 국외자는 그 절차를 지켜볼 수 있다. 만약 그 절차의 정상적인 결과가 좋은 생활에 대한 그의 이상과 대립하면, 그는 그 절차 자체가 옳았는지 의문을 제기할 수 있다. 그러나 모든 경우에서 그가 자신을 절차 대신 쓰려고 한다면, 마치 경기(競技)에서 위기에 놓였을 때 '행운의 삼촌'을 데려오듯이 여론을 들고 나온다면, 그는 자신의 혼란에 더욱 당혹하게 될 것이다. 그는 더 이상 생각을 연속적으로 이어가지 못할 것이다.

왜냐하면 복잡하게 얽힌 온갖 문제를 대중에게 실제로 호소하는 것은, 대개의 경우 그 문제를 알 수 있는 기회를 갖지 못한 다수의 사람들을 참여시킴으로써 그 문제를 잘 아는 사람들의 비판에서 벗어나려는 욕구를 의미하기 때문이다. 그 같은 결정은 누가 가장 크거나 가장 매혹적인 목소리를 갖고 있고, 또 가장 교묘하거나 가장 뻔뻔스러운 선전원을 두고 있으며, 신문지면에 가장 잘 접근할 수 있는가에 따라 내려진다. 왜냐하면 심지어 편집인이 "상대 측"에 대해 신중하고 공정한 경우라도, 공정함만으로는 충분하지 않기 때문이다. 거기에는 조직과 재정지원을 갖춘 활동적인 당파에 의해 언급되지 않은 또 다른 몇 가지 측면이 있을 수도 있다.

자신의 여론을 빌려달라는 당파적 요청에 둘러싸인 시민 한 개인은 아마도 이런 요청이 그의 지성에 대한 찬사가 아니라 그의 선한 본성을 이용해 증거를 분별하는 그의 감각에 모욕을 주는 것임을 곧 알게 된다. 그의 시민교육이 그를 둘러싼 환경의 복잡성을 고려함에 따라 그는 절차의 공정성과 온전성을 걱정하게 될 것이며 대부분의 경우, 그는 그가 선출한 대표자가 그를 대신해서 감시해줄 것으로 기대한다. 그는 이러한 결정권의 부담스러운 짐을 거부할 것이며 대부분의 경우, 기자들에게 가장 먼저 알려주려고 첫 내보(內報)[5]를 갖고 회의석상에서 뛰쳐나가는 사람들에게 불만을 표시할 것이다.

절차를 완전히 통과할 때까지는 문제가 자기 앞에 나타나지 않도록 해야만 현대 국가의 바쁜 시민은 문제를 쉽게 이해할 수 있는 형태로 처리할 것을 기대할 수 있을 것이다. 왜냐하면 쟁점들은 열렬한 지지자가 주장하게 되면 거의 항상 그의 감정이 실린 판에 박은 듯한 문구들이 커다란 기름 덩어리처럼 뭉쳐 있는 일련의 복잡한 사실들로 구성되기 때문이다. 자신이 원하는 것은 그때의 유행에 따라 정의, 복지, 미국주의, 사회주의와 같은 영혼을 채우는 이념이라고 주장하면서 회의장으로부터 나타날 것이다. 그러한 사안들에 대해 국외자인 시민은 때때로 공포나 감탄을 일으킬 수도 있지만 결코 판단에 이르지는 않을 것이다. 그 주장에 대해 그가 무언가를 하기 전에 그 주장을 둘러싼 기름기를 끓여 없애야 한다.

---

5) dope : 비밀 정보. 비공식 기록.

15

 그것은 전문가가 제공한 분석을 논의하라고 강요하는 의장이나 중재자가 있는 데서 내부의 대표자에게 토론을 하도록 함으로써 이뤄질 수 있다. 이것은 멀리 떨어져 있는 문제를 다루는 대의기관의 본질적인 조직이다. 편파적인 의견은 당연히 있겠지만, 이러한 편파적인 사람은 개인적으로 연루되지 않았고, 충분히 사실을 통제할 줄 알고, 참된 인식과 고정관념, 양식과 꾸밈을 분류해낼 줄 아는 변증법적인 기술을 갖춘 사람들과 직면하고 있다는 사실을 스스로 알아야 한다. 현대 생활에서의 토론술은 인간의 정신뿐 아니라 환경을 탐구해본 사람들에 의해 행해져야 하기 때문에, 그것은 여러 단어에서 의미를 분명히 하는 모든 소크라테스의 기운을 가진 소크라테스식 대화법과 그 이상의 무엇인 것이다.

 예를 들어 철강 산업에 심각한 분쟁이 있다고 치자. 양측은 최고의 이상들로 가득한 성명서를 발표한다. 이 단계에서 존중해야 할 유일한 여론은 회의를 가져야 한다고 주장하는 의견뿐이다. 자신들의 대의명분은 너무나 정당하기 때문에 회의에 의해 더럽혀져서는 안 된다고 말하는 측에 대해서는 동정의 여지가 없다. 왜냐하면 죽을 운명의 인간들 사이에는 전적으로 정당한 대의명분은 없기 때문이다. 아마 회의를 반대하는 사람들은 전혀 그렇게 주장하지 않을 것이다. 그들은 상대방이 너무 사악하다고 하고, 배신자들과는 악수할 수 없다고 말할 것이다. 여기서 여론이 할 수 있는 일이라고는 공무원들이 주관하는 청문회를 구성하여 사악하다는 증거를 심리하는 것이다. 청문회에서는 편파적인 사람들의 말을 받아들일 수 없다. 그러나 회의를 개최하기로 동의했다고 가정해보자. 또한 명령만 있으면 달려가고, 기업이나 노동조합 그리고 노동부의 컨설팅 전문가들을 부르는 중립적인 의장이 있다고 가정해보자.

게리(Gary) 판사는 노동자들은 급료를 좋게 받고 시간 외 노동도 하지 않는다고 아주 성실하게 말한 다음, 나아가 표트르 대제[6]로부터 차르의 살해[7]에 이르기까지 러시아의 역사를 개략적으로 설명한다. 포스터 씨(Mr. Foster)는 자리에서 일어나, 사람들이 착취당하고 있다고 똑같이 성실하게 말한 다음, 나사렛 예수에서부터 에이브러햄 링컨에 이르기까지 인류 해방의 역사를 개괄한다. 이 시점에서 의장은 "급료가 좋다"와 "착취당한다"는 말을 각 계층에게 지급되는 임금표로 밝히기 위해 정보관에게 임금 명세서를 요구한다. 게리 판사는 근로자들이 모두 좋은 급료를 받는다고 생각하는가? 그렇다. 포스터 씨는 모두가 착취당한다고 생각하는가? 그게 아니라, 그는 C와 M, X그룹이 착취당한다고 생각한다. 그가 말하는 착취란 무슨 뜻인가? 그가 의미하는 바는 그들이 최저 생활 임금을 지급받지 못한다는 것이다. 게리 판사는 그들이 충분히 지급받는다고 말한다. 의장은 그 임금으로 무엇을 살 수 있느냐고 묻는다. 아무것도 살 수 없다고 포스터는 말한다. 필요한 것은 모두 살 수 있다고 게리 판사는 말한다. 의장은 생활비와 물가에 대한 정부 통계자료를 참고한다. 그룹 X는 평균 생활비를 충족시키지만, C와 M은 그렇지 못하다고 판결한다. 게리 판사는 정부의 통계자료가 정확하다고 생각하지 않는다고 경고한다. 생활비는 너무 많고 물가는 하락하였다. 포스터 씨도 예외가 있다고 경고한다. 생활비는 너무 적고 물가는 상승하였다. 이 점은 이 회의의 관할 밖이고, 공식 자료는 유

---

6) Peter the Great(1672~1725): 러시아 제국 로마노프 왕조의 황제(재위기간: 1682~1725년). 표트르 1세로 불리기도 한다. 표트르 대제는 현대화 정책과 영토 확장으로 루스 차르국을 러시아 제국으로 성립하였다.
7) Murder of the Czar: 1882년 러시아 황제 알렉산더 2세의 살해 사건.

효하며, 의장은 게리 판사와 포스터 씨의 전문가들을 연방 정보국 상임위원회에 상소해야 한다고 판결한다.

그런데도, 이 임금표를 바꾸면 우리는 파멸한다고 게리 판사는 말한다. 의장은 파멸한다는 게 무슨 의미냐고 질문한 뒤, 장부를 제출하라고 명한다. 장부는 사적인 것이므로 제출할 수 없다고 게리 판사는 말한다. 사적인 것은 우리와 관계없다고 의장은 말한다. 의장은 C와 M그룹의 근로자 임금은 공식적인 최저 임금보다 어느 정도 낮다는 내용과, 게리 판사는 밝히기를 거부하는 어떤 이유 때문에 임금 인상을 거절한다는 내용을 대중에게 알리는 성명서를 발표한다. 이런 식의 절차 뒤에서 좋은 의미의 여론이 발생하는 것이다.

전문가의 중재는 편파적인 사람을 굴복시켜 의견을 만드는 것이 아니라, 당파심을 해체하는 데 가치가 있다. 게리 판사와 포스터 씨는 각각 다른 것을 역설해야 했지만, 두 사람 다 처음 시작했을 때에 비해 거의 설득되지 않은 채 남아 있었다. 그러나 직접적인 관계가 없는 사람들은 누구라도 이 문제에 얽히는 것에서 벗어날 수 있을 것이다. 왜냐하면 그의 반사작용에 큰 영향을 주는 고정관념이나 슬로건은 이런 종류의 논법에 의해서는 풀리지 않기 때문이다.

16

수많은 중요한 공공문제에는, 그리고 사람들 사이에 어느 정도 차이는 있지만 좀 더 사적인 문제들에도 기억과 감정의 실타래가 얽혀 있다. 같은 단어가 몇 가지 다른 뜻을 의미할 것이다. 곧 감정은 그것이 속하고 있는 이미지로부터 그 이미지의 이름과 유사한 다른 명칭으로 바뀌게 된다. 정신의 무비판적인 부분들에는 단순한 소리나 접촉 그리고 연속에 따른 엄청난 양의 연상이 있다. 제 위치를 벗어난 감정적 애착이 있고, 전에는 이름이었다가 지금은 가면인 단어가 있다. 꿈이나 몽상이나 극심한 공포 속에서, 우리는 순박한 정신은 어떻게 구성되었는지, 그리고 스스로 깨달으려는 노력과 외부의 저항에 의해 훈련되지 않을 때 어떻게 행동하는지를 알 수 있을 정도로 충분한, 어느 정도의 무질서를 발견한다. 더럽고 낡은 다락방보다 더 자연스러운 질서는 없다. 만약 모든 의상들이 한곳에 내버려져 산더미처럼 쌓이고, 모든 악보가 뒤섞여 나비 부인[8]이 발키르(Valkyr)의 옷을 입고 파우스트(Faust)의 귀환을 열렬히 기다린다면, 오페라 극장에서 일어날지도 모를 부조화와 같은 것이 사실과 사상, 감정 사이에도 흔히 있게 된다. 어느 신문의 사설은, "크리스마스 계절에는 오래된 기억들이 마음을 부드럽게 한다. 거룩한 가르침이 어린 시절을 추억하도록 새롭게 살아난다. 지금은 하나님 곁에 있는 사랑하는 사람들을 절반은 행복하고 절반은 슬픈 추억의 안개를 통해 보면 세상은 나빠 보이지 않는다. 신비로운 영향에 감동받지 않는 마음은 없다······. 나라는 빨갱이 선전으로 벌집이 되어 있다. 그러나 밧줄과 근육과 가로등이 충분히 공급된다······. 이 세상이 움직이는 동안 자유의 정신은 인간의 가슴에 타오를 것이다."라고 말한다.

⋮

8) Madame Butterfly : 푸치니의 3막 3장으로 된 오페라(1904년 초연). 같은 제목의 롱의 소설을 바탕으로 미국 극작가 벨라스코가 쓴 희곡에서 내용을 따온 것으로, 미국 해군장교 핀커튼에게 버림받은 일본인 나비 부인이 스스로 목숨을 끊는다는 비극으로서 세계적으로 수없이 공연되고 있는 작품이다. 일본의 나가사키〔長崎〕를 무대로 하는 이 슬픈 사랑 이야기에 어울리는, 이국 정서가 넘치는 일본 선율이 여러 군데 들어 있으며 특히 아리아 〈어떤 개인 날〉이 유명하다.

이런 구절들을 자신의 마음속에서 발견한 사람은 도움이 필요하다. 그가 단어들을 정의하고 그 뜻에 해당하는 이름을 단어에 붙일 때까지, 단어들을 분리하고 반대 질문을 할 소크라테스가 필요하다. 단어는 특정 대상 이외에는 다른 어떤 것도 의미하게 해서는 안 된다. 왜냐하면 이러한 긴장된 음절들은 원초적인 연상에 의해 그의 마음속에서 연결되며, 크리스마스에 대한 기억이나 보수주의자로서의 분노, 혁명적 전통의 후계자로서의 전율 등을 하나로 묶어버리기 때문이다. 때로는 그 얽힌 부분을 풀기에는 너무 크고 오래된 경우가 흔히 있다. 현대 정신치료요법에 있는 것처럼 때로는 각각 분리해서 이름 붙여야 하는 유아기까지 소급되는 기억의 층(層)들이 있다.

이름 붙이기의 효과, 다시 말해 노동자가 착취당하고 있다고 말하는 대신, C와 M그룹의 근로자 집단은 임금이 낮고, X그룹은 그렇지 않다고 말하는 것의 효과는 통렬하다. 지각은 그들의 동질성을 회복시키고, 그들이 일으킨 감정은 구체적이다. 왜냐하면 감정은 성탄절로부터 모스크바에 이르는 모든 것들과 거대하고 우연한 연관성에 의해 더 이상 강화되지 않기 때문이다. 그 자체의 이름에 얽혀 매였다가 풀린 개념과 면밀히 검토된 감정은 그 문제에 대한 새로운 자료에 의해 수정될 가능성이 훨씬 많다. 그것은 전 인격에 묻혀왔고 자아 전체와 어떤 식으로든 연계되어 있다. 이에 대한 도전은 영혼 전체에 반향을 불러일으킬 것이다. 사상은 철저하게 비판받은 후에는 더 이상 내 것이 아니라 그것이 된다. 그것은 객관화되고 거리를 두게 된다. 그것의 운명은 내 운명과 밀접한 관련을 맺지 않고 내가 행동하고 있는 바깥세상의 운명과 함께한다.

17

　이런 유형의 재교육은 우리의 여론이 환경을 이해하는 데 도움이 된다. 재교육이야말로 어마어마한 검열, 고정관념, 극화(劇化)의 장치를 제거하는 길이다. 무엇이 관련 있는 환경인지 쉽게 알 수 있는 곳에서는 비평가, 교사, 의사는 마음을 해명할 수 있다. 그러나 환경이 학생에게와 마찬가지로 분석가에게도 불명확할 경우에는 어떤 분석 기술도 충분하지 않다. 정보활동이 요구된다. 정치와 산업 문제에서는 그 같은 비평가도 무언가를 할 수 있으나, 그가 전문 보도자로부터 환경에 대한 타당한 영상을 받을 수 없다면 그의 논법은 더 이상 진전될 수 없다.

　그러므로 다른 많은 경우에서처럼 여기서도 "교육"이 최선의 해결책이지만 이 교육의 가치는 지식의 발전에 달려 있을 것이다. 그리고 인간의 여러 제도에 관한 우리의 지식은 이례적으로 빈약하고 특정 사실이나 세부 내용보다는 전반적인 인상을 보여주는 정도이다. 전반적으로 사회적 지식의 수집은 보통 행동에 수반되어야 하는데 그렇지 못하고 여전히 무계획적이다. 그리고 정보의 수집은 아직은 정보의 궁극적인 사용을 위해 이루어지고 있지 않는 것이 확실하다. 그것은 현대의 결정이 요구하기 때문에 정보의 수집이 이루어지는 것이다. 그러나 정보의 수집이 이루어짐에 따라, 정치학이 일반화할 수 있고 정치학이 학계를 위해 세상에 관한 개념적인 상(像)을 만들 수 있는 상당한 자료가 축적된다. 그 상(像)이 형체를 갖추면 시민교육은 보이지 않는 환경을 다루기 위한 준비를 할 수 있다.

　사회 체계의 실용적 모형을 교사가 이용할 수 있게 되면서 교사는 낯선 사실들이 학생의 마음에 어떻게 작용하는가를 학생이 강렬하게 깨닫게 하기 위해 그것을 사용할 수 있다. 그런 모형을 갖게 될 때까지는, 교사는 사람들이 발견하게 될 세상에 그들이 충분히 대비하기를 바랄 수 없다. 그가 할 수 있는 것은, 사람들로 하여금 그들 자신이 엄청나게 정교한 마음으로 세상을 다루도록 준비시키는 일이다. 교사는 사례 연구방법을 사용하여 학생에게 정보 출처를 조사하는 습관을 가르칠 수 있다. 예를 들면 특파원이 어디서 뉴스를 송고했는지, 이름은 무엇인지, 통신사 이름은 무엇인지, 성명서는 관계 당국이 확인한 것인지, 그 성명서가 확보된 환경은 무엇인지를 알아내기 위해 신문을 들여다보라고 가르칠 수 있다. 또 기자는 자신이 묘사한 것을 실제로 보았는지 스스로에게 물어보도록 가르칠 수 있고, 과거에 그 기자가 다른 사건을 어떻게 묘사했는지 기억하도록 가르칠 수도 있다. 그는 검열의 특성과 사생활 개념의 특성을 가르칠 수 있고, 과거에 행해졌던 선전에 관한 지식을 제공할 수 있다. 역사를 잘 이용함으로써 고정관념에 유념하게 할 수 있고, 인쇄된 단어들이 불러일으킬 수 있는 이미지를 살펴보는 습관을 가르칠 수 있다. 그는 비교역사학과 인류학 과목들을 수강함으로써 여러 부호가 상상력에 특별한 양식을 부과한다는 평생의 깨달음을 얻을 수 있다. 그는 사람들이 스스로 비유를 만들고, 관계를 극화하며, 추상을 의인화하고 있다는 것을 깨닫게 할 수 있다. 그는 자기 자신이 이런 비유들과 어떻게 일체화하고 있으며, 어떻게 관심을 갖게 되며, 그리고 그가 확신하고 있는 특정한 의견에 따라 어떻게 영웅적이고 낭만적, 경제적인 태도를 선택하는지를 학생에게 보여줄 수 있다. 오류의 연구는 최고의 예방법일 뿐만 아니라 진리의 연구로 이끄는 자극제 역할도 한다. 우리의 마음이 자기 자신의 주관주의를 점점 깊이 의식함에 따라 우리는 그렇지 않았더라면 없었을 객관적 방법에 강한 흥미를 발견한다. 보통은 도저히 볼 수 없지만, 우리는 선입견의 막대한 폐해와 의외의 잔인성을 분명하게 본다. 그리고 편견을 없애버리는 것은 우리의 자존심에 관련된 일이므로 처음에는 고통스럽지만, 일단 성공하면 무한한 안도감과 멋진 자부심을 가져온다. 주목의 범위가 급격히 확장된다. 현재의 범주가 분해되면서 완고하고 단순한 세계관이 해체된다. 장면(場面)은 생생하고 충만하게 변한다. 과학적 방법의 진가를 마음속 깊이 이해하는 감정적 자극이 뒤따른다. 그것은 쉽게 일어나는 것이 아니며 유지하기도 불가능하다. 그보다는 선입견이 훨씬 더 쉽게 일어나고 흥미로운 것이다. 왜냐하면 만약 당신이 과학적 원칙들을 항상 받아들여졌던 것처럼 가르친다면, 그 주된 장점인 객관성은 그들을 지루하게 할 것이기 때문이다. 그러나 처음에 그것을 마음속에 있는 미신에 대한 승리라고 가르친다면 학생들은 추적과 정복의 기분에 들떠 자신의 한정된 경험으로부터 호기심이 성숙해지고, 이성이 열정을 획득한 단계로 가는 어려운 전환을 하게 될 것이다.

18

나는 이 책의 결말을 몇 번이고 썼다가 내던졌다. 마지막 몇몇 장(章)의 운명은 이 결말에 달려 있다. 마지막 장들에서는 모든 관념이 자기 자리를 찾은 듯이 보이고, 저자가 잊지 않은 모든 신비가 풀릴 것이다. 정치에서 영웅은 뒷날 영원히 행복하게 살 수 없거나 자신의 삶을 완벽하게 마치지 못한다. 정치에서 영웅은 자기 앞에 이전에 기록된 역사보다 더 많은 미래가 전개되기 때문에 결론을 맺는 장(章)은 없다. 마지막 장이란 단지 예의 바른 독자가 자신의 손목시계를 슬쩍 보기 시작했다고 저자가 상상하는 것이다.

19

플라톤이 요약하기 적합하다고 생각한 시점에 도달했을 때, 정치에서 이성의 위치에 대해 자기 생각을 말한다는 것이 얼마나 어리석은 짓인지를 생각하자 그의 확신은 무대 공포증으로 변해버렸다. 『국가론』 제5권에 있는 그 문장들은 플라톤 자신도 설명하기 곤란했다. 그것들은 너무나 순수하고 너무나 냉엄하여 인간은 그것을 망각할 수도 없었고, 그대로 살 수도 없었다. 그래서 그는 소크라테스로 하여금 글라우콘[9]에게 다음과 같이 말하도록 했다. 즉, 플라톤이 "국가를 더욱 진실된 형태로 이행하게 하는 최소한의 변화"에 관해 이야기하면 그는 망가지고 비웃음속에 빠져버릴 것이다. 왜냐하면 플라톤이 "지나치게 과장되지 않았다고 여겼으면 기꺼이 말했을" 생각은, "철학자들이 왕이거나 아니면 이 세상의 왕들과 왕자들이 철학의 정신과 힘을 가지기 전까지는…… 그리고 정치적 위대함과 지혜가 하나가 되기 전까지는…… 도시들은 결코 악행을 멈추지 않을 것이며…… 인류도……" 그럴 것이기 때문이다.

그가 이런 끔찍한 말을 마치자마자, 그는 그 말이 완전한 덕행(德行)을 하라는 권고임을 깨닫고 자신의 사상에 접근하기 어려운 위엄이 있는 것에 당황했다. 그래서 그는 서둘러서 "진정한 수로 안내인(水路 案內人)"은 "수다쟁이, 점성가, 아무짝에도 쓸모없는 사람"으로 불릴 것이라고 덧붙였다. 그러나 이러한 아쉬운 인정은 유머 감각이 결핍되어 있다는 비난에 해당하는 온갖 그리스적인 것으로부터 그를 막아주긴 해도, 신성한 사상에 굴욕적인 부분이 추가되게 만들었다. 그는 반항적이 되어 아데이만투스[10]에게,

---

9) Glaucon : 그리스의 철학자 플라톤의 형.

철학자의 "쓸모없음"은 철학자들을 "사용하지 않는 사람들의 잘못 때문이지, 철학자들 자신 때문은 아니다. 수로 안내인은 선원들에게 자기 명령에 따르라고 비굴하게 애원해선 안 된다. 그것은 자연의 질서가 아니다."라고 경고한다. 그리고 이런 오만한 몸짓으로 그는 서둘러 이성의 도구들을 챙겨 세상을 마키아벨리에게 맡기고는 학계로 사라졌다.

그래서 이성과 정치 사이의 위대한 첫 전투에서 이성의 전략은 화가 나서 싸움을 그만둔 것이었다. 그러나 플라톤이 말한 대로 그동안 배는 바다 위에 있다. 플라톤이 쓴 뒤 바다 위에는 많은 배들이 있었다. 그리고 오늘날 우리의 신념이 지혜롭건 어리석건 간에 단지 그가 "연도(年度)와 계절과 하늘과 별들과 바람, 그 외에도 그의 기술에 속하는 모든 것들에 주목"하는 법을 안다는 이유 하나 때문에 더 이상 한 사람을 진정한 수로 안내인이라고 부를 수 없게 되었다. 그는 그 배가 순조롭게 항해하는 데 필요한 것은 아무것도 버릴 수 없다. 반란자들이 탑승하고 있기 때문에 그는 다음과 같은 말을 할 수 없다. "우리 모두에게 아주 최악이다…… 내가 반란을 처리한다는 것은 자연의 질서가 아니다…… 내가 반란을 고려하는 것은 철학의 질서가 아니다…… 나는 항해할 줄 안다…… 나는 선원들이 가득한 배를 어떻게 항해시킬 줄 모른다…… 그리고 만약 내가 키를 잡은 사람이라는 사실을 그들이 모르면 나는 어쩔 수 없다…… 우리 모두는 암초 위로 올라갈 것이다…… 그들은 그들의 죗값을 받고 나는 더 나은 방법을 알고 있었다는 확신을 갖고……."

10) Adeimantus : 그리스의 철학자 플라톤의 형.

20

우리가 정치에서 이성에 호소할 때마다 이 우화에 나타난 어려움이 되풀이된다. 왜냐하면 비이성적 세상을 다루는 데 이성의 방법을 사용하는 것은 내재된 어려움이 있기 때문이다. 비록 당신이 플라톤과 함께 진정한 수로 안내인은 배에서 무엇이 최선인지 알고 있다고 가정한다고 해도 그것을 식별하기가 그리 쉽지 않다는 사실과 그러한 불확실성 때문에 승무원 중 상당수가 확신을 갖지 못한다는 사실을 상기해야 한다. 당연히 승무원은 수로 안내인이 알고 있는 것에 대해 모르고, 수로 안내인은 별과 바람에 매료되어 자신이 아는 것의 중요성을 승무원이 깨닫게 하는 방법을 모른다. 바다에서 반란이 일어났을 때 각각의 승무원들은 전문가로서 숙련된 판단을 내릴 시간이 없다. 수로 안내인도 정말로 자신이 생각하는 것처럼 지혜로운지 아닌지 승무원과 상의할 수 있는 시간이 없다. 왜냐하면 교육은 시간이 오래 걸리는 문제이고, 긴급 상황은 시간을 다투는 문제이기 때문이다. 그래서 수로 안내인에게 진정한 해결책은 승무원에게 증거에 대한 더 나은 감각을 줄 수 있는 교육이라고 말하는 것은 탁상공론일 뿐이다. 그런 말은 육지에 있는 선장에게나 할 말이다. 위기 상황에서 유일한 충고는 증거에 대한 감각이야 어떻든 간에 총을 쓰고, 연설을 하고, 선동적인 슬로건을 말하고, 타협안을 내고, 반란을 진압하는 신속한 수단을 쓰는 것이다. 제거하는 데 오랜 시간이 걸리는 그런 원인들을 그들이 다룰 수 있고 또 자신들의 항해를 위해 다루어야 하는 곳은 사람들이 여행 계획을 많이 세우는 육지다. 그들은 긴급 상황뿐 아니라 수년간 그리고 수 세대 동안 그것을 다룰 것이다. 진짜 위기와 거짓 위기를 구분해야 할 필요성보다 더 그들의 지혜를 긴장시키는 일은 없을 것이다. 왜냐하면 하나의 위기에 또 다른 위기가 뒤따르고 실제 위험과 가공의 공포가 뒤섞인 두려움이 퍼질 때, 이성을 건설적으로 사용할 기회는 완전히 없어지고 어떠한 질서도 무질서보다는 더 나아 보이기 때문이다.

   사람들은 오로지 오랫동안에 걸친 안정을 전제로 할 때만 이성의 방법을 따르리라고 희망할 수 있다. 이것은 인류가 어리석다거나 이성에의 호소가 환상적이기 때문이 아니라, 정치적 주제들에서 이성의 발전은 초기 단계이기 때문이다. 정치에 관한 우리의 합리적 사상들은 그 모아놓은 것들이 개별적인 특성을 몰아내고 거대한 획일성을 드러낼 정도로 엄청나게 큰 경우를 제외하고는, 여전히 너무 크고 보편성이 없으며, 실용적인 지침으로는 너무 추상적이고 세련되지 못하다. 인간의 행위에서 초기의 아주 작은 차이가 흔히 가장 정교한 차이를 불러오기 때문에 정치에서 이성은 개별 인간들의 행동을 예측하는 데 특히 미숙하다. 아마 이것이 바로 돌발상황을 처리할 때, 이성에의 호소만을 고집하려 할 때 상처받고 비웃음을 사는 이유일 것이다.

21

   왜냐하면 우리가 소유하고 있는 이성은 스스로 진보하는 속도가 행동을 취해야 하는 속도보다 느리기 때문이다. 따라서 정치학의 현재 상태에서는 첫 번째 상황이 명확히 이해되기도 전에 다른 상황으로 변함으로써 많은 정치적 비판을 뒤늦게 알게 할 뿐이다. 미지(未知)의 것을 발견하는 것과 입증된 것을 알리는 데는 모두, 정치 철학자가 과거 어느 때보다 더 전념해야 할 시간차가 존재한다. 우리는 주로 그레이엄 월러스 씨[11]에게 고무되어, 볼 수 없는 환경이 우리의 의견에 미치는 효과를 시험하기 시작하였다. 시간 요소는 어떤 건설적인 제안의 실행 가능성에 아주 직접적으로 관련이 있는데도, 아직 우리는 경험 법칙에 의해 조금 이해하는 것 말고는 정치학에서 시간 요소에 대해 잘 알지 못한다. 예를 들면 어떤 계획의 적절성은 어떤 식으로든 그 계획을 수행하는 데 필요한 시간의 길이에 달려 있음을 알 수 있다. 왜냐하면 계획에 의해 자명한 것으로 가정된 자료가 정말로 동일하게 남아 있을지는 시간의 길이에 달려 있기 때문이다. 이것이 현실적이고 경험 많은 사람들이 고려하는 요인이며, 그것은 그들을 기회주의자, 몽상가, 속물인간, 그리고 학자라고 뽐내는 사람과 어떤 식으로든 구별하는 데 도움을 준다. 그러나 우리는 시간의 계산이 어떻게 정치와 관계를 맺는지 현재로서는 어떤 제도적인 방법으로도 알 수 없다.

우리가 이런 문제들을 좀 더 명확히 알 때까지 극도의 이론적 어려움과 실제 결과라고 하는 문제가 있는 것을 최소한 기억할 수 있다. 그것은 이성에 귀를 기울이려 하지 않는 사람들의 완고함에 대한 플라톤의 성급한 결론을 굳이 동조하지 않더라도 그의 이상을 소중히 여긴다는 점은 도움이 될 것이다. 정치에서 이성에 복종하기는 어렵다. 왜냐하면 그것은 서로 다른 걸음걸이와 보조를 맞추는 두 과정을 함께 행진시키려는 것이기 때문이다. 이성이 미묘하고 까다로운 한, 눈앞의 정치 투쟁은 이성이 제공하거나 통제할 수도 없는 타고난 재치, 힘, 그리고 입증할 수 없는 신념을 엄청나게 계속해서 요구할 것이다. 왜냐하면 생활의 사실들이란 이성의 힘으로는 제대로 구별되지 않는 것이기 때문이다. 사회과학의 연구 방법론들

---

11) Graham Wallas(1858~1932): 영국의 교육자·공무원·정치학자로서 인간형태 연구에 경험적 접근방식을 도입, 발전시키는 데 공헌한 인물이다.

은 대부분이 완전무결하지 않기 때문에 중요한 결정과 가벼운 결정의 대부분을 직관이 일러주는 대로 운명에 맡기고 도박을 하는 것 이외에는 여전히 어떤 선택도 없다.

그러나 우리는 이성에 대한 신념을 이러한 직관들 중 하나로 만들 수 있다. 우리는 우리의 재치와 힘을 이성의 발판을 만드는 데 쓸 수 있다. 우리가 그린 세상의 상(像) 배후에서 우리는 장기간에 걸쳐 사건이 지속되는 전망을 보려 하고, 긴박한 현실에서 탈출할 수 있을 때면 언제나 이 장기간의 시간이 우리의 결정을 통제하는 것을 허용한다. 그리고 미래를 예측할 의지가 있을 때조차 우리는 이성의 지시에 따라 어떻게 행동해야 할지 확실히 알지 못한다는 사실을 거듭 발견한다. 이성이 지시할 준비가 되어 있는 인간 문제는 몇 개 안 된다.

22

그러나 우리들 군거종족 중에서 어느 누구든 모두 좀 더 우호적인 세상을 간절히 바란다고 하는 자각과, 논의의 여지가 없는 신념에서 나온 자비심에는 고결한 모조품이 있다. 그래서 사람들 모두가 중요하지는 않다는 의미에서 얼굴을 찌푸린 사람들 대부분이 한편으로는 맥박의 두근거림을 느끼며 만나고 있다. 그리고 너무나 많은 것들이 불확실하고 많은 행동을 추측을 근거로 해서 하는 경우에는 단순히 품위를 지키라는 요구가 엄청나고 마치 선의가 작동하고 있는 듯이 생활해야 할 필요가 있다. 우리는 모든 경우에 선의가 작동한다고 입증할 수 없으며, 미움, 참을성 없음, 의심, 고집, 비밀유지, 공포, 그리고 거짓말이 여론에 대한 7가지 가공(可恐)

할 죄목이라는 사실도 입증할 수 없다. 우리는 그런 것들이 이성에 호소할 아무런 여지가 없으며, 기간이 길어지면 결국 독약이 된다고 주장할 수 있을 뿐이다. 그리고 우리의 상태나 생명보다 더 오래가는 세계관의 입장을 취할 때, 우리는 그것들에 대해 마음으로부터 편견을 품게 되는 것이다.

만약 우리가 두려움과 열광으로 마음이 흔들려 짜증스럽게 두 손 번쩍 들거나, 인간의 미래에 대한 신념을 잃어버린 나머지 좀 더 시간의 장기간 추세에 흥미를 잃어버리지만 않으면 우리는 사태를 더욱 좋게 할 수 있다. 제임스(James)가 말한 대로 우리들의 운명이 달려 있는 모든 가정들(ifs)은 과거에 늘 그랬던 것처럼 현재에도 중요하기 때문에 이런 절망에는 아무런 근거가 없다. 우리는 잔인성을 볼 만큼 보아왔고, 그것은 익숙지 않은 것이었기 때문에 확실한 것은 아니었다. 그것은 단지 1914년에서 1919년까지의 베를린, 모스크바, 베르사유였지, 우리가 과장된 표현으로 말했던 아마겟돈은 아니었다. 사람들이 잔인성과 과잉 흥분에 현실적으로 용감히 맞서면 맞설수록, 또 다른 큰 전쟁도 일어났기 때문에, 그들은 지성, 용기, 노력이 모든 사람들에게 좋은 생활을 실현시켜줄 수 없다고 믿어도 어리석은 것은 아니라고 주장할 권리를 더욱더 갖게 되었다.

공포는 대단했지만 보편적인 것은 아니었다. 부패가 있었지만 청렴도 있었다. 혼란상태도 있었고 기적도 있었다. 엄청난 거짓말이 있었다. 본인이 하고 싶어서 그 거짓말을 폭로하려고 한 사람들도 있었다. 몇몇 사람들, 더 많은 사람들, 그리고 궁극적으로는 충분히 많은 사람들의 있을 수 있는 모습을 사람들이 부정할 때 그것은 판단에 의한 것이 아니라 단지 기분에 따른 것이다. 당신은 전혀 존재하지 않았던 것에 대해 절망할 수 있다. 비록 쇼 씨(Mr. Shaw)는 세 개의 머리를 갖게 되더라도 절망하기를 거부했지만 당신은 그런 상황에 대해 절망할 수 있다. 그러나 당신은 지금까지 인간들이 보여준 인간의 자질인 선이 존재하리라는 가능성에는 절망할 수 없다. 그리고 이 10년 동안의 모든 악행(惡行)들 가운데서, 만약 당신이 남자와 여자를 보지 못했고, 당신이 증식하려고 했던 순간들을 알지 못했다면, 주님이 당신을 도울 수 없을 것이다.

찾아보기

ㄱ

『리바이어던』 264
『연방주의자』 184, 224, 279~281, 283
14개 조항 213~214, 217, 221, 225
5월 혁명 276
감정의 전이 240
감정이입 169
검열 35, 44, 56, 58, 60, 62, 87, 102, 120, 138, 166, 215, 287, 333, 341, 389~390
경제적 결정론 187, 189
계급 이익 190
계급의식 40, 186
계급투쟁 132, 190
공공문제 43~45, 160, 177, 380, 386
공보 49, 54, 56
공산주의 189~190, 232, 234, 294
광고주 38, 316~317, 319, 324

국제연맹 32~34, 61, 152, 199~200, 211, 218, 226~227, 237
권리장전 312
극화(劇化) 389~390
기질 41, 64, 181, 191, 202, 214, 297
기호 99, 180, 340, 342
길드 292~296
길드 사회주의 265, 292, 294, 297, 303
길드 사회주의자 44, 262, 292, 294~295, 298~300, 303, 312

ㄴ

나비 부인 387
내부의 상 43
노예제도 106~107, 285
뉴스 가치 337
뉴스의 정확성 350

ㄷ

다윈(Darwin) 116
대령(大靈) 201~202, 234
대의제 203, 306, 311~312, 381
대의제도 45, 297, 397
도덕규범 95, 110, 117, 128~129, 131
돈키호테 180
동류의식 40
듀이, 존(John Dewey) 92~93

ㄹ

레닌 25, 165, 188~189, 346
루소, 장 자크(Jean Jacques Rousseau) 262, 268, 295
루시타니아호(號) 사건 207

ㅁ

마르크스 114, 188~190
마르크스 좌파 291
마음의 상 28
마키아벨리(Machiavelli) 263, 265, 267, 291, 393
마키아벨리주의 292
먼로주의 227
메디슨, 제임스(James Medison) 184
메디치(Medichi) 가문 266
모방의 법칙 65
무리 본능 64
무정부주의 265, 379
문화투쟁 111
미국화 96~97

민의(民意) 201
민주주의 이론 12, 44~45, 234, 274, 282~283, 304~305

ㅂ

발행부수 73, 87, 316~317, 319, 322, 325
법률주의 274
보도 자료 59
볼셰비키 혁명 214

ㅅ

사생활 57~58, 87, 177, 333, 390
사회 의지 295, 305
사회주의자 44, 81, 132, 186, 189, 191, 292
삼권분립 372
상대성 원리 115, 160
상대주의 115
상징적인 상 26~27
선거제도 305, 379
선입견 44, 101~102, 109, 127~128, 140~141, 155, 167~168, 262, 279, 321, 347, 350~351, 390~391
선전 40, 55~56, 58~59, 139, 175, 250, 252
성 암브로우스 19
수로 안내인 392~394
스펜서, 허버트(Herbert Spencer) 30, 116, 227
신 민족주의자 291
신화 13, 125, 130, 152, 213

실제 세상 18~19
실제 환경 11, 18, 29~30, 52, 56, 223
심상 102, 123
싱클레어, 업턴 (Upton Sinclair) 12, 326~327

ㅇ
애덤스, 존 퀸시 (John Quincy Adams) 276, 285
여론의 상징 26
연맹 규약 276
연방주의 22, 277~278, 281, 379
엽관제도 204
외부 세계 43, 62, 66, 69, 93, 228, 230, 260, 273, 314, 318
웨스트팔리아 조약 150
위대한 사회 35, 39, 67~68, 356, 359
유물론 40, 187~188
의사환경 11, 29, 34, 39, 41~42, 52, 56, 223
의식의 흐름 82
이기주의 121, 178, 184, 292, 373
이름 붙이기 388
인간 커뮤니케이션 27
인상 55, 109, 113, 117, 140, 144~145, 158, 165
인습의 발광점 65

ㅈ
자극과 반응 210~211
자동현상 122

작업장 296, 299, 303, 311, 374
잭슨, 앤드류(Andrew Jackson) 282, 284
저널리즘 45, 319, 325~327, 336, 342
전능한 시민 13, 273, 351
정보원 62, 87, 251, 275, 287, 314, 342, 346, 381
정신분석 41
정실주의 282~284, 289, 292
중앙 집중화 291, 372, 379
지킬 박사 180
직관 43, 128, 167~168, 252, 256, 397
진보 82, 115~118, 121, 124~126, 368, 395
진화론 115~116
집단정신 104, 114

ㅊ
차르의 살해 385
천부의 자유권 121

ㅋ
코뮨 292~293, 300, 302~303
코스마스 20~21
크리스천 지형학 20

ㅌ
태머니 홀(Tammany Hall) 278

ㅍ
파벌 185, 232

편견　44, 69, 85~86, 151, 201, 256,
　　258, 262, 271, 276, 279, 314, 351,
　　378~379, 390, 398
폴로니우스　21
표트르 대제　385
프로이트학파　41
플라톤의 동굴　12, 19

ㅎ

햄릿　21, 122
허구　22, 27, 29~30, 34~35, 45, 87, 102,
　　125, 130, 156, 175, 282, 322
허위 보도　338
홉스(Hobbes)　263~264
히포크라테스　181

지은이

월터 리프먼 Walter Lippmann

미국 뉴욕 출생의 저널리스트이자 사상가인 리프먼은 만 17세에 하버드대학교에 입학하여 3년 만에 졸업했다. 1차 세계대전 발발 즈음인 20대 중반에 『정치학 서문(Preface to Politics)』과 『표류와 지배(Drift and Mastery)』를 펴내 시어도어 루스벨트 대통령으로부터 '미국에서 가장 유망한 청년'이란 찬사를 들었다. 1914년 자유주의 성향의 주간지 《뉴 리퍼블릭(The New Republic)》을 창간했고 이 잡지에 쓴 사설과 칼럼은 우드로 윌슨 대통령에게 상당한 영향을 끼쳤다. 1921년부터 개혁주의를 표방하는 《뉴욕 월드(The New York World)》에서 10년 간 일했고 1931년에는 《뉴욕 헤럴드 트리뷴(The New York Herald Tribune)》으로 자리를 옮겨 그해 9월 8일, 유명한 칼럼 「오늘과 내일(Today and Tomorrow)」이 첫선을 보였다. 미국을 비롯해 세계 약 25개국, 250개 이상의 신문에 소개된 이 칼럼으로 리프먼은 1958년에 퓰리처상을 받았다. 1차 세계대전 후 우드로 윌슨 대통령의 '14개 평화 조항' 작성에 아이디어를 제공했고 윌슨 대통령은 '국제연맹'의 개념을 제안할 때도 리프먼의 생각을 많이 참고했다. 1947년에 펴낸 『냉전(Cold War)』은 '냉전'이라는 용어를 국제정치의 유행어로 자리 잡게 했다. 저서 가운데 가장 큰 반향을 일으킨 『여론(Public Opinion)』으로 1962년에 리프먼은 다시 한 번 퓰리처상을 수상했고 1964년에는 '자유의 훈장'을 받았다

옮긴이

이동근 李東根, Dong Geun Lee

서강대학교 영문학과를 졸업하고 미국 인디애나 주립대학교(블루밍턴)에서 언론학 석사학위를, 미국 텍사스 주립대학교(오스틴)에서 언론학 박사학위를 받았다. 싱가포르 국립 난양기술대학교 커뮤니케이션학부에서 조교수(1993~1996)를 지냈으며 아일랜드 트리니티컬리지에서 한국학 강의교수(2002~2003)와 미국 머레이 주립대학교의 신문방송학과 겸임교수(2005~2007)를 지냈다. 한국기자협회 '이달의 기자상' 및 '한국기자상' 심사위원(2001~2002) 및 《한국언론학보》 편집위원(2004~2005, 2009~2010), 한국언론학회 감사(2011~2012), 언론중재위원회 중재위원(2008~2011), 방송통신심의위원회 특별위원회 위원(2009~2011) 등을 역임했다. 1996년부터 지금까지 조선대학교 신문방송학과 교수로 있다. 주요 저서로는 『여론과 커뮤니케이션이론』, 『Communication & Culture』가 있으며, 역서로는 『통신위성시대의 국제커뮤니케이션(The World News Prism)』이 있다.

한국연구재단총서 학술명저번역 서양편 526

여론

1판 1쇄 펴냄 | 2013년 1월 21일
1판 2쇄 펴냄 | 2017년 2월 17일

지은이 | 월터 리프먼
옮긴이 | 이동근
펴낸이 | 김정호
펴낸곳 | 아카넷

출판등록 2000년 1월 24일(제406-2000-000012호)
10881 경기도 파주시 회동길 445-3
전화 | 031-955-9510(편집)·031-955-9514(주문)
팩시밀리 | 031-955-9519
책임편집 | 김일수
www.acanet.co.kr

ⓒ 한국연구재단, 2013

Printed in Seoul, Korea.

ISBN 978-89-5733-266-5 94070
ISBN 978-89-5733-214-6 (세트)